本书得到"中央高校基本科研业务费专项资金"资助
(supported by "the Fundamental Research Funds for the Central Universities")

美国合同法

UNITED STATES CONTRACT LAW

—— 刘承韪 ◎ 著 ——

学说与判例 Doctrines and Cases

中国政法大学出版社

2023 · 北京

图书在版编目（CIP）数据

美国合同法：学说与判例/刘承韪著. —北京：中国政法大学出版社，2023.8
ISBN 978-7-5764-1075-4

Ⅰ.①美…　Ⅱ.①刘…　Ⅲ.①合同法－美国　Ⅳ.①D971.23

中国国家版本馆CIP数据核字(2023)第162753号

出 版 者　　中国政法大学出版社

地　　址　　北京市海淀区西土城路 25 号

邮寄地址　　北京 100088 信箱 8034 分箱　邮编 100088

网　　址　　http://www.cuplpress.com (网络实名：中国政法大学出版社)

电　　话　　010-58908441(编辑室)　58908334(邮购部)

承　　印　　固安华明印业有限公司

开　　本　　720mm×960mm　1/16

印　　张　　29.25

字　　数　　470 千字

版　　次　　2023 年 8 月第 1 版

印　　次　　2023 年 8 月第 1 次印刷

定　　价　　110.00 元

内容摘要 Summary

合同法是民商法的基石，合同法在民商事法律中发挥着基础性作用。不管是英美法系还是大陆法系，合同法都是整个民商事法律的基础。同时，合同法也是最具普适性的法律规则，是国际化程度最高、统一法领域成就最高的内容。在法学教育中，合同法也是法学院最好的课程，在课时量和所授内容的广度和深度上要远远多于其他课程。相较于大陆法系合同法，英美法系合同法具有其独特的精神气质，主要包括强调实用主义胜于理性主义、强调灵活性胜于确定性等特点，并且由于英美契约法始终秉持开放性倾向和多元化思维，其理论创新兴旺蓬勃、层出不穷，呈现出强劲发展势头。尽管美国契约法与英国契约法有所不同，但总体上是继受了英国契约法的理论和制度，英美契约法共同构成了与大陆法系所不同的"英美契约法系统"，也成为当今世界商务往来的真正游戏规则。

美国合同法的核心概念主要包括合同（contract）、对价（consideration）、允诺（promise）、交易（bargain）、执行（enforce）、允诺禁反言（promissory estoppel）。其法源主要包括判例法及制定法法源，判例是其中最核心和基本的法源，其中制定法具有优先适用的法律效力，美国合同法中最具代表性的制定法法源是《统一商法典》（简称"UCC"）。除了制定法和判例法，美国合同法还存在着一种独特法源——《合同法重述》，《合同法重述》是由美国法学会精心打造，对合同全部重要制度的一般概括和叙述，虽然不具有法律的直接约束力，但有影响法院判决并为各方所认可的重大权威性。《合同法重述》代表了美国契约法学界对大陆式的法典化与英美式的判例化模式的一种成熟的认知态度和调和做法。当今英美契约法领域代表人物众多，其中著名法学家阿蒂亚、科宾、卢埃林、埃森博格、吉尔莫、法恩思沃斯、富勒、凯斯勒、克鲁曼等都是十分典型的代表人物。

美国合同法最为核心的原理主要包括对价原则、允诺禁反言原则、合同的订立（要约与承诺）、合同书面形式、合同效力瑕疵、合同的履行与违约、违约救济、合同内容与合同解释以及合同转让与第三人等9个方面的内容。对价原则是美国合同法的王牌，判断是否构成对价的主要理论包括获益受损理论及对价交易理论，该部分涉及的重点案例主要包括哈默诉西德维案（HAMER v. SIDWAY）、菲格诉博希姆案（FIEGE v. BOEHM）等。允诺禁反言原则是对价原则的一种补充和替代，涉及的重点案例包括中央伦敦财产信托公司诉高树房屋公司案（CENTRAL LONDON PROPERTY TRUST LTD v. HIGH TREES HOUSE LTD）、里奇兹诉斯科森案（RICKETTS v. SCOTHORN）等。合同的订立部分涉及的重点案例包括路西诉齐默案（LUCY v. ZEHMER）、卡夫特诉艾德 & 约翰斯顿公司案（CRAFT v. ELDER & JOHNSTON CO.）等。合同的效力瑕疵主要包括主体、行为和内容方面的瑕疵，涉及的重点案例包括多德森诉施雷德案（DODSON BY DODSON v. SHRADER）、基佛诉弗雷德豪汽车公司案（KIEFER v. FRED HOWE MOTORS, INC.）等。合同的履行与违约部分涉及的重点案例包括雅各 & 杨公司诉肯特案（JACOB & YOUNGS INC. v. KENT）、普兰特诉雅各布斯案（PLANTE v. JACOBS）等。违约救济部分涉及的重点案例包括沙利文诉奥康纳案（SULLIVAN v. O'CONNOR）、维克斯制造公司诉科瑞伯克斯公司案（VITEX MANUFACTURING CORPORATION v. CARIBTEX CORPORATION）等。合同内容与合同解释部分涉及的重点案例包括伍德诉露西案（WOOD v. LUCY, LADY DUFF-GORDON）、东方航空公司诉海湾石油公司案（EASTERN AIR LINES, INC. v. GULF OIL CORPORATION）等。合同转让与第三人部分涉及的重点案例包括 R. E. 戴维斯化学品公司诉戴索尼克斯公司案（R. E. DAVIS CHEMICAL CORP. v. DIASONICS, INC.）、莎莉美容公司诉耐克斯产品公司案（SALLY BEAUTY COMPANY, INC. v. NEXXUS PRODUCTS COMPANY, INC.）等。

本书开篇从美国合同法的重要性、精神气质、核心概念、重要法源和杰出学者等多个方面阐释了学习美国合同法具体原理和特定案例所需要的背景知识，其后对美国合同法的重要学说原理进行具体阐释，并对重要原理所涉及的重点案例进行了介绍，对案情、争议焦点、裁判要旨及结果、裁判理由进行了系统和精炼的总结。

　　总之，英美法是判例法，没有大陆法系法典化的宏观法律体系，但也正是因英美法的开放性倾向和多元化思维，其理论创新才蓬勃兴旺。英美合同法在世界范围内有着重要影响，而美国合同法在英美合同法中有着十分重要的地位和独特的价值。中国合同法在发展的过程中，受到英美合同法的影响较多，其很多内容来自《联合国国际货物销售合同公约》和《国际商事合同通则》，而后续中国合同法的不断发展进步同样离不开对英美合同法学说和判例的深入研究，因此对英美合同法学说和判例的学习和借鉴意义非凡。

目 录
CONTENTS

美国合同法的基础面向

本书的主要目的是介绍与阐释美国合同法的重要学说原理和经典判例。在原理与判例阐发之前，对美国合同法乃至英美合同法有一个整体认识和宏观把握十分必要。本章将从美国合同法的重要性、美国合同法的核心概念、美国合同法的渊源、美国合同法的精神、美国合同法学家五个方面呈现美国合同法的基础面向，以为后续章节的编排、展开与把握提供背景知识、奠定理论基础、确立基调方向。

一、合同法的基础性与重要性

在人们日常的社会生活和市场交易中，合同与合同法无处不在。人们的衣食住行等所有活动都是通过合同开展的。不管是去餐馆吃饭、买菜自己做饭，还是在学校餐厅吃饭，都是合同；不管是去商场买衣服、去网上买衣服还是定做衣服、租用礼服，都是合同；不管是买房子住、租房子住、去酒店住还是住学生宿舍，都是合同；不管是买车开车出行、乘坐公交出行、租车出行，也都通过合同。所以，合同遍布我们生活的各个角落，无处不在，而生活中离开了合同，人们也寸步难行。

（一）合同法的基础性

1. 合同法、公司法、担保法是法律实务三大核心领域

大陆法系法学家我妻荣教授在几十年前就断言，债法相对于物权法有着优越地位，[1]尤其是债法中的合同法。随着市场法制的进步，该论断早已在

---

[1] [日] 我妻荣：《债权在近代法中的优越地位》，王书江、张雷译，中国大百科全书出版社1999年版。

中国法律实践中得到证明。而从法律实践上来说，合同法与公司法、担保法并称法律实务的三大核心领域，这是毋庸置疑的。由于合同法事关市场交易这一常态行为，法律实践中最常遇到的案件通常都会涉及合同与合同法问题。但凡是大型的交易，通常都会涉及公司企业，而不仅仅是自然人之间的交易，因此也自然离不开公司法对于该交易的衡量与规制。而在当今市场交易中，只要是大型的交易，当事人通常不会仅仅进行信用交易，一般都会涉及各种形式的担保问题，以保障交易的顺利、安全进行，因此也就离不开担保法。所以，法律专业的学生要从事民商事法律实务并期待做出成绩的话，必须要对该三大核心法律领域有认真的钻研和精深的把握。

2. 合同法是民商事法律体系的基础

不管在英美法系还是大陆法系，合同法都是整个民商事法律的基础。例如，公司法就是民法主体（法人）制度的扩张，是民法合同法的具体运用，比如公司章程（公司国家）、发起人协议、收购要约等。合伙合同、劳动合同、知识产权合同、婚姻、收养监护合同等，都是单行法中的有名合同，是合同法在其他部门法中的延伸。

3. 合同法是最具普适性的法律规则，是世界共同的市场交易规则

合同法也是国际化程度最高、统一法领域成就最高的内容。单从关于合同法的国际法律文件及其巨大影响力，我们就可以做出这样的判断。中国合同法立法方案规定的立法指导思想第一条是："从中国改革开放和发展社会主义市场经济，建立全国统一的大市场及与国际市场接轨的实际出发，总结中国合同立法、司法实践经验和理论研究成果，广泛参考借鉴市场经济发达国家和地区立法的成功经验和判例学说，尽量采用反映现代市场经济客观规律的共同规则，并与国际公约和国际惯例协调一致。"

（二）合同法的重要性

1. 合同法是法学院最好的课程

合同法在美国这样一个商业（business law）中心国家同样重要，合同是市场经济和商品交易的生命线，合同法即市场经济的基本法。不仅如此，美国法学家巴奈特教授断言，合同法是法学院最好的课程。他说，讲授合同法有很多的好处。合同法是大学第一年的一门基本课程，在很多法学院，合同法这门课仍然要讲授整整一年，因此，相比其他只讲一个学期的课程，我们

可以将合同法讲得更深一些。即使有些法学院只讲一个学期，课时量和所授内容也远远多于其他课程。他还进一步引用合同法学家希尔曼教授的话来佐证"合同法是迄今为止法学院所要讲授和学习的最好课程"，还有什么课程能包含如此丰富的理论、学说和实质推理呢？还有什么课程能如此明显地集中关注我们社会中的经济组织和其他组织的基本构成成分，即私人协议和交换交易往来呢？有什么课程能更好地例证一般理论的力量、普通法的功能和限度、制定法的兴起、权利与救济的相互作用和我们法律体系中各种法律参与者的角色（包括交易参与人、扮演各种角色的律师、法官和立法者）呢？〔1〕总之，在美国合同法教授们看来，合同法既有理论又有实务，既有判例法又有制定法，既关涉私人民事生活，又关涉企业商事交易，还能展现各种法律人的不同角色，成为法学院最好的课程自是必然。其实，在我看来，合同法的此种优越性完全可以超越法学院课程的局限，完全可以成为所有法律中最丰富和最生动的领域。

2. 比较法视野中的美国合同法的独特价值

王泽鉴先生说过，英美法的精髓在于其契约法和侵权行为法。〔2〕但是，由于存在"大陆法重视理论与逻辑，英国法重视实践与经验"〔3〕的法律传统界分，再加之英美契约法成形较晚，一般认为，大陆契约法理论似乎肯定要比英美契约法理论丰富、高深和发达许多，大陆契约法在中国似乎也比英美契约法更为主流。可令人疑惑不已的是，在现代合同法重大理论的创造发展以及对国际契约法规则（商务游戏规则）的贡献方面，英美法似乎要比大陆法更具优势，这一点甚至连欧洲大陆的学者也深受困扰。〔4〕尤其是最近几十年来，大陆契约法表现出自我封闭、死气沉沉的保守倾向，相反，英美契约法尤其是美国合同法则堪称后起之秀，理论创新兴旺蓬勃、层出不穷，并呈现出"青出于蓝而胜于蓝"的强劲发展势头。更为重要的是，在这样一个有

---

〔1〕　参见［美］兰迪·巴奈特："合同理论的丰富性"，刘承韪译，载《比较法研究》2006年第5期。

〔2〕　参见王泽鉴教授为杨桢的《英美契约法论》一书（第三版，北京大学出版社2003年版）所做的序言。

〔3〕　［英］P. S. 阿蒂亚：《英国法中的实用主义与理论》，刘承韪、刘毅译，清华大学出版社2008年版，第5页。

〔4〕　比如，Aristides N. Hatzis, "The Anti-Theoretical Nature of Civil Law Contract Scholarship and the Need for an Economic Theory", in *Commentaries on Law & Economics*, Vol. 2, 2002.

点"泛商"主义的时代，美国合同法比大陆契约法更能与市场经济规则相契合，也更符合商业社会对制度和规则的需要，英美契约法在相当程度上代表着现代契约法的发展潮流。因此，相较于大陆契约法来说，英美契约法越来越成为值得中国法学界认真关注和对待的法律系统，其具体原因主要有以下4点：

（1）大陆契约法的封闭性和反理论性。法典编纂是大陆法系的精髓，但正如欧洲法学家自己所说，法典编纂模式意味着法律发展的结束，[1]或者至少是法律理论繁荣的终结。在法国和德国民法典逐渐形成的古典契约法阶段之后，在欧洲大陆已经很难觅见像当年萨维尼、普赫塔、蒂堡和威尔克尔等法学家所进行的热烈而宏大的理论讨论。民法法典化导致了大陆契约法的自我封闭和反理论倾向（Anti-Theoretical Nature），相关学术研究止步于对法典条文的注释与解读，采取相对纯粹的概念法学或法律形式主义的研究方法，较少参考借鉴哲学、经济学等其他学科的理论资源，因此在现代合同法重大理论（grand theories）的创造发展等方面，英美法比大陆法更具优势。并且，契约法在欧洲大陆民法典的模式下是其债法的一部分，不仅其契约法，就连债法也是非常封闭的法律系统，契约法甚至不是学者单独研究的领域，而只能作为债法或民法典的附属部分，此种法律体系和法律制度上的附属性和封闭性最终导致了欧洲大陆契约法的自我封闭和反理论。

（2）美国合同法的开放性和多元化。尽管英美契约法系统形成较晚，但由于其（理论）始终秉持开放性倾向和多元化思维（尤其是美国契约法），致力于规范与实证、法学与哲学、经济学、社会学等学科的理论统合，[2]在古典契约法阶段之后奉献出了诸多重大的契约法理论创新，并因此开创了古典契约法和现代契约法两个契约法理论阶段的新纪元，带来了契约法理论的

---

〔1〕 Andreas A. Gazes, "Reflections on the Heyday of Law and Legal Science", 2.1 *Kritike Epitheorese* 13, 1995, 20.

〔2〕 从美国近20年的法学杂志和法律评论中可以看出，关于纯粹合同法规则和教义的研究已经非常有限，而且即使有，也大多出现于排名非常靠后的法学杂志的"法律发展和法律概览"和法律评论学生编辑的评论与注释中。See Aristides N. Hatzis, "The Anti-Theoretical Nature of Civil Law Contract Scholarship and the Need for an Economic Theory", *in Commentaries on Law & Economics*, Vol.2, 2002, 4.

勃兴，其中尤以梅因的"从身份到契约"、富勒的"信赖利益"、吉尔莫的"契约的死亡"、阿蒂亚的"合同自由的兴衰"和麦克尼尔的"关系契约"等诸学派理论最为著名。尤其是吉尔莫和麦考利的契约死亡学派、麦克尼尔的关系契约的现代契约法理论创造明显是受到了社会学、经济学等多元学科方法和理论的重大影响。

（3）英美契约法的高度国际化和广泛影响力。由于英国的国际影响力和英语为世界第一大语言等诸方面的原因，英国契约法在当今世界范围内得到大范围的应用和选择适用。再加之"英国契约法注重商业情趣，是商人的法律，而不是农民的法律"[1]，高度商业的品格使得其更容易国际化。因此，其国际化程度要比大陆法系国家的契约法高出很多，中国香港学者杨良宜教授也因此将英国契约法称作"国际商务游戏规则"。[2]

由于国际贸易规则是在经济强势国家主导下构建的规则，美国作为第一经济强国，这一规则自然就融入了更多的美国风格。与此相应，在法律服务上，美国律师、美国做法就能更好地应用这一规则。跨国公司选择美国律师（美国式律师）正是看重这一点——他们能更好地帮助客户在这一规则下获利。至此，我们也就可以比较好地理解何美欢教授所描述的美国律师全球扩张和美式做法的全球信赖，以及从更深层次上认识到我们在这方面的不足。[3]同样不容置疑的另外一点事实是，欧洲各国，包括大陆法系的代表德国和法国，也大量借鉴美国的公司证券等商法规范。美国的商事规则也直接影响和造就了国际商事规则和国际贸易，促进了近些年以来各国比较私法的大幅度发展。

总之，尽管美国契约法与英国契约法有所不同，但总体上是继受了英国契约法的理论和制度，因此共同构成了与大陆法系不同的"英美契约法系统"。英美契约法也因为美国对国际商务规则制定的影响力而成为当今世界商务往来的真正游戏规则，比如《联合国国际货物销售合同公约》（以美国《统一商法典》为蓝本制定，以下简称"CISG公约"）、《国际商事合同通

---

〔1〕 ［德］海因·克茨：《欧洲合同法》（上卷），周忠海、李居迁、宫立云译，法律出版社2001年版，第83页。

〔2〕 参见杨良宜：《国际商务游戏规则——英国合约法》（修订版），中国政法大学出版社2000年版，第1页。

〔3〕 钱成："法律全球化的中国应对——读何美欢《论当代中国的普通法教育》"，载北大法律信息网，http://article.chinalawinfo.com/article/user/article_ display.asp? ArticleID=35681。

则》（以下简称"UPICC 通则"）等国际契约规则的制定就主要受到了英美契约法的主导性影响。

二、美国合同法的核心概念

（一）合同（contract）

合同法是关于合同的法律，而"合同是什么"[1]就成为我们探讨任何合同理论与现实问题都无法回避的基本前提。英美法纵然有着强烈的实用主义传统，与崇尚概念、逻辑和理性的大陆法截然有别，[2]但古典合同法形成前后的英美合同法学界还是受到了概念法学的深刻影响，于是，他们便在相当程度上将对"合同是什么"这一前提的解读转化成了不同立场的合同概念的争辩，亦即合同内涵的静态观察。反映在理论层面，这种静态（概念）意义上的合同内涵就主要是指英美合同法教科书通常提到的合同概念的"允诺（promise）说"和"协议（agreement）说"。

"允诺说"认为，合同是由允诺构成的或者合同就是允诺的总称。"允诺说"被合同法的经典文本美国《合同法重述》采纳。《第二次合同法重述》第 1 条已经成为最权威、最流行的"合同的定义"，该条规定，"合同是一个或一组这样的允诺：违反此允诺，法律会给予救济；履行此允诺，会在某些情况下被法律视为一项义务。"（A contract is a promise or a set of promises, for the breach of which the law gives a remedy, or the performance of which the law in some way recognizes as a duty.）[3]简单来说，合同是能够直接或间接地被法律执行或者认可的允诺。[4]甚至在诸多情况之下，允诺成了合同的同义语。

"协议说"则认为，合同是法律上能够执行的协议。与"允诺说"不同，"协议说"定义的重心放在了合同当事人双方的表示上，采用"协议"一词

---

[1] 需要澄清的是，本书关于"合同是什么"的追问绝不是合同概念或定义的界定问题，笔者在此更趋向于对合同本质（essence）的把握。正如阿蒂亚所言，对法律概念的定义在今天似乎已经不太流行（unfashionable）了，所以，不管是律师还是法学理论家，都不太可能花费很多时间来斟酌合同的确切定义了。See P. S. Atiyah, "The Modern Role of Contract Law", in *Essays on Contract*, Clarendon Press, 1986, p. 1.

[2] P. S. Atiyah, *Pragmatism and Theory in English law*, Stevens & Sons Ltd. , 1987, p. 6.

[3] Restatement of Contracts, Second, §1.

[4] E. Allan Farnsworth, *Contracts*, 3rd ed. , Aspen Law & Business, 1999, p. 3. A. L. Corbin, *Corbin On Contracts*, West Publishing Co. , 1952, p. 4.

来表明这种双方的表示，而"允诺"一词则仅指立约人单方面的表示。[1]在英美国家，最早以"协议"来界定合同概念的人是布莱克斯通（Blackstone），他借鉴自然法学家和民法学家的思想，将合同定义为"有充分对价为或不为某项具体事务的协议"。[2]合同概念之"协议说"被英美法另一个经典法律文本——《统一商法典》（UCC）——采纳。美国《统一商法典》第1-201条规定："'合同'指产生于当事人受本法以及任何其他应适用的法律规则影响而达成的协议的全部法律债务。"

对合同内涵的概念性判断（合同是允诺或协议）虽然有助于我们对合同本质的认识，但这种帮助作用是极其有限的，因为允诺和协议概念本身也是相对模糊的，或者如麦克尼尔所说，"允诺是一个虚幻的概念"。[3]用一些虚幻和模糊的概念去解释一个概念，无疑将是徒劳的。英国著名学者阿蒂亚教授也认为："另一个更基本的问题是按照协议或允诺所下的定义假定协议或允诺是存在于法律之外的'东西'，而且很容易这样认为。但是，协议或允诺不是能够看得到摸得着的物体。他们是抽象的概念，正像合同自身的概念一样。"[4]

最为严重的问题是，对"合同是什么"（合同内涵）的概念主义解读会固化人们的思维，并最终窒息人们对合同本质的更深层次的思考。当然，概念化的合同内涵的确又是对古典合同法理论模式和中心观念的反映。古典合同法有3个理论观念是核心的：合同是纯粹自由意志的产物；合同是个别的、

[1]　A. L. Corbin, *Corbin On Contracts*, West Publishing Co. , 1952, p. 5. 关于允诺与协议的区分对英美法和大陆法各自法律制度和法律理念的影响关键与否，学界一直有着不同的观点。笔者曾就此问题求教于著名的比较法学家海因·克茨教授，其认为，以允诺和协议来认定英美合同法和大陆合同法的区别并不具有实质性，这种区分只是理论上的。A. W. B. 辛普森也认为，协定（议）（pact）与允诺（promise）没有本质差异。See A. W. B. Simpson, *The History of Common Law of Contract：The Rise of the Action of Assumpsit*, Clarendon Press, 1975, p. 382. 但笔者并不赞同这种说法，我认为，英美法的允诺与大陆法的协议并不只是词汇的差别这么简单（可能在有些问题上二者是通用的），它们不仅反映了两大法系在价值观念和哲学思维上的差别，也进而型塑了两大法系截然不同的合同法理论和制度［笔者曾经看到过相关英文文献对此的分析和论述，认为允诺的单边（unilateral）进路与协议的双边（bilateral）进路的确存在实质上的差别］。王军先生则认为这种差别是由学者造法与法官造法的区别造成的。

[2]　W. Blackstone, *Commentaries on the Law of England*, London, 1776, ii. 442.

[3]　［美］麦克尼尔：《新社会契约论——关于现代契约关系的探讨》，雷喜宁、潘勤译，中国政法大学出版社1994年版，第5页。

[4]　［英］P. S. 阿狄亚：《合同法导论》（第五版），赵旭东、何帅领、邓晓霞译，法律出版社2002年版，第37页。

不连续的；合同是即时的（present）或现时的。[1]"合同是个别的"与"合同是即时的"这两个理论观念非常严重地误导了人们的思维和对合同内涵与本质的深度认知，是教条主义和静态主义合同理论思维的罪魁祸首。这是因为，将合同定位为个别的和即时的也就意味着，合同本身能够对交易当事人的权利、义务、责任等做出明确而具体的规定，协议条款是明确的，不需要对未来的事件做出规划，因此，合同的谈判、签订、履行都个别化、静态化和现时化了。于是，我们看到的合同也只能是静止的、残缺的。

相反，超脱于古典合同法的概念主义和教条主义的静态思维之外，以合同在现实社会中扮演的角色和履行的功能来动态地把握合同的本质，或许会得出更具启发意义的结论。在这方面，富勒和麦克尼尔是智者的先锋。

富勒和麦克尼尔都是以一种非常现实主义的视角对"合同是什么"进行新的追问的，他们均通过合同在现实世界的动态作用和功能来解读和发掘合同的内涵与本质。因此，相对于对合同内涵的静态概念主义解读，富勒和麦克尼尔的研究方法和进路具有鲜明的动态性和现实性，更讲究在"可以触摸的世界里"把握合同的真实内涵与本质。可以肯定的是，他们都承认古典合同模式的一个前提预设（presupposition）：合同是一种社会存在物（thing），它在当事人的履行或行为之前就具有某种客观的存在形态。[2]富勒和麦克尼尔等人的工作就是将这种客观社会存在物的真实内涵和本质最大限度地展现在读者面前。

富勒是新自然法学派的代表人物，也是20世纪久负盛名的法律思想家之一，其与哈特关于"法律与道德"（恶法是不是法）的著名论战已经成为法学中的永恒话题。富勒主要是一位法理学家，他从未系统地阐释过合同之债的一套理论，但是"合同损害赔偿中的信赖利益"[3]和"对价与形式"[4]这两篇非常著名的论文对合同法的学术贡献甚巨，并使其在合同法学界名声大噪。富勒的法理学和法哲学思维和观念深深地影响了他对合同内涵与本质的

---

〔1〕 [美]科斯、哈特、斯蒂格利茨等著，[瑞典]拉斯·沃因、汉斯·韦坎德编：《契约经济学》，李风圣主译，经济科学出版社1999年版，第9页。

〔2〕 See Arthur Leff, "Contract as Thing", 19 *Am. U. Law. Rev.* 131（1970）.

〔3〕 See Fuller & Perdue, "The Reliance Interest in Contract Damages", 46 *Yale L. J.* 52, 373（1936）. 中文译文由韩世远先生发表于梁慧星主编的《民商法论丛》第7卷。阿蒂亚认为：该文"无论如何，在普通法世界的全部现代合同法学术中，大概已成为最有影响力的一篇论文"。

〔4〕 See Fuller, "Consideration and Form", 41 *Col. L. Rev.* 799（1941）.

态度。在其最重要的著作《法律的道德性》一书中，富勒就非常强调法律的目的性（purposiveness）、法律事业的合理性（rationality）和达致良好社会秩序的方法（methods of ordering）。[1]在富勒看来，合同正是达致上述良好社会秩序的一种重要方法，合同对社会秩序形成的作用是通过规制人们未来的交往行为实现的。[2]在富勒教授的法律事业（enterprise of law）和社会秩序（social order）蓝图中，合同的内涵与本质就被定格在"人们规划和安排自己未来行为的一种自治方法"上。

同时，关系契约理论的创始人麦克尼尔教授对合同内涵与本质的把握也不再依赖那些抽象而虚幻的协议或允诺概念，而是将其关系契约理论建立于一种动态的合同内涵之上。他认为，所谓契约，不过是有关规划将来交换过程的当事人之间的各种关系。[3]其实，富勒和麦克尼尔的学说可以在英美合同法的历史中找到其源头。早在 15、16 世纪时，"合同"（contract）被视为即时交付利益的转让，因而它预示着财产；而"专约"（covenant）才是约束当事人将来履行的转让，所以其预示着个人自由（personal freedom）。但在今天，即使是正统的合同法学者也将合同看作中世纪专约那样的东西，即合同是约束当事人将来履行的交换。[4]美国当代合同法权威学者法恩思沃斯（也译为"范斯沃思"）也将即时物物交换（互易）和即时钱物交换（barter and present sale）排除在合同的范围之外，因为即时交换中没有体现未来（future）特性的允诺（promise）这一要素，他也视合同为将来履行之物。[5]

合同的概念随着经济社会的发展而不断变动。市场经济越发达，合同形

〔1〕 Fuller, *The Morality of Law*, Yale University Press, 1964, p. 106.

〔2〕 P. S. Atiyah, "Fuller and the Theory of Contract", in *Essays on Contract*, Clarendon Press, 1986, p. 74.

〔3〕 [美] 麦克尼尔：《新社会契约论——关于现代契约关系的探讨》，雷喜宁、潘勤译，中国政法大学出版社 1994 年版，第 4 页。

〔4〕 A. W. B. Simpson, *The History of Common Law of Contract: The Rise of the Action of Assumpsit*, Clarendon Press, 1975, p. 191.

〔5〕 E. Allan Farnsworth, *Contracts*, Aspen Law & Business, 1999, 3rd ed., p. 3. 从美国通行的观点来看，美国合同法中存在两种关于合同的基本二分：一是合同与即时交换（present exchange）的二分，二是合同与赠与（gift）的二分。前者的区分主要在于交换的时间点（以有无允诺为判断标准），后者的区分主要在于交换（exchange）的有无（以有无对价为判断标准）。也就是说，要构成一个合同就必须既有"将来性"（future），又有"交换性"（exchange），合同必须是交换，但并非所有的交换都是合同。从此种视角来看，英美法的合同概念较大陆法来说是相对狭窄的。

态就越复杂，也自然需要更为周延、全面、灵活的合同法规则为市场交易提供服务。在麦克尼尔眼中，现代市场经济中的合同概念早已不是古典合同法的静态合同原型所能比拟的。他提供了一个关系契约示例作为分析的样本。"一个冶炼厂和煤矿签订这样一个关系契约，其中约定，购买一年中所需的所有煤，具体价格按季度根据伸缩条款（escalator clause）进行调整。该伸缩条款是根据指定的市场确定的。除了伸缩条款，还有这样一个规定：'如果一方当事人对价格不满意，当事人同意商量确定一个新的价格，在达不成协议的情况下，由 X 作为仲裁人确定一个公平合理的价格。'契约订立的期限是 20年而非 1 年，契约要求煤矿定期向冶炼厂提供大量的成本信息，允许冶炼厂专家监督（monitor）采煤活动，在购置新设备、改进管理方法等方面接受来自冶炼厂的建议。煤矿和冶炼厂也可能一致同意建立一条从矿工头到冶炼车间的输送带系统，平均分担成本并共同运营输送带系统。作为交易的一部分，冶炼厂给了煤矿 5 年的贷款，用来支付煤矿应当承担的建造输送带的部分成本，而且，为了满足其它贷款人的要求，为煤矿为了建造输送带而借的 20 年抵押贷款提供一半的担保。冶炼厂向煤矿的支付是换取煤矿 20% 的股份，而不是贷款。冶炼厂被保证在煤矿的董事会中有两个席位。"该关系契约的包需求数量条款、开放价格条款、长期合同属性、多种交易混合的特色等都是古典合同法所无法想象和难以有效应对的，不断发展的市场经济自然也就呼唤一个动态而有弹性的合同概念和合同法体系。

（二）对价（consideration）

大陆法系并不存在对价原则的词汇和制度，但解读"对价"概念与原则是把握整个英美合同法的关键所在。

（1）英文"consideration"一词的多义性。英文中用来指称"对价"的词语是"consideration"，但"consideration"一词有着非常丰富的内涵，远不是单纯的合同法领域的概念所能涵盖的。《现代英汉综合大辞典》对"consideration"一词的解释就有如下 5 种：①考虑，思考；顾虑。②（为别人）着想；体谅。③考虑的因素，原因；考虑的结果。④重要性。⑤报酬。例如，在解释法律中的对价一词时，我们就会发现"consideration"词义的此种多重性：一个允诺的对价是指当允诺人做出允诺时所考虑（consider）的因素。A. W. B. 辛普森认为，虽然与对价并不完全相同（equivalent），但"动机"（motive）

一词确实是与"对价"非常接近的同义词（Synonym）。[1]可见，对价还有动机的意思。

一般来说，只有在合同法中，"consideration"才指对价，"consideration"也只有与"原则"（doctrine）一词组合在一起，才能构成英美合同法中的允诺或合同执行（约束力）的根据。所以，让我们来看看英美经典法律辞书关于对价原则的界定吧。

（2）英国《牛津法律大辞典》（*Oxford Law Dictionary*）中的对价词条。"对价是指对另一方的要约或者行为对等地给付、完成一定行为或暂不行使权利。在英国合同法中，要约，除非以契约的形式做出，否则，除了为价值重大的对价外，不能通过诉讼执行，该规则直到18世纪末才明确地建立起来。对价可能是一个做某事或不做某事的承诺，或者是依要约方的要求承受某些损失或损害。通常是支付货款、运送货物、提供服务或放弃另一合法权利。对价不能是承诺方已经负有的履行义务，它必须是有价值的，但并不一定具有与要约相当或足够多的价值。过去的对价，即在要约前所做的对价，是不充分的。对价理论对于英美普通法是独特的，但是，它在证明合同的存在、确保不轻易履行和阻止效力可疑的交易上的功能，在其他法律系统中是通过其他方式体现出来的。"[2]

（3）美国《布莱克法律辞典》（*Black's Law Dictionary*）中的对价（consideration）词条[3]。①允诺人从受诺人处收到的某种有价值的东西，如一个行为（act）、一个容忍（forbearance）或者一个对待允诺（return promise）。对价或其替代允诺禁反言等对于一个协议的执行是必要的。②历史概念：法院的一项判决（judgment）——在罗马法中称作 consideratio。"

"对价被解释为被告或第三人能从中获得利益或好处的原告的行为，或者是原告所承受的任何劳动、损害或不便。不管该损害和不便是多么小，只要原告履行上述行为和承受上述不便都是在被告明示或默示的同意之下或是经被

---

[1]　A. W. B. Simpson, *The History of Common Law of Contract*: *The Rise of the Action of Assumpsit*, Clarendon Press, 1975, p. 321.

[2]　[英] 戴维·M. 沃克：《牛津法律大辞典》，李双元等译，法律出版社2003年版，第248—249页。

[3]　*Black's Law Dictionary*, Seventh ed., West Group, 1999, pp. 300-301.

告的要求、在特定的情形之下做出的，都可以构成对价。"Thomas E. Holland,
The Elements of Jurisprudence 286（13th ed. 1924）.

"对价在其最宽泛的意义上是指能使一个人愿意受到协议约束的理由、动
机或诱因（reason, motive or inducement）。一个人同意给自己强加一种责任或
者放弃或转移一项权利，不可能是无代价的。正是基于对此项事实的考虑，
他才会同意承受新的负担或者放弃法律赋予他的利益。"John Salmond, *Juris-
prudence* 359（Glanville L. Williams ed. , 10th ed. , 1947）.

"对价一词已经存在了很长时间，因此，认为我们很长时间以来一直拥有对
价理论便是很诱人的想法。但事实上，在 19 世纪之前，该词从未获得过任何特
定的意义、代表过任何的理论。"Grant Gilmore, *The death of Contract* 18（1974）.

（4）《元照英美法词典》中的对价词条。[1]"consideration 译为对价，是
指合同成立的诱因；致使缔约方缔结合同的原因、动机、代价或强迫性的影
响力；一方当事人获得的权利、利益、利润或好处，或另一方当事人所遭受
的损失或承担的义务。这是有效合同存在并对当事人有法律约束力的基本且
必须的要素。对价是英美合同法核心的重要概念。其引入是基于以下原因：
按照传统的观点，合同是一项或一组这样的允诺（promise），它或它们一旦被
违反，法律就会给予救济。而要使允诺成为一项法律能为之提供救济的允诺，
即成为有法律约束力的合同，则受诺人（promisee）必须向允诺人（promisor）
提供某种与该诺言相对应的回报，这种回报就被认为是对价。"

（5）汉语中"对价"的含义：兼论 consideration 的汉译问题。"对价"原
来转译自日本的"约因"一词，但该概念有混淆英美法的"consideration"和
大陆法的"cause"（通常译为原因）之嫌。虽然二者在功能上有许多近似之
处，但毕竟属于不同法系中的制度。

（6）英美法的"对价"与大陆法的"原因"（cause）。所谓原因，是指订
立合同的动机或目的，最早人们将之解释为使契约法体现正义要求的要件，即
作为契约订立的原因，当事人或者是要使对方纯获利益以体现慷慨，或者是

---

[1] 薛波主编，潘汉典总审订：《元照英美法词典》，法律出版社 2003 年版，第 289 页。笔者在
此只引到该词条中关于对价内涵的部分，其实该辞典关于对价的理论、对价的功能、对价与原因之关
系都有非常详尽而富有深度的说明，许多内容为国内首发，富有价值，颇具冲击力。

要用自己的行为交换对等的价值以体现分配正义，这是用以确定合同正当有效的唯一工具。原因与对价在起源上有一定的联系，其最初都是被用来给合同效力确定一个统一的标准，[1]都是被用来使得某些允诺或协议可以执行或有约束力。[2]所以，许多现代社会的人们会把英美法中的对价理论等同于大陆法中的原因理论。但实际上，原因和对价不仅几乎毫无关系，而且差别十分明显：不管在起源、作用方式、具体内涵与外延还是在各自法律体系中的地位上，英美法的对价与大陆法的原因都存在巨大的差异。尤其是在大陆法的原因理论发生了从客观原因论到主观原因论的根本转变之后，二者的内涵及在各自合同法中的地位已有天壤之别。此种实质转变的发生主要是因为唯意志论在法国占据了上风，合意已经在根本上说明了契约效力的到来，意思理论成为合同效力的根源，"原因"降格为表面化的可有可无的东西，已经不再代表公正和正义等诸种社会价值，不再是合同效力的根本要素。但是，英美法没有受到大陆法意思理论的直接影响和根本冲击，其对价原则一直都是决定允诺可否执行的最主要、最关键、最核心的积极标准。也就是说，对价原则的功能并没有像原因理论那样随着时代的发展而隐退或消亡。

（三）　允诺（promise）

允诺一词应该是英美合同法最为核心的法律概念：合同由一个个允诺组成，而合同法则是关于允诺问题的一系列规则的总称，具体表现为关于允诺发出与收到的规则、允诺主体的规则、允诺有无约束力的规则、允诺约束力范围的规则（合同相对性原则）、允诺的违反与救济的规则等。但遗憾的是，中国学界对如此重要的"promise"却没能形成统一的译法。通行的文本中对"promise"有"诺言""约定""承诺""保证""许诺""允诺"等多种译法。[3]但仔细分析便不难发现，"诺言"一词虽然能揭示出"promise"的核

---

〔1〕　关于对价并非来自大陆法原因的判断及其详细解释，可参见本书对价原则之历史源泉部分。

〔2〕　Lorenzen，"Causa and Consideration in the Law of Contracts"，28 *YALE L. J.* 621，624-25（1919）.

〔3〕　笔者甚至多次在同一本译著、专著和教科书中发现译者或作者在交替使用"约定""诺言""允诺"3个词语来指称"promise"。由于"promise"是英美合同法最为中心的法律概念，上述杂乱无章的译法和表述势必为我们理解和解读我们本来就不熟悉的英美合同法人为设置更多的障碍，不仅会导致初学者无所适从，也会为相关中国学者增加更多的交流成本。因此，至少在中国的英美法学者内部创设英美合同法核心词的标准译名是势在必行的，这不仅事关中国的英美法学者一致的话语权能否形成，也关系到未来中国的英美法研究的层次和水平到底能得到根本提升，从而可以与弥漫于中国法学界、处于支配地位的大陆法传统平起平坐乃至分庭抗礼。

心内容，但其在汉语中只是一个名词，是"promise"的静态表达，无法展示英文"promise"本身所具有的动静相宜的丰富内涵。汉译"承诺"一词也容易让人对英文中的"promise"与作为合同订立程序的"acceptance"产生混淆，因为与"offer"相对的"acceptance"才是汉语"承诺"的英文对应词。汉语"保证"一词具有更为专业的理论内涵，与英文"warranty""guarantee"等更为相近；而用中文"约定"一词来指称英文的"promise"则完全是不知所云。因此，不管是"诺言""约定""承诺"还是"保证"，都不能确切地表达英美合同法核心词"promise"的真实内涵。与上述汉语词语相比较而言，汉译"允诺"一词则完全可以避免以上词语在内涵表述上的错讹与阙漏，可以成为"promise"一词的标准汉语译名。

美国著名法学家庞德曾言，在一个商业社会中，财富主要是由允诺构成的（WEALTH, in a commercial age, is made up largely of promises）。[1]允诺这一概念对于英美合同法的意义更是非同一般，其重要性完全可以从美国合同法的经典法律文本——美国《合同法重述》——对合同的界定中体现出来。《第二次合同法重述》第1条已经成为英美国家最权威、最流行的"合同的定义"，该条规定，"合同是一个或一组这样的允诺：违反此允诺，法律会给予救济；履行此允诺，会在某些情况下被法律视为一项义务"。[2]简单说来，合同就是能够直接或间接地被法律执行或者认可的允诺。[3]因此，至少在英美国家中，允诺几乎可以成为合同的代名词。

允诺之所以能成为英美合同法的核心概念，也是因为允诺本来就是西方社会较为常用和郑重的概念。此种对于允诺的重视在日常生活中随处可见。

（1）电影《泰坦尼克号》（*Titanic*）对白："Winning that ticket, Rose, was the best thing that ever happened to me. . . it brought me to you. And I'm thankful for that, Rose. I'm thankful. You must do me this honor, Rose. Promise me you'll survive. That you won't give up, no matter what happens, no matter how hopeless. Promise me now, Rose, and never let go of that promise."

---

〔1〕 Roscoe Pound, *An Introduction to the Philosophy of Law*, Yale University Press, 1954, p. 133.

〔2〕 Restatement of Contracts, Second, §1.

〔3〕 E. Allan Farnsworth, *Contracts*, 3rd ed. , Aspen Law & Business, 1999, p. 3. A. L. Corbin, *Corbin On Contracts*, West Publishing Co. , 1952, p. 4.

（2）电影《星际穿越》（Inerstellar）对白：

"Murph：Nobody believed me，but I knew you'd come back.

Cooper：How？

Murph：Because my dad promised me."

从历史上来看，英美合同法的系统化工程主要就是通过"允诺"这一核心概念完成的。英国著名法学家波洛克（Frederick Pollock）通过赋予自己所发掘出来的"允诺"概念以新的内涵，以"允诺"概念梳理整个英国合同法内容，从而完成了英国合同法的古典革命，实现了英美合同法的理论化、体系化和制度化。[1]也正因为如此，阿蒂亚教授才会说，在漫长的英国合同法大厦的形成过程中，法官们只是提供了一块又一块的砖头，合同法大厦的真正设计者是安森（William Anson）和波洛克。

（四）交易（bargain）

在英美法中，交易（bargain）与赠与（gift）相对，它们是截然有别的两个范畴：前者是合同交换的化身，而后者则主要事关捐赠性财产转让。人们普遍认为它们所处的情境和要实现的目的完全不同：合同交换通常处于"市场"（market）的情境之中，要实现"利己"或"自利"的目的。而捐赠性财产转让则通常处于"家庭"（family）的情境之中，要实现"利他"的目的。[2]此外，法律对交易与赠与的生效还有着不同的要求，合同交易的效力通常会要求要约、承诺和对价的存在，而赠与之生效则被要求符合交付、签名等特殊形式。[3]因此，本书所谓的"交易"，是指当事人所进行的一种交换，在该交换中，每一方当事人都将自己所承担的履行视为获得对方所承担的履行的代价。[4]在英美法中，赠与允诺或无偿允诺不是合同的范畴，而交易则是合同的中心特征，是合同法的核心概念之一，它集中体现在对价原则

---

〔1〕 参见刘承韪：《英美法对价原则研究：解读英美合同法王国中的"理论与规则之王"》，法律出版社 2006 年版，第 131-140 页。

〔2〕 Mason，"The Utility of Consideration—A Comparative View"，41 *COLUM. L. REV.* 825，827（1941）.

〔3〕 See Friedman，"Law, Rules and the Interpretation of Written Documents"，59 *NW. U. L. REV.* 751，775-76（1964-1965）；Kennedy，"Form and Substance in Private Law Adjudication"，89 *HARV. L. REV.* 1685，1691-92（1976）.

〔4〕 Melvin Aaron Eisenberg，"The Bargain Principle and Its Limits"，*HARV. L. REV.*，February, 1982，742.

的理论范畴之中。如果当事人间没有"交易对价或议价交换（bargained for exchange）"之存在，他们的允诺便是没有约束力和执行力的，这就是美国对价交易理论的精髓之所在。

（五）执行（enforce）

在英美学者看来，合同法的首个重大问题就是何种允诺应当"被执行"（be enforced）。[1]因为只有允诺的执行才是事关合同法所保护的利益能否得到实现的问题，所以允诺执行才是合同法的中心课题与使命。但对于英文词语"enforce"和"enforceable"的汉译，国内学界也存在众多的误区。有译为"履行"或"强制履行"的，有译为"强制执行"的。合同履行的标准英文词语是"perform"或"performance"，并不像"enforce"一样主要涉及当事人对允诺人的允诺存有争议；而将"enforce"译为"强制执行"，则容易将其与中国程序法中的"强制执行"概念相混淆。事实上，英美合同法中的"enforce"和"enforceable"是指法院认可允诺人所做出的允诺对自己具有法律上的约束力。中国语境下的"强制执行"一词则有其特定的内涵，是指诉讼法和程序法中法院依据强力对其判决和裁定内容的执行，与英美合同法中的"enforce"在所处阶段和具体内涵上有所差别。因此，至少在中国的语境中不应当将合同法中的"enforce"翻译成"强制执行"，而翻译为"执行"似乎更为贴切。笔者所看到的我国台湾地区文献基本都将"enforce"翻作"执行"（杨桢的《英美契约法论》是一个例外），想必是有其道理的。

（六）允诺禁反言（promissory estoppel）

允诺禁反言原则是英美合同法中的重要原则，它是指在英美法中，一个赠与允诺或无偿允诺通常对允诺人是不具有执行力或约束力的，但是在某些特定情况下，只有承认该赠与允诺或无偿允诺的执行力，对合理信赖该无偿允诺的受诺人来说才是公平的，所以法律此时便禁止该无偿允诺人对其允诺的食言或反悔。美国《第二次合同法重述》第 90 条之规定是对允诺禁反言原则的最好界定，该条规定："允诺人对其允诺所引致允诺相对人或第三人的作为或不作为可合理预见，且只有执行其允诺才能避免不公平结果的发生时，

---

[1] Melvin Aaron Eisenberg, "The Responsive Model of Contract Law", 36 *Stan. L. Rev.* 1107, 1112 (1984).

该允诺有约束力。而且，其违反允诺的救济方式，以达到公平者为限。"[1]从性质上来看，允诺禁反言原则是对价原则的有益补充，是法院在严格适用对价原则而导致不公现象出现时，以允诺禁反言原则来达致实质公正之结果。该原则现在已经被公认为信赖理论（reliance theory）的集中代表，在英美合同法中有着重要的地位，对其正确的界定和转译十分必要。但国内学界对如此重要的核心概念迄今仍存在众多不一致的译法，包括"信守约定原则"、"信守允诺理论"、"允诺不得食言原则"、"不得自食其言原则"［忽略了衡平禁反言（equitable estoppel）的存在］、"允诺禁止反悔原则"。

上述概念不仅是本书的中心概念，也是我们解读整个英美合同法的"关键词"（key words），对它们的统一界定和翻译不仅关系到本书内容与思想的精确表达，更事关整个学界对英美合同法的研究水平的高低和英美法学术共同体的形成。2003年出版的《元照英美法词典》即是聪明地借用前辈学者的学术资源对英美法学人进行整合的一次努力，虽然在词条的准确性上存在这样那样的问题，却是迄今为止最为成功的一部汉语英美法律辞典，更为重要的是，它在一定程度上标志着研究英美法的法律学人已经有意无意地开始了建立学术共同体的初步尝试。

三、美国合同法的法源

从法律传统上来讲，美国是判例法国家，先例当然是美国合同法最重要、最核心、最基本的法律渊源。但由于制定法是国会通过的针对特定事项的立法文件，当判例法与制定法发生冲突时，制定法具有优先适用的效力，制定法因此具有了优先法律渊源的地位。美国合同法最具代表性的制定法法源是闻名遐迩的《统一商法典》。当然，从法律文本上来说，新古典契约法理论的典型代表除了美国《统一商法典》第2编，还有《第二次合同法重述》这样一个美国法世所独有的法律渊源。[2]正因为如此，英国法学家特莱特尔（Sir Guenter Treitel）才会说，美国《合同法重述》《统一商法典》《第二次合同法重述》是20世纪合同法的三大里程碑。[3]当然，《统一商法典》和《第二次

---

〔1〕　Restatement of Contracts, Second, § 90.

〔2〕　See Jay M. Feinman, "Relational Contract Theory in Context", 94 *Nw. U. L. Rev.* 737, 738.

〔3〕　Sir Guenter Treitel, *Some Landmarks of Twentieth Century Contract Law*, Clarendon Press, 2002, p3.

合同法重述》之所以声名显赫、功绩卓越，主要在于它们承载和代表了当今世界主流契约法理论思想——新古典契约法理论。

（一）制定法渊源：具有约束力的《统一商法典》

美国法的基础是英国的普通法，早在殖民地时期，普通法传统就已在美国扎下了深厚的根基。因此，美国长期以来坚持普通法判例制度，实行遵循先例原则。但判例法也有明显的缺陷，那就是判例有纷繁芜杂、查询引证不便、相互矛盾与冲突、可能导致一错再错等若干弊端。于是法学家开始反思判例法的正当性，开始寻找解决判例法弊端的方法。一种方法是法官在裁判时自己突破遵循先例原则，如卢埃林所言：当法官根据已有的判决或者先例，加上本案的现实，得出的结果令他毛发倒竖的时候，就不遵循先例了。另一种方法便是对普通法或判例法形式理性化或法典化。在哈佛大学法学院的兰代尔、威灵斯顿等法学家倡导的法律形式主义思想的引领之下，当法律人发现合同的一般理论和规则越来越体现出杂乱而模糊的判例法所不具有的诸多优越性时，通过对合同一般理论的法典化来达致判断的明确和简约就成为一种必然的诉求。尤其是那些金融家、工业家和投资家，都迫切需要司法判决的可预见性和稳定性。[1]于是，法律科学化和合同原理一般化思潮成为当时美国的一种潮流和方向。

在法律科学化和合同原理一般化思潮的启发和鼓舞之下，19世纪后半期的美国又开始酝酿普通法法典化思想的新高潮。此次法典化运动中的主要活动家是费尔德。费尔德通过为纽约州担纲起草民事诉讼法典、刑法典、民法典和政治法典，在美国引领法典编纂高潮。但这些法典中最重要的民法典被否决，标志着费尔德实现美国法典化的努力从总体上说失败了。但法典化运动还是颇有收获的。纽约州通过了民事诉讼法典和刑法典；以加利福尼亚州为首的5个州采用了民法典和政治法典；美国统一州法全国委员会于1896年通过了所有州采纳的《统一流通票据法》（1896年），并在1893年《英国货物买卖法》的影响下，通过了由威灵斯顿起草的《统一买卖法》（Uniform Sales Act），该法典被30多个州采纳，并成为后来《统一商法典》买卖篇的主体，其甚至被描绘成"美国第一部完全意义上的普通法法典"。其他被普遍

---

[1] ［德］K.茨威格特、H.克茨：《比较法总论》，潘汉典等译，法律出版社2003年版，第357页。

接受的法典还有《统一提单法》(1909 年)、《统一股票交易法》(1909 年)、《统一合伙法》(1914 年) 等。当然这些法律文件不是真正意义上的法律，并不具有当然的权威性和约束力，它们仅仅是为各州的立法提供一个范式或榜样，在若干立法领域设定可供参照的标准，因此人们称其为 "标准法典" 或 "标准法"。[1]这些都为后来《统一商法典》的起草创造了条件。

但 19 世界末 20 世纪初美国法的法典化也带来了一系列新的问题。美国形式理性化的法律、法规和各种条例的数量到 19 世纪末和 20 世纪初时已发展到令人吃惊的地步，名目众多的立法使得人们难以驾驭。于是，法律界便产生了一种将各州法律统一化和系统化的法典编纂的强烈要求。正是在这样的背景下，在美国律师协会的倡导下，1892 年由各州出 3 名或 5 名代表组成了美国统一州法委员会 (National Conference of Commissioners on Uniform State Laws)，该委员会设立的目的在于向各州推荐其拟制的示范法律文本。事实证明它对于谋求和促进各州调整某特定领域的法律的统一做出了突出的贡献。

正是鉴于原来由美国统一州法委员会通过的多部单行商事法律在各州的通过、采纳、解释等方面存在不统一的问题，美国统一州法委员会于 1940 年正式通过决议，决定起草一部统一商法典。但决议通过之后，美国统一州法委员会才认识到其当时不具备这种能力，需要时间与精力，需要相当多的专家学者。这时他们就想到了总部在宾夕法尼亚州的费城的美国法学会。美国法学会是在 1923 年成立的，其《合同法重述》《冲突法重述》《担保法重述》等在 1942 年前后都已经通过。于是两个组织一拍即合，签订了一个协议，他们称之为 "TREATY"，美国两大法律团体开始携手合作制定这部统一商法典。1945 年，这个法典正式开始起草。在这之前有一项工作，实际上是《统一买卖法》于 1940 年就开始由卢埃林修订了。1945 年，统一商法典项目正式启动，任命卢埃林为 "Chief Reporter"。在非正式文件中，一般称为 "Drafter"，正式文件中称为 "Reporter"，就是一个起草者。[2]

最后要说的是《统一商法典》的逻辑体例：第 1 编总则，第 2 编买卖，

---

〔1〕　封丽霞："世界民法典编纂史上的三次论战——'法典化'与'非法典化'思想之根源与比较"，载《法制与社会发展》2002 年第 4 期。

〔2〕　参见孙新强教授 2004 年 10 月 30 日晚在厦门大学法学院所做的题为 "美国统一商法运动与统一商法典" 的演讲。

第 2 编之 2 租赁（1987 年加进法典中），第 3 编票据，第 4 编银行托收或者银行收款（票据交到银行，银行在系统上托收），第 5 编信用证，第 6 编整体转让，第 7 编仓单、提单，第 8 编股票或者证券转让，第 9 编动产担保交易，第 10 编规定通过后的过渡期。

总之，《统一商法典》是美国统一州法委员会和美国法学会联合组织制定的一部示范法，由法学家卢埃林起草，1952 年正式对外公布，被誉为英美法系历史上最伟大的一部成文法典，其买卖编是融合法典法与判例法、法律现实主义与法律形式主义的新古典契约法的经典文本。

（二）独特法源：具有说服力的《第二次合同法重述》

《合同法重述》是美国法独特的法律渊源，由美国法学会精心打造。美国法学会由精选出来的执业律师（practitioners）、法官（judges）和大学教授（law professors）组成，其会员目前已有几千人，性质上属于一个民间学术团体。其在 1923 年 2 月成立后，马上开始从事法律重述工作，尽可能准确地重述美国共同法的体系和各种协调最佳的解决方案。最终，一共有 10 种法律重述诞生。其中，《合同法重述》是最早开始的重述之一，也是最好的一部重述，因为《合同法重述》算是一群杰出的法学教授经过 10 年潜心研究（research）、分析（analysis）和争论（debate）的最终产品。它由威灵斯顿担任报告人（或陈述人）（Reporter）并负责准备草案。科宾担纲特别顾问（Special Adviser）并担任"救济"一章的报告人。科宾和威灵斯顿等人都是当时法学界最有学识、最有影响力的学者，他们的地位和权威性直接造就了《合同法重述》的崇高权威。美国法学会现在的重述已达到 13 种（即除了家庭和继承法，美国私法的全部重要领域都进行了重述），包括代理法重述（agency）、冲突法重述（conflict of laws）、合同法重述（contracts）、裁判法重述（judgments）、财产法重述（property）、返还法重述（restitution）、证券法重述（security）、侵权法重述（torts）、信托法重述（trusts）、对外关系法重述（foreign relations law of US）、律师管理法重述（The Law Governing Lawyers）、保证法重述（suretyship and guaranty）和不公平竞争法重述（unfair competition）。《第二次合同法重述》则是法学家法恩思沃斯负责起草的另外一部新古典契约法的经典法律文本。它是在《统一商法典》和普通法的影响下，在对作为古典契约法代表的《合同法重述》加以修改基础上完成的。

《合同法重述》在美国出版之后，引起了巨大的社会反响，佳评如潮。曾任首席大法官的休斯（Charles Evans Hughes）称赞《合同法重述》为"不朽的成就"（monumental achievement），并将其出版描述为"头等重要的大事"（an event of first importance）；[1]法恩思沃斯的老师、哥伦比亚大学的派特森教授（Edwin Patterson）认为《合同法重述》"非常有意义（highly significant）"[2]；伊利诺伊州立大学的高堡教授（George Goble）认为《合同法重述》是"一项杰出的作品，是一座里程碑（an outstanding production and an milestone）"[3]。同样，《第二次合同法重述》的第一位报告人、哈佛大学的布莱彻教授（Robert Braucher）[4]称赞《合同法重述》是当代社会对私法自治和合同自由的重申："用现代词语来重述合同法的努力使得私法自治在一个扩张政府行为的时代得到强烈反弹……为回应社会变化而提炼并重新定义的合同自由，拥有了它以前一直拥有的力量。"[5]

当然，合同法重述也不乏批评者（例如对重述的方法和合同修改规则等的攻击），但批评之声相对于其获得的赞誉声来说，还是极其微弱的。不过，由于《合同法重述》在性质上是一种介于法典法和判例法之间的法律文件，它就免不了受到制定法和判例法发展的影响。随着合同法判例的逐步扩张和更新以及相关商事立法的出台，《第一次合同法重述》的修改便被提上议事日程。1952 年，美国法学会又获得 A. W. Melleon Education and Charitable Trust of Pittsburgh 的赞助，准备对第一次重述进行修改，（并于 1962 年）[6]正式开始合同法等法律的第二次重述，《第二次合同法重述》于 1979 年获得通过。1981 年，《第二次合同法重述》正式出版。《第二次合同法重述》共 385 条，

---

[1] Hughes, "Restatement of Contracts is Published by the American Law Institute", 18 *A. B. A. J.* 775 (1932).

[2] Patterson, "The Restatement of the Law of Contracts", 33 *Colum. L. Rev.* 397, 397 (1933).

[3] Goble, "The Restatement of the Law of Contracts", 21 *Calif. L. Rev.* 421, 429 (1933).

[4] 在美国法学会决定进行第二次合同法重述时，它选任哈佛大学法学院的布莱彻教授作为其报告人（Reporter）。从 1963 年到 1971 年间，布莱彻教授一直担任第二次合同法重述的报告人。但在 1971 年，布莱彻应邀出任美国马萨诸塞州最高法院法官。于是，美国哥伦比亚大学法学院的法恩思沃斯教授便中途接替布莱彻担任《第二次合同法重述》的报告人。科宾则被邀请为顾问（Consultant），直到他 1967 年去世。See E. Allan Farnsworth, "Ingredients in the Redaction of The Restatement (Second) of Contracts", *Colum. L. Rev.*, January, 1981, 3.

[5] Braucher, "Freedom of Contract and the Second Restatement", 78 *Yale L. J.* 598 (1969).

[6] E. Allan Farnsworth, *Contracts*, 3rd ed., Aspen Law Business, 1999, p. 28.

包括 16 章[1]，每章又分节（topic）。同《合同法重述》一样，《第二次合同法重述》的基本条文（section）也只占极少部分，基本条文后有评论和说明例［COMMENTS & ILLUSTRATIONS：含评论（Comment）与说明例（Illustration）两部分］、报告者注解（REPORTERS NOTES）、案例援引（Case Citations）等对条文的详细解释和说明，有些章节前还有介绍性注释（Introductory Note），内容丰富浩繁，阐释详尽，实为研读美国合同法最为重要之素材。[2]

我们以《合同法重述》第 1 条关于合同的定义作为示例：

§ 1 Contract Defined

A contract is a promise or a set of promises for the breach of which the law gives a remedy, or the performance of which the law in some way recognizes as a duty.

COMMENTS & ILLUSTRATIONS：

Comment：

a. Other meanings. The word "contract" is often used with meanings different from that given here. It is sometimes used as a synonym for "agreement" or "bargain." It may refer to legally ineffective agreements, or to wholly executed transactions such as conveyances; it may refer indifferently to the acts of the parties, to a document which evidences those acts, or to the resulting legal relations. In a statute the word may be given still other meanings by context or explicit definition. As is indicated in the Introductory Note to the Restatement of this Subject, definition in terms of "promise" excludes wholly executed transactions in which no promises are made; such a definition also excludes analogous obligations imposed by law rather than by virtue of a promise.

---

〔1〕 美国《第二次合同法重述》的全部 16 章内容为：第 1 章名词的含义，第 2 章合同的形成——当事人与行为能力，第 3 章合同的形成——相互同意，第 4 章合同的形成——对价，第 5 章防止欺诈条例，第 6 章错误，第 7 章虚假陈述——胁迫与不当影响，第 8 章因公共政策原因而不可强制执行，第 9 章合同义务的范围，第 10 章履行与不履行，第 11 章履行不能与履行受挫，第 12 章因同意或更改而解除债权，第 13 章连带允诺人和受诺人，第 14 章合同受益人，第 15 章权利让与与义务承担第 16 章违约救济。

〔2〕 关于美国《第二次合同法重述》基本条文的内容（第 1—4 章），可参见笔者对其所作的初步翻译和引介。刘承韪译："美国合同法第二次重述（一）"，载梁慧星主编：《民商法论丛》（第 31 卷），法律出版社 2004 年版。

b. Act and resulting legal relations. As the term is used in the Restatement of this Subject, "contract," like "promise," denotes the act or acts of promising. But, unlike the term "promise," "contract" applies only to those acts which have legal effect as stated in the definition given. Thus the word "contract" is commonly and quite properly also used to refer to the resulting legal obligation, or to the entire resulting complex of legal relations. Compare Uniform Commercial Code § 1 – 201 (11), defining "contract" in terms of "the total legal obligation which results from the parties' agreement."

c. Set of promises. A contract may consist of a single promise by one person to another, or of mutual promises by two persons to one another; or there may be, indeed, any number of persons or any number of promises. One person may make several promises to one person or to several persons, or several persons may join in making promises to one or more persons. To constitute a "set," promises need not be made simultaneously; it is enough that several promises are regarded by the parties as constituting a single contract, or are so related in subject matter and performance that they may be considered and enforced together by a court.

d. Operative acts other than promise. The definition does not attempt to state what acts are essential to create a legal duty to perform a promise. In many situations other acts in addition to the making of a promise are essential, and the formation of the contract is not completed until those acts take place. For example, an act may be done as the consideration for a contract (see § 71), and may be essential to the creation of a legal duty to perform the promise (see § 17). Similarly, delivery is required for the formation of a contract under seal (see § 95). Such acts are not part of the promise, and are not specifically included in the brief definition of contract adopted here.

e. Remedies. The legal remedies available when a promise is broken are of various kinds. Direct remedies of damages, restitution and specific performance are the subject of Chapter 16. Whether or not such direct remedies are available, the law may recognize the existence of legal duty in some other way such as recognizing or denying a right, privilege or power created or terminated by the promise.

Illustration：

1. A orally agrees to sell land to B; B orally agrees to buy the land and pays $ 1000 to A. The agreement is unenforceable under the Statute of Frauds. B's right to restitution of the $ 1000, however, is governed by the same rules as if the agreement were enforceable. B has a right to recover the $ 1000 paid if A refuses to convey the land, but not if A is ready and willing to convey. See § 140 and the provisions on restitution in § 375. By virtue of this indirect recognition of the duty to convey, the agreement is a contract.

f. Varieties of contracts. The term contract is generic. As commonly used, and as here defined, it includes varieties described as voidable, unenforceable, formal, informal, express, implied (see Comment a to § 4), unilateral, bilateral. In these varieties neither the operative acts of the parties nor the resulting relations are identical.

g. "Binding promise. " A promise which is a contract is said to be "binding. " As the term "contract" is defined, a statement that a promise is binding does not necessarily mean that any particular remedy is available in the event of breach, or indeed that any remedy is available. Because of the limitations inherent in stating or illustrating rules for the legal relations resulting from promises, it frequently becomes necessary to indicate that a legal duty to perform arises from the facts stated, assuming the absence of other facts. In order to avoid the connotation that the duty stated exists under all circumstances, the word "binding" or a statement that the promisor is "bound" is used to indicate that the duty arises if the promisor has full capacity, if there is no illegality or fraud in the transaction, if the duty has not been discharged, and if there are no other similar facts which would defeat the prima facie duty which is stated.

REPORTERS NOTES: This Section carries forward former § 1. See 1 Williston, Contracts § 1 (3d ed. 1957); 1 Corbin, Contracts § 3 (1963). For other important discussions of what contracts are, see Gilmore, The Death of Contract (1974); Friedman, Contract Law in America: A Social and Economic Case Study (1965); Symposium, The Relevance of Contract Theory, 1967 Wis. L. Rev. 303; Macauley,

Contract Law and Contract Research, 20 J. Legal Ed. 452 (1968); Farnsworth, The Past of Promise: An Historical Introduction to Contract, 69 Colum. L. Rev. 576 (1969); Macneil, The Many Futures of Contract, 47 So. Cal. L. Rev. 691 (1974); Macneil, Restatement, Second, of Contracts and Presentiation, 60 Va. L. Rev. 589 (1974); Atiyah, Contracts, Promises and the Law of Obligations, 94 L. Q. Rev. 193 (1978); see also Leff, Contract as Thing, 19 Amer. U. L. Rev. 131 (1970).

Comments a and b. For a concise discussion of what constitutes a contract, how it can be created and its relation to tort actions for fraud, see Steinberg v. Chicago Medical School, 69 Ill. 2d 320, 371 N. E. 2d 634 (1977).

Comment e. Illustration 1 is new.

Comment f. Section 12 of the original Restatement defined unilateral and bilateral contracts. It has not been carried forward because of doubt as to the utility of the distinction, often treated as fundamental, between the two types. As defined in the original Restatement, "unilateral contract" included three quite different types of transaction: (1) the promise which does not contemplate a bargain, such as the promise under seal to make a gift, (2) certain option contracts, such as the option under seal (see §§ 25, 45), and (3) the bargain completed on one side, such as the loan which is to be repaid. This grouping of unlike transactions was productive of confusion.

Moreover, as to bargains, the distinction tends to suggest, erroneously, that the obligation to repay a loan is somehow different if the actual delivery of the money was preceded by an advance commitment from the obligation resulting from a simultaneous loan and commitment. It also causes confusion in cases where performance is complete on one side except for an incidental or collateral promise, as where an offer to buy goods is accepted by shipment and a warranty is implied. Finally, the effect of the distinction has been to exaggerate the importance of the type of bargain in which one party begins performance without making any commitment, as in the classic classroom case of the promise to pay a reward for climbing a flagpole.

The principal value of the distinction has been the emphasis it has given to the fact that a promise is often binding on the promisor even though the promisee is not bound by any promise. This value is retained in § 25 on option contracts. But the terms unilateral and bilateral are generally avoided in this Restatement.

CROSS REFERENCES：ALR Annotations：

What constitutes a contract for sale under uniform commercial code § 2-314. 78 A. L. R. 3d 696.

从美国《合同法重述》第 1 条的内容，我们可以清楚地看到重述与大陆法系法典的区别，它是法律确定性与法律灵活性平衡的产物，并且其内容丰富浩繁，阐释详尽，实乃古典契约法理论集大成之作。总之，重述体系严谨、逻辑清晰、理论深厚，完全展现了古典契约法的魅力，并且重述还代表了美国契约法学界对大陆式的法典化与英美式的判例化模式的一种成熟的认知态度与调和做法，标志着美国古典一般契约法最终形成。

导致合同法再次重述的原因是多重的。《第二次合同法重述》的报告人法恩思沃斯教授认为，合同法再次重述至少受到三方面的影响：个别人物、判例法和制定法（主要是《统一商法典》）。[1]其中制定法和判例法起到了主要的推动作用。因此可以说，《第二次合同法重述》是在制定法和判例法双重影响下诞生的。

1. 制定法（法典法）的影响

已出台的制定法对合同法再次重述的影响是巨大的。例如，在各州降低年龄的立法影响下，《第二次合同法重述》第 14 条规定，获得订立合同的完全能力的年龄从 21 岁降至 18 岁。同时，在盖印合同（Seal）、防止欺诈法（Statue of Frauds）、连带和多数允诺人和受诺人（joint and several promisors and promisees）、合同转让（assignments）等方面，《第二次合同法重述》都受到了各州制定法的强烈而明显的影响。但对《第二次合同法重述》影响最大的制定法是美国的《统一商法典》。[2]

美国起草《统一商法典》的目的在于统一各州之不同商事法，并取代

---

〔1〕 E. Allan Farnsworth, "Ingredients in the Redaction of The Restatement (Second) of Contracts", *Colum. L. Rev.*, January, 1981, 3. 影响《第二次合同法重述》的个别人物主要包括报告人布莱彻、法恩思沃斯，写过不朽合同法论著的科宾和威灵斯顿，写过信赖利益开创性文章的富勒，和写过多篇关于胁迫的精彩文章的著名比较法学家道森（John P. Dawson）。

〔2〕 E. Allan Farnsworth, "Ingredients in the Redaction of The Restatement (Second) of Contracts", *Colum. L. Rev.*, January, 1981, 10.

1906 年的《统一买卖法》。为此，美国统一州法委员会便与因合同法等多种重述而名声大噪的美国法学会合作，并任命卢埃林为报告人，负责起草《统一商法典》。1952 年，《统一商法典》的官方文本正式公布，并首先在美国法学会所在的宾夕法尼亚州付诸实施。其后法典经过很多次修订，逐步为美国除路易斯安那州（路易斯安那州也采纳了一部分）之外的所有其他州所采纳，并因此对美国合同法产生了非常深刻的影响。《第二次合同法重述》就是在这种影响下诞生的，并且《统一商法典》被看成《第二次合同法重述》产生的主要推动力。

（1）取消了对单诺合同与双诺合同的划分。尽管单诺合同与双诺合同（U-nilateral and Bilateral Contracts）的划分在英美法中被誉为"伟大的两分法"〔1〕，是理解英美法的重要路径，但是，由于该分类存在明显的缺陷，《第二次合同法重述》追随《统一商法典》，对这一传统理论不仅极尽淡化之能事，而且极力想从法律辞典中删除单诺合同这一术语。〔2〕在《第二次合同法重述》第 1 条的说明中，其报告人认为："原重述（即第一次重述）第 12 条界定了单诺合同和双诺合同，本重述不再采纳这一定义，因为人们对这一区分的有用性持怀疑态度。"〔3〕于是，《第二次合同法重述》自始至终未使用"单诺合同"和"双诺合同"的概念，尽管其为了与《合同法重述》保持一定的连续性，仍将承诺区分为以行为进行的承诺和以允诺进行的承诺两种。

（2）增加诚信和公平交易义务（duty of good faith and fair dealing）。受《统一商法典》第 1-203 条"合同和义务的履行或执行必须遵循诚信原则"规定的影响，《第二次合同法重述》第 205 条也规定，"合同的当事人在履行或执行合同的过程中负有诚信和公平交易的义务"。《合同法重述》对诚信和公平交易义务规则没有任何规定，〔4〕该规则完全是在《统一商法典》第 1-203 条的影响下对《合同法重述》的更新，符合当今社会日趋复杂的交易发展的需要。

---

〔1〕　孙新强、孙凤举："论英美法上的单诺合同和双诺合同——兼与杨桢教授商榷"，载《环球法律评论》2005 年第 5 期。该文误将"杨桢"写为"杨祯"。

〔2〕　Mark Pettit, Jr., "Modern Unilateral Contracts", 63 *B. U. L. Rev.* 551（1983）.

〔3〕　Restatement of Contracts § 1, Reporter's Note, comment 2, 3.

〔4〕　E. Allan Farnsworth, "Ingredients in the Redaction of The Restatement（Second）of Contracts", *Colum. L. Rev.*, January, 1981, 10.

同时，《统一商法典》中的诚信和公平交易义务还起到了对对价原则的修正和替代的作用，如其第 2-209 条规定，变更买卖合同的协议无须对价支持即具有约束力，但必须符合本法规定的诚信标准。该条规定对《第二次合同法重述》也产生了不小的冲击。如《第二次合同法重述》第 89 条规定，如果从订立合同时当事人所没有预见到的客观情况来看，该修改是公正和平等的，则该修改任何一方尚未完全履行的合同义务的允诺，即使无对价也具有约束力。这使得英美合同法具有更强的灵活性。

（3）规定以弃权证书解除义务无须对价。在《统一商法典》第 1-107 条规定的影响下，《第二次合同法重述》在第 277 条也规定："债权人签署并交付书面的弃权证书，即使没有相应的对价支持，其对债务人义务的解除也是有效的。"根据《合同法重述》，合同义务解除必须要有对价或者是以蜡封盖印的形式，否则没有强制执行力。因此，《第二次合同法重述》的该条规定是承继《统一商法典》对传统对价原则的反叛和突破，适应了时代发展的要求。

此外，《第二次合同法重述》中有关合同条款之确定性（certainty）、合同法的商业习惯观念（usage of trade）等内容，也是借鉴《统一商法典》的规定而来。同时，《统一商法典》的诸多概念和术语也被吸收进《第二次合同法重述》。

2. 判例法的影响

由于在英美国家中，合同法主要是判例法，判例法的发展对合同法重述的影响也是十分巨大的。况且，从《合同法重述》通过的 1932 年到《第二次合同法重述》出版的 1981 年的半个世纪中，美国社会也历经沧桑巨变，既包括经济大危机、罗斯福新政、第二次世界大战，也包括新技术革命推动下的经济腾飞和 20 世纪 70 年代的经济滞胀。与经济社会的此种巨变相适应，美国合同法律制度也有了较大的变迁，当然，此种变迁主要体现在出现了大量与《合同法重述》出版时不同的新案例。这些新案例的判决结果及其所持的理论观念紧跟时代经济潮流，彰显了《合同法重述》的价值观念和理论规则的陈旧。因此，判例法的发展也是促使《合同法重述》进行修改的重要原因。正如著名英美法学者杨桢先生所认为的那样，《第二次合同法重述》的起草旨在使每篇之条文能与不断增加且变动之法院判例保持一致。[1]

---

〔1〕 杨桢：《英美契约法论》（第三版），北京大学出版社 2003 年版，第 93 页。

当然，判例法对《合同法重述》的影响主要体现为，在《合同法重述》的修改过程中，大量增加新旧法院判例来对重新编写的条文和相关的评论、注释加以说明，从而增强实用性和说服力，其最为引人注目的莫过于其对允诺"信赖"的更为明确的确认。

由于《合同法重述》主要受威灵斯顿教授思想的影响，允诺禁反言（promissory estoppel）的字眼并没有出现在其中。但科宾派的主张并非没有产生任何的效果，科宾提出的诸多有关问题是威灵斯顿无法回答的。因此，第一次合同法重述在实质上还是承认允诺禁反言原则的。《合同法重述》第90条就规定："允诺人对因其允诺所引致的作为或不作为是可合理预见，且只有强制执行其允诺才能避免不公平结果发生时，该允诺有约束力。"但是，该条规定对信赖的确认很是模糊，并且其适用条件非常严格，不足以达到对当事人的信赖的完整保护。

于是，《第二次合同法重述》在德雷南诉斯达铺设公司案（*Drennan v. Star Paving Co.*）[1]等著名案例的影响之下，于第90条明确规定了允诺禁反言原则及其适用条件："允诺人对其允诺所引致允诺相对人或第三人的作为或不作为可合理预见，且只有强制执行其允诺才能避免不公平结果的发生时，该允诺有约束力。而且，其违反允诺的救济方式，以达到公平者为限。"总之，《第二次合同法重述》第90条所规定的允诺禁反言原则不仅放宽了信赖保护的条件（删除了允诺相对人的信赖必须达到确定和确实之程度的要求），而且扩大了信赖保护的范围（其适用对象不光包括允诺相对人，还扩大到了有关系的第三人），并将信赖利益作为救济或回复的标准，[2]即救济以"达到公平"的信赖损害为限。

（三）《合同法重述》与《统一商法典》的适用关系

（1）从适用的效力来看，《统一商法典》是议会通过的一种法典法、制定法，对法院判决有着直接的约束力，而《合同法重述》不是美国国会通过的法律文件，不具有法律的直接约束力，但有影响法院判决并为各方所认可

---

〔1〕　该案中，法院认为总承包人的行为是基于对分包人投标的信赖，因此判决分包人的投标是不可撤销的。See *Drennan v. Star Paving Co.*, 51 Cal. 2d 409, 333 P. 2d 757（1958）.

〔2〕　E. Allan Farnsworth, "Ingredients in the Redaction of The Restatement（Second）of Contracts", *Colum. L. Rev.*, January, 1981, 7.

的重大权威性。按照美国法学会前会长的说法，"《合同法重述》作为普通法说服权威，具有高度说服力"。（Restatement as "Common Law 'persuasive authority' with a high degree of persuasion".) 因此，每当法官面临困难问题而又不能从先前的判决得出明确结论时，即没有先前的判决可循或者没有明确的先例可依时，他们都会援引重述的规定直接作出判决。同时，《合同法重述》中的大量案例都是一些普通法的经典案例，在一定程度上起到了案例汇编的作用，更加有利于法官对法律的适用。

（2）从适用范围上来看，《合同法重述》是合同制度的"一般法"，而《统一商法典》则是合同制度的特别法。从上文所列《第二次合同法重述》全部16章的内容可以看出，其是对合同全部重要制度的一般概括和叙述，是合同制度的"一般法"，而《统一商法典》主要围绕其"商事性"展开。从其全部10编的内容来看，《统一商法典》主要涉及各种有关商事交易的合同法和其他的商事法律制度与规则，而即使其中有关商事交易的合同法也并不是一般性的合同法规则和制度。它们只是关于商事交易的合同法的特别规则和制度，其适用范围较《合同法重述》来说还是有些狭窄。

（3）然而，由于《统一商法典》具有的法典法的权威性，其规定的诸多法律规则被吸收进了《第二次合同法重述》。况且，该法典把与货物买卖有关的本来存在于判例法之中的合同法规则以制定法的形式表达出来，其中许多规则也慢慢被视为合同法的"一般规则"。[1]例如，其"买卖编"中所规定的"合同的形式、订立和修改""一般义务与合同解释""履行""违约、毁约和免责"以及"救济"等各章，虽然其实质内容是在买卖合同的范围内进行讨论的，但很多规则被视为具有一定程度的一般性。此外，《统一商法典》中的诚信原则、显失公平原则等内容也早已成为美国合同法中经典的一般规则和通用规则。

四、美国合同法的精神

合同法是英美法的精髓所在。[2]不管是英美合同法所具有的多元化与开

---

〔1〕 王军编著：《美国合同法》，中国政法大学出版社1996年版，第13页。

〔2〕 参见王泽鉴教授为杨桢《英美契约法论》（第三版，北京大学出版社2003年版）一书所做的序言。

放性风格，还是其所秉持的"合同即交易"的市场社会理念，都契合了世界范围内合同法统一化与商业化的趋势。因此，在经济全球化与市场法治化的大背景下，对英美合同法进行深入研究，了解其规范制度体系，把握其精神气质，都是意义非凡的事情。由于是当事人意思自治之法，合同法最大的精神应该是合同自由，既包含自我支配自身的自由，也包含不受外部干涉的自由，也就是自由主义大师柏林所谓的"积极自由"与"消极自由"。[1]现代法律又在合同自由基础上发展出了合同正义的精神，以适应不断变化的社会需求。本书所言英美合同法精神主要是一种比较法意义上的探究，是在英美法系合同法与大陆法系合同法两相比较和对照的情况下得出的英美合同法所独有的精神气质：强调实用主义胜于理性主义、强调灵活性胜于确定性的市场交易基本法。

（一）实用主义精神

英美合同法隶属普通法系，是普通法精神和英美法精神在私法与合同法领域的具体呈现，普通法精神本身就是英美合同法精神的皈依之本。至于普通法精神为何，英美法精神有何种体现，我们可以从英美法世界的两位著名法学家那里找到答案。美国一代法学宗师庞德教授在经典著作《普通法的精神》中，分别从日耳曼法、封建主义、清教主义等历史因素，以及司法与王权、资本主义早期政治思想、拓荒者与法律等社会背景方面来解读普通法的自我生长与发展演化之路，[2]认为这些历史因素和社会背景便是孕育普通法精神的土壤，也是展现普通法精神的场域。他将受上述因素影响的"个人主义"视为 20 世纪之前的普通法精神，将 20 世纪之后强调社会公共利益的法律社会化运动视为新时代的英美普通法精神之体现。在他看来，英美法精神的转换发展是历史的必然，没有什么能够阻挡英美法的跨时代演化之路。因为在现代世界，似乎很难找到像英美法这样顽强而充满活力的制度传统，它完全有能力适应时代的要求并实现新的发展。此种适应与发展的秘诀就在于英美法的司法经验主义传统，这才是英美普通法的精髓所在。用庞德自己的话说，"一旦法学家思潮和司法判例转入新的轨迹，英美法的司法经验主义的方

---

[1] Isaiah Berlin, *Two Concepts of Liberty*, *in Four Essays on Liberty*, Oxford University Press, 1969, p. 118.

[2] ［美］罗斯科·庞德：《普通法的精神》，唐前宏、廖湘文、高雪原译，法律出版社 2001 年版。

法总是被证明是适应的。只要提供一些新的前提，普通法就具有使其发展的方法以满足对正义的紧迫需要，还可以将结果铸入一个科学体系之中"[1]很明显，庞德眼中的英美法精神便是普通法在历史长河中不断自我演化出的、历久而弥新的司法经验主义传统。

英国合同法权威阿蒂亚教授则是以比较法的视角来解读英美法精神的典范。他延续和发展了庞德视野中的"普通法精神"，尤其是跳出了仅对英美法进行自我观察的局限，注重从与大陆法系对照分析的比较法视角来发掘和揭示英美法的精神与气质。经过对两大法系的深入考察和对比分析可知，英美法的精神在于重视实践经验的实用主义传统，从而与大陆法系重视理论逻辑的传统相区分。同样，实用主义当然也是英美合同法的精神，兹以逻辑与经验、权利与救济、原理与先例、学术与实践这四组范畴具体说明如下。[2]

1. 英美合同法重视经验胜于逻辑

大陆法在法律方法上比英美法更为理论化，其十分重视逻辑在法律体系中所扮演的角色。对逻辑的强调造就了大陆法系合同法的如下特色：法律形式主义成为合同法的支配性法律方法，民法典成为合同法发展的最高形态，合同法学家成为法律圣贤与权威。与大陆法系相反，英美合同法更偏爱和重视经验而非逻辑。伟大法官霍姆斯的"法律的生命不在于逻辑，而在于经验"的名言，不仅是对普通法偏爱经验的一种总结，更为向哈佛大学法学院这一法律形式主义的大本营和兰代尔等整编合同法的形式主义思潮吹响的讨伐号角。[3]英美法还对民法典这样的抽象而稀奇古怪的东西存有普遍怀疑甚至是反感，认为这是对经验和常识的背叛，是走向了讲究逻辑的极端。富有实践经验的法官或律师而非法学家才是英美法律体系的真正代表。

2. 英美合同法重视救济胜于权利

大陆法系民法是一个以权利为本位的民事权利法体系，合同法是以债权

---

[1]　[美] 罗斯科·庞德：《普通法的精神》，唐前宏、廖湘文、高雪原译，法律出版社 2001 年版，第 130 页。

[2]　[英] 阿蒂亚：《英国法中的实用主义与理论》，刘承韪、刘毅译，清华大学出版社 2008 年版，译者序。

[3]　但霍姆斯的该论断被哈特教授视为"对美国法学家之观念的最严重的误用"，因为这句话是在反对兰代尔等整编合同法的法律形式主义思潮的特定背景下说出的，并不代表普通法不讲究逻辑，因为没有逻辑的支撑，任何法律体系都无法正常运转。况且，如麦考密克所言，实践经验本身就包含着逻辑。H. L. A. Hart, *Essays in Jurisprudence and Philosophy*, Clarendon Press, 1983, p. 129.

为本位的权利法体系，权利是大陆法系民法与合同法的基本前提与构造基础。但英美合同法对于权利概念少有兴趣，一直对其强有力的救济措施引以为傲。救济走在权利之前、救济创造权利、为法律武装上牙齿，早已成为英美合同法的光荣。英美合同法的救济先于权利之特质既源自衡平法在英国合同法发展中所发挥的作用，也有赖于契据之诉（Covenant）、债务之诉（Debt）、违约赔偿之诉（Assumpsit）等合同诉讼格式在司法过程中的确立与发展。

3. 英美合同法重视先例胜于原理

英美法最著名的当然是它的先例制度。从合同法裁判中我们可以很清楚地看到，先例是英美法最重要也是最基本的法律渊源。比如，通常来说，美国法官裁判首先就得看先例法则，然后会看制定法（比如《统一商法典》）有无规定，再看《合同法重述》这样的软法能否适用。[1]法官也会参考权威法学家的经典论述，但这是排在最后的。阿蒂亚还强调，遵循先例有时意味着，当事人甚至可以通过证明之前从未有人提出过对方的观点来驳倒对方。该说法虽略有夸张，但也有一定道理。

4. 英美合同法重视实践胜于学术

在德国等大陆法系国家，没有法学家的大陆法是不可想象的，法学教授具有崇高的威望，与最杰出的法官相当甚至更高。法官还会在他们的判决书中详细讨论学者的学术作品。这些都体现出大陆法对学术的尊重与重视。但英美法更重视法律的实践和代表实践的职业法律人，因为实践才代表法律的真知与精髓，法律学术的地位相对卑微，学者受到的重视也较大陆法差得远，一是因为学者是理论家，而英美法对理论有着天然的厌恶倾向；二是因为学者过分讲究逻辑，他们把所有的意见合在一起，看似合理与合逻辑，然而常常很不现实。所以，英国上议院法官才会不断提醒："法官对权威教科书的任何信赖都是非常危险的，即使教科书仅仅是分析司法判决时也是如此。"[2]

可见，对实用主义的偏爱与坚守、对理性主义的反感与排斥是英美法有别于大陆法的重要方面，是英美法独有的精神气质。英美合同法与英美法传统、普通法精神一脉相承，具有高度实用主义色彩和实践经验主义导向，实

---

〔1〕　Gregory E. Maggs, "Ipse Dixit: The Restatement (second) of Contracts and the Modern Development of Contract Law", *George Washington Law Review*, March 1998, 508.

〔2〕　*Johnson v. Agnew* [1980] A. C. 367, at 395.

用主义是英美合同法的首要精神。

（二）灵活性精神

在英美法世界中，法律就是经验，法律就是生活。面对实践生活，法律一直采取灵活开放的姿态，追求个案正义的判例法便是扎根于社会生活并能灵活应对实践难题的法宝。但由于英美法国家判例累积日多，卷帙浩繁且日渐杂乱，相互矛盾之处更是数不胜数，带来了大量法律适用的困难。为解决上述问题，以培根、海尔、边沁、奥斯丁为首的英国法学家很早就发起了整编普通法的运动，其中对普通法批判最有力者当属边沁，他言辞激烈、毫不留情，从而掀起了改造与整编普通法运动的高潮。边沁批评普通法是藐视一切合理性原则的杂乱无章的法律堆积，此种法律的混乱既带来了司法的不公，也导致了法律的高度不确定性。边沁抓住了普通法杂乱无章和不确定性的最大弊端，主张重新整编普通法，使其形式理性化和体系化，甚至考虑普通法法典化，制定通俗易懂的法典，以"实现人人皆为法律家的理想"，[1]追求金融家、工业家和投资家迫切需要的法律与判决的确定性、稳定性和可预期性。[2]但边沁的此种追求法律确定性的法典化主张，除了在特定商事法领域有所收获，并没有得到英美法主流世界的认可，比如作为私法核心的合同法就没能实现统一法典化，更不用说民法典这样纯粹大陆法系的东西了，主要原因就在于英美法对法律确定性的怀疑和对法律灵活性的诉求。英美合同法领域最能展现其强调法律灵活性精神的经典例证便是美国的《合同法重述》这一独树一帜的、平衡法律确定性与法律灵活性的重要法律文件。

1.《合同法重述》是英美合同法追求法律确定性的产物

19世纪末，在英国法典化思潮和美国法学奠基人兰代尔的"法律科学化"思想双重作用下，美国契约法也逐步开启自己的理论化与体系化之路。于是，在20世纪初期，美国法律界为了克服"在普通法的基本原理上缺乏一致意见、缺乏对普通法的系统发展和缺乏对法律术语的精确使用"[3]三大缺

---

〔1〕 Lawson, "Further Reflections on Codification", in Lawson, *Selected Essays II*: *Comparison*, 1977, p. 90.

〔2〕 ［德］K. 茨威格特、H. 克茨：《比较法总论》，潘汉典等译，法律出版社2003年版，页136后。

〔3〕 American Law Institute, Report of the Committee on the Establishment of a Permanent Organization for the Improvement of the Law Proposing the Establishment of an American Law Institute, 1 A. L. I. PROC. pt. 1, 8 (1923).

陷，从而消除美国法的不确定性与复杂性两大顽疾，决定"创造一个能对法律进行有序重述的组织……以澄清并尽可能简化美国的普通法"。[1]这便是现在为世人所熟知的美国法学会。[2]在上述宗旨的指引之下，美国法学会最终出版了13种法律重述。最早的重述是1932年出版的由威灵斯顿担任报告人并由科宾担任特别顾问[3]的《合同法重述》，它是很多位优秀的合同法教授经过十年的潜心研究而奉献出来的杰出作品。[4]威灵斯顿与科宾这两位合同法大师的贡献与影响，最终成就了《合同法重述》，使它具有崇高与权威的地位，受到很多好评，也成为所有重述中最好的一部。从形式上来看，《合同法重述》以类似于法典或制定法的章、节和条文的高度形式理性化和体系化的方式呈现出合同法的基本原理和规范，确实大大提高了合同法的简明性和确定性。正如杨桢教授所言，"确定性的追求是《合同法重述》诞生的首要动力，因为英美法院判例日益增加，相互矛盾与冲突情形日多，再加之现代生活经济条件愈加复杂，使得美国法律日渐模糊，需要加以明确化"。[5]总之，说《合同法重述》是英美合同法追求法律确定性的产物是没有疑问的。

2. "确定性幻觉"：法律确定性并非英美法最高价值

法律确定性是法律领域的重要命题，承载着法律的基本价值，但两大法系对于法律确定性的亲近程度并不相同。大陆法系法典全部以法律确定性为最高信仰；英美法尽管也在法典化思潮与法律科学化观念影响下，在《合同法重述》等法律文件的起草中受到了法律确定性的强大诱惑，并努力去追求此种法律的确定性，但长久的判例法传统又需要其冷静面对该种诱惑，理性思考英美法追求与实现法律确定性的边界与限度。于是，大法官霍姆斯指出，认为英美法中存在一致而确定的规则、学说与定义的想法，实际上只是一种

〔1〕　Lewis, History of the American Law Institute and the First Restatement of the Law, Restatement in the Courts 1, 2 (perm. ed. 1945). Quoted from James Gordley, infra note 26, at 145.

〔2〕　美国法学会由精选出来的执业律师、法官和法学教授组成，会员目前已有几千人，尽管在性质上属于民间学术团体，但在美国法律界扮演重要角色，影响深远，它一直以曾奉献出《合同法重述》等多种重述和曾负责《统一商法典》的起草而自豪。

〔3〕　E. Allan Farnsworth, *Contracts*, 3rd ed., Aspen Law Business, 1999, p. 27.

〔4〕　Daniel J. Klau, "What Price Certainty? Corbin, Williston and the Restatement of Contract", *Boston University Law Review*, May 1990, 512.

〔5〕　杨桢：《英美契约法论》（第三版），北京大学出版社2003年版，第92页。

假定，甚至可以说是一种"确定性的幻觉"。[1]该思想也成为霍姆斯后来批判美国合同法之法律形式主义的基础。在确定性问题上，大法官卡多佐与霍姆斯的思想一脉相承，他在其名篇《司法过程的性质》中说道："在担任法官的最初几年里，我发现在我航行的大海上没有任何航迹，为此我烦恼不已，因为我所寻求的是确定性。当我发现这种追求徒劳无益时，我感到万分压抑和沮丧。……随着岁月的流逝，随着我越来越多地反思司法过程的性质，我已经变得甘心于这种不确定性了，因为我已经渐渐理解它是不可避免的。司法过程的最高境界并非发现法律，而是创造法律。"[2]也就是说，英美法并不执着于对确定性的追问，因为司法过程中法律的不确定性不可避免。也不要恐惧法律的不确定性，以实用主义精神和创造性思维去勇敢面对实践，就可以找到新时代的原则，实现新时代的社会正义。总之，从法律实践对法律确定性的态度可以看出，法律确定性不可能是英美法的最高价值和核心精神，它是一种有限的确定性。在以实践为导向的英美法世界中，有限的法律确定性的价值要经得住法律实践的考验，但很显然，法律界对普遍的法律确定性始终是存疑的，确定性的实现程度往往要看其能在多大程度上相容于英美法的灵活性精神。

3. 互相成就的《合同法重述》与法律灵活性

英美国家一直将判例法与社会现实之间的开放与融通的灵活性（flexibility）视为自己法律体系的灵魂。当现实生活的法律确定性是一种幻觉、不确定性是一种常态的时候，灵活性便自然成为英美合同法的灵魂，也是英美合同法的力量与优势之源泉。不必过分担心不确定性对合同法的冲击，因为"合同法本来就不具备完全的确定性，承认合同法有限确定性的事实，不会威胁到制度的合法性……这种弹性有助于确保公平的结果，非但没有削弱合同法地位，反而加强了合同法的地位，使合同法具有更高的适应性和成长性"。[3]即便时不时会出现追求法律确定性的冲动与需求，也很难突破保持法律灵活性本位的限度。正如在《合同法重述》制定过程中，"虽然法律确定性被视为美

---

〔1〕［美］A. L. 科宾：《科宾论合同》（一卷版，上册），王卫国、徐国栋、夏登峻译，中国大百科全书出版社 1997 年版，第 214 页。

〔2〕B. Cardozo, *The Nature of the Judicial Process*, Yale University Press, 1921, p. 166.

〔3〕［美］罗伯特·A. 希尔曼：《合同法的丰富性：当代合同法理论的分析与批判》，郑云瑞译，北京大学出版社 2005 年版，第 25 页。

国法学会的宗旨与目标，但过分确定的法典化不被期望，因为在他们看来，代表确定性的法典化将牺牲弹性和灵活性"。[1]因此，美国在整编和改造普通合同法时取了一条折中路线：对合同法进行重述，而不是法典化，以保证在去除判例法弊病、实现法律确定性的同时，贯彻英美法的灵活性精神。尽管很多与合同密切相关的法律领域在立法干预之下都实现了法典化，长期以来合同法本身却一直在抑制法典化以保持法律的灵活性，这就是美国只有《合同法重述》而没有《统一合同法》的重要原因。[2]此外，《合同法重述》的内容也足以印证它是追求法律确定性但又要保持法律灵活性精神的特别法律文件。虽然包括很多法律条文，但其中代表法律确定性的基本条文只占了很小的比重，主要篇幅和内容都留给了代表法律灵活性的评论、说明例、报告者注解、案例援引等，因为它们才是英美合同法的生命和精神所在。《合同法重述》实质上算是"以条文形式重新整编的判例法"。[3]显然，在英美法中，判例法和《合同法重述》所代表的法律的灵活性有着比确定性更高的法律价值，灵活性被视为英美合同法的生命，是英美合同法更为倚重的精神。

总而言之，《合同法重述》是英美法试图折中法律确定性与法律灵活性的产物，但也处处体现着英美法对灵活性精神的无上尊崇。虽然也有学者认为，大陆法系国家法院在 20 世纪通过民法典中的诚实信用原则、公序良俗原则"向一般条款逃逸"，从而实现法典的灵活性，[4]但法典的此种灵活性设计只能算是高度确定性法典的微小例外，与英美判例法传统深入骨髓的高度灵活性精神不可同日而语。法学家希尔曼说，"现代合同法强调公平的重要性，强调灵活性优于确定性"。[5]借用匈牙利诗人裴多菲的修辞，在英美法世界中，

---

〔1〕　Daniel J. Klau, "What Price Certainty? Corbin, Williston and the Restatement of Contract", *Boston University Law Review*, May 1990, 521.

〔2〕　与合同密切相关的实现法典化的法律领域主要是指劳动法、反托拉斯法、保险法、商业规则和社会福利立法等。合同法抑制法典化的判断也是由法学家弗里德曼在其著作《美国合同法》(1965) 中提出的。参见 [美] 格兰特·吉尔莫："契约的死亡"，曹士兵、姚建宗、吴巍译，载梁慧星主编：《为权利而斗争——梁慧星先生主编之现代世界法学名著集》，中国法制出版社 2000 年版，第 60 页。

〔3〕　[日] 大木雅夫：《比较法》，范愉译，法律出版社 1999 年版，第 258 页。

〔4〕　James Gordley, "European Codes and American Restatement: Some Difficulties", *Columbia Law Review*, January 1981, 145.

〔5〕　[美] 罗伯特·A. 希尔曼：《合同法的丰富性：当代合同法理论的分析与批判》，郑云瑞译，北京大学出版社 2005 年版，第 268 页。

似乎可以说：确定诚可贵，灵活价更高。若为正义故，两者皆可抛。

（三）市场交易法精神

自从有了劳动分工和交换需求，合同就成为社会运转的重要元素，它为人们之间的交易提供了畅通的渠道。因此可以说合同法是交易法，是调整人与人之间交换金钱、货物或服务的法律。当然，尽管交易的形式多种多样，但合同法很少涉及非市场交易，其主要针对市场中发生的买卖、租赁、雇佣、借贷等各类交易，[1]合同法是典型的市场交易之法。不仅如此，合同法实际上还是合伙法、公司法、保险法、证券法等交易法的基础性法律，它是整个市场经济的基本法，对于自由市场经济的发展举足轻重。在大多数学者看来，既重视"商业情趣"[2]又强调其"商人法"[3]品格的英美合同法与既调整财产关系又调整人身关系的大陆法系民法典中的合同法，有着强烈的反差。大陆法系民法典中的合同法与市场交易存在距离，英美合同法则全面拥抱市场经济，时刻践行市场交易法精神。其具体表现如下：

1. 客观主义的法律传统

尽管 18 世纪末和 19 世纪初的英国合同法中出现过主观的意思理论模式（will model），但该模式对普通法的影响很是有限，因为英美国家的经验哲学更重视人的言语、行为等外在的可感知、可认识、可触摸、可察觉的客观现象，[4]认为只有这样的东西才是值得信任的，大陆法系国家的理性哲学所说的人的理性思维在英美法系根本无从把握。到 19 世纪之后，当时社会需要强调法律的确定性、可预测性而支撑推动初期资本主义的蓬勃发展，法院也拒绝去探求个人主观真实的意图是什么，以最大程度上减少商业风险和增强交易安全。于是经验主义哲学所支撑的客观主义法律传统便开始在英美法中逐步系统化。英美合同法中强调形式的盖印文书、对价原则、口头证据规则、合同成立中的客观理论、违约客观归责理论、合同解释中的客观理论等都是此种客观主义传统的代表。如霍姆斯所说，"合同与当事人的主观意志毫无关

---

[1] ［美］P. S. 阿狄亚：《合同法导论》（第五版），赵旭东、何帅领、邓晓霞译，法律出版社 2002 年版，第 3 页。

[2] Cheshire, *Fifoot & Furmston's Law of Contract*, Butterworths, 1996, p. 8.

[3] ［德］海因·克茨：《欧洲合同法》（上卷），周忠海、李居迁、宫立云译，法律出版社 2002 年版，第 83 页。

[4] Melvin A. Eisenberg, "The Responsive Model of Contract Law", 36 *Stan. L. Rev.* 1107, 1107（1984）.

系，我们只能通过当事人的外部行为来判断合同的约束力问题"。[1]现实主义法学家弗兰克甚至指出，当事人主观意思难以把握，走得太远了，弊端多多，有时法院甚至会将合同当事人连想都未想过的法律效果施加给当事人，这简直就是罪过。总之，在19世纪末20世纪初，英国主要在安森和波洛克两位法学家的设计带领下，美国主要在兰代尔、霍姆斯和威灵斯顿三位法学家的设计努力下，建立起了英美较为系统的也具有明显客观主义色彩的古典合同法体系和传统。客观主义合同法大大加强了市场交易的确定性，减少了当事人的商业风险和运用法律的成本，增强了交易的安全，提高了交易的效率，助推了市场经济的快速、安全和健康发展，这一点在不强调违约方过错的严格违约责任制度上体现明显。

2. 法律渊源的多元与弹性

英美合同法的法律渊源与大陆法系国家有较大差别。尽管有《统一商法典》等制定法的存在，且制定法有着优先于普通法的法律效力，但包含丰富生活事实的判例法才是英美合同法的主要法律渊源。此外，《合同法重述》这样的异常特殊的软法文件的存在，使得英美合同法的法律渊源形式多元且富有弹性。除了形式上的这些特色，英美合同法的法律渊源还包含规则、原则、习惯、标准等多个层次的规范构成，这也是英美合同法法律渊源的重要特点。以大陆法系民法典为代表的古典合同法采取"规则中心主义"的法律传统，以法律规则为其法律渊源的基础性规范。规则强调相对确定的行为模式和法律后果，但无法跟上社会生活和经济交往的不断发展变化的形势。于此情形下，法律原则便应运而生，在大陆法系和英美法系都成为重要法源。像显失公平原则、诚信原则、信赖原则等都是填补法律漏洞的重要工具，成为弥补规则中心主义法律传统不足的重要规范形态。比如，美国法就经常用允诺禁反言原则和诚信原则对合同中遭受信赖利益损失的消费者进行救济。不仅如此，英美合同法还特别强调商事习惯对合同法的支撑作用，强调应当将履约过程、交易习惯、贸易惯例的内容纳入当事人之间合同的解释适用中，从而增加商事交易的弹性和温度，在作用和功能上也比大陆法系民法典的习惯法源更为积极和明显。此外，英美法还将融入"政策性判断"[2]的标准作为合

---

[1] O. W. Holmes, "The Path of Law", *Harv. L. Rev.* 4 (1897).

[2] [日] 内田贵：《契约的再生》，胡宝海译，中国法制出版社2005年版，第163页。

同效力评判和解释适用的依据。英美合同法也通过标准而与法律的目的、价值和实践建立关联和产生互动，合同法系统的实用性、灵活性、开放性也更加凸显。美国合同法中的公共政策准则，包需求合同等内容开放性合同，"合理确定性""合理期限""合理努力""最大努力"等合理性条款，都是灵活而富有弹性的标准，而不是高度确定的刚性规则，都体现了英美合同法法律渊源的多元与弹性，符合高度发达的市场经济发展的需要。

3. 超越社会伦理的市场伦理之法

大陆法系民法典体系中的合同法具有较强的民事性质和道德属性，背靠公正、正义、善意、公序良俗等社会伦理价值，并倾向于借此对当事人行为作出相应的道德评价。与此不同的是，英美合同法并非像大陆法系那样将合同视为与法定侵权之债相对的约定之债，而是将合同认定为一项交易。既然是交易，通常都需要有商业上的对价的支持，如果没有对价，那就是无偿的允诺或协议。无偿允诺（协议）在英美法中只是赠与允诺（gift promise），而非合同，没有法律约束力。因此，英美合同法中的合同交易更重视的是等价有偿、交易效率、风险分配、交易安全等市场和商业伦理价值，对于交易中的当事人有无过错等社会道德可责难性少有关注，甚至认为违约并不是什么过错，并进而发展出了著名的效率违约理论。比如，大法官霍姆斯说："合同当事人只是或者履行合同，或者支付由此造成的损失，因此他选择支付由此造成的损失，他就没有过错。他只是在两种方式中选择一种来履行他的义务。"[1]在此契约选择理论的基础上，霍姆斯进一步指出，"合同的履行乃是一种预测，而非法律上的义务"。[2]履行合同的预测没能实现与违反法律义务相比，自然是违反法律义务时更应该受到道德上的谴责。霍姆斯多次强调了道德与法律分离的必要性，认为指出并消除道德与法律之间的混淆，是恰当的。如果你签订了一个合同，你就要么履行合同约定事项，要么承担不履行合同的损害赔偿责任，这便是所有的区别，不存在道德谴责的问题。[3]非常

---

〔1〕 ［美］E. 艾伦·范斯沃思：《美国合同法》（原书第三版），葛云松、丁春艳译，中国政法大学出版社 2004 年版，第 750 页。

〔2〕 ［美］霍姆斯：《法律的生命在于经验——霍姆斯法学文集》，明辉译，清华大学出版社 2006 年版，第 208 页。

〔3〕 ［美］霍姆斯：《法律的生命在于经验——霍姆斯法学文集》，明辉译，清华大学出版社 2006 年版，第 209、213 页。

明显，在霍姆斯看来，合同的不履行只会产生损害赔偿责任，而不会有道德上的非难。他通过排除道德因素在合同中的相关性，在缔约自由以及合同履行仅是一种预测的前提下，建设性地提出了与之相对应的违约自由理论："在普通法上，合同一方当事人在合同履行期限到来之前，是不受任何干涉的，因此他有选择违约的自由。"[1]也就是说，在市场经济条件下，违约有时不仅不是过错，还是一种自由。"与著名的订约自由一样，当事人也应当有相当程度的违约自由。"[2]总之，效率违约理论也好，违约自由观念也好，无疑是英美合同法所具有的市场交易法精神的体现，尽管有点极端而难以被大陆法系学者接受。其实，中国合同法中提及过错的分则条文多数涉及赠与、保管、委托等无偿合同和民事合同，也在一定程度上印证了民事合同与商事合同在关注过错与否问题上的差别：无偿民事合同可更多关注过错等社会伦理价值，有偿商事合同应更多关注交易效率、交易安全、风险分配等市场伦理价值，现代合同法应当是属于后者的市场交易基本法。[3]具备市场交易法精神的英美合同法应该是未来合同法发展的主流方向。

五、美国合同法学家

新古典契约法理论是当今契约法领域的中坚力量和主流学说，[4]学术势力强大，代表人物众多。比如，著名法学家阿蒂亚、科宾、卢埃林、埃森博格、吉尔莫、法恩思沃斯、富勒、凯斯勒、克鲁曼等都是新古典契约法理论的力主者。

（一）法学家阿蒂亚

P. S. 阿蒂亚教授（P. S. Atiyah，1931—），来自英国著名的阿蒂亚家族

---

〔1〕　O. W. Holmes, Jr., *The Common Law*, Mark DeWolfe Howe ed., Boston：Little Brown, 1963, p. 301.

〔2〕　法恩思沃斯对霍姆斯的违约自由理论做了进一步的阐释与发展，即"合同法所关心的并非这个问题：允诺人怎样才能够信守其允诺？它所关心的是一个不同的问题：怎样才能够激励人们去和允诺人打交道？有的时候，答案是应当强迫允诺人履行允诺，但是这一结果仅仅是一套设计来服务于其他目的的法律制度的附带效果而已。通过鼓励受诺人信赖他人所做的允诺（而非通过强迫允诺人履行其允诺）来促进对合同的利用，这也许和自由企业制度更加一致。无论如何，与著名的订约自由一样，也应当有相当程度的违约自由。"［美］E. 艾伦·范斯沃思：《美国合同法》（原书第三版），葛云松、丁春艳译，中国政法大学出版社 2004 年版，第 750 页。

〔3〕　刘承韪：《英美契约法的变迁与发展》，北京大学出版社 2014 年版，第 242—243 页。

〔4〕　Ian Macneil, "Relational Contract：What We Do and Do not Know?", 1985 *Wis. L. Rev.* 483, 483.

(The Atiyah Family)。阿蒂亚家族最著名的人物是作为大哥的迈克尔·阿蒂亚爵士（Sir Michael F. Atiyah）。迈克尔·阿蒂亚被誉为 20 世纪和当今世界最伟大的数学家之一，曾经获得过号称数学界诺贝尔奖的阿贝尔奖（Abel Prize）和菲尔兹奖（Fields Medal）这两项数学界的最高荣誉。当然，作为弟弟的阿蒂亚也毫不逊色，他同样是思想巨擘、学界翘楚。阿蒂亚是当今世界合同法三大家之一，在世界法学界享有很高的声誉，其多次再版的《合同法导论》和鸿篇巨制《合同自由的兴起与衰落》早已成为传世经典；而他直接与英美哲学家进行对话的著作《允诺、道德与法律》和已经译成中文的《法律与现代社会》《英美法中的形式与实质：法律推理、法律理论和法律制度的比较研究》都共同展现了阿蒂亚在法理学和法哲学方面的深厚学术功力和高深思想造诣。由于毕生都在研授英国法，并且打通了部门法与法学基础理论的任督二脉，阿蒂亚在合同法和法理学领域都有非凡的成就。

就其个人经历而言，阿蒂亚是一个国际家庭的孩子，他的父亲是黎巴嫩人，母亲是苏格兰人，父母在牛津大学求学时相识，结婚后又去苏丹政府供职 20 年。阿蒂亚也因此得以周游大半个地球，先后在苏丹、澳大利亚、加拿大、美国和英国的大学任教讲学，阅历丰富、视野开阔。这样的经历让他在思考法学问题时从一开始就具有很强的国际视野，对于传统英美法也一直持一种批判革新的态度，是典型的改革派法学家，是新古典契约法理论的代表人物。这一点像极了他特别崇拜的美国法学家科宾，他的主要论题和学术风格也与科宾如出一辙。

阿蒂亚通过其大作《合同自由的兴起与衰落》展开了新的合同信赖利益理论。在富勒将信赖利益理论引入契约责任中之后，阿蒂亚更进一步将这一理论扩展到主张对允诺理论的全面超越。他认为，合同的信赖利益理论明显优于允诺理论，因为在今日，正像保证法、虚假陈述法、产品责任法以及允诺禁反言法理曾经历的那样，信赖利益作为责任的根据有重大进展。在否定免责格式条款的场合，也完全符合以信赖利益理论为根据。若用允诺理论来说明这些动向（例如援引默示约定），将陷入循环论证或牵强附会。不仅如此，阿蒂亚对允诺理论作为道德原理的有效性本身提出了质疑，批判了将允诺区分为道德的约束力和法的约束力的见解。[1]在阿蒂亚看来，通过采用信

---

[1]〔日〕内田贵：《契约的再生》，胡宝海译，中国法制出版社 2005 年版，第 99 页。

赖利益理论，裁判上要求的不是由允诺认定带来的形式的推论，而是判断实质的利益。因此对于其信赖是否应受保护，法官必须进行脱离当事人意思的价值判断。阿蒂亚通过上述理论企图主张信赖利益理论政治的正统性。[1]

（二）法学家科宾

科宾（Arthur Linton Corbin，1874—1967 年）是美国 20 世纪最伟大的合同法学家，新古典契约法理论的代表人物，著名的改革创新派。他曾担任耶鲁大学法学教授、美国第一次和第二次合同法重述的顾问，于 20 世纪完成了合同法经典巨著《科宾论合同》（共 8 卷），该书内容丰富，体系庞大，逻辑严密。在书中，他以特有的深邃的思想、透彻的分析力和渊博的学识对美国合同法所作的精辟、独到的论述，至今仍具有无与伦比的学术魅力。科宾一生教了两个著名的学生，一个是卢埃林，另一个是大名鼎鼎的法恩思沃斯。

科宾对美国法的贡献甚多，其中最重要的贡献是与卡多佐等人于 20 世纪 30 年代奠定了信赖利益理论在合同法上的地位。作为新自然法学派在合同法领域的代表，科宾对信赖利益理论的态度十分明显，在他的抗争下，《合同法重述》中就出现了与整体古典契约法思想格格不入的第 90 条"由信赖允诺而导致的行为或负担"，并进而在《第二次合同法重述》中明确创立了对英美合同法体系影响巨大的允诺禁反言原则。以信赖利益理论为基础的允诺禁反言原则，动摇了由兰代尔和霍姆斯等人创立的"对价—合同—责任"公式，而代之以新的公式"允诺—信赖—合同责任"。当允诺禁反言原则在美国合同法中确立之后，无合同即无责任的古典契约法逻辑便失效了，整个古典的封闭的契约法体系最终被打破。从这个角度来看，科宾对新古典契约法理论创立和发展的贡献是巨大的。

（三）法学家卢埃林

卡尔·卢埃林（Karl N. Llewellyn，1893—1962 年），美国现实主义法学的主要代表人物之一，生前曾任耶鲁大学、芝加哥大学、哥伦比亚大学法学教授，美国《统一商法典》起草人，新古典契约法理论的代表人物。其所起草的《统一商法典》是新古典契约法的经典文本，同时也在世界民商事领域有着十分重大的影响。卢埃林的主要著作有：《棘丛——法律及其研究》（*The Bramble Bush：On our Law and Its Study*，1930 年初版）、《晒延人方式》（*The*

---

[1]　[日]内田贵：《契约的再生》，胡宝海译，中国法制出版社 2005 年版，第 108 页。

Cheyenne Way，与霍贝尔合著，1941 年）、《普通法传统——上诉审》（*The Common Law Tradition—Deciding Appeals*，1960 年）和《法理学：现实主义的理论和实践》（1962 年）。卢埃林出生于 1893 年 5 月 22 日，16 岁时被父亲送到德国学习，1911 年从德国毕业回国后，于同年进入耶鲁大学。1915 年，卢埃林作为一名新生进入耶鲁大学法学院，1918 年以班级最优秀的成绩毕业。在法学院期间，由于受到科宾很大的影响，卢埃林对合同法和商法产生了浓厚的兴趣，并且这两个领域也成了他留在耶鲁大学法学院任教后最初的研究方向。但是，卢埃林在讲授商法的过程中发现"我在案例里发现的规则，对于实际上发生的那些事而言，仅有很少一部分实际上会有作用"。因此，卢埃林决定在开始一种学术生涯之前，去获得一些在他的课程方面的实践经验。于是在接下来的两年里，他在纽约城市银行法律部开始了实践工作。1922 年，他回到耶鲁大学讲授为人类学和社会学系的学生开设的名为"法律简介"的课程。1925 年，他离开耶鲁大学加入了哥伦比亚大学法学院，直到 1951 年。在哥伦比亚大学法学院期间，是卢埃林事业上最繁荣的时期。1951 年，卢埃林从哥伦比亚大学辞职，于 1962 年 2 月 13 日因心脏病突发而辞世。

卢埃林逝世之后，他的老师科宾给他写了一段很感人的悼词。卢埃林以自己的老师为荣，称他为"DAD"（老爹），二人关系相当好。对于科宾来说，卢埃林也是他的一个骄傲：他的学生在起草《统一商法典》，这个法典将约束美国人至少 50 年，这件事则是他学生办的。科宾写道，对于老朽来讲，卢埃林不仅仅是一个学生，也是儿子和同志。两人志同道合，卢埃林制定法典，把科宾作为顾问委员会主席。卢埃林虽然已经逝世，但是他在身后留下了一部法典。这部法典对于卢埃林来讲就像一座丰碑一样。只要这部法典还在，人们就能记得起卢埃林，这是卢埃林对《统一商法典》的贡献。

（四）法学家法恩思沃斯

法恩思沃斯教授（*E. Allan Farnsworth*，1928—2005 年），美国著名合同法学家，1928 年 6 月 30 日出生于美国罗得岛州首府普罗维登斯，是布朗大学一位物理学教授的儿子。法恩思沃斯教授于 1948 年获得密歇根大学的数学学士学位，于 1949 年获得耶鲁大学的物理学硕士学位，却拒绝继续攻读这方面的博士学位，而是根据自己的志向和父亲的建议选择了法律，并于 1952 年获得哥伦比亚大学的法学学位。重要的是，法恩思沃斯从哥伦比亚毕业时获得了当时的最高荣誉——Ordronaux 奖学金，该奖学金是由时任哥伦比亚大学校长、一年后任美国总统的德怀特·艾森豪威尔（Dwight D. Eisenhower）签发的。对于这次决定其人生的重大选择（弃理投法）的原因，法恩思沃斯教授在多年之后解释到：我想做一些包含有人的因素的事情，而不希望永远面对那些死气沉沉的研究对象。1954 年，即从哥伦比亚大学法学院毕业两年后，法恩思沃斯加入到哥伦比亚大学教师的行列，并成为哥伦比亚大学法学院当时最为年轻的教员。

哥伦比亚大学法学院于 1970 年任命法恩思沃斯为阿尔佛雷德·麦考马克法学教授（Alfred McCormack Professor of Law），直至去世，法恩思沃斯一直都占据这一重要的教授职位，[1]在法学教学和教育方面做出了重要贡献。法恩思沃斯教授在哥伦比亚大学法学院的教学生涯达到半个多世纪，培育和影响了一代又一代的美国乃至世界的法学学子，为美国的法学教育事业做出了卓越的贡献。在同行们的眼里，法恩思沃斯教授不仅是一位有着敏锐法律思维、学识渊博而精深的法学家，更是一位大方、热情而又令人受鼓舞的法学教师；不仅是一位思想巨人，还是一位有着超凡人格魅力的法学教育者［兰迪·巴奈特（Randy Barnett）语］。法恩思沃斯教授将其毕生精力奉献给了他所热爱的教学和研究生涯，因此法学讲堂也就成为他展现自己超凡人格魅力的舞台。他的教学非常受学生的欢迎，是一位名副其实的杰出法学教育者。其实，就在去世前一年（2004 年），法恩思沃斯教授还被哥伦比亚大学法学院授予了卓越贡献奖章（Medal of Excellence）。除了是哥伦比亚大学法学院的专职教授，法恩思沃斯还在巴黎大学、伊斯坦布尔大学、芝加哥大学、哈佛大学、迈阿密大学、密歇根大学和斯泰森大学进行过非专职教学。他也曾受邀到奥地利、中国、法国、希腊和荷兰等国家讲学，在世界各国有着广泛影响。即使到了晚年，法恩思沃斯教授在教学中仍然才思敏锐、充满活力，他依然会全面地分析其合同法论著和案例书中重大而全新的案例。

在教学之外，法恩思沃斯教授从事了大量的有重大影响的学术社会活动，

―――――――――――

〔1〕 让人倍感欣慰的是，在法恩思沃斯去世后，哥伦比亚大学法学院从弗吉尼亚大学法学院挖来了做过 10 年院长，在美国也颇有名气的合同法教授罗伯特·斯科特（Robert Scott）来接替法恩思沃斯的讲席。笔者在 2006 年上过他的合同法课，此君口才绝佳、上课幽默生动却又不失学术品味和追求，确有法恩思沃斯教授的遗风。

比如其作为顾问参与了美国法学会《第三次保证法重述》《第三次返还法重述》《软件合同法原则》等文件的编纂与修订工作。从 1979 年到 1998 年，法恩思沃斯教授一直是设在罗马的国际统一私法协会的理事会成员，也是该协会起草 UPICC 通则的工作组成员与编委会主席。此外，法恩思沃斯教授还担任过联合国国际贸易法委员会美国方面的代表（1970—1980 年），曾是美国国际私法国家咨询委员会的成员，还代表美国参见过各种外交会议。

当然，法恩思沃斯最重要的学术社会活动是作为报告人负责起草了美国《第二次合同法重述》。《合同法重述》通过后的几十年里，美国社会经历沧桑巨变，判例法和制定法（尤其是《统一商法典》）也有了长足发展，《合同法重述》在某些法律理念和具体规定上就显得有些落伍了。因此，美国法学会便决定对《合同法重述》进行修订。根据惯例，他们同样要选择美国最权威的合同法教授来担任重述的报告人。1963 年，哈佛大学法学院的著名合同法教授布莱彻便被选任为《第二次合同法重述》的报告人，科宾则被邀请为顾问，直到他 1967 年去世。但由于布莱彻教授于 1971 年应邀出任美国马萨诸塞州最高法院法官，在当时已经非常著名的法恩思沃斯教授便中途接替布莱彻担任《第二次合同法重述》的报告人。法恩思沃斯知道重述及其报告人的分量，也知道自己责任重大，因此在随后的十多年里，其将大部分精力都投入到了重述的编纂工作中。在长期艰辛的工作之后，法恩思沃斯和他的团队收获了成功与喜悦：《第二次合同法重述》于 1981 年问世后，大受褒奖与欢迎。人们普遍把它视作一项非凡的法律成就，因为它使得关于美国人生活中的多样化协议的法律获得了一种一致而合理的表达形式，并成功实现了美国合同法的现代转型。当然，《第二次合同法重述》的成功依靠的不仅仅是全部编写者的努力，最重要的是他们有一位天才的报告人。《第二次合同法重述》这样的宏大工程的确"要求报告人要熟悉合同法的一切内容，既能在稳妥中平衡大局，又能思想进步、高瞻远瞩"［兰斯·利布曼（Lance Liebman）语］。在当时的美国，除了法恩思沃斯，又有谁能做到这一点呢？我们知道，法恩思沃斯在法学界最知名也是他最引以为豪的一点就是曾担任《第二次合同法重述》的报告人。作为报告人的法恩思沃斯教授的确为法学界贡献了一版近乎完美的合同法重述，同时，《第二次合同法重述》的成功也使法恩思沃斯教授坐上了美国合同法学界的第一把交椅，成为合同法的头号权威。可以说，是重述最终成就了法恩思沃斯的伟大。如果说法恩思沃斯教授的教学让他名满校园的话，《第二次合同法重述》的编纂则让他名垂青史。成功的《第二次合同法重述》的确在最大程度上成就了法恩思沃斯教授的伟大。

此外，法恩思沃斯教授还为法学界奉献了多部优秀的法学著作，为一代又一代的法律人提供了丰富的知识营养。法恩思沃斯的杰出著作主要包括受到高度尊重的《合同法》（Contracts，上下册）、富有思想深度的《改变你的主意：关于后悔的决定的法律》（Changing Your Mind：The Law of Regretted Decisions）、广受欢迎的《商法案例与材料》（Cases and Matericis on Commercial Law）和《合同法案例与材料》（Contracts：Cases and Materials）、被翻译成多国文字的《美国法律制度导论》（An Introduction to the System of the United States）、侧重比较的《苏联合同法与美国合同法》和完成于病榻上的绝唱《减轻错误：对有瑕疵理解的撤销与豁免》（Alleviating Mistakes：Reversal and Forgiveness for Flawed Perceptions）等。尤其是其 1982 年出版的《合同法》一书，不管在法学学术界还是在法学实务界，都绝对是当今美国最权威、最有影响力的合同法体系书。很多年以前，根据 Westlaw 的统计，法恩思沃斯《合同法》的引征率就已经超过了美国 20 世纪初最著名的合同法学家、《合同法重述》的报告人威灵斯顿的《合同法》。所以，学者兰迪·巴奈特才会说，法恩思沃斯的《合同法》是继科宾以来最伟大的合同法集大成著作。

总体来说，法恩思沃斯教授自 1954 年加入哥伦比亚大学法学院之后便以其精湛而渊博的学识泽及一代又一代的美国法学学子。在 50 多年的教学研究生涯中，法恩思沃斯对合同法学术做出了不可估量的卓越贡献，并使得哥伦比亚大学成为全球合同法研究的中心，其学术地位之崇高、学术影响之巨大，至少在当今美国合同法学界是无人能及的。

（五）法学家埃森博格

埃森博格（Melvin A. Eisenberg, 1934—），美国著名法学家，加州大学伯克利分校法学院的著名教授，是美国新古典契约法理论的重要代表人物，是美国顶尖的合同法学家和公司法学家。[1]埃森博格先后从哥伦比亚大学和哈佛大学法学院毕业，自 1966 年起已在加州大学伯克利分校法学院教授合同法

---

〔1〕 埃森博格教授每年秋季学期都在哥伦比亚大学法学院教授合同法课程，笔者 2006—2007 年、2014—2105 年于哥伦比亚大学访学时也有幸旁听其课，当面聆听其教诲，受益匪浅。

和公司法 50 多年了，于 1990 年曾获得加州大学伯克利分校的突出教学贡献奖，并创作了诸多法学经典著作，比如《普通法的性质》（*The Nature of the Common Law*）、《公司的结构》（*The Structure of the Corporation*）、《基本合同法》（*Basic Contract Law*，与富勒合著）等传世经典。埃森博格是美国艺术与科学院院士，美国法学会《公司治理原则》的起草人，美国《第三次代理法重述》和《第三次返还法重述》的建议人，美国律师协会公司法委员会的顾问。埃森博格对霍姆斯对价交易理论的批判性阐释、对"回应性契约法"的提倡以及对麦克尼尔关系契约理论的系统批判，使其成为新古典契约法理论对抗古典契约法理论和关系契约理论的代言人，是新古典契约法理论成为美国主流契约法理论的主要贡献者和核心代表人物。

（六）法学家吉尔莫

吉尔莫（Grant Gilmore，1910—1982 年），美国著名的法学家，曾在耶鲁大学法学院、芝加哥大学法学院等著名法学院任教，是美国新古典契约法的经典文本《统一商法典》第九编的起草人。吉尔莫也写作了不少名著，包括《合同法：案例与材料》（*Contracts：Cases and Materials*）、《海商法》（*The Law of Admiralty*）、《财产上的担保权利》（*Security Intereits in Personal Property*）[1]、《担保交易》（*Secured Transactions*）、《美国法的时代》（*The Ages of American Law*）等。1970 年 4 月，吉尔莫在俄亥俄州立大学法学院作了一个讲演，题目叫做"契约的死亡"，然后将讲演稿整理出版，这就是使世界法学界震惊的《契约的死亡》（*The Death ot Contract*）。这本书的开头便写道："有人对我们说，契约和上帝一样，已经死亡。的确如此，这绝无任何可以怀疑的。"[2]在吉尔莫看来，19 世纪晚期契约法一般理论迅速形成之前，侵权一直是引起民事责任的主要因素，在当时，契约之债与侵权之债呈融合趋势。而当"对价"等古典契约法的核心准则走向消亡的时候，这种融合状态就再次出现。吉尔莫认为现代契约法的发展表现为契约责任为被侵权责任这一主流融合，契约法被侵权行为法吞并，或者二者都被一体的民事责任理论吞并，有关契约关系问题的处理也将交由合并后的民事责任理论和制度。古典契约法领域中的那种

---

〔1〕 该书获得五年一度的埃姆斯奖（Ames Prize）。

〔2〕 ［美］格兰特·吉尔莫：《契约的死亡》，曹士兵、姚建宗、吴巍译，中国法制出版社 2005 年版，第 1 页。

纯粹规制当事人之间关系的契约概念开始土崩瓦解，并逐步走向开放。在科宾、凯斯勒、卢埃林等老师和同事的影响下，在宣告古典契约法死亡和建构新古典契约法文本《统一商法典》的过程中，尽管稍微有些激进，但吉尔莫不可避免地加入了新古典契约法理论的阵营中。

（七）法学家富勒

朗·富勒（Lon L. Fuller，1902—1978 年），毕业于美国斯坦福大学法学院，长期从事教育事业，曾先后任教于俄勒冈大学、伊利诺伊大学、杜克大学，最后 30 年在哈佛大学教授合同法和法理（任卡特法理学教授），1972 年退休，是新自然法学派的代表人物，也是 20 世纪久负盛名的法律思想家之一，被萨默斯认为是过去 100 年里最伟大的四位法学家之一。其与哈特关于"法律与道德"（恶法是不是法）的著名论战已经成为法学中的永恒话题。他和哈特曾对法与道德的关系展开过一场著名的辩论，对自然法学派和法律实证主义之间的对抗意义深远。其主要法理学著述有：《美国的法律现实主义》（*American Legal Realism*，1934 年）、《法律在探讨自己》（*The Law in Quest of Itselt*，1940 年）、《法理学》（*Problems of Jurisprudence*，1949 年）、《实证主义与对法律的忠诚：答哈特教授》（*Positivism and Fidelity to law—A Reply to Professor Hart*，1958 年）、《人类的目的和自然法》（*Human Purpose and Nature law*，1958 年）、《法律的道德性》（*The Morality of Law*，1964 年初版，1969 年修订版）、《法的虚构》（*Legal Fictions*，1967）、《社会秩序的原则》（*The Principles of Social Order*，1981 年，由 Kenneth I. Winston 编辑，杜克大学出版社出版）等。

其编写的《基本合同法》（*Basic Contract Law*）案例书更成为传世的经典，在美国的法学院长盛不衰。富勒的合同法思想是一种典型的对其前辈兰代尔、霍姆斯和威灵斯顿的古典契约法思想进行反叛的新古典契约法思想，对当代法学家德沃金[1]、埃森博格等人的学术倾向影响深远。

（八）法学家凯斯勒

凯斯勒（Friedrich Kessler，1901—1998 年），美国及世界著名合同法学家，自 1935 年至 1970 年在耶鲁大学法学院任教，1970 年退休后一直在加州大学伯克利分校法学院任教，是从纳粹德国逃往美国的学者之一。凯斯勒是

---

〔1〕　罗纳德·德沃金在哈佛大学法学院时是富勒的学生，深受富勒影响。

美国法学会终身会员，也是美国艺术与科学院院士。凯斯勒自封为法律现实主义者，并采取现实主义的视角对合同自由、附和合同、社会资本主义和人类自治背景中的合同法进行有效的研究，得出了与古典契约法理论不同的分析结论，批判并发展了古典契约法理论，促进了新古典契约法理论的发展。在《附和合同——关于契约自由的思考》这一经典论文中，凯斯勒明确指出了格式合同和附和合同在现实中大量出现：大规模企业的发展伴随着成批生产和成批分配，使得一种新类型的合同不可避免地出现——格式化的成批合同。一个格式合同，一旦其内容被一个商业企业重新修订，就应用于每一个相同产品或服务的交易中，通常使传统类型的合同显得可信的双方当事人的个性已经消失。今天这种一成不变的合同反映了市场的非个性化，在不同的交易中使用不同种类的格式合同已经达到了最完美的状态。这些合同的实用性在运输、保险和银行业被发现和得到完善，将被广泛地用于所有其他领域的大规模企业，既用于国内贸易，也用于国际贸易，而且用于劳动关系中……商业企业由此既可以精确预计交易风险，又可以将难于预计的风险一并排除。而影响履约的那些无法预见的事件，比如罢工、火灾和运输困难，也可以被有效处理掉。[1]尽管 19 世纪的契约自由观念早已不适应现代工业经济的现实，而格式合同的出现有重要的社会现实基础和诸多优势，但在凯斯勒看来，基于契约自由的格式合同已经成为合同强势一方的单方特权，我们也因此正在经历一种"从契约到身份的复归"。上述情况如果不能得到有效的应对，会因此导致诸多的社会经济不公。凯斯勒的诸多类似研究都具有明显的法律现实主义色彩，代表了新古典契约法理论发展的方向。

---

〔1〕 Friedrich Kessler, "Contracts of Adhesion—Some thoughts about Freedom of Contract", 43 *Columbia Law Review*, 1943, pp. 629, 631-632.

美国合同法的王牌：对价原理

一、对价理论

（一）英国法的获益受损理论

对价理论的古典革命带来了系统化的对价理论和合同理论，人们也变得非常习惯于通过这种系统的对价理论模型来观察和讨论允诺执行等合同理论和制度问题。在摒弃了曼斯费尔德爵士在 18 世纪末提出的"抛弃对价要求"的建议后，英国便发展出了对对价内涵进行解释的获益受损理论模型。

1. 获益受损理论的内涵

给对价下定义不是我们认清对价的真实理论内涵的最佳出路，容易落入形式主义和概念主义的窠臼，因此我们在应用和理解这些对价定义时应该慎之又慎，对定义不过分迷信，以免陷入形式主义的泥沼。若真能如此，某些关于对价的定义对我们理解后来的经典对价理论还是会有所助益。例如，1875 年理财法院（Exchequer Chamber）做出了迄今为止仍然频受引用的关于对价的经典描述（定义）："所谓法律意义上的有价值的对价，包括一方所增加（accruing）的某种权利（right）、利益（interest）、获利（profit）或好处（benefit），或者是由他方引起使自己遭受或承担（given, suffered or undertaken）的某种容忍（forbearance）、损害（detriment）、损失（loss）或责任（responsibility）。"[1]该定义在一定程度上体现了获益受损理论的主要精神实质，或者至少也为获益受损理论的生成提供了素材和营养。基于上述定义或描述再将权利、利益、获利或好处归结为利益（或获益），而将容忍、损害、损失或

---

〔1〕 *Currie v. Misa*（1875）LR 10 Ex 153.

责任归结为损害（或受损），从而形成提纲挈领的获益受损（benefit and detriment）理论，便是轻而易举之事了。

于是，英国著名合同法学家特莱特尔教授将传统对价理论表述如下：传统对价理论主要关注对某种有价值之物的给予，或者是允诺人因允诺而得到了某种利益，或者是受诺人为取得允诺而蒙受了某种损害。通常而言，利益和损害也只是从不同视角加以观察的相同的东西。[1]例如，在买卖合同中，买方给出价款对他而言是一种损害，但同时又可被视为卖方所得到的利益。

当然，至于获益受损理论中的利益要素和损害要素是事实上的还是法律上的（factual or legal），历来争论不休。特莱特尔认为，传统理论中的对价不能只是某种有价值的东西，而必须还是有法律上价值的东西，或者以法律的眼光来看是有价值的东西（something of value in the eye of the law）。在很多案例中，法律的外行人认为有价值的东西并不能得到法院的认可，构成有效的对价。[2]但科宾一直认为，对价必须是法律上的不利益（损害）的主张等于什么也没说。所谓对价必须是法律上的不利益，无非是说这种不利益必须是法律承认的充分的不利益，这是以论题证明论题的典型例子。什么样的对价应使允诺具有约束力？它必须是法律上充分的对价。显然，这一点没错；可是，很明显，它对于确定一个摆在我们面前的对价是否为充分的对价，没有提供丝毫的帮助。[3]并且，传统的对价定义之所以缺乏精确性，也恰恰是因为对利益和损害这两个关键概念至少是在两种意义上加以使用的，[4]即一种是法律意义上的利益或损害，另一种是事实意义上的利益或损害，这样，建构一种内在统一和一致的对价理论或原则就遇到了障碍，歧异的学术观点也分散了获益受损理论的凝聚力。与学者们歧异的观点类似，英国的法院对此也没有形成统一的认识，有时将利益和损害要素界定为法律上的，有时则认为是事实上的。一般而言，早期的判决强调法律上的利益和损害，但最近法

---

〔1〕 G. H. Treitel, *The Law of Contract*, 9th ed., Sweet & Maxwell, 1995, p. 64.

〔2〕 同上注。

〔3〕 ［美］A. L. 科宾：《科宾论合同》（一卷版，上册），王卫国、徐国栋、夏登峻译，中国大百科全书出版社1997年版，第237页。当然，科宾在这里只提到了对价要素中的"不利益或损害"，没有提及利益问题。阿蒂亚解释道，这是因为科宾在讨论对价问题时采用一种非常传统的看法（version），即只将损害看作对价的关键要素。See P. S. Atiyah, "Consideration：A Restatement", in *Essays on Contract*, Clarendon Press, 1986, p. 198, note 1.

〔4〕 G. H. Treitel, *The Law of Contract*, 9th ed., Sweet & Maxwell, 1995, p. 65.

院似乎更注重实际上的利益和损害，例如一个权威案例就认为，事实上的利益和损害就是充分的。[1] 可以肯定的是，该案将会对传统的对价的构成要素理论产生一定的冲击，影响未来的判决，并影响人们对一种相对一致和恒定的理论的追求。

2. 获益受损理论的构成之一：利益要素（benefit）

（1）利益之界定。大多数能够执行的合同和允诺都是当事人为了换取某种在他看来对他有好处或有利益的东西而作出的。对允诺人的利益或好处足以构成一个良好对价的规则被伊利莎白一世统治时期的很多案例确认。[2] 正如早期对价的权威定义所彰显的那样，一方所增加的某种权利、利益、获利或好处最终都可以归结为获益受损理论中的利益对价。

当然，一般而言，在获益受损理论模型中，对一方的利益通常是对另一方的损害，利益和损害通常是相互的，是一个问题的两个方面。但这并不意味着对价的构成总是要求利益和损害同时存在，二者在一定情形下是独立的、可以分开的。例如，特莱特尔的合同法经典教科书就认为对价构成中的利益或损害有一即可（either sufficient）。[3] 人们通常会认为，利益或是损害，只要二者中存在一个，即可认为存在对价，例如，受诺人为换取允诺而蒙受了损害，但允诺人并未取得利益，法律上也认为允诺人已经取得了对价。当然，在另外一些情形下，受诺人并未受到损害，但允诺人取得了利益，这也算是有对价，如事后对价的情形和不知道有报酬而提供信息的悬赏允诺等。

（2）利益之来源：相等补偿（quid pro quo）。对价原则的实质渊源是清偿债务之诉（debt）中的相等补偿原则（quid pro quo）。具体说来，构成对价的要素主要是获益（利益）和损害，而其中最为重要的允诺人的利益要素就是源自清偿债务之诉中的"相等补偿"，并通过后来一般违诺赔偿之诉（general assumpsit）的扩张来建构；而对价原则的受诺人的损害要素则是从特别违诺赔偿之诉（special assumpsit）的信赖中发展而来。[4]

---

〔1〕 *Willians v. Roffey Bros. & Nicholls（Contractors）Ltd.* 〔1991〕1 Q. B. 1.

〔2〕 Simpson，*The History of Common Law of Contract：The Rise of the Action of Assumpsit*，Clarendon Press，1975，p. 421.

〔3〕 G . H. Treitel，*The Law of Contract*，9th ed. ，Sweet & Maxwell，1995，pp. 64-65.

〔4〕 E. Allan Farnsworth，*Contracts*，3rd ed. ，Aspen Law & Business，1999，p. 19.

对此，辛普森教授也认为，包含金钱支付和补偿的利益对价应该是与清偿债务之诉中的相等补偿原则相关联的。这是因为相等补偿原则以一种非常技术化的法律形式表达了这样一种观念和思想：双务协议的当事人一方在收到对方履行的有价值的东西之后，便不能逃避己方应当履行的义务。让其履行自己的义务是公正的，因为他收到了"相等补偿"这一回报物。与此同时，违诺赔偿之诉中利益是允诺人的良好对价的规则也以技术化的法律形式表达了同样的观念，因此在这一层面上，新旧原则存在着联系，二者都反映了何为公正和正义的常识。[1]至少从某种程度上说，利益对价是来自相等补偿原则的。

但是，反对观点则主张，利益是允诺人的良好对价这一规则的理论基础的一般化是通过将婚姻和金钱支付等报偿认可为对价实现的，而婚姻和金钱支付从来没有被视为清偿债务之诉的"相等补偿"。[2]按照这一推论，利益对价也不可能是起源于相等补偿原则的。但是，本书主张利益对价和一般对价原则的源泉是相等补偿原则，是在思想观念等精神实质意义上进行的，不是一种单纯的规则考证。

（3）利益对价之演变：从具体种类到一般理论。利益要素在成为获益受损理论的核心要素之前，也经历了一个由具体种类到一般理论的进化历程，是对价理论和原则进化的一个缩影。较早时期的金钱支付或报酬（payment or recompense）对价和婚姻对价等具体对价类别，虽然都曾迎合了特定历史阶段的社会对规则和秩序的需要，但毕竟存在无法克服的弊端，那就是这些种类的对价都是具体而散乱的。因此，随着人们经济生活的扩展和复杂化，对对价进行适当的理论总结不可避免，利益对价就是这种理论总结的一项阶段性成果。

由金钱支付对价和婚姻对价等发展到利益对价，是因为利益对价更为一般化、更具一般性，将具体对价类别抽象并统一，有利于对价理论的认知和适用；利益对价也更为宽泛化，例如，利益对价使得对价理论和原则也可

---

〔1〕 A. W. B. Simpson, *The History of Common Law of Contract：The Rise of the Action of Assumpsit*, Clarendon Press, 1975, p. 424.

〔2〕 A. W. B. Simpson, *The History of Common Law of Contract：The Rise of the Action of Assumpsit*, Clarendon Press, 1975, p. 425.

以存在于所谓的特殊无偿合同中，如借贷（loan）、寄托和寄存（bailment, deposit）等，这是具体对价所无法涵盖的。于是，辛普森教授便认为，对允诺人的利益足以构成允诺的一个良好对价的原理要比单纯承认金钱支付和报酬的原理更为宽泛，尽管前一理论也包含后者。……这一点可以通过无偿借款合同得到较好的说明。在无偿借款合同中，借款人对该笔金钱的接收对于其的确是一项利益（benefit），并且它也构成了还款允诺的对价，但是如果将该笔金钱的交付视为还款允诺的金钱支付或报酬形态的对价，则是无比荒唐的。[1]也就是说，我们可以将款项的交付和接收视为一种对借款人的好处或利益，但不能将其视为对借款人做出还款允诺的金钱补偿或报酬，因为无偿借款合同中确实没有交易（bargain）存在。在这里，早期的金钱支付或报酬的对价种类的确已经不能满足执行该类合同的要求，而将对价视为一种利益的做法则获得了正当性，实现了对价种类的一般性扩展。

3. 获益受损理论的构成之二：损害要素（detriment）

（1）损害的理论内涵与特质。获益受损理论中的损害要素可以包括当事人一方给予、遭受或承担的某种容忍、损害、损失或责任。根据现代对损害对价的理解，其具体可以表现为应对方的要求进行某种行为（服务、劳作等）、放弃或容忍自己有权进行的行为（即不行为，如放弃吸烟、放弃对债务人的起诉等）或者是作出某种允诺。可见，这里的损害也是一个抽象的称谓，具有一般理论的特质。

从历史上来看，为允诺人进行的某种服务被视为良好对价的规则在16世纪70年代的案例中便得到了广泛而明确的认可，并且英国在早期案例中就发展出了"一个对价可以或者是对允诺人的一种利益，或者是对受诺人的一种损害"的原理和思想，但是损害对价（detriment consideration）种类则是独立于获益-受损分析（benefit-detriment）思路之外，在1586年的曼伍德诉伯斯顿（*Manwood v. Burston*）案中单独形成的。[2]

---

[1]　A. W. B. Simpson, *The History of Common Law of Contract: The Rise of the Action of Assumpsit*, Clarendon Press, 1975, pp. 417, 422.

[2]　A. W. B. Simpson, *The History of Common Law of Contract: The Rise of the Action of Assumpsit*, Clarendon Press, 1975, p. 427.

当然，对价原则的受诺人的损害要素则是从特别违诺赔偿之诉的信赖中发展而来。[1]违诺赔偿之诉毫无疑问是起源于发展出现代侵权法和合同法的侵害之诉（action of trespass），因此，违诺赔偿之诉的运作机理与法律构成都明显地具有侵权法的风格，它要求只有同时具备被告作出的允诺、他构成违约的不履行行为和由此给原告造成的损害三项要件，才能提起有效的违诺赔偿之诉。正是从原告造成的"损害"（或者是宽泛意义上的信赖损害）这一要素中，人们发现了对价的萌芽，并由此发展出后世的损害对价。可见，由于起源上的特殊性，损害对价在一定程度上保留和承继了侵权法的特性。如果说利益对价从产生之初就具有明显的合同交易性，损害对价则从起源上就具有很强的侵权法色彩，也正是损害对价的此种侵权法色彩使得获益受损理论在后来受到了学者们的质疑和新的对价理论的挑战。

（2）损害要素是对价的本质与核心，利益要素并不必要。传统的获益受损理论一直将其中的利益要素和损害要素视为一个问题的两个方面，是我们从不同角度观察同一个问题得出的结果，如受诺人的履行行为对其本身来说是一种损害，但是对允诺人来说就是一种利益。而且，利益要素和损害要素也是可分的，所以特莱特尔才会认为单独一个利益或者单独一个损害都可以构成充足良好的对价。[2]在获益受损理论中，二者似乎也没有孰轻孰重之分。

但是，这种传统的观点已经受到挑战，并且绝大多数学者都认为"对价的本质并不在于允诺人或被告所获得的利益，而在于受诺人或原告所受到的损害"。[3]至于其缘由，法学家阿蒂亚解释道："由于损失要素是构成有效对价的充分条件，没有损失而只有受益因素是否能够充分地构成有效对价又是不确定的，英国学者认为，损失是主要的因素。"[4]英美合同法的两位始祖兰代尔和波洛克也都曾指出，早在1459年就有一些案例表明，对允诺人的利益

---

〔1〕 E. Allan Farnsworth, *Contracts*, 3rd ed., Aspen Law & Business, 1999, p. 19. 阿蒂亚甚至将获益受损理论中的损害视为"信赖损害"（detrimental reliance）甚至是"信赖"（reliance）。

〔2〕 G. H. Treitel, *The Law of Contract*, 9th ed., Sweet & Maxwell, 1995, p. 65.

〔3〕 Sir William Holdsworth, *A History of English Law*（Volume VIII）, Methuen & Co Ltd and Sweet & Maxwell Ltd, 1937, p. 11.

〔4〕 ［英］P. S. 阿狄亚：《合同法导论》（第五版），赵旭东、何帅领、邓晓霞译，法律出版社2002年版，第140页。

对于对价并不重要（immaterial），对价中的损害更重要。[1]事实上，对受诺人的损害才是对价的本质（essence），对允诺人的利益只是一种偶然事件。这一思想也被圣日耳曼的《博士与学生》对话录认可和承继。[2]

辛普森教授则以具体的例证来说明获益受损理论中的损害要素要远重于利益要素的事实。例如史密斯应琼斯的要求去伦敦城一趟，以为琼斯获得一项赦免，史密斯按要求进行了此种行为但并没有成功，因此琼斯便没有从其努力的行为中获得任何的利益，但史密斯的确受到了损害。或者琼斯要求史密斯履行一种能为第三人而非其本人带来利益的行为，如为一位穷人治病，这时史密斯的损害也是不能与琼斯的利益相对等的，因为琼斯根本没有任何利益可言。因此，要以利益对价规则对允诺人加以约束是不甚科学、不合逻辑的，但损害对价规则完全可以覆盖并解决这种案件。相反，我们很难找到只有利益对价而没有损害对价的案例，这就是利益对价不如损害对价重要的原因。[3]

总之，损害要素是获益受损理论独有的、核心的要素，利益要素对于对价的构成既不必要也不充分。也就是说，一个有效的对价并不一定有一方获益的要素存在，仅有利益要素也并不能构成充分的对价。尽管如此，我们也应当看到，不管是在普通允诺（合同）的责任还是在返还法（law of restitution）的责任中，利益要素的重要性都在逐步增加，这已经成为一种不可回转的趋势。[4]

4. 获益受损理论是一种强调交易实体内容的形式主义对价理论

对双方当事人损益因素等交易实体内容的关注是获益受损理论的核心，该理论不关心当事人的交易磋商过程和程序问题，更不考虑当事人做出允诺的主观意思倾向，而只关心当事人交易中的利益和损害结果，所以从某种程度上说，获益受损理论是一种静态的、僵化的高度形式主义的对价理论。说

---

〔1〕　P. H. WINFIELD, *Pollock's Principle of Contract*, 12th ed. , Stevens & Sons Limited, 1946, pp. 130, 135.

〔2〕　Sir William Holdsworth, *A History of English Law*（*Volume VIII*）, Methuen & Co Ltd and Sweet & Maxwell Ltd, 1937, p. 10.

〔3〕　A. W. B. Simpson, *The History of Common Law of Contract: The Rise of the Action of Assumpsit*, Clarendon Press, 1975, pp. 427-428, p. 427, note 5.

〔4〕　P. S. Atiyah, *Promises, Morals and Law*, Clarendon Press, 1981, p. 35.

获益受损理论是一种形式主义（formalistic）对价理论，不仅因为它并不要求当事人的交易内容实质相等，即对价必须充分无须适当（Consideration must be sufficient, but need not be adequate），也因为英美契约法缘起于早期普通法的诉讼形式，其法律制度具有很强的形式主义色彩，更因为英国法是一个高度形式化的法律系统，其关于对价的法律一直被视为由技术化、形式化的严格规则构成。英国获益受损理论的严格性、形式化与美国后来的对价交易理论形成鲜明的对照。尽管美国法的对价交易理论和原则同样是形式主义和客观主义合同法的反映，但美国在对价问题上的进路显然较英国灵活得多，法官开始努力寻求证成允诺生效的实质理由，而不再仅仅诉诸一套静态的、僵化的形式规则。[1]这一点也与英国法的形式性与美国法的实质性的法律体系区分相吻合。

5. 小结：利益与损害的相容与冲突

一般而言，获益受损理论中的利益和损害二要素是相容的、一致的，对一方的利益就是对他方的损害，并且法律在很多情况之下认为只要具有利益或损害一方面，即足以构成充足的对价，这都是认可二者相容关系的明证。但是，利益与损害在有些时候又是冲突的，特别是当学者、律师、法官认为损害是远重要于利益的东西，利益并不必要的时候，二者的冲突和不协调以及由此引发的整个传统的获益受损理论的信任危机就成为一个重大的问题。所以，我们在此应当努力去做的要么是通过理论改进或实践加工使得获益受损理论重新找到其平衡点，达到理论的圆融自洽，要么是为传统的获益受损理论寻找一种全新的替代理论解释模式，美国在英国传统的获益受损理论之后发展出来的对价交易理论或许就是这种努力的一种成果。

（二）美国的对价交易理论

尽管英国一直以来都将获益受损理论尊奉为对价的经典理论，但是普通法律师和学者们也从未否定过交换或交易概念（concept of exchange or bargain）在对价理论中所处的中心位置，[2]这就为日后美国对价交易理论（bargain

---

〔1〕［英］P. S. 阿蒂亚、R. S. 萨默斯：《英美法中的形式与实质——法律推理、法律理论和法律制度的比较研究》，金敏、陈林林、王笑红译，中国政法大学出版社 2005 年版，第 73 页。

〔2〕 James Gordley, "Enforcing Promises", 83 *Calif. L. Rev.* 547, March, 1995, p. 560.

theory）的诞生播下了思想的种子。为了解决获益受损理论在应对现实交换经济时的僵化和不足，协调实质损益理论与交易思想的关系，波洛克便发展出了一个非常成功的交易损害公式（bargained-for-detriment formula），将损害要素与交易连接在一起。他认为，说允诺人进入了一个交易也就意味着正是基于受诺人的法律地位的变化（遭受某种损害），允诺人才继而做出该项允诺。[1]对波洛克交易损害公式的修正和改进版本则被霍姆斯和威灵斯顿采纳，[2]并经由二者的阐述进入美国法学会的两次合同法重述之中，即《合同法重述》第75条和《第二次合同法重述》第71条，成就了美国的对价交易理论。对价交易理论认为，对价的本质在于它是作为允诺的动机或诱因而提出和接受的；反言之，允诺之做出亦是对价之给付的诱因。整件事的根本就在于对价与允诺之间的互惠引诱关系。对价交易理论有效限制了合同当事人的责任范围，与资本主义商品经济的飞速发展极为适应，因此很快成为美国法中对价制度的新正统。[3]

当今英国权威合同法学者阿蒂亚是英美法改革派的旗手，他曾无数次言辞激烈地批评英国传统的对价理论，并与保守派的代表人物特莱特尔发生过关于对价理论的著名争论。[4]虽然阿蒂亚并不公然主张美国的对价交易理论，但他似乎也并不完全排斥，至少不会像对待获益受损理论那样。他曾经说道：

由于损失要素是构成有效对价的充分条件，没有损失而只有受益因素是否能够充分地构成有效对价是不确定的，英国学者认为，损失是主要的因素。但是，这可能混淆这样的事实：合同法是与交换有关的，因此与一类或另一类交易有关。事实上，正像我们在第1章中所提到的，合同的经济功能通常

〔1〕　James Gordley, "Enforcing Promises", 83 *Calif. L. Rev.* 547, March, 1995, pp. 560-561.

〔2〕　Oliver Wendell Holmes, *The Common Law*, Mark DeWolfe Howe ed., Boston: Little Brown, 1963, pp. 293-294; Samuel Williston, "Consideration in Bilateral Contracts", 27 *Harv. L. Rev.* 503, 527-28 (1914).

〔3〕　薛波主编，潘汉典总审订：《元照英美法词典》，法律出版社2003年版，第289页。

〔4〕　两人关于对价理论的主要争论集中呈现在二人的下列著述中：G. H. Treitel, The *Law of Contract*, 9th ed., Sweet & Maxwell, 1995; P. S. Atiyah, "Consideration: A Restatement", in *Essays on Contract*, Clarendon Press, 1986. 特莱特尔比较保守但并不落后，其维护获益受损理论的传统权威，注重当事人间的对等互惠。而阿蒂亚则比较激进，主张对价只是允诺执行的一种理由（reason）而已。

是根据交换而被认识的。法官和学者通常认为所有的合同都是交易。的确，古典合同法的一个结论是，从强调事实上的受益和损失转变到强调互相作出允诺在法律上具有约束力，而一般不再更进一步地探讨是否存在受益或损失。这个转变的结果是试图根据交易重新定义对价。……当然，这种方式是十分有效的。很多合同——几乎所有通常被认为是典型或范例合同的商事合同——都是交易。相互允诺是或将是彼此的对价。[1]

于是，只要是期望通过交易得到的，任何事情都可能成为充分的对价，如果不是所期望的，任何事情都不是有效的对价，这就是美国所谓的对价交易理论。尽管在英国其从来没有被法院明确采用，但也得到了一些人的支持。[2]

1. 对价交易理论的诞生：源自获益受损理论的困境

当然，对价理论的发展最主要的原因还在于既有理论模型在应对和解释现实法律和社会经济制度时遇到了困难，这也就是获益受损理论又被称作"传统"对价理论的缘故。现实中确实存在法院并非依据获益受损公式作出判决的诸多案例。具体来说，获益受损理论存在如下困境。

（1）获益受损理论内涵的模糊与不确切。英国传统的获益受损理论的最大缺陷是其内涵是模糊不清的，主要表现在以下两个方面。

第一，获益受损理论存在人为而模糊的界定和推理方式，可操作性较差。获益受损理论内涵的模糊与不确切直接源自利益和损害这两个关键概念在适用上的弊病。[3]一般而言，利益和损害既可以在事实意义上加以使用，又可以在法律意义上加以使用，这种使用的双重性和不统一直接导致了获益受损理论内涵的模糊和不确切。与此同时，获益受损理论的推理方式也是人为和

---

〔1〕 ［英］ P. S. 阿狄亚：《合同法导论》（第五版），赵旭东、何帅领、邓晓霞译，法律出版社2002 年版，第 140 页。

〔2〕 ［英］ P. S. 阿狄亚：《合同法导论》（第五版），赵旭东、何帅领、邓晓霞译，法律出版社2002 年版，第 131 页。

〔3〕 G . H. Treitel, *The Law of Contract*, 9th ed., Sweet & Maxwell, 1995, p. 65. 对获益受损理论，辛普森教授也有过类似的担忧和批评，他认为这种对价理论是间接的（secondary）和模糊的。See A. W. B. Simpson, *The History of Common Law of Contract: The Rise of the Action of Assumpsit*, Clarendon Press, 1975, p. 326.

模糊的。[1]在很多情况下，如果具体的案例事实难以契合传统的获益受损理论，为了达致法院眼中的法律正义，就不得不对获益受损理论进行人为的拟制和延伸（例如所谓的发明对价问题），其结果必然是较为统一的获益受损理论体系及其内涵的逐步瓦解，适法者将无所适从。

第二，获益受损理论中"利益因素－损害因素"的对立假设的解释力不足。获益受损公式的一个基本理论预设是，一方的利益与另一方的损害是一个问题的两个方面，当事人双方的利益和损害是对立的，即不可能双方都从交易中获益或者都因交易而受损。但是现实中的很多案例之事实与获益受损公式的理论预设并不一致。例如，特莱特尔便说道，传统的获益受损理论不能令人满意的原因之一是，当合同双方当事人都期待并且实际上都能从合同中受益时，再说一方获益和另一方受损就是错误的。[2]在这方面的经典案例是哈默诉西德维案（*Hamer v. Sidway*）。叔父为其侄儿之健康着想，对其侄儿说："如果你直到成年时都不抽烟、不喝酒、不赌博等，我就给你5000美元。"其侄儿果然奉行至成年之日，而要求给付此5000美元。[3]本案中，作为允诺人的叔父所获得的利益是模糊的，其侄儿遭受的损害也并不明晰，相反我们更容易看到叔父和其侄儿同时从该合同中获益：叔父获得心灵上的宽慰，其侄儿身体健康并节省了金钱。可见，在这样的案例中，传统的获益受损理论的获益受损公式的解释力便明显不足。当然，这一问题似乎在很大程度上又可以回归到对价是一种事实还是法律上的利益和损害的角度（高度技术意义）来考虑。但不管怎么说，如果不是在所谓的获益受损理论的语境之中（例如运用美国后来的对价交易理论），我们就根本不用考虑"事实还是法律"这一徒增烦扰和困惑的问题了。

---

[1] 尽管获益受损理论的内涵存在上述模糊和不确切之处，但是相较于波洛克的"购买允诺的价格"说和阿蒂亚的"允诺执行的理由"说，获益受损理论具有相当强的确定性。"购买允诺的价格"说是模糊和难以操作的，"允诺执行理由"说更是如此。在阿蒂亚那里，该理由就是个案公正（justice of the case），而个案公正是每一个判决都努力寻求的目标，并且何为公正本身就是有很大争论的，以个案公正来界定对价显然是一种幻想，它不能为一个统一一法律原则的形成提供基础，只能带来更大的模糊性和不确定性。See P. S. Atiyah, "Consideration: A Restatement", in *Essays on Contract*, Clarendon Press, 1986, p. 182; G. H. Treitel, *The Law of Contract*, 9th ed., Sweet & Maxwell, 1995, p. 66.

[2] G. H. Treitel, *The Law of Contract*, Sweet & Maxwell, 1995, 9th ed., p. 65.

[3] *Hamer v. Sidway*, 124 N. Y. 538 (1891).

（2）获益受损理论对交易实体内容的要求带来的困境。

首先，对损益要素的要求与以允诺为中心的交换现实不符。在以信用交易为基础的市场经济日渐发达的今天，相互允诺而非即时履行行为已经成为当事人进行合同交易的主要形态，所以现代英美合同法会将即时物物交换（互易）和即时钱物交换（barter and present sale）排除在合同的范围之外。现代社会典型的合同大多数都是当事人间的允诺交换（exchange of promises），允诺就成为当事人相互之间的对价，允诺或合同便是可以执行的。例如，甲以自己的信用向乙订购货物，甲乙双方都将从他们达成协议之时起受到允诺或合同的约束。如果接下来他们任何一方拒绝履行自己一方的义务，另一方便可以提起诉讼。很明显，这里决定允诺约束力的对价是另一方的允诺。但是，的确很难说只要有了允诺，当事人就获得了利益或受到了损害，获益和受损大多还是实际受到允诺的利益或实际受到允诺的损害以后的事。[1]所以，获益受损理论对损益要素的要求便在很大程度上隐没甚至背离了当今社会中的市场交换主要是允诺的交换的现实。下文即将阐述的对价交易理论的优势就在于其更符合现代社会的以允诺为中心的对价的本质。

其次，讲究实质损害是侵权法的风格。获益受损理论中的损害一词源自侵害之诉，具有侵权行为的特性（tortious character），所以在判断是否存在对价时就有必要证明原告基于对被告承诺的信赖而遭受了损害。这样，法院在此所关心的就是被告的不履约所导致的后果，而不是当事人达成协议和给予允诺以回报的事实。尽管随着违诺赔偿之诉等合同诉讼形式的进化，合同法的侵权法色彩也在逐步淡化，但是重提损害因素并将其置于合同约束力制度的中心的确有进一步混淆侵权法和合同法，逆历史潮流而动之嫌疑。毕竟，合同法已经成长为一个关于交易或交换的成熟法律部门，有着不同于侵权法的法律理论、法律原则和法律制度。所以阿蒂亚才会认为，主张获益受损理论很可能混淆这样的事实，即合同法是与交换有关的，因此与一类或另一类交易有关。[2]也就是说，获益受损理论会因为其侵权法色彩而在很大程度上偏离对价和合同之本旨，因为合同根本上是一种交易。

---

〔1〕 Cheshire, *Fifoot & Furmston's Law of Contract*, Butterworths, 1996, p. 76.

〔2〕 ［英］P. S. 阿狄亚：《合同法导论》（第五版），赵旭东、何帅领、邓晓霞译，法律出版社2002年版，第140页。

最后，对损益要素的要求会过分限制允诺的执行，阻碍交易发展。获益受损理论要求当事人间存在损益的变动——获得利益或受到损害，没有这种损益的变动便构不成有效的对价，当事人的允诺或者合同便是不能执行的。但是，这种对损益加以要求的理论对交易当事人来说是过分严苛的，在很大程度上阻碍了交易的发展。例如，获益受损理论就很难解释胡椒子规则（即英美法中的一粒胡椒子可以构成一个良好的对价的规则），因为交付胡椒子的行为或允诺既不是一项利益，也不是一项损害。[1]并且，对价中的胡椒子规则也不是"法律上或事实上的利益和损害"这种高度技术化的理论模式所能解释的。即使是英美法中的无事实损害而有法律损害的情形，也主要是指在权利行使问题上的容忍和让步，如放弃吸烟的权利、放弃起诉的权利等，当事人有充分理由相信其有权利和利益，而这里的胡椒子规则所涉案例的事实是非常明显的，当事人没有权利和利益，没有实体损害可言。

相反，胡椒子规则反映的恰恰是当事人拥有作出一项允诺的充分的原因（阿蒂亚语），或者是当事人有过严肃认真的对价交易的证据，符合美国法的对价交易理论的本质。毫无疑问，胡椒子规则在很大程度上强化了对价交易理论的弹性和灵活性，使对价逐步逃离获益受损理论，更注重当事人的交易过程和意思表示。

2. 对价交易理论的构成

在19世纪的一段时间里，合同法中的意思理论（will theory）曾经非常流行。根据意思理论，既然允诺人曾经表达过受到允诺约束的意愿和意思，其允诺就是可以执行的。但是该理论最终还是让位于以对价原则为核心的客观合同理论。从违诺赔偿之诉中发展出来的传统对价理论要求受诺人必须为允诺人的允诺提供某种可资交换的东西，或者是对受诺人的某种损害，或者是对允诺人的某种利益，这便是英国的获益受损理论。到19世纪末，至少是在美国，"对价是受诺人的损害或是允诺人的利益"的传统要求便开始被"对价必须是经过交易（be bargained for）"的要求取代。[2]这种关于对价的新思想，即对价交易理论，是由霍姆斯首先提出来的。当然，对价交易理论对获

---

〔1〕　P. S. Atiyah, "Consideration: A Restatement", in *Essays on Contract*, Clarendon Press, 1986, p. 193.

〔2〕　E. Allan Farnsworth, *Contracts*, 3rd ed., Aspen Law & Business, 1999, p. 45.

益受损理论的替代也有一个渐进的过程：产生之初的交易也只是关于某种利益和损害的交易，但是在美国法学会的《合同法重述》于1933年发布时，其只以交易来界定对价，根本就没有提及利益和损害的字眼。[1]

（1）对交换（exchange）和交易（bargain）的要求。霍姆斯在其《普通法》第8讲"合同要素"中提出了著名的对价交易理论。让我们首先再来看一下他屡屡被援引的名断：

依据英国传统的获益受损理论，由受诺人给予允诺人的任何好处（benefit），或受诺人遭受的任何损害（detriment），都可以构成对价。还有人认为，每个对价都可以被简化为后一种形式，只不过要将"损害"这个词作广义的理解罢了。……但是，依据协议的主要条款，对价的本质在于它是作为允诺的动机（motive）或诱因（inducement）而被提出和接受的；反之，做出和接受允诺也必须是提出对价的约定动机或诱因。整件事的根本在于，对价和允诺之间是一种互惠的（reciprocal）、约定的（conventional）、互为彼此的诱因关系。[2]

美国的合同理论和制度受到了霍姆斯论说的深刻影响，尤其是作为合同法核心的对价理论和原则。体现美国合同法最高理论成就和最优理论成果的两次合同法重述都采纳了对价交易理论，《第二次合同法重述》更是十分明确地将对价界定为一种交易磋商的过程。[3]

第71条　交换的要求（requirement of exchange）、交换的种类

（1）要构成对价，必须要以一个履行或回复允诺进行交易（磋商）。

（2）如果允诺人寻求将一个履行或回复允诺作为对其允诺的交换，且受诺人作出这个履行或回复允诺以换取允诺人的允诺，那么这个履行或回复允诺便经过了交易磋商的过程。

---

〔1〕　Restatement of Contracts, First, §75.

〔2〕　Oliver Wendell Holmes, *The Common Law*, Mark DeWolfe Howe ed., Boston: Little Brown, 1963, pp. 289-290, 293-294.

〔3〕　Restatement of Contracts, Second, §71. 美国《第二次合同法重述》第1章至第4章之基本条文部分已经由笔者译介于梁慧星主编《民商法论丛》第31卷（法律出版社2004年版）。

（3）履行可以包括

①行为而非允诺，或

②容忍，或

③法律关系的创设、变更或消灭。

（4）履行或回复允诺可以对允诺人或其他人作出。履行或回复允诺可以由受诺人或其他人作出。

也就是说，对价交易理论模式下的对价可以是一种体现为行为、不行为或法律关系变动的履行，也可以是针对允诺人允诺的一个回复允诺，但是这里的履行和回复允诺必须经过当事人的交易磋商（bargained for）。那么何为交易呢？这里的交易并不要求像在跳蚤市场那样存在一个要约-反要约的讨价还价过程，[1]《第二次合同法重述》第71条第2款对此也做了同样明确的规定：所谓受诺人的履行和回复允诺经过交易是指，允诺人寻求将一个履行或回复允诺作为对其允诺的交换，且受诺人作出这个履行或回复允诺以换取允诺人的允诺，在实质上应当是一种主观意思交换。可见，构成对价的东西便是允诺人希望和寻求的由受诺人做出履行或回复允诺，符合这一条件便是符合了对价交易理论的构成。

就像法恩思沃斯所说，是否存在交易是一个事实问题（a question of fact），交换和交易确实是构建对价交易理论的核心要素。一个允诺只有在既有交换又有交易时，才是可以强制执行的。但是，允诺能否得到执行的决定机理也因为交易与交换的不同而有所区别。赠与允诺等无偿允诺因为缺乏最基本的交换要素，所以是不可执行的。符合交换的要求但缺乏交易（bargain）的允诺也是不可执行的，其具体分为两大类：一类为允诺人并没有寻求并让受诺人做出某种行为（promisor did not seek to induce action），尽管受诺人正在从事和已经从事的行为可以被视为当事人交换的一部分。体现这种类别允诺的案例涉及过去的对价，即对他人已经从事的某种行为做出回报的允诺。另一类存在交换但缺乏交易的允诺则表现为，允诺人主观上寻求受诺人的行为，但没有明确地要求受诺人进行这种行为（action sought by promisor but not in-

---

〔1〕［美］克劳德·D. 柔沃、乔登·D. 沙博：《合同法》（第4版，美国法精要·影印本），法律出版社1999年，第81页。

duced)。关于此类允诺的典型例证为那些未被要求、主动实施的行为（unso-
licited action）。[1]例如，债务人（debtor）已经处于对其欠债权人（creditor）
债务的迟延履行状态，这时该债务人的一个朋友向债权人做出了将代替债务
人履行债务的无偿允诺。尽管债权人知道这一允诺是不可执行的，但他还是
在一个月内没有起诉债务人，就是在这一月内，该债务人破产了。此时债权
人能不能基于其不作为构成对价而强制执行债务人朋友的允诺呢？根据对价
交易理论是不能的。尽管债务人的朋友可能从债权人与其允诺进行交换的不
作为中获得了利益，即有过允诺的交换，但是他在做出上述允诺时并没有所
谓的"交易"，因为他并没有要求债权人进行上述不作为。[2]

总之，对价交易理论要求，要构成对价，必须有一定的允诺或履行与允
诺人的允诺进行所谓的议价交换（bargained-for-exchange），没有交换或只有
交换都是不充分的。

（2）静态的利益和损害并不必要。最初的对价交易理论为了顾及其对英
国获益受损理论的承继性，仍然将当事人的交易解释为关于某种利益和损害
的交易，但是《合同法重述》彻底废弃了美国人对英国获益受损理论采取的
优柔寡断的思想和态度，将利益和损害排除于对价交易理论之外。很明显，
在霍姆斯的对价交易理论模型之下，获益就是获益，损害就是损害。无论受
诺人可能遭受了多大的损害，他都不能因此而必然地提供一个对价。在许多
案件中，受诺人都可能遭受一个损害，但不能将此损害作为对价。而且，所
谓损害也可能什么都不是，而只是允诺实现的一个条件，如某人向另一人允
诺，如果后者摔断了腿，就给他 500 元。[3]霍姆斯说道，受害的受诺人不能
获得任何救济的权利，甚至也不能唤起我们的同情心，无论他那招致损害
的信任（对允诺人）是多么有理由，甚而在他受损的过程当中还给其他当
事人带来了不少益处。缺少对价，不幸的受诺人就没有任何权利或者法律

---

〔1〕 E. Allan Farnsworth, *Contracts*, 3rd ed., Aspen Law & Business, 1999, p. 53.

〔2〕 *Patel v. American Bd. Of Psychiatry & Neurology*, 975 F. 2d 1312 (7th Cir. 1992). Quoted from E.
Allan Farnsworth, *Contracts*, 3rd ed., Aspen Law & Business, 1999, p. 62, note 2. 当然，该案中依据对价
交易理论不可执行的允诺并非永远不能执行，其实在对价交易理论导致现实之不公正时，美国法总能
找到其他的纠正途径，这便是美国法实质性格的重要体现。该案中的允诺完全可以通过作为对价原
则之补充的允诺禁反言原则得到执行，所以波斯纳法官才认为，"非交易的损害不是与合同而是与禁
反言相关"。

〔3〕 Byles, J., *in Shadwell v. Shadwell*, 30 L. J. C. P. 145, 149.

上的请求权。法恩思沃斯说，对价交易理论与静态的利益和损害并不相关。[1]

阿蒂亚教授对静态的利益和损害对于对价构成的必要性也提出了批评，认为作为获益受损理论核心要素的利益和损害都是不充分且不必要的。说其不充分是因为，即使是具有利益和损害要素的允诺，也非常有可能因为该允诺违反公共政策而不能执行；说其不必要是因为，从历史上来看，尽管待履行合同只有在至少部分地被履行之后才有利益和损害的产生，但几个世纪以来法院一直认为它们是可以强制执行的。对早已得到执行和现在得以执行的很多待履行合同来说，利益和损害要素的确不是必要的，其执行在很多情况下是因为获益受损因素之外的其他理由。[2]

受上述理论观念的影响，美国《第二次合同法重述》第 79 条便明确规定：[3]

第 79 条　对价的相当性、义务的相互性

如果符合对价的要件，则对下列事项并无要求：

（a）对允诺人是一项获利、便利或利益，或者对受诺人是一项损失、不利或损害；或

（b）交换的价值相等；或

（c）"义务的相互性"。

该条规定将当事人的获益和受损与对价的相当性、义务的相互性一道排除在对价的构成之外（长期困扰英国法律人的纠缠在事实还是法律利益或损害之中的对价内涵争论也就此作罢），而只要求存在议价交换（bargained exchange）。或者如派克尔法官所言，对价并不意味着一个当事人从另一个当事人在当前放弃合法权利或在未来限制其合法行为的行动自由权中获利，而是意味着对前者的允诺的诱导。[4]

---

〔1〕　E. Allan Farnsworth, *Contracts*, Aspen Law & Business, 1999, 3rd ed., p. 49.

〔2〕　P. S. Atiyah, *Consideration: A Restatement, in Essays on Contract*, Clarendon Press, 1986, pp. 188–192.

〔3〕　Restatement of Contracts, Second, §79.

〔4〕　*Hamer v. Sidway*, 124 N. Y. 538, 27 N. E. 256 (1891).

总之，获益受损理论的缺陷正是对价交易理论得以诞生的起点，允诺执行一般化理论的合理性危机也同时为对价交易理论的蓬勃发展提供了难得的历史契机。

（3）相对允诺是交易对价的典型形态。英国传统的获益受损理论将对价分为利益和损害这两种模糊的种类，受到了批评，其最大的弱点就是背离了当今社会以当事人间的允诺交换为核心的信用交易这一主流模式。美国后来发展出来的对价交易理论虽然将对价分为允诺和履行两种，但这并不能掩盖允诺是对价之典型形态的事实，因为允诺对价不仅符合信用交易扩张的需求，而且巧妙地回避了履行对价在特定情形下的笨拙和僵化。

其实，从伊利莎白一世时代起，一个允诺就可以构成另一个允诺的完好的对价，因为这些允诺都是应该被履行的。自此，现代合同法一直承认单纯的允诺（mere promises）也可以构成良好的对价。[1]当然，单纯的允诺在当时并不能成为主要的对价形态，从表面看是传统的获益受损理论的统治性地位使然，但在本质上主要还是因为受制于当时社会（允诺）信用交易的发展程度。

相对允诺成为对价的典型形态和中心元素的事实带来了现代合同法的一系列积极变化，尤其是在合同归类上的变化。对允诺对价典型形态的肯认首先是确立了待履行合同在合同法中的支配性地位，并逐步催生了新的合同法观念：合同不是一个关注过去交易的事物，也不是一个关心当下即时交易的东西，而是当事人进行将来商业交易、规划未来自治行为的方法。可见，以允诺为中心的对价和合同法观念具有相当强的开放性和包容性，为当代合同法观念、理论和规则的进化留足了空间。除了对待履行合同的贡献，以允诺对价为中心的交易理论也促成了单诺合同与双诺合同（unilateral contract and bilateral contract）这一英美法世界中的"伟大的两分法"[2]。这种分类的重要依据为当事人进行承诺时是以允诺还是以行为进行，从更抽象的角度来讲就是受诺人提供对价的抽象种类是允诺（promise）对价还是行为（performance）

〔1〕 P. S. Atiyah, Contracts, "Promises and Obligations", in *Essays on Contract*, Clarendon Press, 1986, p. 29.

〔2〕 孙新强、孙凤举："论英美法上的单诺合同和双诺合同——兼与杨桢教授商榷"，载《环球法律评论》2005 年第 5 期。该文误将"杨桢"写为"杨祯"。

对价。虽然存在一定程度的弊病，但单诺合同与双诺合同的划分的确是理解英美法的重要进路，而其中以允诺对价为基础而成立的双诺合同更是成为现实合同的一般模式，得到广泛的遵循。

3. 对价交易理论的性质与意义

（1）对价交易理论是一种富有弹性的形式主义对价理论。霍姆斯认为，"对价是一种限制合同责任范围的工具……合同的全部意义在于它的正式性和外在性"。除非合同的形式已经具备，否则既不存在合同，也不存在合同责任。[1]这便是霍姆斯倡导的客观合同理论的精髓。当然，作为该理论核心的对价原则也不可能与合同的正式性和外在性相冲突，相反却与其一脉相承，因此在霍姆斯看来，对价的要求实际上"与盖印（seal）一样是一种形式"。[2]富勒承继了霍姆斯以来关于合同和对价的思想，同样将对价视作一种形式，并专门撰写了著名的《对价与形式》一文就二者之关系进行深度阐释。[3]因此对价原则不可避免地具有天然的外在性和形式性。

美国对价交易理论的兴起历程和具体构成也让我们看到了美国法官们的关注点实现了从交换实体（substance of exchange）到交易过程（bargaining process）的转换。[4]派特森便说过，"对价的概念不仅包括允诺人进行交易的事物（允诺或履行），还包括对该事物进行交易的过程（process）……这样，对价就意味着一项交易或交换的发生"。[5]例如，对价交易理论中著名的胡椒子规则[6]就是这种注重交易过程而不关注交换实体的典型例证。"一粒胡

---

〔1〕　[美]格兰特·吉尔莫："契约的死亡"，曹士兵、姚建宗、吴巍译，载梁慧星主编：《为权利而斗争——梁慧星先生主编之现代世界法学名著集》，中国法制出版社2000年版，第68页。

〔2〕　Oliver Wendell Holmes, *The Common Law*, Mark DeWolfe Howe ed., Boston: Little Brown, 1963, p. 273.

〔3〕　Lon L. Fuller, "Consideration and Form", 41 *Colum. L. Rev.* (1941).

〔4〕　E. Allan Farnsworth, *Contracts*, 3rd ed., Aspen Law & Business, 1999, p. 69.

〔5〕　Patterson, "An Apology for Consideration", 58 *Colum. L. Rev.* 929, 932-933 (1958).

〔6〕　当然，胡椒子规则或许也会受到很多人的攻击，认为其是一种非常形式化的制度和规则，徒增社会的交易成本。但实际上美国之所以长期采纳此种制度，在很大程度上是与其法律传统相关的。英美国家的合同法律是以极度的商业化和"商业情趣"为背景的，其社会行为的主流模式是有偿交易行为而非无偿的赠与行为，没有多少人会经常无缘无故地进行无偿赠与，商业交易才是社会行为的典型形态。所以，赠与等无偿行为是一种例外。而对例外的社会行为就不能适用处于主流行为模式上的合同规则，对例外行为设定特别的规则要比对其设定一般性规则更为合适，这不仅不会增加交易成本，反而符合人们的思想观念和价值期望，有利于商业合同规则的实施和交易的顺畅进行。

椒子也可以构成一个良好的对价"，只要该胡椒子经过当事人的交易磋商（即交付胡椒子是经过允诺人之要求的），即使其价值微薄也不妨碍其作为良好对价而存在。当然，由于基本上毫无价值的胡椒子、一粒米、一分钱等物的交付履行和交付允诺对于允诺人和受诺人来说都很难构成一定的利益和损害，其充其量只是一种象征而已，即表明了当事人做出的允诺或履行是经过双方交易交换的。

除上述胡椒子规则之外，对价交易理论的优势还特别体现在获益受损理论无法合理解释其他允诺执行的场合，如无偿借贷和结婚赠与等情形。虽然获益受损理论并不否定无偿借贷和结婚赠与允诺的可执行性，但是获益受损理论对此的解释力和说明力非常有限。法院为了解决当事人获益或受损的问题而绞尽脑汁，或者绕很多弯子，拟制所谓的利益和损害，而实质上很难说这些利益或损害就确实存在。例如，无偿借贷允诺中的受诺人（即借款人）做出的将如期还款的允诺对其个人很难说是一种损害，但是为了达致正义之结局，法院就必须以拟制认可损害的存在，通过获益受损理论执行该允诺。但是，如果依据对价交易理论加以解析，该案就没有这么复杂和困难了。对价交易理论只要求当事人间存在充分的交易交换，即使这种交易是形式化的（即不要求损益的存在），允诺人的允诺仍是可以执行的。可见，对价交易理论的解释要比获益受损理论更合理、明确和直接，这或许就是对价交易理论的优势。

当然，霍姆斯所创造的对价交易理论和合同理论虽然迎合了当时美国社会限制资本家合同责任的时代需要，但对价交易理论在很大程度上降低了对价的重要性，提升了允诺的重要性，因为对价只是一种形式，而允诺则是所有合同的共同要素（common element of all contract）。[1]这也是不得不说的客观效果。

但不管怎么说，英国的获益受损理论注重当事人的交易内容（substance），而美国的对价交易理论因为采取的是相互允诺标准，所以注重的是过程（process）和意思，[2]两者在理论内涵和进路上的确存在明显的差别。相对于

---

[1] P. S. Atiyah, "Contracts, Holmes and the Theory of Contract", in *Essays on Contract*, Clarendon Press, 1986, pp. 67-68.

[2] P. S. Atiyah, "The Binding Nature of Contractual Obligations", in Donald Harris and Denis Tallon (ed.), *Contract Law Today: Anglo-French Comparisons*, Clarendon Press, 1989, pp. 22, 71.

英国较为静态的、僵化的对交易中损益要素的严格形式主义要求而言，美国动态的强调过程和意思的对价交易理论具有高度的弹性和灵活性。[1]在探究合同交易有无对价的问题上，美国法院从来不会拘泥于或仅仅诉诸对价交易理论的逻辑机理，其会更多地努力去寻求证成允诺生效的各种实质性理由，只要其觉得使得该允诺或合同有效更符合公正原则。这些实质性理由和根据非常广泛和多元，可以是道德的、经济的、政治的、习俗的或者其他社会因素。[2]

（2）对价交易理论之意义。美国的对价交易理论的诞生带来了合同法理论和制度的全方位变迁，具体结果则集中体现在以下几个方面：[3]

首先，由于对价交易理论强加了"交易"这一新的要素，便在此程度上使得先前可以强制执行的一些允诺变得不可执行了。对交易之要求对那些发生在市场上的交换几乎没有任何影响，因为交易是市场交换不可避免的因素。但是，那些发生在市场之外或市场边缘（periphery）的交换则通常都缺乏交易要素，对价交易理论对交易要素的要求势必会对它们产生较大的冲击。例如，家庭背景中的交换通常都不具有交易的内容，因此这样的允诺在对价交易理论的模式之下是不可执行的。考虑到19世纪的美国对市场有着特别的关注，对价交易理论所带来的上述结果也并不令人惊讶。

其次，由于对价交易理论排除了对利益和损害的任何要求，便在该要求的程度上使得先前不能强制执行的允诺得以执行。法官们的关注开始从交换的内容转向交换的过程，他们只关心当事人达成交换的过程，而不关心交换中的损益问题。对价交易理论的此种发展非常好地契合了美国19世纪的流行倾向，即对自由企业制度（free enterprise）、尊严与创造力（dignity and creativity）等有着无限的尊崇和信任。亚当·斯密就曾经说道："正是通过'交易（bargaining）'这一竞争性的过程，社会才能最有效地利用他所称的人的'自爱（self-love）'。"[4]对价交易理论迎合且促进了个人主义的经济潮流。当然，

---

[1] 特别应当注意的是：英国法和美国法在对价理论和原则上所存在的非常明显的差距也影响到了其他相关的问题，如合同相对性、允诺禁反言等原则、制度和理论便在英国和美国表现得十分不同。

[2] R. S. Summers, "Two Types of Substantial Reasons, The Core of a Theory of Common-Law Justification", 63 *Cornell L. Rev.* 707 (1978).

[3] E. Allan Farnsworth, *Contracts*, 3rd ed., Aspen Law & Business, 1999, p. 46.

[4] E. Allan Farnsworth, *Contracts*, 3rd ed., Aspen Law & Business, 1999, p. 46.

如果从不过问当事人的利益和损害，该理论（指对价交易理论）便很难成为抵御交换不公的工具，所以还必须发展出其他能够最大程度实现正义的弹性原则。这就是《统一商法典》和《合同法重述》中随处可见公平、合理、诚信等一般性原则和标准的重要原因。

可见，波洛克等人开创的交易损害公式及后来成熟的对价交易理论（bargain theory）并非简单地使一些无偿交换转化为可以执行的交易，它同时也使得一些不具备交易因素的商业交换（commercial transactions as non-bargains）变得不能执行（例如，未为对等支付的选择权合同和合同义务的修改），[1]而后者才是对价交易理论的主要意义所在，因为以交易要素来限制合同责任的做法促进了早期美国经济和社会的飞速发展。

最后，也是最为根本和重要的是，美国的对价交易理论开创了一个时代。它不仅转换了作为合同法的理论基础（theoretical underpinning）的对价原则的理论内涵，而且较为清晰和明确地划定了实践中可执行和不可执行允诺之间的界限；[2]不仅为人们预判自己行为的法律后果提供了明确的标准，而且为法官之裁判正当与否提供了评判的标准。对价交易理论逐渐成为对价理论与合同理论的新正统，并进而型构了美国合同法的相关理论和原则的特殊性，如与英国相比较为特殊的合同相对性原则和允诺禁反言原则等。正如著名的比较法学家道森所言，"交易对价（bargain consideration）已经是并且在很长时间内也将一直是我们的合同法的中心特征"。[3]

二、对价规则

尽管对价原则存在英国的获益受损理论和美国的对价交易理论两种不同的理论模式，但不论何种模式，它们对下列规则或命题（propositions）都是普遍认同的。[4]

第一，除非一个允诺（未盖印）的允诺人获得某种利益或招致某种损害

---

[1] James Gordley, "Enforcing Promises", 83 *Calif. L. Rev.* 547, March, 1995, 560.

[2] E. Allan Farnsworth, *Contracts*, 3rd ed., Aspen Law & Business, 1999, p. 50.

[3] J. Dawson, *Gifts and Promises*, 1980, p. 3. Quoted from E. Allan Farnsworth, *Contracts*, 3rd ed., Aspen Law & Business, 1999, p. 101, note 56.

[4] P. S. Atiyah, "Consideration: A Restatement", in *Essays on Contract*, Clarendon Press, 1986, pp. 180-181.

以作为对该允诺的回报，否则该允诺是不能执行的。[1]

第二，在双诺合同（bilateral contract）中，允诺的对价是一个反允诺（counter-promise）或对待允诺（return promise）；而在单诺合同（unilateral contract）中，允诺的对价则是由允诺人规定或要求的履行行为。

第三，合同法仅执行交易（bargains）；简单来说，对价必须是（并且甚至可能被当事人视作）允诺的"价格"（price）。

第四，过去的对价不是充分的（sufficient）对价。

第五，对价必须从受诺人发出。

第六，（该规则是前3条规则总结出来的，）法律并不执行无偿允诺（gratuitous promises）。

第七，本规则是前6条规则的一个有限的例外规则（允诺禁反言时，无对价的允诺也可执行），它是由英国的中央伦敦财产信托公司诉高树房屋公司案（*High Trees*［1947］*K B* 130）的理论所确认的，但是该案只承认允诺禁反言原则的防御性，即允诺禁反言原则只是盾，而不是剑，不能成为诉因。[2]

上述规则对对价原则的作用是重大的，它们使得对价原则具有了关照现实的生命力。当一个法官在面临决定一个允诺可否执行的问题时，对价的宏观理论往往并不能解决全部问题，抽象的"获益和受损"以及"议价交换"经常令法官无所适从，就在此时，具有明确操作性和制度适用性的具体对价规则便恰好解决了对价原则的适用问题，尽管这些规则也在相当程度上腐蚀和瓦解了对价原则的理论统一性。当然，对价原则的多种规则也并非杂乱无章，依据这些规则的不同性质，我们可以将其分为两大类：肯定性的积极对价规则和否定性的消极对价规则。

---

〔1〕　该条规则主要是就英国的获益受损理论来说的，是获益受损理论的核心构成规则。美国的对价交易理论则主要要求当事人间存在所谓的议价交换的过程，不要求有实质的利益和损害。

〔2〕　但美国合同法对此有了大胆的突破，承认允诺禁反言原则不只是防御之盾，也可以是进攻之剑，不只可以作为抗辩，也可以成为诉因。并且很明显的是，在阿蒂亚的眼里，允诺禁反言原则虽然是对价原则的一种例外，但这种例外似乎也包含在了对价原则的构成规则之中，因此，此点可在相当程度上说明允诺禁反言原则并非对价原则单纯的替代，允诺禁反言原则的出现并不意味着对价原则的消亡，它更是对价原则的一种补救和补充。

（一）对价必须充分无须适当：公平与自由的博弈

1. 对价必须充分（sufficient）：交易公正之底线

对价原则的首要规则（the first rule）便是对价必须充分无须适当（consideration must be sufficient but it need not be adequate）。其中，所谓对价必须充分是指当事人对一方的允诺提供了有价值的东西（something of value）作为回报。当然，说到有价值的东西就必然涉及该价值是事实上的价值还是法律上的价值的问题。我们通常所说的对价并非没有范围限制，在获益受损理论和对价交易理论的模式之下，并非所有经过交易的东西都是对价。对价不仅应对当事人有事实上的经济价值，而且必须在法律的眼中（in the eye of law）是有价值的。[1]这就是对价必须充分的具体内涵。

所谓对价必须具有经济价值（must be of economic value）是指一个行为、容忍或允诺对允诺人具有事实上的有用性。尽管人们（包括法院）并不能精确地计算出这种对价的经济价值到底是多少，但判断存在还是不存在一定的经济价值并非难事。对对价之经济价值的要求将许多情形排除在对价原则适用范围之外，例如，根据对价必须具有经济价值的规则，自然的爱和情感（natural love and affection）以及其他纯粹的情感性动机便不能构成充分而合格的对价，不能支持允诺人的允诺的执行。在怀特诉布鲁特案（White v. Bluett）[2]中，父亲向其儿子允诺，只要儿子不再以不停的抱怨（不满父亲在几个儿子间分配财产的行为）来烦扰他，他将不对儿子欠他的债务起诉。法院最终判决：对于父亲的允诺，儿子并没有提供充分或有效的对价，因为儿子的情感并不具有所谓的经济价值，不符合对价必须充分规则，所以父亲的允诺是不可执行的。

但是，对于对价必须具有经济价值的要求在英美国家也一直有不同的观点，并且近些年来该要求受到的挑战之程度有逐步增加之迹象。这种观点主张：要构成一个充分和良好的对价，受诺人所提供的东西必须具有法律价值，而非经济价值。例如，在1572年的罗杰斯诉斯诺案（Rogers v. Snow）这一著名案例中，允诺人向受诺人做出允诺，如果受诺人能徒步走到约克郡，就支

---

〔1〕 WILLIAM CLARK, JR., *HANDBOOK OF THE LAW OF CONTRACTS* 147 (4th ed., 1931). See also James Gordon III, "A Dialogue about the doctrine of consideration", 75 *Cornell L. Rev.* 995 (1990).

〔2〕 (1853) 23 L. J. Ex. 36.

付给受诺人一笔费用作为对受诺人行为的回报。最终法院认定该受诺人依允诺人的要求而进行的行为足以构成良好的对价。很明显，受诺人依据允诺人的要求徒步走到约克郡的行为对允诺人来说似乎难有所谓的经济价值，法院之所以承认受诺人的行为构成对价，除了从受诺人受到的法律损害的角度加以判断，还从法律的视角对受诺人的行为对允诺人所具有的价值进行审视。同样的情形出现在叔父允诺给其不为抽烟等不良行为的侄子以奖励的案例中，[1]叔父并没有从中获得什么有经济价值的东西作为交换，但是其从中获得的精神满足在法律的视角下是足以支持对价的充分性的。

为什么一个允诺的执行必须要以有价值的回报作为其条件呢？这是因为合同法主要是关于有偿的等价交易而非无偿赠与的法律，有偿的等价交易是人们社会活动的常态。当然，这种资本主义的经济形态也蕴涵着在漫长历史进程中发展起来的人们的正义和公正的价值观念。该种观念最早起源于古希腊亚里士多德的正义论。他把正义划分为分配正义（distributive justice）、校正正义（corrective justice）、交换正义（commutative justice）、回报正义等。其中与合同法直接相关的就是交换正义，交换正义要求当事人在进行交换时必须有对等的东西作为对其接受物品的补偿。[2]随后，中世纪经院哲学的集大成者托马斯·阿奎那（Thomas Aquinas）[3]在亚里士多德的哲学思想基础上发展了两种不同类型的合同理论：交换正义行为（acts of commutative justice）和慷慨行为（acts of liberality）。他认为，要求对等的东西体现了哲学上的平等（equality）的要求；但如果一方未得到等价物，却希望能使对方有所收益，则体现了慷慨（liberality）的要求。[4]由于正义是德性之首，交换正

---

〔1〕 *Hamer v. Sidway*, 124 N. Y. 538（1891）.

〔2〕 James Gordley, "Contract Law in the Aristotelian Tradition", in Peter Bension, *The Theory of Contract Law: New Essays*, Cambridge University press, 2001.

〔3〕 托马斯·阿奎那被认为是最伟大的经院哲学家，同时代的人称之为天使博士。托马斯·阿奎那在大多数场合是如此紧密地追随着亚里士多德，以致使亚里士多德在天主教信徒心目中几乎具有教父般的权威，就是在纯哲学问题上批评亚里士多德，也会被人认为是不虔诚的。这或许主要是由于亚里士多德的哲学可以增强流行的经院哲学体系，延长经院哲学的寿命。亚里士多德和托马斯·阿奎那的统治性地位和势力一直持续到文艺复兴，其后，柏拉图才重新在大多数哲学家的见解中获得最高地位。参见［英］罗素：《西方哲学史》（上卷），何兆武、李约瑟译，商务印书馆1963年版，第549—550页；［美］梯利：《西方哲学史》（增补修订版），葛力译，商务印书馆1995年版，第211页。

〔4〕 James Gordley, "Enforcing Promises", 83 *Calif. L. Rev.* 547, March, 1995, 551-552.

义行为要比慷慨行为更能成为一种社会常态。托马斯·阿奎那解释道，这也就是罗马法会对那些付出多于正当价格（just price）或收益少于正当价格的当事人给予救济的原因。具体来讲，就是当合同价格偏离（deviate）程度超过正当价格（指普遍估价，也就是市场价格）的一半时，法律就会进行干预、给予救济。[1]可见，对价必须充分（有价值）规则就是上述市场交易模式和交换正义哲学的直观反映，是法律对交易公正的最低限度的法律保护和法律要求。

如果不符合上述具体的要求，就会构成所谓的对价不充分（insufficiency of consideration），当事人的允诺也就是不可执行的，主要包括履行法定义务、履行对允诺人的既存合同义务、履行对第三人的既存合同义务等情形。这些都属于不能构成对价的情形，将在否定性的消极对价规则中进行详述。

2. 对价无须适当（adequate）：私法自治为交易之本

尽管对价原则要求必须要有充分的有价值的东西作为当事人允诺的回报，但是法院对当事人间交易的价值是否适当或相当、他们之间的协议是否苛刻（harsh）或片面（one-sided）并不过问。[2]这就是对价无须适当规则。英美法之所以秉奉这样的对价规则，是因为英美国家的人们认为："交易活动，贵在当事人能透过其自主意思而获得其欲望之满足，因此，交易标的之价值几何，亦宜由当事人自行判断。至于是否是一桩好买卖（good deal），则法院毋庸亦无权置喙。"[3]从美国重要的法律文本《第二次合同法重述》第 79 条之规定便可看出此一考量。

法律总是假定，当事人完全可以协商解决好对价的适当性问题，所以法院对当事人间的交换价值是否相当并不关心。例如，英国著名法官布莱克布恩（Blackburn）在 1873 年的博尔顿诉马登案（*Bolton v. Madden*）中指出，对价是否适当，应当由双方在达成协议时考虑，而不是在当事人请求履行合同时由法院来考虑。法院的职责不是要保证双方当事人达成一项公平的交易，只要不存在胁迫和不当影响或压力（duress and undue influence or pressure），

---

〔1〕 See James Gordley, "Enforcing Promises", 83 *Calif. L. Rev.* 547, March, 1995, 551-552.

〔2〕 G . H. Treitel, *The Law of Contract*, 9th ed. , Sweet & Maxwell, 1995, p. 70. 而对当事人之间的协议是否苛刻或片面的评判在很大程度上是由胁迫、不当影响等具体效力制度进行的。

〔3〕 杨桢：《英美契约法论》（第三版），北京大学出版社 2003 年版，第 70 页。

即使客观地看，一项交易的对价显然并不适当，法院也会认定对价有效。在这方面，法院严格遵守契约自由的基本原则和"购者自慎"的原则。[1]

自古典合同法以来，人们普遍认为合同是个主观的合意，所以无须决定对价的客观价值。[2]当事人间的交易是当事人实现私法自治的方法，他们的意思和行为应当受到尊重，交易行为体现了他们的自由。特别是在古典合同法时代，当事人的自由意思和自由行为成为市场交易的中心观念和根本价值，并被提升到了人格尊严的高度。因此，法院不能过分地干预当事人的自治行为，必须为当事人的私法自治留出充足的空间，否则就是对他们人格尊严和行为自由的非法干涉，有家长主义（paternalistic）作风之嫌疑。并且，在个人意思和私法自治流行的年代，法院的理性也受到了人们的普遍质疑。正如波斯纳所言，法院在决定交易的价值方面并没有什么比较优势，因而并不比当事人高明多少。相反，在绝大部分情况下，买卖双方当事人的协商是确定一个合理价格的更为可靠的方法。[3]

尽管法院通常并不探究当事人间的交易之价值是否适当，以保持社会最大程度的私法自治，但那些不主张法院对交易价值是否对等进行审查的人也并不否认这种不适当可以在某种情况下成为当事人间交易有瑕疵的证据。如果当事人的交换在客观上极度不相当或不平等（gross inadequacy and inequality），则常常可以成为法院判断当事人是否有行为能力（capacity）、欺诈（fraud）、胁迫（duress）、不当影响（undue influence）、错误（mistake）、显失公平（unconscionability）或当事人间是否存在交易磋商的证据（evidence）。[4]

3. 博弈于公平与自由之间

综上所述，对价必须充分无须适当规则非常妥善地避免了对价原则可能导致的偏执，合理地协调和平衡了公平和自由这两种价值。其中，要求对价必须充分就是保证私人交易中的公平与对等，不要求价值的适当就是为当事人预留私法自治空间、保证私人交易中的合同自由价值之实现。在法律中，

---

〔1〕何宝玉：《英国合同法》，中国政法大学出版社 1999 年版，第 138 页。

〔2〕［美］罗伯特·考特、托马斯·尤伦：《法和经济学》，张军等译，上海三联书店、上海人民出版社 1994 年版，第 829 页。

〔3〕Richard A. Posner, *Economic Analysis of Law*, 2nd ed., Little Brown and Company, 1977, p. 70.

〔4〕Restatement, Second, Contracts, §79, Comments c and e; E. Allan Farnsworth, *Contracts*, 3rd ed., Aspen Law & Business, 1999, p. 71.

自由和公平始终是一对矛盾，但是这对矛盾并非不可解或不可调和，对价必须充分无须适当规则就为合同法中的自由价值与公平价值的协调与平衡提供了鲜明的例证，并向我们表明，对价原则和规则中充满了自由与公平的博弈。

4. 其他特殊问题

在英美合同法中，有一句话是非常有名的，即一粒胡椒子（或一分钱）也可以构成一个良好的对价，这被称为胡椒子规则或胡椒子理论。胡椒子规则虽然有些极端，但印证了对价无须适当规则。这是因为，对价无须适当规则本身就使得人们规避对价原则的适用成为可能：聪明的人会用一分钱或一粒胡椒子这样价值微小的东西作为换取较大价值财产的代价，从而也使得一些本来不能执行的无偿允诺得以执行。胡椒子规则的背后并没有当事人之间的实质上的交换，它是一种名义上的或虚假的交换，也就是所谓的名义对价（nominal consideration）。胡椒子规则与名义对价规则得到了英美法学界的普遍公认，例如美国《合同法重述》第 84 条说明例 1 就明确支持名义对价规则：A 希望向其儿子 B 做出一个有约束力的（可以执行的）允诺，以向其转移价值 5000 美元的一件物品。但是有人建议他说，该无偿允诺是没有约束力的。于是，A 便向 B 写信做出要约，说愿意以 1 美元出售该物品，B 进行了承诺。《合同法重述》认为，B 同意向 A 支付 1 美元的允诺是充分的对价。

另一个支持名义对价规则的著名案例为托马斯诉托马斯案（*Thomas v. Thomas*）：

> 该案中，托马斯先生死后留下了一处房产，其遗产执行人（executors）便相信托马斯先生应当是希望其妻子可以继续居住在其遗留的房屋中的。于是，托马斯先生的遗产执行人基于对上述遗愿的确信向托马斯太太做出如下允诺：只要她同意每年支付遗产执行人 1 英镑并安排好房屋的修缮，遗产执行人便将该房屋转移给她使用。托马斯太太依照遗产执行人的要求这么做了。但是后来在遗产执行人之一死亡之后，另一个遗产执行人拒绝执行他们的允诺，并将托马斯太太赶出了该房屋。[1]

法院认为托马斯太太的允诺是遗产执行人的对价，并认为即使不考虑房

---

[1] 114 Eng. Rep. 330（Q. B. 1842）.

屋修缮的允诺，她做出支付 1 英镑的允诺也是充分的，该允诺构成移转房屋由其使用的良好而充分的对价。

胡椒子规则与名义对价规则体现了合同自由原则的影响，也体现了人们对法院理性的怀疑和对家长主义作风的抵制，符合古典合同法的基本精神和理念，也以非常极端的形式展现了对价原则的形式主义色彩［因为胡椒子规则和名义对价规则在此更像是使得无偿允诺具有约束力的纯粹的盖印（seal）[1]］。但是二者毕竟是对价无须适当规则的极端案例，并且对二者的认可在很大程度上鼓励了人们规避对价原则的行为，即通过提供价值非常微小的东西使得本来不可执行的无偿允诺可以执行。这样，现实中便充满了伪装的和虚假的交易，对价原则区分无偿允诺和有责任（onerous）的允诺、可执行与不可执行的允诺的目的和功能便受到压制。因此，胡椒子规则和名义对价规则在近些年来便越来越受到人们的质疑和否定。例如，美国《第二次合同法重述》就要求当事人间必须存在实际交易（actual bargain），如果有伪装交易（a pretense of bargain）和交换中的极端不对等（extreme disparity）情形出现，就表明该交易是虚假的（sham）。[2]于是，承认伪装交易的胡椒子规则和名义对价规则便没有了存在的空间。

《第二次合同法重述》第 71 条说明例中便为我们呈现了否定名义对价的典型案例：[3]A 希望做出一个关于给予其儿子 B 1000 美元的有约束力的允诺。但是别人建议他说，一个无偿的允诺是没有约束力、不可执行的，于是 A 便向 B 发出要约，说愿意用 1000 美元来购买 B 的价值不足 1 美元的书，B 做出了相应的承诺，他也知道买书只是一种假象或借口（pretense）。因此，本案中 A 将支付 1000 美元的允诺是没有对价的。只有真实的交易才受到法律的保护。

当然，对名义对价规则和胡椒子规则的否认也引出了另一个问题，即名义对价与不适当对价（inadequate consideration）的界限问题。[4]对价无须适

---

〔1〕 Cheshire, *Fifoot & Furmston's Law of Contract*, Butterworths, 1996, p. 90.

〔2〕 E. Allan Farnsworth, *Contracts*, 3rd ed., Aspen Law & Business, 1999, p. 72.

〔3〕 Restatement, Second, Contracts, §71, Illustration 5.

〔4〕 英美学者并不否认名义对价规则与对价无须适当规则之间一般意义上的关联，但阿蒂亚认为，二者没有一种"逻辑上"的联系，因为美国的很多法院在拒绝名义对价规则之时，却承认对价无须适当规则。阿蒂亚的观点也体现了霍姆斯"法律的生命不在于经验，而在于逻辑"的名言（aphorism）：美国法院之所以这么做，正是基于美国所存在的与逻辑没有什么关系的政策背景。G. H. Treitel, *The Law of Contract*, 9th ed., Sweet & Maxwell, 1995, p. 71.

当规则使得不适当对价也可以成为允诺或合同得以执行的约束力根据。在承认名义对价规则或胡椒子规则的时候，名义对价属于不适当对价之一种。尽管名义对价是一种非常极端的不适当对价，但对价无须适当规则本身使得名义对价获得了存在的合法性和正当性。但是，在名义对价被剔除出不适当对价的范畴之后，对名义对价与不适当对价这两个原为种属关系的概念进行新的界分就成为一种必要，因为二者的法律效果截然不同：名义对价已经不能像不适当对价那样，足以使得允诺得以执行了。

一种观点认为，名义对价是那些只具有象征性价值（token value）的对价，而不适当对价则是指那种具有实质价值的对价，尽管该对价之价值明显少于当事人允诺的价值。另一种观点认为，名义对价和名义数目是指那种可以被称为对价但并没有必要支付的对价和数目。如果·个人为接受一个价值4万英镑的农场而支付了允诺人所要求的500英镑，则该500英镑虽然与农场之价值极端不相当，但并不影响其成为良好而充分的对价。[1]但如果该案中的受诺人所提供的对价仅是1英镑或一粒胡椒子，那么即使其已经支付或交付，从当事人的意图来看，该对价也仅是名义对价。因此，从这里来看，仅为一种象征的对价与不适当对价（甚至极度不适当对价）之间的区分很明显是一个常识问题（a matter of common sense）。[2]但这似乎仍然没有解决二者的清晰界分问题。试问，对价不适当到何种程度才会构成包含伪装交易、只有象征意义的所谓名义对价呢？我们似乎仍然得不到鲜明的回答，在很多情况下只能借助于将名义对价界定为"被称为对价但没有必要支付"这样模糊而抽象的标准。

为了解决名义对价与不适当对价之间的清晰界分问题，英国法院终于在1991年做出判决，认为：任何实质价值——超过5英镑的价值——之支付或允诺支付都会防止交易中名义对价的产生。[3]也就是说，只要有超过5英镑的实质价值的允诺或履行作为回报，就不会出现不能支持允诺执行的名义对价问题。或许有人仍然质疑该规则的科学性和正当性，认为一粒胡椒子、一分钱、一英镑相对于几万英镑、几十万英镑、几百万英镑的财产和金钱是典

---

〔1〕 *Midland Bank & Trust Co. Ltd. v. Green* 〔1981〕A. C. 513, 532.

〔2〕 G. H. Treitel, *The Law of Contract*, 9th ed., Sweet & Maxwell, 1995, p. 72.

〔3〕 *Westminster City Council v. Duke of Westminster* 〔1991〕4 All E. R. 136, 146.

型的名义对价，但相对于它们，十英镑、几十英镑、几百英镑不也是极端的价值不对等，不也是象征意义的名义对价吗？但不管怎么说，该判决还是为名义对价的确定和允诺的执行提供了一种明确的标准，尽管并不一定非常合适。

（二）容忍不作为也构成有效的对价

根据美国《第二次合同法重述》的规定，构成对价的东西可以是允诺或者履行，而后者又包括当事人的行为（act）或容忍（forbearance，也译作"权利不行使"或"不作为"）。允诺和行为作为对价是一种常态，但是，容忍能够构成充分而良好的对价并使得允诺可以执行则是比较特殊的，体现了英美合同法的特色，有必要予以专门阐述。

对容忍可以构成充分而良好的对价，最好是用一个经典案例加以说明。例如美国1956年的著名判例菲格诉博希姆案（*Fiege v. Boehm*）：

本案原告为一女士，其称被告用不正当方式与其发生关系而致其怀孕。原告于怀孕期间一再申言，如被告不负责任，原告将立刻对被告提出非婚生子女之诉（prosecuting him for bastardy）。被告及被告之父深恐原告如提出此项控诉，被告之母知悉后必然伤心失望。于是，1951年间，被告与其父商量后要求原告放弃非婚生子女之诉，被告同意支付原告生产时之一切费用及小孩出生后每周10美元之生活费直至该小孩成长至21周岁为止。1953年，被告至原告之医生处为小孩做血型检查，其结果显示原告所生小孩与被告无血缘关系，换言之，原告所生小孩之父非被告，因此，被告拒绝支付原告生产时之医药费及该小孩之生活费，于是发生本案之诉讼。本案法院衡量各种情况及证词证据后，判决原告胜诉。[1]

本案法官所采判决理由为，本案原告在善意或诚信（good faith）意图下，深信具有合法请求权，今放弃此权利而与对方达成不追诉的约定，此种约定具有对价，可拘束本案被告履行其允诺而支付原告之医药费及小孩之生活费。

这一案例的判决是非常具有英美特色的。依照大陆法系的规定，如果被告在事后发现小孩并非自己亲生，则其同意支付原告医药费和小孩生活费的允诺都是基于认识错误而做出的瑕疵法律行为，是可以依法撤销的。在大陆

---

[1] *Fiege v. Boehm*, (1956), 210 Md. 352, 123 A. 2d 316.

法系，被告不仅可以拒绝继续支付小孩将来的生活费，甚至可以要求原告返还其已经支付的费用，因为原告足以构成不当得利。但是，英美合同法或许更加注重当事人形式意义上的权利，考虑很多现实的背景。英美合同法可能认为，原告是在被告的要求之下放弃诉权的，这种放弃造成的损害或许在多年之后是无法弥补的。例如，如果不是被告的要求，原告或许会较早地知悉小孩生父的身份，并向其提出相应的诉讼请求等，而时间的经过已经使得很多的事情变得不可能，所以法律才会认为被告造成的这种损害是巨大的，原告容忍或不行使权利的行为足以构成充分的对价。当然，更为重要的原因或许是英美法系从来就不像大陆法系那样严格区分所谓的公法和私法，公法的权利（如这里的诉权）也可以作为私法上的权利交换的筹码，公权和私权确实在一定程度上具有互换性和融通性，但大陆法系则完全不能。[1]

　　另一个关于容忍对价的经典案例是上文已经讨论过的哈默诉西德维案。叔父为其侄儿之健康着想，对其侄儿说："如果你直到成年时都不抽烟、不喝酒、不赌博等，我就给你 5000 美元。"结果侄儿果然奉行至成年之日，而要求给付此 5000 美元。[2]法院最终支持了侄儿的请求，认为侄儿不抽烟等行为构成自己对权利的放弃和不行使，是有效的容忍对价。关于容忍和权利不行使的其他例子主要包括：不依保留权利以通知方式终止合同或租赁关系，不在指定期间内撤回要约，不行使设立技工留置权的权利，在收到取消抵押物赎回权的请求后不行使抵押人的赎回权，不在拍卖中报价或竞价，不取出银行存款等。[3]

　　综上所论，容忍或权利之不行使作为契约对价者，必有请求权人对于有争执（controversy）或存有疑惑（doubtful or colorable）之标的或请求权以善意行为表示放弃诉讼请求权而与对方所达成之和解约定，此为具有对价之约定，可拘束当事人，因其放弃者为原可请求诉讼之权利也。[4]容忍作为对价的规则在大陆法系学者看来具有几乎不可理解的浓重形式主义的色彩，但这也体现了英美合同法的制度、观念之特色，彰显了与大陆法系的不同。

---

〔1〕　此点受到中国政法大学李永军教授的启发。

〔2〕　*Hamer v. Sidway*, 124 N. Y. 538（1891）.

〔3〕　[美] A. L. 科宾：《科宾论合同》（一卷版，上册），王卫国、徐国栋、夏登峻译，中国大百科全书出版社 1997 年版，第 256 页。

〔4〕　杨桢：《英美契约法论》（第三版），北京大学出版社 2003 年版，第 77—78 页。

（三） 对价必须从受诺人发出

所谓对价必须从受诺人发出（consideration must move from promisee），是指只有在收到允诺的人提供了该允诺的对价之后，他才可以执行该项允诺。这一规则或格言（maxim）在能否成为一个独立的规则或格言方面是模糊的，因为有一种观点始终认为，对价必须从受诺人发出规则只是重申（restate）"允诺必须有对价支持"这一基本要求的另一种方式而已。[1]但不管怎么说，对价必须从受诺人发出规则在一定程度上是对提供对价的主体范围的限制，其将第三人排除在提供对价的适格主体的范围之外，即只有受诺人才能提供对价，也只有受诺人才能使得允诺人做出的允诺可以执行。第三人因为不能提供允诺的对价，所以不能通过起诉请求执行允诺人做出的允诺。可见，对价必须从受诺人发出规则包含了两层意思：第一，只有受诺人才能向允诺人提供对价；第二，只有提供了对价的受诺人才能要求执行允诺人的允诺。第一层意思是限定对价提供人，第二层意思是限定允诺执行人。

例如，A 向 B 做出允诺：如果 B 能为 A 粉刷房屋的话，A 将支付 B 劳务费 1000 元。如果 B 按照 A 的上述要求做了，那么 B 作为受诺人就是为 A 支付金钱的允诺提供了充分的对价，B 也因此可以要求执行 A 的允诺。并且，根据对价必须由受诺人发出规则的两层意思，也只有 B 才是合格的对价提供者，只有 B 才有权要求执行 A 的允诺。

但是，如果出现了 A 和 B 之外的第三人，情形就相对复杂些。正如特莱特尔所说，假设 A 向 B 做出允诺说，如果 C 会为其粉刷房屋，A 就会支付 B 劳务费 1000 元。后来，C 果然为 A 粉刷了房屋，这时 B 也是不能执行 A 的允诺的，除非是 B 促使（procure）C 去这么做的。[2]作者接下来论述的是有关对价必须由受诺人发出规则的附属内涵和规则问题。

1. 对价无须提供给允诺人（consideration need not move to promisor）

虽然对价原则的理论内涵存在一定的差异，但不管是英国的获益受损理论还是美国的对价交易理论，都承认对价无须提供给允诺人规则。获益受损理论支持对价无须提供给允诺人规则的原因包括如下两点。

第一，对价可以不包括允诺人的利益，而只是受诺人的损害。获益受损

---

〔1〕 Ewan Mckendrick, *Contract Law*, 4th ed., Palgrave MacMillan Publishers Ltd., 2000, p. 103.

〔2〕 G. H. Treitel, *The Law of Contract*, 9th ed., Sweet & Maxwell, 1995, p. 77.

理论中的一条基本原理是，只要具备损害或利益其中之一便可构成充分的对价，从来没有要求二者必须齐备。于是，在受诺人没有向允诺人提供利益对价之时，只要存在对受诺人的损害，也可以构成良好的对价，所以对价无须提供给允诺人。例如，受诺人应允诺人的要求放弃自己的工作、放弃对某公寓的租赁等行为虽然并没有直接使得允诺人获益，但受诺人因此而受到一定的损害，足以构成充分的对价，这里的对价很明显是没有提供给允诺人的。

第二，获益受损理论认可了"对价可以是应允诺人的要求提供给第三人的利益"，所以对价有时也就无须提供给允诺人了。例如 1873 年的博尔顿诉马登案[1]：

原告与被告都是一项慈善基金的认捐人，并且都有权投票决定基金的使用。在一次投票会上，原告应被告的要求，同意投票支持被告打算帮助的一个申请人，同时，被告允诺说，在下一次的投票会上，被告将按照原告的意愿投票。后来，被告并未履行允诺，原告要求执行被告的允诺，被告则辩称，他的允诺没有对价支持，不能执行，因为原告上次的投票既未招致任何麻烦（反正他也要投票），又未使原告遭受任何损失。

法院最终认为原告已经按照被告的要求为第三人提供了利益，足以构成有效、充分的对价，所以否认了被告的抗辩，判决被告履行其允诺。当然，用以说明"对第三人的利益足以构成充分对价"的最好的案例，是用支票和信用卡进行支付的货物买卖。例如，顾客以支票和信用卡支付货款，也就意味着银行向出卖人做出了一种允诺，即只要出卖人将货物交付给了顾客，银行就会向出卖人支付货款。出卖人的履行交付行为是银行付款允诺的对价，出卖人（受诺人）可以执行银行的付款允诺，即使货物（对价）并不是交付给银行（允诺人），而是交付给买受人（允诺人之外的第三人）。[2]

对于对价无须提供给允诺人规则之正当性的解释，美国的对价交易理论或许显得相对轻松。在对价交易理论模型之下，尽管通常情形下的对价都是从受诺人发出，提供给允诺人，但是只要允诺人的履行或对待允诺经过了当事人的

---

〔1〕 *Bolton v. Madden* （1873）LR 9 QB 55.

〔2〕 E. Allan Farnsworth, *Contracts*, 3rd ed., Aspen Law & Business, 1999, pp. 47-48.

交易磋商，对价是提供给允诺人还是第三人并不重要。[1]。

2. 与合同相对性原则纠缠在一起

对价原则和合同相对性原则（doctrine of privity of contract）是贯穿整个英美合同法的两大基本原则，但两者并非内涵迥异、规格截然不同的两个原则，而是存在着某种有机的内在联系。英美法现代意义上的合同相对性原则就是产生于对价原则的逻辑推演，[2]与对价必须从受诺人发出规则纠缠在一起。

其实，早在1833年的普赖斯诉伊斯顿案（*Price v. Easton*）[3]中，我们就可以看到对价必须从受诺人发出规则与合同相对性原则的历史关联。在该案中，被告向X做出允诺说，如果X能为自己做一定的工作，他就会支付原告一笔钱。X依照被告的要求完成了上述工作，但被告并没有依其允诺付款。于是，原告便起诉被告，要求其履行付款允诺。女王法庭（Queen's Bench）认为原告不能起诉被告，并以两种不同的方式解释了其判决的合理性。法官德曼（Lord Denman）说，原告不能说明从他那里发出了对于被告允诺的对价；法官小迪尔（Littledale J）则认为，"原告和被告之间没有合同当事人的相对性关系（privity）"。[4]前者是法官从对价必须从受诺人发出规则这一角度对本案进行的阐释，后者则是法官从当事人的相对合同关系或曰合同相对性的角度对本案的说明（应该是英美法现代意义上的合同相对性原则的先驱），但二者在本质上并没有不同。其后，合同相对性原则的两个经典案例，即1861年的特维德尔诉阿特金森案（*Tweddle v. Atkinson*）和1915年的邓禄普轮胎公司诉塞尔福里奇案（*Dunlop Pneumatic Tyre Co. Ltd. v. Selfridge*），也都表明：在合同相对性原则和对价原则之间存在着非常紧密的联系。

可见，对价原则中的对价必须从受诺人发出规则与诞生之初的合同相对性原则已经纠缠在一起。虽然在现代英美合同法中，对价原则决定"哪些允诺可

---

[1]　E. Allan Farnsworth, *Contracts*, 3rd ed., Aspen Law & Business, 1999, p. 47.

[2]　关于对价原则在英美法现代意义上的合同相对性原则确立过程中所起的决定性作用，参见笔者《合同相对性理论的起源与流变——现代意义合同相对性在两大法系确立过程之比较》，或者本书关于对价原则的功能部分。

[3]　（1833）4 B & Ad 433.

[4]　Cheshire, *Fifoot & Furmston's Law of Contract*, Butterworths, 1996, p. 80.

以得到法律的强制履行"（which promises are legally enforceable）[1]，而合同相对性原则决定哪些人能够执行合同，即决定合同的效力范围，但自合同相对性原则产生之初，二者就被人们视为一个问题的两个方面，[2]没有实质性的差异。[3]

3. 重估对价必须从受诺人发出规则：美国对价交易理论与英国 1999 年《合同（第三人权利）法》的冲击

在新的经济和社会情势之下，传统的对价必须从受诺人发出规则似乎受到了一定的考验。尤其是美国独树一帜的对价交易理论的风行和英国 1999 年出台的《合同（第三人权利）法》，更是将对价必须从受诺人发出规则的生死存亡置于风暴之中心。

美国的对价交易理论所关注的只是当事人间是否存在真正的议价交换（bargained exchange），而不关心构成具体议价交换的东西是由谁提供的。只要允诺人要求第三人做出一定的行为和允诺，第三人的行为和允诺便可以构成允诺人允诺的充分对价，因为这意味着存在当事人间的议价交换。例如，法恩思沃斯举例：买受人向银行做出允诺说，如果你的客户（即出卖人）能将我所订购的货物交付给我的话，我就会向你支付该批货物的货款。出卖人的交付履行行为可以构成买受人付款允诺的对价，并且银行（受诺人）可以执行允诺人的允诺，尽管实际上该批货物的交付履行不是由银行（受诺人）而是由出卖人（受诺人之外的第三人）提供的。[4]因此，对价交易理论似乎带来了对价原则的革命，似乎使得立基于获益受损理论的对价必须从受诺人发出规则受到了前所未有的挑战。但实际上，对价必须从受诺人发出规则从

〔1〕 Roy Kreitner, "The Gift Beyond the Grave: Revisiting the Question of consideration", 101 *Colum. L. Rev.* 1876（2001）.

〔2〕 Robert Upex, *Davies On Contract*, 7th ed. , Sweet & Maxwell, 1995, pp. 30, 172.

〔3〕 哈尔丁法官（Lord Haldane LC）曾经说过："在英国法中，有些原则是基础性的（fundamental）。其中之一就是只有合同的当事人才能就该合同提起诉讼，我们的法律不知道什么因合同产生的第三人的权利；另一个就是只有提供对价的人才能执行一个没有盖印的允诺或合同。"See *Dunlop Pneumatic Tyre Co. Ltd v. Selfridge*（1915）AC 847 at 853. 哈尔丁法官的这一观点也被 1937 年的法律改革委员会采纳，并最终形成了将对价必须从受诺人发出规则与合同相对性原则强行割裂的不良倾向。因此，这种思想受到了人们的普遍质疑和批评。现在的主流观点已经认为：二者不存在根本的差异，它们只是表达同一样东西的不同方式而已。See Cheshire, *Fifoot & Furmston's Law of Contract*, Butterworths, 1996, p. 80.

〔4〕 E. Allan Farnsworth, *Contracts*, 3rd ed. , Aspen Law & Business, 1999, p. 48.

一开始也有着维持自己生命力的特有方式。例如，假设 A 向 B 做出允诺说，如果 C 会为其粉刷房屋，A 就会支付 B 劳务费 1000 元。后来，C 果然为 A 粉刷了房屋，而其中 C 的行为如果是 B 促使（procure）的，B 就可以执行 A 的允诺，因为在这里，C 有些类似于 B 的代理人。将 C 作为 B 的代理人的变通方式使得第三人 C 的行为或允诺也可以被视为允诺人允诺的充分对价，从而足以支持当事人间的交易关系。更重要的是，这种变通方式本质上将 C 的行为或允诺视为从受诺人 B 处发出的对价，因为 C 只是 B 的代理人。可见，美国的对价交易理论并没有完全颠覆对价必须从受诺人发出规则，对价由受诺人提供仍是交易关系中的通常情形，第三人提供对价只是一种例外，并且法院也很容易找到化解上述难题的方法。

同样，在大陆法系合同法中，这种向相对人做出允诺、要求第三人进行某种行为的情形为"第三人履行合同"，这种约定从法律效果上来看是完全有效的。当然，第三人履行合同与不履行合同的效果都由当事人一方（而非第三方）来承受。例如，《中华人民共和国民法典》第 523 条就规定：当事人约定由第三人向债权人履行债务，第三人不履行债务或者履行债务不符合约定的，债务人应当向债权人承担违约责任。

基于传统的对价原则确立起来的合同相对性原则近些年来也受到了严峻的挑战，当然这种挑战也冲击了对价必须从受诺人发出规则。特别是英国 1999 年《合同（第三人权利）法》大有废除作为英美合同法根基的合同相对性原则和对价原则之势。该法授予当事人之外的第三人提起诉讼要求执行合同条款和当事人允诺的权利，即使该第三人并没有提供任何对价给允诺人。作为合同或允诺的无偿受益人的第三人如果被允诺执行合同条款，似乎意味着对价必须从受诺人发出规则受到了修正和改革。但是，从技术的角度来讲，该规则并没有改变。依照英国 1999 年《合同（第三人权利）法》的规定，第三人仍然不是合同的当事人，他只是被赋予了执行合同条款的权利而已；受诺人仍然没有变化，并且在该第三人能够获得执行合同条款的权利之前，必须要求该受诺人为允诺人的允诺提供了对价。从这个层面来说，人们并没有对对价必须从受诺人发出规则进行改革。[1]但是，正如上文指出的，对价必须从受诺人发出规则还可能包含只有受诺人才能执行允诺人的允诺这层意思，

---

〔1〕　Ewan Mckendrick, *Contract Law*, 4th ed. , Palgrave MacMillan Publishers Ltd. , 2000, p. 104.

所以从英国 1999 年《合同（第三人权利）法》授予没有提供对价的受益第三人执行权的角度来看，对价必须从受诺人发出规则似乎受到了很大的冲击。或许，合同相对性原则的改革也在某种程度上改变了对价原则的具体内涵。

4. 多个受诺人的问题

对价必须从受诺人发出规则虽然将发出对价的主体限定为受诺人，但没有限制受诺人的数目。因此，经常会出现受诺人是多人的情形，这时只要其中的任何一个受诺人提供了一部分对价，他就可以执行允诺人的允诺。因此，正如特莱特尔所说，受诺人也没有必要提供全部的对价，他可以只提供一部分，其他部分由他的代理人、合伙人或其他共同受诺人提供。[1]提供对价的一个或多个受诺人都可以执行允诺人的允诺。

但是，如果多个受诺人中的一位对于允诺人的允诺并没有提供任何对价，即全部对价都是由其他受诺人提供的，则他能否执行该允诺呢？人们普遍认为，该问题的答案主要取决于受诺人之间的关系。如果一个允诺是对 A 和 B 连带做出的，那么，A 和 B 中的任何一个，即使没有提供对价，也有权执行这项允诺。如果 A 和 B 只承担个别责任，答案就是否定的。[2]例如 1935 年的麦克沃伊诉贝尔法斯特银行案（*McEvoy v. Belfast Banking Co. Ltd.*）[3]：一位父亲以自己和其年幼的儿子的名义开立一个新的银行账户，并存入 10 000 英镑。没多久，父亲去世了。父亲的遗产执行人便经过银行的同意将这笔钱取出，并以自己的名义存入了另一个账户。这样，这笔钱事实上也就不能被用来支持死者原先的家庭商业的延续。于是，儿子便对银行提起诉讼。银行认为，由于儿子对于这笔钱没有提供任何对价，其不能享有任何权利。法官阿特肯（Lord Atkin）认为，银行的合同是与父亲和儿子一起订立的，并且是连带的和严格的（jointly and severely）。父亲订立该合同的目的是让自己和儿子共同受益，并且也有充足的对价支持该合同。也就是说，父亲和儿子是银行付款允诺的共同受诺人，不管是父亲还是儿子，都有权执行银行向自己付款的允诺。

---

[1]　G. H. Treitel, *The Law of Contract*, 9th ed., Sweet & Maxwell, 1995, p. 77.

[2]　何宝玉：《英国合同法》，中国政法大学出版社 1999 年版，第 158 页。

[3]　(1935) AC 24. See also Cheshire, *Fifoot & Furmston's Law of Contract*, Butterworths, 1996, p. 82.

（四）过去的对价不是对价（past consideration is no consideration）：道德对价问题（moral consideration）

1. 规则内涵

在英美法中，如果一方当事人自愿履行了某种行为，即使接受履行的一方在事后为了报答该当事人的履行行为而做出相应的允诺，一般的规则仍然是，受诺人（即行为履行人）不能执行允诺人的允诺，因为他所提供的对价是过去的对价（past consideration）。例如，A 给予 B 一辆汽车作为礼物并实现了交付。一年之后，B 向 A 做出一个将支付给 A 500 英镑作为汽车报酬的允诺。通常认为，B 的允诺不能执行，因为 A 在做出赠与时并没有要求或寻求 B 做出支付报酬的允诺，所以便不存在良好的对价。一般来说，受诺人的履行行为虽然也可以算作对允诺人的利益或对受诺人的损害，但是在允诺人做出允诺之前就已经完成了，对于允诺人的允诺，受诺人实际上并没有提供任何新的东西作为允诺的回报，因此过去的对价不是对价或者不是有价值或良好的对价，不足以支持当事人的允诺或合同执行。

关于过去的对价不是对价规则的经典案例为 1840 年的伊斯特伍德诉凯尼恩案（*Eastwood v. Kenyon*）[1]和 1951 年的麦卡德尔案（*Re McArdle*）。[2]1840 年案的具体案情为：

> 原告是一位监护人，负责监护一位女孩。他筹措了一定数额的贷款，为女孩支付生活和教育费用。女孩长大成年并结婚之后，她的丈夫曾经许诺偿还监护人的贷款，但后来未履行其允诺。双方便产生了纠纷，诉诸法院。在审理中，监护人提出，女孩的丈夫负有道义上的责任履行其允诺，因而他的允诺是有约束力的。

但法院最终否认了监护人的主张，认为监护人不能执行女孩丈夫的允诺，因为监护人对这一允诺提供的对价是过去的对价，因此是无效的。该案的主审法官德曼（lord Denman CJ）更具体解释了为什么过去的对价是无效的：如果道义上的责任也可以构成有效的对价，那么，这将会完全否定对价的必要

---

〔1〕　(1840) 11 A. & E. 438.

〔2〕　[1951] Ch. 669. 本案具体案情也参考何宝玉：《英国合同法》，中国政法大学出版社 1999 年版，第 124、134 页。

性，因为对于任何一项允诺来说，做出允诺的人都负有道义上的责任来履行这一允诺。

1951 年案的案情为：

麦卡德尔先生在世时留下遗嘱，将自己的房屋留给妻子（麦卡德尔夫人）终身占有，妻子去世后再归他们的子女所有。在麦卡德尔先生去世后不久，他的一个儿子和儿媳就搬进来与麦卡德尔夫人一起居住。儿媳花费了 488 英镑对房屋进行了一些装修。装修工作完成后，麦卡德尔先生的所有子女一致同意，在麦卡德尔夫人去世后子女们分配房产时，由遗产执行人从财产中提出 488 英镑，用以补偿儿媳装修房屋的费用。但后来有的子女改变了主意，于是儿媳请求法院判令遗产执行人支付装修费。

法院最终判决认为，请求给付装修费的主张不能成立，因为麦卡德尔先生的子女们补偿儿媳装修费的允诺，是在装修工作完成之后做出的，属于过去的对价，因此对允诺人没有约束力，不能执行。

其实，过去的对价不是对价或不是良好对价规则与对价交易理论（bargain theory of consideration）有着十分密切的关系。[1] 在对价交易理论之下，所有允诺和履行都必须经过当事人的交易磋商（通俗地说，就是经过对方的要求而为，存在一个交易）才能构成有效的对价，而在过去的对价情形，受诺人的行为是在允诺人的允诺做出之前就已经结束了的，并且是当事人自愿进行而非经过了允诺人的要求的，所以对价交易理论能够对过去的对价不是对价规则的正当性给予最好的说明。

2. 过去的对价不同于已履行对价

传统英国法将对价分为 3 种类型：已履行对价（executed consideration）、待履行对价（executory consideration）和过去的对价（past consideration，也译作事后对价，这种译法或许更能展现其特征）。其中已履行对价和待履行对价是普遍被人们接受的对价分类。一般认为，已履行对价和待履行对价都是有效的、良好的对价，而过去的对价或事后对价则不是对价或不是良好的对价，不能支持合同或允诺的执行。

---

〔1〕 Ewan Mckendrick, *Contract Law*, 4th ed., Palgrave MacMillan Publishers Ltd., 2000, p. 101.

已履行对价与待履行对价是两个相对应的概念。包含一个允诺的对价是待履行对价，[1]其中的待履行性就主要体现在双方当事人进行允诺交换，并答应在将来履行某种行为。所谓已履行对价则是指用以交换当事人允诺的对方当事人的行为。双务合同中的对价是待履行对价，单务合同中的对价是已履行对价。可见，过去的对价或事后对价不等于已履行对价，后者是有效和良好对价的一种，是经对方当事人的要求或为了与对方当事人进行交易而做出的对价，只不过其在状态上是一种已经执行或履行完毕的对价而已。也就是说，受诺人的行为如果是经过允诺人的要求在允诺人做出允诺之后履行的，则受诺人的行为构成已履行对价；但如果受诺人的行为在允诺人的允诺做出之前就已经履行，则该行为就是过去的对价或事后对价。

当然，过去的对价也并非没有成为有效对价的可能。特莱特尔就认为，一个过去的对价或行为可以在满足三个条件之后成为有效对价：第一，该行为必须是在允诺人的要求之下进行的；第二，必须是双方当事人都认为受诺人会支付报酬的；第三，如果该允诺是事先做出的，则该笔支付必须能够在法律上得到执行。[2]这也在一定程度上划定了已履行对价与过去的对价的界限。

3. 过去的对价的道德性：法律与道德的界分

与有效对价相比，过去的对价从性质上来看具有很强的道德性，又被人们称为道德对价或道德义务问题（moral consideration or question of moral obligation），所以我们在对价原则中所涉及的过去的对价问题也就成为一种具有很强道德性的法律问题，并再次引出了法律与道德的关系这一古老的命题。从人类历史的发展过程上来看，法律与道德的关系经历了一个由混浊一体到清晰界分的过程。法律和道德在古代社会并不存在一种严格的区分，因为当时的法律主要是以人们日常的伦理道德为内涵的习惯和习惯法，法律和道德在当时可以是一体的、共生共存的。但是，民族国家的出现、成文法的制定、宗教与世俗的分离都逐步使得法律开始脱离道德的领地，法律也逐步成为一种"最低程度的善"，其层次也比道德低。这样，法律与道德的二元界分的世

〔1〕　［英］P. S. 阿狄亚：《合同法导论》（第五版），赵旭东、何帅领、邓晓霞译，法律出版社2002年版，第125页。

〔2〕　G. H. Treitel, *The Law of Contract*, 9th ed., Sweet & Maxwell, 1995, p. 74.

界出现了，支持二者的区分成为一种进步的表现。

因此，在这种思想背景之下，当英国非常著名的法官曼斯费尔德在 1782 年试图将道德义务纳入对价原则的领地时，他受到人们的强烈批判也就不足为奇了。曼斯费尔德在霍克斯诉桑德斯案（*Hawkes v. Saunders*）（1782）中指出：在个人受道德义务约束的地方，普通法院或衡平法院均无干预的余地。而允诺、诚实和正直本身就是对价……所有道德良知也是充分的对价。[1]曼斯费尔德建议，在英国法中，所有严肃做出的允诺都应当具有法律拘束力。但是，曼斯费尔德的观点不仅未被采纳，还被视为异端邪说。吉尔莫在《契约的死亡》一书中认为，曼斯费尔德遭到人们冷落和质疑的原因是其苏格兰（为大陆法系传统——引者）的出身。[2]但英国社会对曼斯费尔德建议的拒斥实质上反映的是正在形成中的对价原则、法律制度与道德观念的分立、道德义务与法律义务不能等同的思想观念。过去的对价或事后对价正是由于其自身包含的道德性淹没或遮蔽了其法律性，在英美法系才没能成为一种有效的对价，不足以支持允诺或合同的执行。[3]

4. 例外与突破：法律与道德关系的原始回归？

尽管曼斯费尔德将道德义务引入对价原则的努力遭到了严重的挫败，但由于他的建议是一种对历史的感觉（吉尔莫语）的较好反映，也就不愁在其身后会有响应者了。于是，自曼斯费尔德始，英国法也就逐渐开始了（不管有多么细微和缓慢）对一定的道德义务的承认、对过去的对价不是对价规则的突破。

在英国法中，过去的对价不是对价规则存在两种成文法例外（statutory exceptions）：第一种例外情况，"先前债务或责任"（antecedent debt or liability）尽管在通常情形下是一个过去的对价，不能支持允诺和合同的执行，但其对于一张汇票（a bill of exchange）来说则是一个良好而有效的对价。[4]第二种例外情况，英国 1980 年时效法（Limitation Act 1980）规定，如果债务人以书面签字的形式承认（acknowledge）一个债务，则一般都认为该债务是从承认

---

〔1〕 *Hawkes v. Saunders*（1782），L Cowper 289, 98 Eng. Rep. 1091（K. B. 1782）.

〔2〕 ［美］格兰特·吉尔莫："契约的死亡"，曹士兵、姚建宗、吴巍译，载梁慧星主编：《为权利而斗争——梁慧星先生主编之现代世界法学名著集》，中国法制出版社 2000 年版，第 66 页。

〔3〕 Ewan Mckendrick, *Contract Law*, 4th ed., Palgrave MacMillan Publishers Ltd., 2000, p. 102.

〔4〕 Bill of Exchange Act 1882, s. 27（1）（b）.

之日起而不是从承认之前产生的。这种对债务的承认不必采取允诺（promise）的形式。但一旦这一承认采取了允诺的形式，即使该债务的唯一对价是一个先前债务（因此也是过去的债务），该允诺还是能起到延长时效期间的作用。[1]

当然，除了成文法的例外，英美法尚存在过去的对价不是对价规则的一种例外，如成年后做出的对于自己未成年时的合同债务的支付允诺是可以执行的，尽管支持其允诺的对价（债务）也是过去的（past）。但是，我们应当清楚的是，尽管阿蒂亚认为，随着现代返还法的快速发展，反对过去的对价不是对价规则进一步弱化被证明是合理的，[2]但例外与突破的出现并没有对过去的对价不是对价规则构成根本的威胁和冲击。对道德义务理论的承认仍然被限制在非常狭窄的领域，过去的对价不是对价规则仍然是一般情形，例外和突破只是特别情形。

尽管如此，美国的权威合同法文本《第二次合同法重述》第 86 条的规定[3]还是非常大胆的：

第 86 条　对曾经收到的利益的允诺

（1）允诺人针对曾经收到的受诺人利益做出的（补偿——引者注）允诺，在防止不公平结果的必要范围内有约束力。

（2）出现下列情形的，该允诺不能根据第（1）款规定而具有约束力：

（a）如果受诺人以赠与方式授予他人利益或允诺人因为其他原因而未有不当得利；或

---

[1]　G. H. Treitel, *The Law of Contract*, 9th ed., Sweet & Maxwell, 1995, pp. 76-77. 著名比较法学家冯·梅伦认为，英美法中存在关于过去的对价不是对价规则的三种特别例外，即履行未成年时所欠债务的允诺、破产债务人答应支付被免除的债务的允诺和偿付已经超过诉讼时效的债务的允诺。在英美法中，这三种允诺都是可以执行的，突破了过去的对价不是对价规则的限制。但是，大陆法系对此的态度不太一致。首先，法国法和德国法都认为履行未成年时所欠债务的允诺是不可执行的，因为允诺人在签订合同时还是未成年人。另外两种例外虽然在大陆法系也被认为是可以执行的，但其可以执行的理由则与英美法系大相径庭。See Arthur T. von Mehren, "Civil-Law Analogues to Consideration: An Exercise in Comparative Analysis", 1009 *Harvard Law Review* (April 1959), 1034-1035. 对于已过诉讼时效的债务承认的执行问题，中国法学界曾经有过热烈的讨论，相关内容参见梁慧星：《裁判的方法》，法律出版社 2003 年版，第 83 页后。对此问题，笔者将写专门文章予以讨论。

[2]　[英] P. S. 阿狄亚：《合同法导论》（第五版），赵旭东、何帅领、邓晓霞译，法律出版社2002 年版，第 129 页。

[3]　Restatement of Contracts, Second, §86.

(b) 允诺的价值与该利益达到不相称的程度。

可见，针对对过去所获得的利益做出补偿或清偿这种道德性的允诺的约束力，《第二次合同法重述》做出了较为折中的规定：在一定程度上承认了过去的对价和道德义务的有效性，但也规定，如果受诺人进行的是赠与行为、允诺人未获不当利益或者允诺的价值与获益不成比例（disproportionate），允诺人将履行其道德义务的允诺也没有约束力。《第二次合同法重述》的规定在过去的对价不是对价规则及其例外问题上寻找到了一种平衡。

但是，这些例外是否意味着法律与道德的关系在经历了长期的历史演化之后又开始变得模糊，走向了所谓的原始回归？笔者认为，法律与道德的界分是当代法治的基本特征，但这并不能让我们得出一个武断的结论，说法律与道德毫不相干。其实，正如哲人所言，没有道德（伦理）的法律是技术，但技术没有善恶之分，没有法律价值的内涵，所以也经常成为罪恶的渊薮。但我们内心所寻求的法律就不只是一种没有价值取向、没有善恶伦常观念的纯粹的技术，而是以善为标准的，是一种最低程度的善的要求。

过去的对价不是对价规则的例外之出现是对法律中的道德因素重新认知和发掘的结果，但这绝不是主张回到早期社会中的法律与道德原始关系的模式，法律和道德的分立是现代法治和现代社会的基本特征。法律与道德混沌一体的状态已经是一种过去时，原始回归已经不再可能，就像我们不可能再次回到原始社会的生活场景中去一样。

（五）履行既存义务（pre-existing-duty）不构成对价

第二个消极对价规则是履行既存义务不能构成对价。该规则的内涵是，如果受诺人提供的与允诺人允诺相交换的东西是一项他依据合同或法律的规定应当予以履行的义务，则对该义务的履行或履行允诺不能构成一个有效的对价。一般而言，英美法之所以不承认对既存义务的允诺中新允诺具有效力，乃在于防止当事人之一方动机不良，如强迫（coercion）、胁迫（duress）和如同抢劫之压迫（hold-up game）等情形下而得到之同意允诺。当然，这里所谓的既存义务是指在当事人要求提供对价之前就已经存在的法律规定的或合同约定的义务，即所谓的既存法定义务和既存约定义务。

1. 履行既存法定义务（duty imposed by law）

在英美法中，履行既存法定义务是一种适法行为，不管有没有当事人的要求，都应当履行，而不能违背这一义务。因此，当义务人以对这一既存法定义务的履行作为与允诺人的允诺进行交换的对象时，这一对既存法定义务的履行行为或履行允诺并不能够成一个充分的对价。法律所强加的义务可以包括很多的种类，我们这里所谓的既存法定义务的典型形态是公务（official duty）。

英美法系一般认为，公务人员对其法定义务的履行，不得成为额外津贴或奖赏的充分对价；公务与一般的合同义务是不同的，因为公众对公务人员的履行行为给予了更直接的关注，而且公务人员更有可能在工作上拖拉草率以期向个人榨取特别的酬金。这一原则已被确认适用于警司、警长和其他警官，监护人，乃至公司的高级职员。[1] 例如：

一家公司所拥有的矿场发生了工人罢工事件，为了维护矿场的秩序、当地的治安和人们的生命和财产安全，防止工人发生集体暴动，公司便请求当地的警察局派员协助维持治安。警察局表现出了极端的懈怠和不积极。该公司为了调动警察局的积极性，保护自己公司的利益，便向警察局作出允诺，如果警察局能够派员维持治安，待罢工事件平息之后将会给予警察局一定数量的金钱作为辛劳费。在这种诱惑之下，警察局终于出警，并妥善地完成了秩序维持任务。事后，该公司反悔，认为警察局出警是法定义务，不能构成对价。

很显然，在该案中，对于正常的社会秩序的维持确实是警察局的公务或法定义务，出警行为并不能成为支付报酬的对价，否则这将是整个社会的灾难。

可见，公务的履行之所以不能构成充分的对价，更重要的或许还在于公务人员的法定义务的特殊性质及其社会影响。相对于单纯的对对价原则的要求这一技术性的标准而言，否定公务履行能构成对价似乎主要还是因为社会的公共政策和公共价值。因此，特莱特尔和阿蒂亚也都指出，警察等公务人员履行其既存法定义务后，不能要求对方履行其支付报酬的允诺，其真正的依据在于，对于一个履行其公职（公务）的人来说，为履行公职（公务）而

---

〔1〕〔美〕A.L. 科宾：《科宾论合同》（一卷版，上册），王卫国、徐国栋、夏登峻译，中国大百科全书出版社1997年版，第332页。

签订合同，从而要求报酬，是违反公共政策的，因为这会鼓励公务人员利用其公共权力进行勒索（extortion），从而与受贿密切相关。这才是在大多数情况下拒绝履行这种允诺或合同的非常正当的理由。[1]

但是，履行公务的行为并非在任何情况下都不能构成对价，如果履行公务的人在允诺人的要求下所为的行为超过了他有义务所为行为的范围，则其额外的行为便可以构成有效的对价。例如，同样是警察局出警的案例，因为具体情形的不同，其出警行为便足以构成有效的对价：

> 一家公司拥有的矿场发生了工人罢工事件，为了维护矿场的秩序，防止工人发生集体暴动，该公司请求当地警察局派员驻守该矿。警察局认为，流动的警力已经足够，无须专门派人驻守，并为此作了相应的安排。但该公司对警察局的安排不够满意，坚持要求派警察进驻矿场。最后双方协商同意，警察局派 70 名警察进驻矿场，该公司则为这些额外的保安工作支付 2200 英镑的报酬。罢工结束后，该公司以"警察局有责任保护矿场的安全"为理由，拒绝付款。警察局乃起诉。初审法院判决该公司败诉。该公司不服，提起上诉。上诉法院最终认为，警察局通过提供额外的保护服务而提供了有效的对价，允诺人的允诺可以执行。[2]

后来，英国也出现了专门对这种情形进行规制的制定法，即 1964 年的《警察法》（Police Act 1964）。该法第 15 条第 1 款规定了警察局可以就其所提供的"特别警察服务"（special police services）向请求人主张报酬和支付。这里的关键在于警察局所提供的特别警察服务必须是应当事人的要求（request）进行的，当然这种要求可以是从当事人的行为中默示产生的，例如当事人组织一项活动，但该活动如果没有特别警察服务将不能安全地举行。[3]根据这一推理，一个足球俱乐部在举行一场足球比赛时要求警察局提供的特别警察服务就可以构成俱乐部支付报酬允诺的充分对价，俱乐部有责任支付警察局

---

〔1〕 ［英］P. S. 阿蒂亚：《合同法概论》，程正康、周忠海、刘振民译，法律出版社 1982 年版，第 88 页。See also G. H. Treitel, *The Law of Contract*, 9th ed., Sweet & Maxwell, 1995, p. 87.

〔2〕 *Glasbrook Bros. Ltd. v. Glamorgan C. C.* ［1925］A. C. 270.

〔3〕 G. H. Treitel, *The Law of Contract*, 9th ed., Sweet & Maxwell, 1995, p. 88.

相应的报酬。[1]

当然，除了公务，所谓的法定义务还包括公共义务（public duty），如证人如实陈述的义务、监护人的法定义务等。前者例如，某人依法有作证的义务，并且应当在法庭上如实陈述，但允诺人为了保证其说真话便向其作出允诺说，只要其如实陈述，便向其支付一定的报酬。其后，允诺人反悔，受诺人即原告便向法院提起诉讼。法院最终判决认为，在法庭上讲真话（如实陈述）是一种法定义务，本身不能构成一项有效的对价。

英美法系对既存义务规则之所以有如此丰富的理论和制度规定，能将其内容纳入对价原则的范畴，而大陆法系则较少讨论这种问题，从而在一定程度上让我们感到困惑，或许主要是因为英美法系没有严格意义上的公法和私法的区分，二者没有一个刻板的界限（受实用主义哲学的影响），公法与私法的相互渗透和交融度比较高，所以才会用警察法来支持作为私法的对价规则的正当性。而相关内容在大陆法系则主要是一个公法行政权的问题，我们在合同法中看不到这一问题的讨论也就毫不奇怪了。

2. 履行既存约定义务（duty imposed by contract）

一个人依据其与对方当事人的合同约定，有义务做某事或不做某事，对方当事人为了激励或保证该义务人能按期合理地履行其负担的义务而向其做出一项允诺，在此情形下，英美法系通常认为这一允诺是不能执行的，因为受诺人或义务人履行或承诺履行的义务是依据先前合同的约定应当履行的义务，即所谓既存约定义务，该义务的履行不能构成一项有效的对价。如果从对价理论的构成要素来分析，由于受诺人之允诺和履行是为或承诺为其"本有法律上义务为之者"（to be legally obligated to do），或者放弃或承诺放弃其"法律上本不得享有者"（to be not legally entitled to do），受诺人对既存约定义务的履行并不会给他造成损害或损失，也不会给允诺人带来利益，允诺人只是得到了他应当得到的东西。下面就通过两个十分类似但有着本质不同的案例来解说履行既存约定义务在何时能够构成有效对价。

第一个经典案例为 1809 年的施蒂尔克诉迈里克案（*Stilk v. Myrick*）。[2]该案案情如下：

---

[1] *Harris v. Sheffild United F. C. Ltd.* [1988] Q. B. 77.

[2] （1809）2 Camp. 317.

原告为一名船员，每月工资5英镑。船上共有11名船员，但在由伦敦开往波罗的海然后返回原地的路途中，有2名船员弃船出走，船长一时找不到可以替代的船员，便向其他船员做出允诺说，只要他们在缺员的情况下将船开回伦敦，他就将出走船员的工资分给剩下的9名船员。船员们表示同意，并将船顺利地开回了伦敦，原告要求得到出走船员工资中的一个份额，但遭到了船长的拒绝。于是，原告便提起了诉讼。

法院最终驳回了原告的诉讼请求，理由是合同中规定了原告有将船驶返伦敦的义务，原告只是履行了既存约定义务而已。原告并没有付出额外的对价，其所做之事是其分内的工作，为既存约定义务，船长的上述允诺是不能执行的。

第二个经典案例为1857年的哈特利诉庞森比案（*Hartley v. Ponsonby*）。[1] 该案的案情为：

一艘船在驶离英国时，船上有36名船员，当船停泊于菲利普港时，有多名船员出走，船上只剩下19名船员，并且其中只有5人懂得驾驶船舶。在这种情况下，船长答应原告及其他船员，只要剩下的这些船员能将船安全驶抵印度孟买，他就会向他们每人额外支付40英镑作为酬劳。但是，在船安全抵达之后，船长未遵守诺言，只向船员们支付了正常的工资。原告向船长要求额外的40英镑，也遭到了船长的拒绝。于是，原告提起诉讼。被告辩称，船员们有义务和责任将船驶抵孟买，这是合同规定的义务。因此，对于船长的允诺，船员们并未付出新的对价，船长的允诺不能执行。

法院最终判决原告胜诉，原告有权获得额外的40英镑报酬。这是因为，虽然合同中规定原告等船员有将船安全驶抵孟买的义务，但这种义务是有其范围和限度的，并不是不管出现任何情形，他们都应当遵守其原合同义务，否则就会导致严重的不公平。本案中，该船大量缺少船员，这便使得航程变得危险，在此严重危险的情况下，船员有不再继续服务之权利，因此他们便不再受到原合同义务的约束和限制，从而与船长订立新的合同。在此时订立

---

[1]　(1857) 7 E. & B. 872.

的新合同中，原告等船员的允诺便不再是履行既存约定义务问题了，而是足以构成一个有效的允诺，从而约束船长的允诺。

当然，这种超出当事人既存约定义务的情形也可以用英美法中的合同履行受挫制度（frustration of contract）加以解释，从而得出合理的判决结果。这种解释虽然也被人们视为既存约定义务规则的例外，但在本质上并没有超出既存约定义务规则的传统的应有边界。例如，下面的案例就非常明确地说明了既存约定义务规则和合同履行受挫制度可以是相互补充的。P 同意为 D 挖掘地基，而由 D 支付报酬，但当 D 挖掘到一半时，因工地上发现巨岩，非订约时所能预料，倘欲继续挖掘，则必须另行支出大量成本。双方为使工程顺利进行，另约定 P 的工作继续进行，D 则答应支付原来 9 倍的报酬给 P。在此情形下，P 所为的事项不过是其原合同中的既存义务，因此 D 提供酬金的允诺本来是没有对价的。但法院认为，在此情况下，当事人间存在解除原合同及另行订立新合同两种约定，且两种约定中之允诺或履行互为约定之对价，而使两约定均具有约束力。[1]另一个类似案例则是一个清除垃圾和废物的公司与市政府签订清除某社区废物和垃圾的合同，但后来住户从二三十户猛增至 400 户，从而导致垃圾量大增。原告公司要求增加劳务费，被告市政府在答应后又反悔了，终至发生诉讼纠纷。[2]法院同样判决原告有权利执行被告的支付允诺，因为原告的履行行为已远远超出了既存约定义务的范围。总之，在上述案件中，当事人在履行既定约定义务时都发生了所谓的不可测情势之变更，导致当事人可以修改或解除原合同。如果允诺人以其允诺来要求义务人继续履行原合同义务，则该允诺是有充分对价的。

3. 履行既存约定义务的特殊情形：合同修改和解除中的对价问题

对价原则不仅在合同的成立中长期被采用，在合同修改和解除中也被采用。合同修改中的对价问题一般是指以部分支付代替全部履行的效力问题，而合同解除中的对价问题则是指债权人免除债务人债务的效力问题。鉴于这两个问题本质上并无区别，本书就仅对合同修改中的对价问题，即部分支付代替全部履行的问题，进行详述。当然，合同修改和解除的效力从根本上还是取决于人们对对价原则的理解和要求的不同程度，因此，合同修改和解除

---

〔1〕　*Watkins & Son v. Carrige*, 21 A. 2d 591（N. H. 1941）.

〔2〕　*Angle v. Murray*, Supreme Court of Rhode Island, 1974, 113 R. 1. 482, 322, A. 2d 630.

中的对价问题从本质上来看，就是对价之既存约定义务规则的特殊情形。

先来看一下以部分支付代替全部履行（part payment of a debt）的内涵与规则确立。依照对价原则中的既存约定义务规则，债务人履行其对债权人（允诺人）的既存或先前的义务，对允诺人的允诺来说并不能构成一个有效的对价。但是，在金钱债务中，当事人尤其是债权人（creditor）为尽快了结债务，尽快实现自己的经济利益，经常通过约定对原合同进行一定的变更，以部分支付代替全部履行，或者分期付款，或者免于支付利息。例如，A 欠 B 货款 1 万元，在到期日即将到来之时，A 没有履行的意思，B 为了鼓励 A 积极尽快履行，便允诺只要 A 以到付形式偿还一半的债务，A 欠 B 的一万元债务便可以被免除。也就是说，当事人 A 和 B 就原来的债务合同做出了一定的变更。但是，根据对价的既存约定义务规则，如果债务人履行或允诺履行一部分债务，而债权人则允诺免除债务人的全部债务，那么，债务人的部分履行或者允诺部分履行，均不能构成有效的对价，债权人的允诺并无约束力。因此，在这种变更中，由于债务人并没有对债权人的允诺提供新的对价，他的部分履行或者允诺部分履行只不过是履行既存约定义务，当事人的修改协议和允诺是不能执行的。

在英美法的历史上，最早对部分支付代替全部履行问题做出确定性回答的是非常著名的平乃尔案（*Pinnel's Case*）。[1]该案法官认为，在清偿期内对全部债务作出部分支付和偿还，不能视为对全部债务之履行，即以部分支付代替全部履行不能构成债务人允诺的有效对价，一般将其称为平乃尔规则（the rule in Pinnel's Case）。该案的具体案情为：

被告欠下平乃尔一笔数额为 8 英镑 10 先令的债务，将于 1600 年 11 月 11 日到期。据被告称，在平乃尔的要求下，被告于 10 月 1 日还给平乃尔 5 英镑 2 先令，平乃尔当时接受了这笔钱，并同意用这笔钱了结被告所欠的全部债务。但后来，平乃尔要求被告偿还余下的欠款，被告辩称，平乃尔已经接受了他偿还的 5 英镑 2 先令，并同意了结全部债务，因而被告已经不欠他钱了。法院最终判决平乃尔胜诉。

---

〔1〕 *Pinnel's case* (1602) 5 Co. Rep 117a.

本案由著名的法官柯克（Lord Coke）做出判决，并首次确立了合同修改中著名的对价规则：除非有新的对价支持，否则，双方当事人同意以偿还较小数额金钱来了结全部债务的协议是没有约束力的。尽管平乃尔规则确立时间非常早，该规则确立时，整个对价原则尚处于幼年时期，但这并不影响其在日后成为对价原则的重要内容，并且其在性质上应当属于既存约定义务规则的特殊情形，所以笔者将其纳入既存约定义务规则中加以讲述。

平乃尔原则在200多年后的福克斯诉比尔案（*Foakes v. Beer*）中再次得到确认。[1]该案的具体案情为：

比尔已取得命福克斯给付2090英镑19先令之胜诉判决，以偿还福克斯对比尔多年的欠款。16个月后，福克斯要求给予其一些时间来付款，比尔答应了福克斯的要求。当事人随后达成了一项书面协议，协议约定：只要福克斯立即支付500英镑并愿意在随后的日子里按要求分期付款直到2090英镑19先令全部支付完毕，比尔将保证不会就原先的判决采取任何的诉讼行动，包括不再追究福克斯迟延履行的利息。但是在福克斯全部履行完毕后，比尔又另诉请求福克斯支付因同意其付款所遭受之利息损失，福克斯抗辩称，其先前按照比尔的要求付款的约定即在修订原有债务之内容，故约定履行完成后，利息债务即应消灭。

法院判决认为，原告所承诺给付者，不过系其依法本应负担的义务，是一种既存约定义务，其按照新的约定付款的行为，也不能构成有效对价，当事人的约定也因为缺乏新的对价而没有约束力。因此，该债务的利息损失仍应由原告负担。

福克斯诉比尔案在近现代社会的情境下重新确认了古老的平乃尔规则，强化了对价原则及其既存义务规则的现实地位，直到最近的判例仍然在遵循着平乃尔规则。[2]英国学者也认为，福克斯诉比尔案是英国最高法院对平乃尔规则的再确定，具有判例的地位，为其后法院判案时所遵循，但也引起不少实务界及学界之抨击挞伐，认为此例一开，挫阻了商业实务之运行，且无

---

[1]　9 App. Cas. 605（Eng. 1884）.

[2]　*Ferguson v. Davies*（1996）.

异于鼓励已和解的当事人再兴诉讼。[1]

4. 检讨与例外

既存义务规则固然是依对价原则和理论进行逻辑推演而来，但其严格适用在维护公务和公共义务的正当履行、不致陷入腐败和勒索的泥潭的同时（主要是指既存法定义务），也常使得原属当事人"正当期待"（justifiable expectations）的合同修改终至落空，不利于人们善良信赖观念的形成和正常市场秩序的维持。因此，批评之声便不绝于耳。例如，美国学者马克·B. 韦斯曼就认为："在对价原则的所有具体规则中，既存义务规则可能是受到检讨和批评最多的一项。现在已没有学术支持者，对其进行的最后的专门而严正的辩护在 1954 年就出版了。"[2]与这种思想倾向相关的是，我们可以在英美法世界中看到关于既存义务规则的大量例外和突破。

首先，美国著名的《统一商法典》便在第 2-209 条做出规定，"修改一个合同的协议无需对价仍然有效"。该条对既存义务规则做了修改，尽管实践中只有很少的判例这么做。随后，美国的 50 个州都根据《统一商法典》该条的规定废除（eliminate）了既存义务规则，即一旦合同订立，合同的修改即无需任何的对价。例如，买方可以同意支付多于原协议的价款，卖方也可以同意接受少于原协议的价款。人们开始认为，这些修改即使没有对价也是有效的。甚至有人说，在货物销售合同领域，《统一商法典》实际上废除了既存义务规则。

其次，英美的大量判例也开始考虑不同情形下的既存义务规则的适用问题，并系统地总结相关的例外，内容主要为：①在债权人之要求下（creditor request），同意为部分期前清偿者，或在债权人之要求下，为部分清偿并同时交付一物，例如一匹马、一头牛、一只鹰；②在债权人之要求下，同意于清偿地以外之处所清偿者；③债务人同意另提供担保（security）者；④同意由第三人代为给付者；⑤债权人同意延缓破产之申请者；⑥与各债权人间订一

---

[1] *Frye v. Hubbell*, 74 N. H. 358, 68 A, 325（1907）；*Watkins & Son v. Carrig*, 91 N. H. 459, 21 A. 2d591（1941）；*Winter Wolff & Co. v. Co-Op. Lead & Chemical Co.*, 261Minn. 199, 111 N. W. 2d 461（1961）. 转引自杨桢：《英美契约法论》（第三版），北京大学出版社 2003 年版，第 74 页。

[2] 马克·B. 韦斯曼（Mark B. Wessman）的 Retraining The Gatekeeper: Further Reflection On the Doctrine of Consideration（29 Loy. L. A. L. Rev.）一文的第三部分，即 "The pre-existing rule, modifications, settlements, compromises, and releases" 一节，对既存义务规则有详细论述和检讨。

清偿之和解约定；⑦债务内容或金额有争议，而双方基于善意或诚信（in good faith）同意支付一定（较少量）金额以为解决者。[1]

最后，有观点激进的学者直接用自己的声音宣判既存义务规则的死刑。例如科宾就认为：毫无疑问，这一表述笼统且包罗万象的规则，再也不是法院必须不问青红皂白地一律适用的金科玉律。[2]在说到部分支付代替全部履行的问题时，他认为，部分支付对于债权人是有利益的。为此，他举例说，"在手中的鸟总比在树丛中的鸟更有价值（a bird in the hand is worth much more than a bird in the bush）"。[3]

我们应当清楚的是，尽管存在上述诸种例外和突破，但既存义务规则和对价原则并没有死亡。首先，既存法定义务规则至今仍然有着相当的合理性，起着防止公共权力腐化和维持社会公共义务正常履行的作用。其次，《统一商法典》第2-209条的规定其实有着特别的适用范围和限制：①否定对价原则的范围仅限于合同的修改。在订立买卖合同时，我们仍需要对价的存在。②该规则仅适用于商人间的货物销售合同，其他不可。非商人，例如消费者之间的合同不可，买卖合同之外的合同也不可。③即便是在合同修改的适用领域，当事人间的修改协议的履行也被设定了相当严格的条件，以补对价原则之缺。例如，《统一商法典》第1-203条要求在履行修改协议时，必须遵循诚信原则（good faith），防止以勒索（extortion）、强制（coercion）和胁迫（duress）方式作出的修改。最后，英美判例法逐步总结出来的系统的例外，也是在特定情形下才能适用。所谓特定情形就是指当时的情境确实超出了既存义务规则的设定情境，例如，债权人要求债务人提前履行、易地履行等都明显给自己带来了特别的利益、给债务人增加了额外的负担和义务，而债务人此时的履行就超出了既存义务的履行范围，可以构成新的对价。所以，从本质上来说，这些例外也没有从根本上抛弃既存义务规则和对价原则。

---

〔1〕　参见杨桢：《英美契约法论》（第三版），北京大学出版社2003年版，第74—75页。

〔2〕　[美] A. L. 科宾：《科宾论合同》（一卷版，上册），王卫国、徐国栋、夏登峻译，中国大百科全书出版社1997年版，第314页。

〔3〕　Ewan Mckendrick, *Contract Law*, 4th ed., Palgrave MacMillan Publishers Ltd., 2000, p. 98.

三、对价原则之例外

任何原则或规则都是与大量的例外相伴生的，没有例外的原则或规则是不存在的。这一点同样适用于对价原则。对价原则一直以来都是英美合同法的核心约束力的根源，是决定一个允诺或合同能否执行的关键因素，在英美法中处于王者（King）或中心的地位。但不管它有多么重要，我们始终不能否定这样的事实：在以对价原则为中心的英美法中，有一些允诺或合同是无需对价支持的，即使没有对价，这些允诺和合同也是可以执行的，而且这种允诺或合同的种类似乎还有逐渐扩张的趋势。对价原则的例外也是对价的重要内容，因为对对价原则之例外的研讨有利于确定对价原则的适用范围和边界。

（一）广义例外：正式允诺或合同无需对价

通常在说到英美法的对价原则时，我们都将对价视为非正式（informal）允诺或合同得以执行的核心要素，言外之意是，正式允诺或合同是无需对价的。这是对价原则得以适用的一个基本前提限定。当然，如果从广义上来讲，我们也可以将正式允诺或合同视为对价原则的一种例外。

一般而言，正式允诺或合同的典型形态是所谓的盖印合同，指不需要对价支持即加以执行的正式合同。盖印于英国之使用，乃起始于诺曼人征服英格兰（1066 年）之后，从皇室或少数贵族散布于较低的阶层。通常盖印乃由蜡封所组成，即于骑缝处，盖上刻有签名的印章。在 17 世纪时，柯克法官认为，未经盖印之封蜡，并非盖印（无盖印之效力）。但后来的美国法院则认为，盖印（seal）不以蜡封（wax）或盖印（impression）为必要。直接盖印于纸上在早期被承认，且仍普遍用于公证及共同的盖印，以胶（非蜡）封糊已广泛地被使用。在制定法缺乏时，判例上区分印刷的或书写的（printed or written）盖印。印刷的某字头用"L. S."有（locus sigilli）盖印之意，意指盖印之处，而潦草书写的画押（scroll）乃以笔记载盖印（签名）。现在美国许多州仍承认盖印（seal），而于制定法上明定其效果。[1]总之，在英美法中，盖印合同自始具有强制履行力而不需要对价的存在，是对价原则的广义上的

---

[1]《美国法律整编》（即法律重述），司法周刊杂志，1988，at 155，引自杨桢：《英美契约法论》（第三版），北京大学出版社 2003 年版，第 108 页。

例外。

具有盖印的正式允诺或合同之所以不需要英美法的对价原则作为支持，是因为盖印这种严格的形式在很大程度上可以起到类似于对价原则的功能，从本质上可以被视作对价原则的一种功能替代品。例如，盖印所发挥的证据功能、警惕功能、教育功能和阐明功能，便与对价原则有着相当的相似之处，此时再要求对价，似是多余。

当然，要构成一个盖印合同并能够在法律上执行，必须要符合三个条件，即须以书面为之（in writing）、须盖印（under seal）、须交付（delivery）。例如，《第二次合同法重述》第 95 条第 1 款便规定：[1]

第 95 条 盖印合同或者书面合同或文件的要件

（1）如果出现下列情形而制定法又无规定时，允诺即使没有对价也具有约束力：

（a）该允诺是书面的且经过盖印；并且

（b）包含该允诺的文件已交付；并且

（c）文件记载了允诺人和受诺人的名称或者对其作出了描述以便在文件交付时能确认其身份。

（二）正式例外

1. 过去的对价不是对价规则的例外

著名比较法学家冯·梅伦认为，英美法中存在过去的对价不是对价规则的三种特别例外，即履行未成年时所欠债务的允诺、破产债务人答应支付被免除的债务的允诺和偿付已经超过诉讼时效的债务的允诺。在英美法中，这三种允诺都是可以执行的，突破了过去的对价不是对价规则的限制。[2]英国制定法（汇票法和时效法）和美国的法律重述对这几种例外也给予了承认。具体内容可参见本章"过去的对价不是对价：道德对价问题"部分，在此不赘。

2. 既存义务规则的例外

如前所述，既存义务规则的例外主要就是美国《统一商法典》所规定的

---

〔1〕 Restatement of Contracts, Second, §95.

〔2〕 Arthur T. von Mehren, "Civil-Law Analogues to Consideration: An Exercise in Comparative Analysis", *Harvard Law Review* (April 1959), 1034–1035.

例外和大量判例总结的例外。美国著名的《统一商法典》在第 2-209 条规定，"修改一个合同的协议无需对价仍然有效"。该条规定被视为对既存义务规则的重大突破。

鉴于作者已经在上文对该规则的例外及其评价作了较为详细的论述，这里也就点到为止。

3. 书面例外：盖印的简化

要构成一个有效的允诺或合同，英美法要求该合同或者是盖印的，或者是有对价的。但是，蜡封盖印的特殊要求的确有着过于严重的形式主义倾向，徒增当事人间的缔约成本。所以，最近数十年来，由于立法和判决的影响，此种蜡封之书面合同在大多数普通法适用地区逐渐式微，甚或废除不用。于是，为了克服盖印书面的过分僵化和严格的弊端，同时也不致彻底否定盖印所发挥的作用，普通法便寻找到了一种较为折中的做法，即将盖印简化，以普通书面来代替盖印书面。例如，美国宾夕法尼亚州《书面债务法范本》（The Model Written Obligations Act）就规定："经免除权人或允诺人签名之书面免除或书面允诺，若该书面尚附有签名者以正式的语言明确地声明将受其意思表示之拘束者，则该书面免除或书面允诺，并不因欠缺对价而无须或不得执行。"另外，纽约州《一般债法》第 5-1103 条也规定，合同修改无需对价，但必须以书面形式为之。该条规定更是放弃了书面债务法对当事人意思声明的严苛要求，只将书面作为合同执行的要素，符合简化盖印要求的精神。

（三）新型例外：允诺禁反言原则

所谓允诺禁反言原则是指，在适当个案的情形下，使得赠与允诺或其他无偿允诺产生法律约束力而得以执行的原则。丹宁法官（Lord Denning）给出了关于允诺禁反言原则的具体操作的最好也是最简洁的描述：当一个人以其言语或行为使得他人相信他会进行某种行为，从而使得他人基于此种确信而进行了其他的行为时，如果允许该允诺人就其言语或行为反悔将是不公平、不对等的，便禁止该允诺人的反悔行为。[1]

最早确立允诺禁反言原则的是英国的丹宁法官所作的中央伦敦财产信托公司诉高树房屋公司案判决：[2]

---

〔1〕 Lord Denning, *The Discipline of Law*, Oxford university press, 2005, p. 223.
〔2〕 *Central London Property Trust Ltd. v. High Trees House Ltd.*, (1947) K. B. 130.

原告于 1937 年将其公寓全幢租与被告，年租金 2500 英镑。被告遂将此公寓分租出去。但 1939 年，被告承租的公寓大部分闲置，因而在 1940 年原告同意被告将年租金减少一半的请求。1945 年二战结束，被告承租的公寓客满。原告因此要求被告自 1945 年公寓客满后补缴租金。丹宁法官判决原告胜诉，并进一步类推确立了允诺禁反言原则，即"如债权人对债务人表示接受少数数目以清偿较大数目之债务，债务人业已依约履行，纵债务人未给予债权人其他酬劳或对价，此项约定即生效力，禁止债权人再违反先前之允诺"。将该原则用在本案，其判决结果是：自 1945 年后租金可请求全部给付，自1939 年至 1945 年间少付的租金则不可请求。

允诺禁反言原则作为对价原则的例外而产生，因其追求公正价值而在 20世纪英美合同法上得到充分的发展。就目前适用的普遍情况来看，允诺禁反言原则的适用条件包括以下四方面：

第一，须有无对价支持的允诺存在。根据传统的对价理论，合同责任是这样确定的：有对价就有合同，有合同才有合同责任，即对价——合同——责任。允诺禁反言原则却提出了确定合同责任的不同方式：允诺招致了信赖损害就可产生合同责任，即允诺——信赖损害——责任。可见，允诺禁反言原则仍然是以允诺为中心的合同责任制度，没有允诺就没有责任是其核心内涵。

第二，须允诺人有理由预见其允诺将会导致受诺人产生依赖。在合同订立或履行过程中，当允诺人作出赠与或其他无偿的允诺时，他应当能够预见到其允诺可能使受诺人产生依赖。如果他应当能够预见而没有预见，则说明他有过错而应承担责任。所谓"有理由预见"，可依"多事的旁观者"原则来判断，即一个通情达理的第三人处在当时的情况下会预见到这种结果发生，就是"有理由预见"。

第三，须受诺人对允诺发生了实际的依赖。允诺禁反言原则系为了保护没有提供对价的受诺人而创设，但如果对受诺人不加任何限制，该原则的适用就可能对允诺人造成不公正的损害。这一要件就是出于公平正义的相互性考虑而对受诺人作出的一种限制。如果受诺人本来就打算采取允诺人请求他采取的行动，就不能认为这一行动是基于对允诺的依赖而采取的。因而，该原则就不能适用。

第四，须受诺人因对允诺发生依赖而遭受损害或损失。如前所述，允诺禁反言是法律上伸张公平正义的原则，如果受诺人因对允诺发生依赖而遭受损害，是为实质意义上的不公平，就应当援用该原则对受诺人的损害在公正的范围内予以补偿。

美国《第二次合同法重述》第90条也明确规定了允诺禁反言原则及其适用条件："允诺人对其允诺所引致允诺相对人或第三人的作为或不作为可合理预见，且只有执行其允诺才能避免不公平结果的发生时，该允诺有约束力。而且，其违反允诺的救济方式，以达到公平者为限。"[1]本规定在确定对价原则之例外的同时，也对这种新型的例外进行了一定的规制，要求其必须符合特定的条件才能支持允诺或合同的执行，从而更好地与传统的对价原则相协调。

总之，对价原则的例外规则已经遍布英美法，并且其广泛程度也远远超过了对价原则产生之初的情形，因此我们便应当正视这些例外，并对其进行总结。但不管怎么说，例外终究是例外，原则也终归是原则，英美法的合同约束力和执行力的核心要素仍然是对价原则。对价原则虽然受到了一定的挑战，但它仍然统治着英美法世界的人们。

---

[1] Restatement of Contracts, Second, §90.

美国合同法的力量：违约救济制度

鉴于救济制度乃英美法精华之所在，论者讨论中国法对英美合同法之借鉴也多聚焦在违约救济制度诸方面。中国合同法在预期违约制度、根本违约制度、严格责任原则、可预见规则、减损规则、违约精神损害赔偿制度等多个方面借鉴了英美法，从而建立起一个先进实用、开放包容的现代违约救济制度体系。

一、违约新类型：预期违约

作为法律语言，违约（breach of contract）是一个典型的英美法的概念。与之相近的大陆法系用语为债务不履行。[1]德国民法在 2001 年《债法现代化法》之前，就没有严格意义上的"违约"概念，更多的是债务不履行的概念，区分为较为繁琐的履行不能、履行迟延和履行不完全三种类型。其他大陆法系国家也与德国基本相同。这是因为大陆法系并没有独立的合同法系统，合同法被一个封闭且庞大的债法系统禁锢和遮蔽，难有独立发展的空间。相比之下，英美合同法实用且开放，对违约救济更是高度重视，对违约概念和违约类型有诸多深入思考和研究。英美法中有两个违约类型是传统大陆法系国家所没有的，一个是预期违约，一个是根本违约。预期违约来自现实违约与预期违约的分类，根本违约来自轻微违约与重大违约的分类。

预期违约（anticipatory breach of contract）源自英国普通法，最早由英国

---

[1] 韩世远：《合同法总论》（第四版），法律出版社 2018 年版，第 743 页。

1853 年的霍切斯特诉德·拉图尔案（*Hochster v. De La Tour*）正式确立。[1] 英美法系中的预期违约制度以美国《统一商法典》的规定最为典型和完善，该法典在第 2-610 条对明示预期违约规定，任何一方当事人表示拒不履行尚未到期的合同义务，而这种毁约表示对于另一方而言会发生重大合同价值损害，受害方则可以：（a）在商业合理时间内等待毁约方履约；或（b）根据第 703 条或第 2-711 条请求任何违约救济，即使他已通知毁约方等待其履约和催其撤回毁约行为；并且（c）在上述任何一种情况下，均可停止自己对合同的履行，或根据本篇第 704 条关于卖方权利的规定，将货物特定于合同项下或对半成品货物作救助处理。因此，《统一商法典》不仅肯定了英国判例所确立的明示预期违约的两种救济方法，还赋予受害方在明示预期违约情形中止履行合同义务并提起违约之诉的权利。[2] 美国《第二次合同法重述》也在"未来的不履行"（Prospective Non-Performance）标题下规定了预期违约，其着眼点也是一方当事人在其履行到期前的毁约或者拒绝履行。在履行期到来之前，合同一方当事人表示他将不履行，或者自己无能力履行，便构成预期违约。预期违约制度也被国际合同法文件采纳吸收，如 UPICC 通则 7.3.3 条，[3] CISG 公约第 71 条、第 72 条[4]以及《欧洲私法共同参考框架草案》（Draft

---

〔1〕 该案基本案情是：1852 年 4 月 12 日，霍切斯特同意受雇于德·拉图尔，作为从仆自 6 月 1 日起随同前往欧洲大陆 3 个月。霍切斯特为旅行作了准备，但是 5 月 11 日德·拉图尔写信说他改变了主意并且不再需要霍切斯特的服务。霍切斯特从其他人那里找到了另外一份工作，但是开始的时间较晚。5 月 22 日，霍切斯特起诉请求损害赔偿。

〔2〕 最高人民法院民法典贯彻实施工作领导小组主编：《中华人民共和国民法典合同编理解与适用（二）》，人民法院出版社 2020 年版，第 723 页。

〔3〕 UPICC 通则 7.3.3 条规定："如果当事人履行合同日期之前，该方当事人根本不履行其合同义务的事实是明显的，则另一方当事人可中止合同。"

〔4〕 CISG 公约第 71 条规定："（1）如果订立合同后，另一方当事人由于下列原因显然将不履行其大部分重要义务，一方当事人可以中止履行义务，（a）他履行义务的能力或他的信用有严重缺陷；或（b）他在准备履行合同或履行合同中的行为。（2）如果卖方在上一款所述的理由明显化以前已将货物发运，他可以阻止将货物交付给买方，即使买方持有其有权获得货物的单据。本款规定只与买方和卖方间对货物的权利有关。（3）中止履行义务的一方当事人不论是在货物发运前还是发运后，都必须立即通知另一方当事人，如经另一方当事人对履行义务提供充分保证，则他必须继续履行义务。" CISG 公约第 72 条规定："（1）如果在履行合同日期之前，明显看出一方当事人将根本违反合同，另一方当事人可以宣告合同无效。（2）如果时间许可，打算宣告合同无效的一方当事人必须向另一方当事人发出合理的通知，使他可以对履行义务提供充分保证。（3）如果另一方当事人已声明他将不履行其义务，则上一款的规定不适用。"

Common Frame of Reference，以下简称 DCFR）Ⅲ-3：504 条都对预期违约作出了明确规定。[1]

有一种案例场景能很好地展示预期违约制度的重要价值。在英国的一个著名案例中，合同当事人一方是油轮的船主，另一方是货主，双方约定于当年 5 月 4 日在俄国的某港口装载什么货物，把它拉到英国去，约定了租船运输货物的合同，后来到 4 月 1 日的时候，货主对船主说 5 月 4 日那天我没有货物供应给你了，我到时肯定不能履行合同了，你去做别的安排吧。但是船主对货主的这种事先告知不予理睬，他就一直等，想等到 5 月 4 日货主若不交付货物，他就空着船开到英国去，并要求货主支付应该支付的运费。结果不巧的是，5 月 4 日到来之前爆发了英俄战争。战争一爆发，等到船主起诉，要求货主支付相应运费的时候，货主就有了一个很好的抗辩理由，说按照英国的法律，在交战的敌对国装货是不被允许的。正因为如此，货主不履行合同就有了正当根据，无须承担违约责任，船主则竹篮打水一场空，独自承受了不可抗力带来的风险和不利后果。在此情形下，如果有预期违约制度的帮助，船主就可以有更多选择，不仅可以等到合同履行期届至时要求货主承担现实违约的责任，也可以选择在货主表示将不履行合同当时就主张其承担预期违约责任，非违约方在此种情境中有了更多自我保护的主动性。

我国最早确立预期违约制度的法律为 1999 年《合同法》，该法第 94 条和 108 条对预期违约制度进行了规定。[2]《民法典》更进一步，在保留法定解除权规则和违约规则中的预期违约制度之外，也将原《合同法》第 69 条（《民法典》528 条）的不安抗辩权规则与预期违约制度建立起了体系上的关联，明确规定未恢复履行能力且未提供适当担保的，视为预期违约行为，中止一方可以解除合同。[3]

---

〔1〕《欧洲民法典草案》Ⅲ-3：504 条规定："在合同债务履行期届满之前，债务人明确表示将不履行债务，或以其他方式明确表明将不履行债务，且该不履行构成根本不履行的，债权人可以解除合同。"

〔2〕中国 1999 年《合同法》第 108 条规定："当事人一方明确表示或者以自己的行为表明不履行合同义务的，对方可以在履行期限届满之前要求其承担违约责任。"第 94 条规定，"有下列情形之一的，当事人可以解除合同：……（二）在履行期限届满之前，当事人一方明确表示或者以自己的行为表明不履行主要债务；……"

〔3〕中国《民法典》第 528 条规定："当事人依据前条规定中止履行的，应当及时通知对方。对方提供适当担保的，应当恢复履行。中止履行后，对方在合理期限内未恢复履行能力且未提供适当担保的，视为以自己的行为表明不履行主要债务，中止履行的一方可以解除合同并可以请求对方承担违约

受英美法和国际统一法的影响，德国在债法改革后也确立了预期违约制度，并在《德国民法典》第 323 条第 4 款中规定："明显将要具备解除要件的，债权人在给付届期之前即可以解除合同。"除解除合同外，该法 281 条[1]关于因不履行或者不以所负担之方式履行给付而请求替代给付的损害赔偿规定也明确："债务人认真并最终拒绝给付的，或者存在特别事由，而在权衡双方利益的情况下，此种特别事由能使立即主张损害赔偿请求权正当化的，免于指定期间。"此时在涉及债务人期限到来之前认真并最终表示在期限到来后将不履行给付这一问题的处理上，非违约方根据《德国民法典》323 条第 4 款享有解除权，同时，虽然《德国民法典》第 281 条要求以到期的给付为前提，但不能因此对其进行反面解释，即到期之前不能请求替代给付的损害赔偿，因为不存在对这两种情况予以不同处理的理由。此时应当类推适用第 323 条第 4 款的规定，然后根据第 281 条第 2 款的规定，无须设定期限。[2]

二、根本违约与合同解除

根本违约与轻微违约是英美合同法另外一个重要的违约分类。其中，根本违约（fundamental breach of contract），亦称为根本违反合同或"重大的契约违反"，同样源自英国普通法，[3]并为英美法系国家及国际条约、国际或地区统一规则文件所承袭与发展。无论是英国法上的"违反条件"（condition terms）、美国法上的"重大违约"（material breach），还是 CISG 公约中的"根本违约"、UPICC 通则中的"根本不履行"、《欧洲合同法原则》（The Principles

---

（接上页）责任。"第 563 条第 1 款规定，"有下列情形之一的，当事人可以解除合同：……（二）在履行期限届满前，当事人一方明确表示或者以自己的行为表明不履行主要债务；……"第 578 条规定："当事人一方明确表示或者以自己的行为表明不履行合同义务的，对方可以在履行期限届满之前请求其承担违约责任。"

[1]《德国民法典》281 条规定："（1）以债务人不履行或者不以所负担之方式履行到期的给付为限，在债权人已经为债务人指定一个适当的给付或者再履行期间并且期间届满未果时，债权人在具备第 280 条第 1 款要件的情况下，可以请求替代给付的损害赔偿。……（2）债务人认真并最终拒绝给付的，或者存在特别事由，而在权衡双方利益的情况下，此种特别事由能使立即主张损害赔偿请求权正当化的，免于指定期间。……"

[2] ［德］迪尔克·罗歇尔德斯：《德国债法总论》（第 7 版），沈小军、张金海译，中国人民大学出版社 2014 年版，第 224 页。

[3] 韩世远：《合同法总论》（第四版），法律出版社 2018 年版，第 663 页。

of European Contract Law，以下简称 PECL）中的"根本不履行"、DCFR 中的"根本不履行"，虽称谓小有差异，但皆要求违约行为达到"合同目的不能实现""预期利益无法实现"的程度时，非违约方得被赋予解除权。其发展历程，经历了从"条款主义"至"结果主义"的变迁，尤其可以从英国法的条件条款违反标准到美国法违约后果严重程度的标准，看出此种更加务实的根本违约判断标准之演进。

从词源上看，"根本违约"一词最早出现于 1936 年英国海因斯公司诉泰特与莱尔公司案（*Hain Steamship Company Ltd v. Tate & Lyle Ltd*）的判决中。[1]法官在谈到绕航时说："没有正当理由的绕航就是对租船合同的根本违约。"[2]但实际上，根本违约的思想源自英国法中更早的条件与保证区分的制度实践。因为早在 19 世纪，英国法院就将合同条款依其重要性分为条件和保证。条件条款是对事实的陈述或承诺，这种陈述或承诺构成合同的不可缺少的条款，[3]它可能涉及合同的根基，因此，违反条件总是被当作根本违约，非违约方有解除合同的权利。保证条款是指"当事人对某事加以明确或隐含的陈述，这种陈述可成为合同的一部分；虽是合同的一部分，但对合同的明确目的来说是次要的"，[4]它并不涉及合同的根基，因此，违反保证条款可能会通过损害赔偿获得足额的弥补。违反保证条款不是根本违约，对非违约方唯一的补救方式是损害赔偿。条件和保证之间的区别在于，对前者的违反赋予了无过错方当事人将整个合同视为终止或者解除的自由，因而免除了他继续履行的义务，而对后者的违反仅仅是赋予了无过错方当事人要求损害赔偿的权利，但是并不免除他自己履行合同的义务。[5]这两种条款之间的区别，通常是通过两个类似的对比案例加以演示的，即 1875 年波萨德诉斯皮尔斯案（*Poassara v. Spiers*）[6]和 1876 年贝蒂尼诉盖伊案（*Bettini*

---

〔1〕 *Hain Steamship Company Ltd v. Tate & Lyle Ltd*（1936）.

〔2〕 焦津洪："论根本违约"，载《中外法学》1993 年第 1 期。

〔3〕 ［英］A. G. 盖斯特：《英国合同法与案例》，张文镇等译，中国大百科全书出版社 1998 年版，第 120 页。

〔4〕 ［英］A. G. 盖斯特：《英国合同法与案例》，张文镇等译，中国大百科全书出版社 1998 年版，第 120 页。

〔5〕 ［英］P. S. 阿狄亚：《合同法导论》（第五版），赵旭东、何帅领、邓晓霞译，法律出版社 2002 年版，第 175 页。

〔6〕 *Poassara v. Spiers*（1876）I. Q. B. D. 410.

v. *Gye*)。[1]在1875年波萨德诉斯皮尔斯案中,一女演员与剧场约定在歌剧中担任主角,但在歌剧上演期到来时未到达剧场,剧场经理只得找其他人担任主角并解除了合同。该女演员在歌剧上演后一周方到达剧场。法院认为,该女演员违背了条件条款,故剧场经理有权解除合同。在1876年贝蒂尼诉盖伊案中,某歌剧演员许诺为英国某音乐会表演3个月,并约定在音乐会开始前6天开始排练,但他实际上只提前两天抵达伦敦,导演拒绝履约并要求解约,由此提起诉讼。法院裁定,原告违反的仅是保证条款。合同的实质条款是当事人履行表演义务,而排练仅属于次要义务,因此合同并没有被解除。这两个案例被认为是根本违约制度在英国真正得以确立的依据。[2]

英美法的根本违约概念后为CISG公约第25条所吸收,进而对其他国家和地区的立法、学说以及国际统一法律义件产生不同程度的影响。

（一）CISG公约中的根本违约与合同解除

尽管发源自英美法,但赋予根本违约以全球影响力的则是1980年的CISG公约。CISG公约第25条对根本违约的概念进行了明晰的阐释,即"一方当事人违反合同的结果,如使另一方当事人蒙受损害,以致实际上剥夺了他根据合同规定有权期待得到的东西,即为根本违反合同,除非违反合同一方并不预知而且一个同等资格、通情达理的人处于相同情况中也没有理由预知会发生这种结果"。

CISG公约根本违约的调整对象主要是:第一,是否构成根本违约影响当事人所能选择的救济方式,根本违约是CISG公约第49条、第51条、第64条规定的宣告合同无效（解除）的前提条件。第二,在一定条件下,根本违约影响货物的风险转移。CISG公约第70条规定,在卖方根本违约的情况下,有关风险转移的各项规定,不影响买方采取各种补救办法。第三,预期根本违约不影响当事人行使宣告合同无效的权利。第四,根本违约是CISG公约的一项重要制度,对当事人其它相关权利与义务也有广泛而深刻的影响。

（二）UPICC通则中的根本违约与合同解除

如前所述,UPICC通则是国际统一私法协会于1994年制定的。与CISG

---

[1] *Bettini v. Gye*（1876）LQ. B. D. 183.

[2] 陈杨:"试论根本违约——与英美法系相关违约形态的比较研究",载《时代法学》2008年第1期。

公约相比，UPICC 通则采用非立法方式制定，并非国际公约，无须各国政府批准，不具强制约束力，完全由合同当事人协商一致自愿选择适用。正是 UPICC 通则与 CISG 公司在性质和约束力上的区别造就了它的优势，即 UPICC 通则虽不如 CISG 公约影响力深远，但在 CISG 公约不得已作出含糊规定的事项上，UPICC 通则作出了更加具体、详细的规定，增强了条文的可操作性。

　　根本违约在 UPICC 通则中称作根本不履行。根据 UPICC 通则第 7.3.1 条第 1 款，未依约之履行等同于根本不履行的，非违约一方可以解除合同。UPICC 通则第 7.3.1 条第 2 款对根本违约的判断标准进行比较具体的规定，即"在确定不履行义务是否构成根本不履行时，应特别考虑到以下情况：（a）不履行是否实质性剥夺了受损害方当事人根据合同有权期待得到的利益，除非另一方当事人并未预见也不可能合理地预见到此种结果；（b）对未履行义务的严格遵守是否为合同项下的实质内容；（c）不履行是故意所致还是疏忽所致；（d）不履行是否使受损害方当事人有理由相信，他不能信赖另一方当事人的未来履行；（e）若合同终止，不履行一方当事人是否会因准备履行或已履行而蒙受不相称的损失"。（a）项之规定与 CISG 公约对根本违约的界定基本一致，但在可预见性标准上，UPICC 通则仅采用了主观标准。余下的（b）（c）（d）（e）项则是 UPICC 通则将违反义务性质、违约方主观过错、信赖关系、违约方损失皆纳入根本违约的判断标准之中。UPICC 通则第 7.1.4 条[1]主要规定了违约方的补救可以阻止非违约方解除合同。根据该条规定，在 UPICC 通则中，不履行一方的补救权优先于受损害方的违约解除权。因此，对根本违约构成的判断，考量违约方有无合理的补救是必要的，在违约方的行为符合根本不履行的构成后，非违约方并非立即取得违约解除权，如违约方及时地进行了合理的补救，非违约方将无法取得违约解除权。

　　（三）PECL 中的根本违约与合同解除

　　PECL 于 1998 年由欧洲合同法委员会制定。欧洲合同法委员会由以个人资格参加的欧共体成员国的学者和实务人员构成。PECL 是采用非立法方式制定的关于国际合同方面的统一规则，不具有法的拘束力，被称为"中立的"

　　　[1]　UPICC 第 7.1.4 条规定，在无不正当迟延，已通知补救方式、时间，补救是适宜并及时生效的，并且非违约方无合法理由拒绝接受的情形之下，对任何不履行，违约方可自己付费补救，并且补救权利不因终止合同的通知而排除。

现代国际合同制度。这种形式避免了通过冲突规范选择某国实体法作为合同准据法的间接调整法和通过制定国际统一实体规范的直接调整法解决国际合同法律冲突的弊端。

根本违约在 PECL 中表述为根本性不履行。在 PECL 第 8：103 条[1] 规定的"不履行行为根本性"的判断标准中，第一条标准为违反义务的性质，类似于英国法上的条件；第二条标准是损害后果及主观可预见性；第三条标准是主观故意下的信赖破裂。这三条标准中，第一条和第二条标准在 UPICC 通则中都有体现，惟第三条标准能够很好地解决继续性合同解除的难题。PECL 也规定了不履行方的补救，但补救被要求在履行期尚未到来或者其迟延并没有构成根本性不履行时方可进行，也就是表明，如违约行为已构成根本违约，违约方的补救并不能阻碍违约解除权的取得。第 8：104 条规定："一方当事人若因其履行不符合合同而未被另一方当事人受领的，如果履行期尚未到来或者其迟延并没有构成根本性不履行，则该方当事人可以进行新的和符合要求的交付。"

（四）DCFR 中的根本违约与合同解除

欧洲民法典研究组（Study Group on a European Civil Code）和欧盟现行私法研究组（European Research Group on Existing EC Private Law）于 2009 年出版了 DCFR。本草案的目的之一是为起草"官方"《欧洲示范民法典》提供一个草案，它是欧洲法律学者主动编写的，是学者建议稿，并非经官方授权的文本。

根本违约在 DCFR 中表述为根本不履行。第Ⅲ-3：502 条第 2 款[2] 对根本不履行作出了规定，其中判断根本不履行的第一个标准是不履行实质上剥夺了债权人根据合同可能得到之利益，即损害后果的严重性，并结合了合同成立时债务人没有预见且也不应当预见的主观并客观可预见性。第二个标准

---

[1] PECL 第 8：103 条规定："……1. 严格符合债务要求是合同的核心；或 2. 不履行实质上剥夺了受害方依合同有权期待的东西，除非另一方没有预见到而且也不能够合理地预见到该结果；或 3. 不履行是故意的，并且使受害方有理由认为不能再信赖对方未来的履行。"

[2] DCFR 第Ⅲ-3：502 条（因根本不履行而解除）第（2）款规定，"在下述情形，合同债务之不履行构成根本违约：（a）债务人之全部或部分不履行从实质上剥夺了债权人根据合同有权期待得到的东西，除非债务人在订立合同时并没有预见且无法合理期待预见该结果；或（b）该不履行是故意或轻率鲁莽的，并使得债权人有理由认为无法期待债务人之将来履行"。

是主观恶意下的信赖破坏，即故意或轻率之违约行为导致非违约方有理由相信违约方将不会履行将来的债务。可见，损害后果的严重性、主观并客观可预见性和主观恶意下的信赖破坏是根本违约的判断标准。DCFR 第Ⅲ-3：203 条还涉及履行不符合规定时违约方的补救，规定债权人无须给债务人补救机会的情形之一即为在履行期限内未能履行合同债务构成根本不履行。

（五）根本违约的中国法沿革

《民法典》第 563 条第 1 款规定，"有下列情形之一的，当事人可以解除合同：（一）因不可抗力致使不能实现合同目的；（二）在履行期限届满前，当事人一方明确表示或者以自己的行为表明不履行主要债务；（三）当事人一方迟延履行主要债务，经催告后在合理期限内仍未履行；（四）当事人一方迟延履行债务或者有其他违约行为致使不能实现合同目的；（五）法律规定的其他情形"。该条规定包含了根本违约导致合同解除的法定情形，承继了 1999 年《合同法》第 94 条的内容。1999 年《合同法》颁布之前"三足鼎立"的 3 部合同法，虽然没有明确规定根本违约制度，但是都涉及根本违约的内容，对我国现行《民法典》规定的根本违约制度具有重要的影响。[1]

1993 年修正的《经济合同法》第 26 条第 1 款规定了合同当事人可以解除合同的情形，即合同当事人可以在以下情形发生时解除合同：①合同当事人协商解除，但不得损害国家利益和社会公共利益；②由于不可抗力导致合同完全不能履行；③合同当事人在履行期限内没有履行合同义务。第 1 项和第 2 项的规定具有一定的合理性，符合合同法的合同自由原则和公平原则，且在此两种情形下行使合同解除权对合同的任何一方当事人都没有显失公平。第 3 项的规定对没有在履行期限内履行合同义务的一方在某些情况下显失公平，例如，若是对时间因素有严格要求的合同，当事人在合同规定的履行期限内没有履行合同义务，此时另一方行使合同解除权是合理的，但是若合同约定的履行义务对时间并没有特别的约定，此时另一方以对方没有在履行期限内履行合同义务为由解除合同就未免有些"小题大做"，因为在这种情形下，完全可以给予另一方履行宽限期，只要在宽限期内履行了合同义务，就没有必要行使合同解除权来救济，这也符合大多数国家关于此问题的规定。

1985 年《涉外经济合同法》关于根本违约的内容体现在其第 29 条的规

---

〔1〕　韩世远："分久必合：合同法三法归一"，载《时事报告》1999 年第 4 期。

定，根据该条，以下 4 种情形中，未违约方可以通知合同相对方解除合同：①违约行为严重影响订立合同所期待的经济利益；②在履行宽限期内没有履行合同义务；③由于不可抗力使合同的全部义务不能履行；④出现了合同约定的解除条件。由此可知，1985 年《涉外经济合同法》既增加了履行宽限期的规定，又以"严重影响"合同所期待的经济利益为标准来判断是否可以行使合同解除权，这与 CISG 公约的客观要件——违约的严重程度——是一致的，但是实践证明这样的规定使得解除合同非常容易，易造成合同解除权的滥用，不利于维护交易秩序的稳定。

1987 年《技术合同法》关于根本违约的内容体现在其第 24 条的规定，根据该条，发生以下 3 种情形致使合同不能履行的，未违约方可以解除合同，但是应该通知未违约方：①一方违约；②发生不可抗力；③技术合同的标的已被他人公开。由此可知，在 1987 年《技术合同法》中，存在三种行使解除权的情形，在实际操作时比较方便，但是其以致使合同不能履行作为行使合同解除权的标准，同样存在容易造成合同解除权滥用的问题。

对照上述法律文件以及 CISG 公约等国际统一法文件中根本违约制度的规定，我国合同法中的根本违约制度存在以下 3 个特点：①在根本违约的构成要件方面，我国的根本违约没有采用 CISG 公约等文件的可预见性标准。有的学者认为这样的规定减少了因主观标准的介入造成的在确定根本违约方面的随意性以及对债权人保护不力的因素。[1]②我国的根本违约制度吸收了两大法系的长处，既如英美法一样区分了预期根本违约和实际根本违约，也包含了迟延履行等大陆法系的具体违约类型，还从根本上采纳了以违约后果严重性作为根本违约判断标准的思路，承认即便违反从合同义务或附随义务，若导致合同目的落空，也足以构成根本违约。③我国合同法以"合同目的不能实现"作为违约严重后果的判断标准，其实和 CISG 公约等国际统一法中的"实质上剥夺了合同的期待利益"基本一致，但我国的"合同目的不能实现"的内涵要比"实质上剥夺了合同的期待利益"更加宽泛，也更具弹性。

（六）《德国民法典》中的根本违约与合同解除

德国并无严格意义上的根本违约概念，但《德国民法典》第 280 条、第

---

〔1〕 王利明：《合同法新问题研究》（修订版），中国社会科学出版社 2011 年版，第 544 页；王利明：《合同法研究》（第二卷，第三版），中国人民大学出版社 2018 年，第 287—288 页。彼得·施莱希特里姆教授更是指出"可预见性"这个概念更容易被错误地理解为主观归责因素。

325 条、第 326 条属于类似于根本违约制度的规则。如根据 1896 年《德国民法典》第 326 条第 2 款〔1〕的规定可知，"合同之履行于对方无利益"是对违约程度的判断，而违约程度严重与否，正是决定可否违约解除的关键所在。而无利益是指非违约方已经无法获得订立合同所期待的利益。因此它与合同目的不能实现的本质是一样的。学说上一般认为，德国法此一概念与英美法中的根本违约或重大违约颇为相似，惟其内容及适用要窄一些。〔2〕依 2001 年《债法现代化法》修改的《德国民法典》第 323 条第 5 款则规定，债务人如果已经为部分给付，则债权人无权解除合同，但若出现债权人就此部分给付并无利益之情形，则债权人得解除合同。反之，债务人的履行不符合合同约定的情形的，若这种违反为轻微的义务违反，则债权人无权解除合同。可见，2001 年《债法现代化法》前后的德国民法对于违约解除的判断标准的规定，其实质极其近似于英美法中的根本违约。

三、违约归责的严格责任原则

我国《民法典》采纳违约归责的严格责任原则，该原则来自英美法，与大陆法系中的违约过错责任原则有着根本区别。英美合同法中的合同交易更重视的是等价有偿、交易效率、风险分配、交易安全等市场商业价值和市场伦理，对违约有无过错等社会道德可责难性不仅很少关注，而且一般认为违约并不是什么过错。"合同当事人只是或者履行合同，或者支付由此造成的损失，因此他选择由此造成的损失，他就没有过错。他只是在两种方式中选择一种来履行他的义务。"〔3〕不仅如此，在法恩思沃斯看来，市场经济条件下，违约甚至还是一种自由。无论如何，与著名的订约自由一样，人们也应当有相当程度的违约自由。〔4〕

《民法典》577 条规定："当事人一方不履行合同义务或者履行合同义务

---

〔1〕 1896 年《德国民法典》第 326 条第 2 款规定，因迟延致契约的履行于对方无利益时，对方不需指定期限即享有第 1 款规定的权利。

〔2〕 韩世远："根本违约论"，载《吉林大学社会科学学报》1999 年第 4 期。

〔3〕 刘承韪："论英美合同法的精神及其对中国民法典合同编的启示"，载《广东社会科学》2020 年第 3 期。

〔4〕 ［美］E. 艾伦·范斯沃思：《美国合同法》（原书第三版），葛云松、丁春艳译，中国政法大学出版社 2004 年版，第 750 页。

不符合约定的，应当承担继续履行、采取补救措施或者赔偿损失等违约责任。"本条完全承袭 1999 年《合同法》第 107 条之内容，并作为违约责任的请求权基础加以适用。根据本条规定，承担违约责任仅需"当事人一方不履行合同义务或者履行合同义务不符合约定"这一客观要件即可成立，除此之外，本条并未将当事人过错作为违约责任的构成要件，无须考虑当事人的主观是否具有过错。

在 1999 年《合同法》出台之前，1981 年《经济合同法》第 32 条第 1 款规定："由于当事人一方的过错，造成经济合同不能履行或者不能完全履行，由有过错的一方承担违约责任；如属双方过错，根据实际情况，由双方分别承担各自应负的违约责任。"可见 1981 年《经济合同法》对违约责任采过错责任原则。1985 年《涉外经济合同法》第 18 条首次确立了严格责任的归责原则，其规定："当事人一方不履行合同或者履行合同义务不符合约定条件，即违反合同的，另一方有权要求赔偿损失或者采取其他合理的补救措施。采取其他补救措施后，尚不能完全弥补另一方受到的损失的，另一方仍然有权要求赔偿损失。"之所以会有上述变化，正如上文所述，是因为 1985 年的《涉外经济合同法》结构和内容参考了英美契约法和 CISG 公约。[1]1987 年《技术合同法》第 17 条[2]、1986 年《民法通则》第 111 条[3]继承 1985 年《涉外经济合同法》18 条之规定，进一步确立严格责任的归责原则。

1999 年《合同法》第 107 条统一了合同法的严格责任原则："当事人一方不履行合同义务或者履行合同义务不符合约定的，应当承担继续履行、采取补救措施或者赔偿损失等违约责任。"其实，在合同法立法过程中，立法方案关于违约责任，原定为过错推定责任。由 12 所法律院系和研究机构的学者依据立法方案起草的合同法建议草案，也规定为过错推定责任，其第 138 条规定："合同当事人一方不履行合同债务或者其履行不符合法定或约定条件的，应当承担违约责任。但当事人证明自己没有过错的除外。"1995 年 4 月

---

〔1〕 梁慧星："中国对外国民法的继受"，载齐延平主编：《山东大学法律评论》（第一辑），山东大学出版社 2003 年版。

〔2〕 1987 年《技术合同法》第 17 条第 1 款规定："当事人一方不履行技术合同或者履行合同义务不符合约定条件，即违反合同的，另一方有权要求履行或者采取补救措施，并有权要求赔偿损失。"

〔3〕 1986 年《民法通则》第 111 条规定："当事人一方不履行合同义务或者履行合同义务不符合约定条件的，另一方有权要求履行或者采取补救措施，并有权要求赔偿损失。"

全国人大常委会法制工作委员会召开的合同法建议草案会议上，会议参加者建议更进一步将前述第 138 条的"但书"删除，将过错推定责任改为严格责任。这一修改在 1996 年 5 月 27 日至 6 月 7 日修改合同法草案的会议上得到肯定，并在合同法草案第三稿的第 80 条第 1 款规定："当事人不履行债务或者履行债务不符合合同约定或者法律规定的，应当承担违约责任"。后续的征求意见稿完全承袭第三稿的规定，并最终确定为 1999 年《合同法》第 107 条。

之所以会有如此修改，主要理由如下：其一，1986 年《民法通则》、1985 年《涉外经济合同法》、1987 年《技术合同法》已经将违约责任定为严格责任。其二，严格责任是合同法的发展趋势，按照英美普通法，违约责任不以违约方有过错为构成要件。债务到期后，任何不履行都构成违约。[1] CISG 公约第 45 条[2]、第 61 条[3]，UPICC 通则第 7.4.1 条[4]，均采纳了英美法中的严格责任原则。UPICC 通则第 7.4.1 条的官方注释更是提到：本条重申像其他救济手段一样，损害赔偿的权利产生于不履行这个唯一事实。受损害方当事人仅仅证明不履行，即他没有得到所承诺的履行就足够了。尤其没有必要再去证明不履行是由不履行方当事人的过错引起的。[5]此外，欧洲合同法委员会的 PECL 第 8：101 条规定：①任何一方当事人不履行合同上的义务，且该不履行不能依第 8：108 条被谅解，则受害方可以采取第四章规定的任何救济手段；②如一方当事人的不履行可依第 8：108 条的规定被谅解，则受害方可采取第四章规定的除请求履行和损害赔偿以外的救济手段。按照第

---

〔1〕 ［美〕E. 艾伦·范斯沃思：《美国合同法》（原书第三版），葛云松、丁春艳译，中国政法大学出版社 2004 年版，第 550 页。

〔2〕 CISG 公约第 45 条规定，"（1）如果卖方不履行他在合同和本公约中的任何义务，买方可以：（a）行使第 46 条至第 52 条所规定的权利；（b）按照第 74 条至第 77 条的规定，要求损害赔偿。（2）买方可能享有的要求损害赔偿的任何权利，不因他行使采取其它补救办法的权利而丧失。（3）如果买方对违反合同采取某种补救办法，法院或仲裁庭不得给予卖方宽限期"。

〔3〕 CISG 公约第 61 条第 1 款规定，"（1）如果买方不履行他在合同和本公约中的任何义务，卖方可以：（a）行使第 62 条至第 65 条所规定的权利；（b）按照第 74 条至第 77 条的规定，要求损害赔偿"。

〔4〕 UPICC 通则第 7.4.1 条规定："任何不履行均使受损害方取得单独的损害赔偿请求权，或是与其他救济手段一并行使的损害赔偿请求权，除非不履行可根据本通则的规定予以免责。"

〔5〕 对外贸易经济合作部条约法律司编译：《国际统一私法协会国际商事合同通则》，法律出版社 1996 年版，第 168 页。

8：108 条的规定，不履行一方如果证明其不履行是因他所不能控制的障碍所致，且不能合理期待他在合同成立之时能够预见该障碍或者能够避免或克服该障碍或其后果，则该不履行应被谅解。在后续的 DCFR 第 III-3：301 条以及 III-3：701 条中，该规则得以继承。[1] 这也从侧面反映了严格责任是两大法系所达成的共识，反映了合同法发展的共同趋势。其三，严格责任具有显而易见的优点，原告只需向法庭证明被告未履行合同义务的事实，即证明被告未履行或者履行不符合约定或法律规定，无须证明其过错，也无须对方证明自己没有过错，从而方便裁判。此外，严格责任有利于促使当事人严肃对待合同，有利于保障合同的严肃性。其四，严格责任更符合违约责任的本质。违约责任发生在预先有密切联系的当事人之间，违约方和受害方预先通过自愿协商，违约责任是由合同义务转化而来的，本质上属于当事人双方约定，不是法律强加的，与侵权责任有着明显不同。法律确认合同具有拘束力，在一方不履行时追究其违约责任，不过是执行当事人的意愿而已，因此，违约责任与一般侵权责任相比较，应该更严格。[2]

相比较而言，德国旧债法采纳的是过错责任为主、严格责任为辅的违约损害赔偿归责体系，新债法只是进一步完善了此种归责体系。新债法第 276 条规定，较严格或较轻的责任既未被规定，也不能由债务关系的其他内容，特别是由担保或购置危险中得出，债务人应对故意或过失负责任。由此可见，只有当给付障碍可以归责于债务人时，亦即只有当债务人应当对给付障碍负责时，始能考虑债务人对给付障碍的责任问题。因此，德国法关于违约损害赔偿归责的思维，是假定违约一般可归责于债务人的过错，比过错责任严或松取决于法律的规定或当事人的约定。[3]

---

〔1〕 DCFR 第 III-3：301 条规定："（1）债务人没有履行债务且其不履行不能免责的，债权人得主张本章所规定的任何救济。（2）债务人的不履行可免责的，债权人得主张实际履行和损害赔偿之外的任何救济。（3）在因债权人原因导致债务人不履行的范围内，债权人不得主张任何救济。" 第 III-3：701 条第 1 款规定："债权人可就债务人的不履行所导致的损失请求赔偿，除非债务人的不履行在法律上课免责。" 该条的评论明确表示债务人的债务在于产生特定结果而未达此结果的，无论债务人是否有过错，债权人都享有损害赔偿请求权，债务不履行可免责的除外。

〔2〕 梁慧星："从过错责任到严格责任——关于合同法草案征求意见稿第 76 条第 1 款"，载梁慧星主编：《民商法论丛》（第 8 卷），法律出版社 1997 年版，第 1—7 页。

〔3〕 杜景林：《德国债法总则新论》，法律出版社 2011 年版，第 160—161 页。朱广新：《合同法总则研究》（下册），中国人民大学出版社 2018 年版，第 660—661 页。

四、违约损害赔偿的可预见规则

可预见规则（foreseeability rule）的一般规范最早由法国学者提出，并成为 1804 年《法国民法典》第 1150 条的内容：债务人不履行义务不是出于故意时，他只对缔约时预见的或一般人能够预见的损害承担责任。后可预见理论为英国法所接受，并通过 1854 年著名的哈德利诉巴辛戴尔案（*Hadley v. Baxendale*）扬名世界。在该案中，主审法官奥尔德森（Alderson）指出："双方当事人订立了合同，当一方违约时，另一方当事人所应获得的赔偿应该被公平合理地看作对自然发生的损害的赔偿，即按照事物发展的通常过程将产生于违约的损害的赔偿，或者是可以被合理地看作缔约时当事人已经预见到的违约可能产生的损害的赔偿。"[1]哈德利诉巴辛戴尔案所形成的规则将违约所造成的经济损失分为两类：一是通常的损失，可以自动获得赔偿；二是特别的损失，只有当事人在缔约时预见到的才能获得赔偿。在该规则的基础上，20 世纪英国法又通过维多利亚洗衣公司诉纽曼工业公司案（*Victoria Laundry v. Newman Industries*）[2]进一步发展和完善了可预见规则。美国也不乏确定该规则的休斯公司诉联美公司案、斯潘实业公司诉安泰保险公司案等经典判例，[3]并且《第二次合同法重述》也将其明确规定在了第 351 条之中。[4]可预见规则逐渐成为国际上违约损害赔偿限制的通行规则，为 UPICC 通则第 7.4.4 条、CISG 公约第 74 条所接受。[5]

在具体构成上，英美法的立场也影响了公约的规定。其一，预见的主体为违约方。哈德利诉巴辛戴尔案法官认为预见的主体应为双方当事人，但英

---

〔1〕 *Hadley v. Baxendale*，9 Exch. 341（1854）.

〔2〕 *Victoria Laundry v. Newman Industries*（1949）2 K. B. 528.

〔3〕 *Hughes Tool Co. v. United Artists Corp.*，279 App. Div. 417，110 N. Y. S . 2d 383（1st Dep't 1952）；*Spang Industries*，*Inc. Fort Pitt Bridge Division v. Aetna Casualty & Surety Co.*，United States Court of Appeals，Second Circuit，1975，512 F. 2d 365.

〔4〕《第二次合同法重述》第 351 条规定，"（1）对违约方于缔约时没有理由预见为违约之可能结果的损失，不予赔偿。（2）在下列场合下，损失可作为违约之可能结果而被预见到：（a）损失是在事物通常进程中由违约引发的；（b）损失虽非在事物通常进程中由违约引发，而系一殊情事之结果，但违约方有理由知道该特殊情事。（3）在特定情况下为避免不成比例之赔偿以符合正义之要求，法院得通过排除利润损失的赔偿、仅允许对信赖利益等损失获取赔偿的方式，来限制可预见损失的赔偿额"。

〔5〕 UPICC 通则第 7.4.4 条规定："不履行方当事人仅对在合同订立时他能预见到或可以合理预见到的可能因其不履行而造成的损失承担责任。"

国合同法学家特莱特尔认为，被告能否预见是决定损失是否过分遥远的关键性因素，哈德利诉巴辛戴尔案要求双方预见，意在强调仅原告预见还不够。美国法更加明确预见的主体应为违约方。其二，预见的内容为损失类型或种类，无须预见损失的程度或损失额。在 *Kuofos* 案中，上议院讨论可预见标准时，明确使用了"损失类型"（type/kind of loss）的表述。这点在美国法中也有所体现，《第二次合同法重述》特别针对不成比例的损失程度的可预见规则适用作出了限制。其三，预见的时间为合同订立时。在哈德利诉巴辛戴尔案中，法院明确提及，损害的预见时点为"合同订立时"。我国参照 CISG 公约的内容规定了可预见规则，在具体构成上也基本与英国法或美国法相同，预见主体为违约方，预见内容为损失类型，预见时间为合同订立时。

我国《民法典》第 584 条后段规定了违约损害赔偿的可预见规则。可预见规则最早出现在 1985 年颁布的《涉外经济合同法》第 19 条，[1]1987 年颁布的《技术合同法》第 17 条第 2 款也有类似的规定，[2]后又为 1999 年颁布的《合同法》第 113 条所继承。从其条文结构上看，基本与 CISG 第 74 条相同，均是前一句规定法定损害赔偿的标准，后一句规定损害赔偿的可预见限制。[3]

反观德国法，违约损害范围的限制主要通过相当性因果关系和规范保护目的来实现。虽然在立法过程中备受争议，但《德国民法典》立法者明确拒绝了可预见规则。德国通说认为，损害赔偿范围的确定与加害人能否预见无关，将损害赔偿限于可预见的损害，是对利益本质的误解。拉贝尔（Ernst Rabel）提出规范保护目的理论时，就指出合同中约定的义务对应的是债权人的利益范围；违约方不需要对所有违约后果都承担责任，仅限于合同所保护的利益。经过学者的努力，重点考察当事人合同义务的性质和合同允诺的目的的规范保护目的理论在德国司法实践中得到广泛适用。

---

〔1〕 1985 年《涉外经济合同法》第 19 条规定："当事人一方违反合同的赔偿责任，应当相当于另一方因此所受到的损失，但是不得超过违反合同一方订立合同时应当预见到的因违反合同可能造成的损失。"

〔2〕 1987 年《技术合同法》第 17 条第 2 款规定："当事人一方违反合同的赔偿责任，应当相当于另一方因此所受到的损失，但是不得超过违反合同一方订立合同时应当预见到的损失。"

〔3〕 CISG 公约第 74 条规定："一方当事人违反合同应负的损害赔偿额，应与另一方当事人因他违反合同而遭受的包括利润在内的损失额相等。这种损害赔偿不得超过违反合同一方在订立合同时，依照他当时已知道或理应知道的事实和情况，对违反合同预料到或理应预料到的可能损失。"

五、违约损害赔偿的减轻损失规则

减轻损失规则（mitigation rule）也是普通法最先发展出来的违约损害赔偿限制规则，其权威表述可见于英国的西屋电工制造公司案。豪丹勋爵指出："（损害赔偿的）基本依据是对违约行为自然产生的财产损失的补偿；但该原则被另一原则限定，即原告有义务采取一切合理措施减轻违约造成的损失，原告若怠于采取此类措施，将被禁止就其造成的任何部分损害提出赔偿的请求。"[1]美国也有洛金汉县诉卢顿桥梁公司案等十分经典的判例可循。[2]后该规则成为国际通行的规则，为国际统一法所采，也为中国合同法所借鉴。

《民法典》第591条规定了减轻损失规则："当事人一方违约后，对方应当采取适当措施防止损失的扩大；没有采取适当措施致使损失扩大的，不得就扩大的损失请求赔偿。当事人因防止损失扩大而支出的合理费用，由违约方负担。"减轻损失规则在我国民事立法中最早见于1986年《民法通则》第114条，1999年《合同法》第119条也规定了相同的规则。从条文结构上看，《民法通则》的规定与CISG公约第77条基本相同。[3]《民法典》在《民法通则》和《合同法》的基础上所增加的"合理费用"的相关规定，则与UPICC通则第7.4.8条第2款类似。[4]

相较之下，《德国民法典》将减轻损失和与有过失用统一的法条进行规范，与普通法和国际统一法的立场不同。其第254条第1款规定，在损害发生时，受损方的过错共同起了作用的，损害赔偿的范围取决于诸如损害在多大程度上主要由一方或另一方（受损方）引起等情事；第2款规定，即使受害人过错……没有避免或减轻损害，亦同。而在普通法系，与有过失与减轻损失的术语是有区别的，该等区分方式亦为国际统一法所采。如CISG公约第

---

〔1〕　*British Westinghouse Electric & Manufacturing Co Ltd v. Underground Electric Rys. Co of London Ltd* (1912) *AC* 673.

〔2〕　*Rockingham County v. Luten Bridge Company*, 35 F. 2d 301, 66 A. L. R. 735 （1929）.

〔3〕　CISG公约第77条规定："声称另一方违反合同的一方，必须按情况采取合理措施，减轻由于该另一方违反合同而引起的损失，包括利润方面的损失。如果其不采取这种措施，违反合同一方可以要求从损害赔偿中扣除原可以减轻的损失数额。"

〔4〕　UPICC通则第7.4.8条规定："（1）不履行方当事人对于受损害方当事人所蒙受的本来可以采取合理措施减少的那部分损害，不承担责任。（2）受损害方当事人有权对试图减少损害而发生的一切合理费用要求赔偿。"

77 条规定了减轻损失规则之后，又于第 80 条规定了受损方导致损害的规则。类似地，UPICC 通则第 7.4.8 条也规定了受损害方导致损害的规则。我国《合同法》在借鉴国际公约时，没有同时借鉴独立的受损害方导致损害的规则，后 1999 年《民法典》规定了区别于减轻损失规则的与有过失规则（第 592 条），也间接地继受了普通法与国际统一法的该等区分。

六、违约精神损害赔偿

国际上明确承认违约精神损害赔偿的代表性法律文本是 UPICC 通则第 7.4.2 条第 2 款：（受损害方由于不履行而遭受的）损害可以是非财产损害，包括肉体或精神上的痛苦。在英美法国家，违约精神损害赔偿作为例外被有限地承认。英美两国分别在 1973 年的贾维斯诉天鹅旅游公司案[1]和沙利文诉奥康纳案[2]中确立了违约精神损害赔偿规则。后来，英国法总结在如下三类合同中是可以承认当事人的违约精神损害赔偿的：①合同目的是提供安宁和快乐的享受；②合同目的是解除痛苦或麻烦；③违反合同带来的生活上的不便直接造成精神痛苦。德国法固守违约和侵权之边界，并不承认违约精神损害赔偿的空间。但 2002 年《关于修改损害赔偿法规定的第二法案》将《德国民法典》第 847 条从侵权行为法的位置转移到了债法总则中，为侵害身体、健康、自由或者性自主创设了一个统一并且一般的精神损害赔偿请求权。[3]我国《民法典》的违约精神损害赔偿被置于人格权编，并且以侵害人格权为构成要件，似与德国法的路径有相近之处。

《民法典》第 996 条规定了违约精神损害赔偿：因当事人一方的违约行为，损害对方人格权并造成严重精神损害，受损害方选择请求其承担违约责任的，不影响受损害方请求精神损害赔偿。而在此之前，虽然 1986 年《民法通则》、2009 年《侵权责任法》中都明确规定了精神损害赔偿制度，但由于理论上的争议、2010 年最高人民法院《关于审理旅游纠纷案件适用法律若干

---

〔1〕 *Jarvis v. Swan Tours Ltd.* （1973）.

〔2〕 *Sullivan v. O'Connor*, 363 Mass. 579, 296 N. E. 2d 183, 99 A. L. R. 3d 294 （1973）.

〔3〕 《德国民法典》第 253 条第 2 款规定："因侵害身体（body）、健康（health）、自由（liberty）或性自主（right of sexual self-determination）而须赔偿损害的，也可以因非财产损害而请求公平的金钱赔偿。"

问题的规定》第 21 条[1]对违约之诉救济精神损害的否定，我国法律对违约精神损害赔偿较为保守。从全国人大常委会法制工作委员会编写的《民法典》条文释义来看，此次《民法典》增加该条正是顺应了承认违约精神损害赔偿的国际趋势。[2]

---

〔1〕 2010 年最高人民法院《关于审理旅游纠纷案件适用法律若干问题的规定》第 21 条："旅游者提起违约之诉，主张精神损害赔偿的，人民法院应告知其变更为侵权之诉；旅游者仍坚持提起违约之诉的，对于其精神损害赔偿的主张，人民法院不予支持。"

〔2〕 黄薇主编：《中华人民共和国民法典人格权编释义》，法律出版社 2020 年版，第 36 页。

合同约束力的基础：对价原则

一、获益受损理论的操作机理：哈默诉西德维案（HAMER v. SID-WAY）

HAMER

v.

SIDWAY.

Court of Appeals of New York，Second Division，April 14，1891.

79 Sickels 538，124 N. Y. 538，27 N. E. 256.

（哈默诉西德维案）

1. 裁判要旨

（1）应他人的要求，某人在一段期限内不吸烟、不饮酒，这种容忍克制的不作为（forbearance）足以构成前者允诺支付一笔款项的充分对价。

（2）获益受损理论中的损害要素要比获益要素更为重要。

（3）获益受损理论重在考察法律上而非事实上的获益或受损。

2. 案情介绍

（1）案件事实。老威廉·E. 斯托里（William E. Story, Sr.，以下简称"老威廉"）是小威廉·E. 斯托里（William E. Story, Jr.，以下简称"小威廉"）的叔叔。在老威廉父母（即小威廉的祖父母）1869 年 3 月 20 日的金婚典礼上，老威廉当着家人与受邀宾客的面向小威廉作出允诺，只要小威廉在 21 岁前不饮酒、不吸烟、不说脏话、不进行纸牌或台球相关的赌博，叔叔老威廉就会向他支付 5000 美元。小威廉表示同意，并称自己将会完成上述要求。

当小威廉年满 21 岁时，他于 1875 年 1 月 31 日致信叔叔老威廉，通知其已完全履行合同中自己那部分义务，因此有权获得 5000 美元。他在信中写道："我今天就 21 岁了，可以自己做主了；并且我认为，依照协议我应得到 5000 美元。我已遵守信中合同的每一个字。"

老威廉收到信后，于 2 月 6 日向侄子寄出了回信："1 月 31 日收到你的来信，其中提到你遵守了数年前对我的允诺，你因此应当获得我允诺的 5000 美元，对此我深信不疑。我把钱存在银行里，以确保你在 21 岁时能够获得这笔钱。……在我确定你有能力使用这笔钱之前，我不会以任何方式动用这笔钱。那一天越早到来，我就越感到欣慰。"

小威廉收到了信，并同意这笔钱按照信中约定的条件和方式由叔叔保管。1887 年 1 月 29 日，老威廉去世，其生前未向小威廉支付所允诺的 5000 美元以及利息。[1]

（2）诉讼历史。本案的原告哈默（Hamer）是小威廉的债权人，被告西德维（Sidway）是老威廉的遗产管理人。哈默想用小威廉能够继承的遗产来抵偿小威廉对自己的欠款，因此向西德维提起诉讼。初审法院，即纽约州最高法院（Supreme Court of New York）支持了原告的诉讼请求，被告上诉至纽约州最高法院上诉法庭（Supreme Court, General Term, Fourth Department, New York）。纽约州最高法院上诉法庭推翻了初审法院的判决，原告继续上诉至终审法院，即纽约州上诉法院（Court of Appeals of New York, Second Division）。[2]

（3）原被告观点。被告认为：该合同缺乏对价的支持，故合同无效。受诺人通过自我克制不吸烟、不饮酒，对其本身有益无害；抛开叔叔的允诺，侄子所做的正是对他本身最有好处的；除非允诺人从中获益，否则本合同缺乏对价。

---

　〔1〕　据推算，当时的 5000 美元相当于现在的约 14 万美元。*See* ＄5000 in 1887 → 2021 ｜ Inflation Calculator, *Official Inflation Data*, *Alioth Finance*（Sep. 13, 2021），https://www. officialdata. org/ us/inflation/1887? amount＝5000, retrieved in Sep. 13, 2021.

　〔2〕　纽约州的法院体系存在"名不副实"的现象，需要读者提起注意。纽约州最高法院是纽约州法院系统中的初审法院，纽约州最高法院上诉法庭是纽约州法院系统中的中间上诉法院，纽约州上诉法院是纽约州法院系统中的终审法院。

原告认为：叔侄二人当众缔约后，侄子在履约过程中放弃行使自己的法定权利（即吸烟、饮酒等权利），其履约行为构成叔叔支付 5000 美元和利息的对价，叔侄之间的合同具有约束力。因此，被告应向原告支付 5000 美元和利息。

3. 争议焦点

（1）本案中侄子的履约行为是否构成对价？

（2）构成对价是否要求叔叔必须从侄子的行为中获益？

（3）叔叔是否从侄子的履约行为中获益？

4. 裁判结果

纽约州上诉法院判决叔侄之间的允诺有充分的对价支持，具有约束力。纽约州最高法院上诉法庭的判决由此被撤销，原告胜诉。帕克法官（Parker, J.）发表了判决意见。

5. 裁判理由

（1）本案中侄子的履约行为是否构成对价？

纽约州上诉法院认为，本案中侄子的克制吸烟、饮酒等行为，足以构成对叔叔允诺的 5000 美元的对价。因为对侄子而言，其本拥有在 21 周岁前饮酒、吸烟等权利，但因对叔叔的允诺，侄子选择放弃这些法定权利。法院认为，这样的克制构成合同对价。既然合同具有对价，则合同成立。又因侄子已完全履行自己在合同中的义务，叔叔有义务按照合同约定向侄子支付 5000 美元和利息。

（2）构成对价是否要求叔叔必须从侄子的行为中获益？

就第二个争议焦点而言，被告的理由不成立。被告认为，"除非允诺人从中获益，否则合同缺乏对价"。但法院指出，"一旦确立这种说法，即认为无论受诺人作为或者不作为，事实上都是给受诺人自己带来好处，则此时缺乏支持允诺强制执行的对价，可能会在诸多案件中引发争议。这样的规则无法让人接受，也没有法律依据"。

（3）叔叔是否从侄子的履约行为中获益？

法院并未确认叔叔是否获益。实际上，这一事实十分难以界定，因此需交给当事人自己判断。这也体现出法院对当事人意思自治的尊重，把判断对价是否充分的权利交给当事人。

（4）学界关于"对价"的界定。纽约州上诉法院在本案中大量引用学者的观点以增强判决的说服力。

安森在其合同法著作中指出，英国理财法院[1]在 1875 年这样定义对价："所谓法律上有价值的对价，可以包含一方所增加的某种权利（right）、利益（interest）、获益（profit）或好处（benefit），或是另一方所给予、遭受或承担的某种容忍、损害（detriment）、损失（loss）或责任（responsibility）。"[2]法院"不会过问对价形成的基础事实是否实质上有益于受诺人或第三方，或对任何人有无任何实质性价值。只要接受允诺的一方当事人承诺完成某事、忍受或遭受痛苦，对于允诺的对价就足以形成"。[3]

帕森斯（Parsons）在其合同法著作中提到，"一般而言，应另一方当事人要求放弃任何合法权利，构成允诺的充分对价"。

肯特在《美国法评述》（*Commentaries on American Law*）第二卷中指出，"对任何一项权利的损害、中止或忍耐都足以支持一个允诺"。[4]

波洛克也在其合同法著作中引用了英国理财法院的上述定义，并指出："这一解释的第二部分（即损害）才是最为重要的。对价的含义，与其说是一方获利，不如说是另一方放弃当前的某些合法权利或限制其未来的合法行动自由，以作为令对方允诺的诱因。"[5]由此，仅有一方获益或仅有一方受损仍可构成合同对价，而且随着合同法发展，后者在一些情况下较之前者更加重要。

纽约州上诉法院将上述规则适用于本案，其指出："本案中的受诺人（侄子）有吸烟与偶尔饮酒的合法权利；其为了实现立遗嘱人（叔叔）支付 5000美元的允诺，放弃了这项权利长达数年，无须估计戒掉这些刺激物可能需要付出的努力。基于对其叔叔的允诺的信赖，他按照约定限制了自己的合法行动自由，而且现在已经履行完毕。这种履行是否事实上对允诺人有益这点无

---

〔1〕　理财法院是英国历史上的法院名称，理财法院最初仅处理税收方面的纠纷，后来其管辖权逐渐扩展到多个私法领域。1875 年，理财法院成为英国高等法院（High Court）的理财庭，1880 年，其管辖事项并入高等法院大法官法庭和王座法庭的管辖范围，理财法院（理财庭）不再单独存在。

〔2〕　*Currie v. Misa*（1875）LR 10 Ex 153, 162.

〔3〕　Sir William Reynell Anson, *Anson's Law of Contract*, Oxford University Press, 1879, p. 63.

〔4〕　James Kent, *Commentaries on American Law*, Vol. 2（1827）, Published by O. Halsted.

〔5〕　Sir Frederick Pollock, *Principles of Contract*, Stevens and Sons, 1885, p. 166.

关紧要，法院也不会过问这一点。"因此，侄子放弃行使法定权利的克制行为构成对价，叔侄间的允诺具有法律效力，无需叔叔从中获益。

（5）其他法院关于"对价"的界定。同样，纽约州上诉法院也引用大量其他法院的观点作为论据。例如，上文所提及的英国理财法院关于对价的经典定义，便来自柯里诉米萨案（*Currie v. Misa*）〔1〕。

此外，在沙德韦尔诉沙德韦尔案（*Shadwell v. Shadwell*）〔2〕中，叔叔给侄子写信，允诺每年向侄子支付 150 英镑，直到其成为一名出庭律师，年收入达到 600 几尼（guinea）〔3〕为止。叔叔所要求的唯一证据，是侄子将其年收入达到 600 几尼的情况告知自己。本案法院认为该允诺具有约束力，建立在有效的对价基础之上。

在拉科塔诉纽顿案（*Lakota v. Newton*）〔4〕中，被告向原告允诺："如果你（指原告）能戒酒一年，我将支付给你 100 美元。"原告同意并履行了这一允诺，由此要求法院进行判决。被告提出抗辩，认为原告未能主张有效且充分的对价，但该抗辩被法院驳回。

在塔尔博特诉斯戴蒙斯案（*Talbott v. Stemmons, Ex'r*）〔5〕中，原告的继祖母与原告约定如下："我做出允诺并受其约束，如果我的孙子塔尔博特从今日起直至我离世之日，能够不嚼烟草或吸烟，我死时将给他 500 美元。如果他违反这一誓言，他将给他的母亲双倍的钱。"斯戴蒙斯女士的遗产执行人对此提出抗辩，认为该协议没有基于充分的对价。抗辩最初得到了支持，当事人上诉至上诉法院。上诉法院推翻了先前的判决，认为"使用和享受使用烟草属于原告的一项权利，不为法律所禁止。放弃该等使用可能为其节省金钱或有利其健康，但该权利的放弃是产生被告允诺的原因，原告有权就该标的达成合同，对这些权利的放弃就是一项可以支持被告允诺的充分对价"。

---

〔1〕　*Currie v. Misa*（1875）LR 10 Ex 153.

〔2〕　*Shadwell v. Shadwell*（1860）9 CBNS 159.

〔3〕　几尼，是英国在 1663 年至 1814 年所发行的货币，约含四分之一盎司的黄金。几尼之名源自西非的几内亚（Guinea），大部分用于铸造硬币的黄金都产自此地。几尼是英国首款以机器铸造的金币，起初等值于 1 英镑（20 先令），但黄金对白银价格的上涨导致其价值水涨船高，有时能高达 30 先令。1717 年至 1816 年期间，几尼的价值被官方固定为 21 先令。

〔4〕　*Lakota v. Newton*, an unreported case in the superior court of Worcester, Mass.

〔5〕　*Talbott v. Stemmons' Ex'r*, 89 Ky. 222, 12 S. W. 297（1889）.

在林德尔诉罗克斯案（*Lindell v. Rokes*）[1]中，法院认为对饮用烈性酒的节制是一张本票的有效对价。

二、隐忍不诉可以构成有效对价：菲格诉博希姆案（FIEGE v. BOEHM）

Louis Gail FIEGE
v.
Hilda Louise BOEHM.
Court of Appeals of Maryland, June 18, 1956.
210 Md. 352, 123 A. 2d 316.

（菲格诉博希姆案）

1. 裁判要旨

（1）非婚生子女的母亲与推定的父亲（putative father）[2]达成口头协议，后者同意支付生育和抚养费用，前提是支付费用后前者就不会提起非婚生子女之诉。如果母亲在提起诉讼时基于善意并相信男方为父亲，那么即使男方通过血型检查证明其不可能为孩子的父亲，并在随后的诉讼中被无罪释放，上述协议也有充分的对价支持。

（2）一方当事人选择隐忍，不去主张一项法律上的诉讼请求或合法的要求，只要该当事人真诚（honest）地认为起诉并非无意义（frivolous）、无依据（vexatious）或不合法（unlawful），且相信权利主张有充分根据，这种隐忍就足以成为一项允诺的充分对价。

2. 案情介绍

1951 年，原告希尔达·路易丝·博希姆（Hilda Louise Boehm）未婚先孕，并声称被告路易斯·盖尔·菲格（Louis Gail Fiege）是其所生孩子的父亲。于是，原被告达成协议：被告支付原告的医疗和住院费、误工费以及每周 10 美元的抚养费，直至孩子年满 21 周岁，共计 2895.8 美元。原告则允诺

---

[1] *Lindell v. Rokes*, 60 Mo. 249 (1875).

[2] 推定的父亲，指的是被推定或一般认定的非婚生子女的父亲。参见薛波主编，潘汉典总审订：《元照英美法词典》，法律出版社 2003 年版，第 1122 页。

不对被告提起非婚生子女之诉。[1]直至 1953 年，被告依约支付了 480 美元。其后，被告询问原告的医师并进行了血型检查，发现自己不可能是孩子的父亲，遂停止支付费用。原告随即提起非婚生子女之诉。在刑事法庭（Criminal Court）宣判被告无罪后，原告又向马里兰州的巴尔的摩市高级法院（Superior Court of Baltimore City）提起违约之诉。被告认为，根据刑事法庭的亲子血型检查报告，他不可能是孩子的父亲，因此对孩子不存在抚养义务，促使合同成立的基础事实不存在，自己不应向原告支付剩余款项；虽然自己与原告订立了合同，但原告所隐忍不诉的权利主张无效，合同没有对价，因此不可执行。原告则主张自己真诚地相信被告是孩子的父亲，在此基础上与其订立合同，并且按照合同履行了不起诉的义务，此隐忍不诉构成合同的充分对价，被告应当按照合同约定向自己支付剩余款项，共计 2415.8 美元。初审法院作出了有利于原告的判决，被告上诉至马里兰州上诉法院（Court of Appeals of Maryland）。

3. 争议焦点

原告的隐忍不诉是否构成合同的充分对价，使得合同可执行？

4. 裁判结果

马里兰州上诉法院支持了原告的诉讼请求，维持了初审法院的判决，要求被告支付全部剩余款项。

5. 裁判理由

在传统的普通法上，非婚生子女是不受法律保护的。一位推定的父亲没有任何法律义务抚养其非婚生子女，其抚养非婚生子女的允诺也不可执行，因为这纯粹基于道德义务。一些法院认为，在父亲无任何法定义务帮助抚养非婚生子女的情况下，其仅依靠自然情感和道德义务向孩子的母亲承诺支付抚养费，是一种由于缺乏充分对价而无法执行的允诺。[2]相反，少数法院认为，父亲对孩子的自然情感，以及抚养孩子和帮助其所伤害之妇女的道德义务，构成了父亲向母亲承诺支付抚养费的充分对价。[3]

---

〔1〕 在当时的马里兰州，非婚生子女之诉为刑事诉讼。

〔2〕 *Mercer v. Mercer's Adm'r*, 87 Ky. 30, 7 S. W. 401（1888）；*Wiggins v. Keizer*, 6 Ind. 252（1855）；*Davis' Est. v. Herrington*, 53 Ark. 5, 13 S. W. 215（1890）.

〔3〕 *Birdsall v. Edgerton*, 1841 WL 3866（N. Y. Sup. Ct. 1841）；*Todd v. Weber*, 95 N. Y. 181（1884）；*Trayer v. Setzer*, 72 Neb. 845, 101 N. W. 989（1904）.

但是，在成文法强制要求非婚生子女之父提供支持的情况下，父亲承诺抚养非婚生子女，母亲承诺不提起非婚生子女之诉，对于这样的合同，法院总是认定其有充分的对价。[1]在马里兰州，成文法也规定非婚生子女之父应承担抚养义务，非婚生子女之诉被视作刑事诉讼，但实际上是民事诉讼。马里兰州上诉法院指出，父母双方针对非婚生子女抚养费而达成的合同不是刑事诉讼的和解，而是对犯罪行为产生的民事罚金的和解。因此，像其他民事合同一样，父亲为其非婚生子女提供抚养费等相关费用的合同，也必须具备充分的对价。

马里兰州上诉法院开始围绕合同对价的充分性展开分析，主要处理了当权利主张没有根据时，隐忍不诉的允诺是否能构成对价的问题。在早期英国法中，当权利主张没有根据时，隐忍不诉的允诺不构成充分的对价。但自19世纪早期以来，判例出现了转变：在判断隐忍不诉的允诺是否构成充分对价时，法院不再探求此诉讼是否能胜诉。[2]而在马里兰州，下列规则被采纳：若权利主张无效，一方当事人隐忍不对其权利主张提起诉讼，则该隐忍不足以成为对方为此付款允诺的充分对价，除非该方当事人诚实且合理地相信该权利主张可能是有效的。在斯奈德诉希尔佛斯案（*Snyder v. Cearfoss*）和普尔曼公司诉雷案（*Pullman Co. v. Ray*）中，法院认为当事人应真诚地认为起诉并非无意义、无依据或不合法，并且相信权利主张有充分的根据。[3]因此，一位女性不提起非婚生子之诉的允诺构成特定男性支付抚养费的充分对价。即便该男性是否是孩子的父亲及诉讼是否会胜诉都是不确定的，只要该女性在提起诉讼时是善意的，对价的充分性就不受影响。在本案中，马里兰州上诉法院也认为被告是否是该孩子的父亲是无关紧要的，不是本案需要考虑的事实因素，刑事法庭对亲子血型检查报告的认定也对本案没有拘束力。

综上，基于本案证据衡量，马里兰州上诉法院认为本案合同有充分对价支持，具有强制执行力，被告应给付原告剩余的2415.8美元。

---

〔1〕 *Jangraw v. Perkins*, 77 Vt. 375, 60 A. 385（1905）；*Beach v. Voegtlen*, 68 N. J. L. 472, 53 A. 695（Sup. Ct. 1902）；*Thayer v. Thayer*, 189 N. C. 502, 127 S. E. 553（1925）.

〔2〕 *Longridge v. Dorville*（1821）5 B & Ald 117.

〔3〕 *Snyder v. Cearfoss*, 187 Md. 635, 643, 51 A. 2d 264（1947）；*Pullman Co. v. Ray*, 201 Md. 268, 94 A. 2d 266（1953）.

三、过去对价的不足可以通过允诺禁反言原则克服：芬伯格诉菲佛公司案（FEINBERG v. PFEIFFER CO.）

Anna Sacks FEINBERG（Plaintiff），Respondent，

v.

PFEIFFER COMPANY, a Corporation, Formerly Known as S.
Pfeiffer Manufacturing Co., a Corporation（Defendant），Appellant.

St. Louis Court of Appeals, Missouri, March 17, 1959.

Motion for Rehearing or for Transfer to Supreme Court

Denied April 13, 1959.

322 S. W. 2d 163.

（芬伯格诉菲佛公司案）

1. 裁判要旨

（1）过去的对价不是有效对价。

（2）允诺禁反言原则可以替代对价之功能。原告因信赖被告向其支付终生退休金的允诺，而选择从被告的薪资丰厚职位退休，这足以赋予退休金支付协议以强制执行力。即使原告在暂停支付退休金之后才患上疾病，也可据此获得赔偿。

2. 案情介绍

（1）案件事实。被告菲佛公司（Pfeiffer Company）是一家医药制造商，原告安娜·萨克斯·芬伯格（Anna Sacks Feinberg）是该公司的一名员工，自1910年工作至1949年。1947年12月，时任董事长的马克斯·利普曼（Max Lippman）主持董事会，并与其他股东和高管达成一致决议，给予原告以下三项福利待遇，以对其在公司的辛苦工作表示感谢：首先，工资由350美元提高至400美元；其次，原告享有随时退休的权利；最后，如果原告退休，她将终身享有每个月200美元的补贴。

该项决议达成后，公司派人告知了原告。原告没有立即退休，而是从1947年一直工作至1949年6月，即自知道决议后依然工作了一年半的时间。自退休之日起，原告每个月都会收到200美元的退休金。

该项决议执行后不久，原董事长利普曼先生于1949年11月离世，董事

长职位最终由西德尼·哈里斯（Sidney M. Harris）继承。1956 年，哈里斯先生接受恩斯特（Ernst）会计公司以及拉尔夫·卡利什（Mr. Ralph Kalish）律师的建议，认为给予原告的退休金性质为赠与，并非合同义务下的应付款，从而减少向原告支付的退休金。原告拒收减少的退休金，并提起诉讼。

（2）诉讼历史。一审中，圣路易斯巡回法院（Circuit Court of the City of St. Louis）认为被告 1947 年的决议对当事人双方具有约束力，支持了原告的主张并要求被告继续支付退休金。被告不服，向圣路易斯上诉法院（St. Louis Court of Appeals）提起上诉。

（3）原被告主张。被告提出三点上诉理由，前两点关于证据的关联性问题，与本案争议焦点不相关，故不赘述，第三点则是对允诺性质提出的质疑。被告认为，该允诺的性质为赠与，因为原告没有给予或支付任何对价。决议所采纳的唯一明显的对价是原告"持续多年长期、忠诚的工作"，而过去的工作不是有效的对价。被告进一步辩称，决议中没有任何内容以原告继续受雇用为条件，原告不受任何期限的合同约束，可以随时自由离职；也不享有合同上的权利，可以被随时解职。

原告承认过去的服务不构成有效的对价，但认为以下两项要素构成对价：一是，从 1947 年 12 月决议通过日到 1949 年 6 月原告退休日，原告继续工作了一年半时间。二是，原告基于对被告允诺每月 200 美元退休金的信赖，选择了退休并放弃了继续从事有酬工作的机会。

3. 争议焦点

原告是否可依据决议所载允诺主张产生合理信赖，从而依据允诺禁反言原则（promissory estoppel）主张合同成立并具有可执行性？

4. 裁判结果

圣路易斯上诉法院认为，原告作为一名 63 岁的女性，难以再找到令人满意且与原有职位福利待遇相当的工作，原告正是基于对决议中 200 美元退休金的信赖才放弃了既有的工作。因此，依据允诺禁反言原则，圣路易斯上诉法院认为原被告之间成立具有强制执行力的合同，维持一审判决。

5. 裁判理由

（1）原告过去的工作不构成有效的对价。对于该争议焦点，原被告达成了共识。

（2）原被告双方并不满足义务相对性（mutuality of obligation）。决议中并未要求原告为被告工作一段时间以作为其获得退休金的条件，原告也没有为获得退休金而作出任何允诺，因此缺失义务相对性这一合同有效的重要条件。[1]

（3）依据《合同法重述》第90条，允诺人能合理预见其允诺会导致受诺人或第三人的作为或不作为，且其允诺也确实引致了该作为或不作为。如果只有履行其允诺才能避免产生不公平的结果，则该允诺具有约束力。原告基于对退休金的信赖，辞去薪水丰厚的工作，即构成《合同法重述》第90条所规定的"作为或者不作为"。

（4）关于《合同法重述》第90条相关注释所提及的判例：A允诺B为其支付终身年金，B基于此辞去薪资丰厚的工作，并逐渐丧失取得同等工作的能力，因此A的允诺具有约束力，A在B丧失获得同等工作的能力后暂停支付终身年金的行为违约。被告提出质疑，认为该判例与本案情形不同，本案原告并未在暂停支付退休金前就丧失获得工作的能力，因此不得适用允诺禁反言原则。圣路易斯上诉法院认为，该判例与本案的区别并不影响允诺禁反言原则的适用，该条款核心的作用是避免产生不公平的结果。无论原告何时丧失该能力，都会导致不公平。

（5）被告辩称，在暂停支付之前因患病丧失工作能力才能够构成具有约束力的允诺，而本案原告芬伯格是在暂停支付退休金之后才患上疾病，因此不构成具有约束力的允诺。对于该主张，圣路易斯上诉法院予以否认，认为除原告芬伯格生病以外，还有很多其他因素会导致其丧失工作能力。在被告公司暂停支付退休金时，原告已年满63岁，依据一般人的常识，该年龄段的女性很难再找到令人满意的工作。最后，圣路易斯上诉法院判决被告承担合同上的责任，即向原告支付每月200美元的退休金。

---

[1] *Middleton v. Holecroft*，270 S. W. 2d 90（Mo. App. 1954）；*Solace v. T. J. Moss Tie Co.*，142 S. W. 2d 1079（Mo. App. 1940）；*Aslin v. Stoddard Cty.*，341 Mo. 138，106 S. W. 2d 472（1937）；*Fuqua v. Lumbermen's Supply Co.*，229 Mo. App. 210，76 S. W. 2d 715（1934）；*Hudson v. Browning*，264 Mo. 58，174 S. W. 393（1915）；*Campbell v. Am. Handle Co.*，117 Mo. App. 19，94 S. W. 815（1906）.

四、实质获益可以构成付款允诺的有效对价：韦伯诉麦高文案（WEBB v. McGOWIN）

WEBB

v.

McGOWIN et al.

Court of Appeals of Alabama，November 12，1935.

Rehearing Denied February 18，1936.

27 Ala. App. 82，168 So. 196.

（韦伯诉麦高文案）

1. 裁判要旨

如果允诺人有实际获益（material benefit），那么道德义务（moral obligation）可以成为支持后续付款允诺的充分对价，尽管允诺人并不存在如此行为的先前义务或责任。

2. 案情介绍

1925 年 8 月 3 日，原告韦伯（Webb）一如往常来地到 W. T. 史密斯木材公司（W. T. Smith Lumber Company）上班，开始清理 2 号磨坊楼顶的阻塞物，这是他日常工作的一部分。在清理过程中，原告发现了一块废弃无用、重量大约 75 磅的松木料，便准备将其从楼顶直接扔到地上。将杂物从楼顶直接抛掷下来的做法完全符合操作规程的要求，这是一种通常且普通的清理方式，也是原告必须完成的一项本职工作。

为了把这块木料从楼顶扔下，原告走到了磨坊楼顶的边缘。正当他打算扔下木料时，他突然发现麦高文（McGowin）恰好站在楼下。倘若原告此时松手，任凭木料落下，木料本身的重量再加上下坠的力道必然会击中麦高文，导致其遭受严重的身体伤害甚至立即死亡。危急关头，原告抱住木料一起跳了下来，试图改变它的下坠角度，使木料的落点偏离麦高文所站的位置。为保护麦高文的安全，原告与木料一同摔到地上而身负重伤，他的右腿和右臂骨折，右脚脚踝撕裂。原告落下终身残疾，无法从事体力和脑力活动。

1925 年 9 月 1 日，鉴于原告为使自己免受严重身体伤害甚至死亡而奋不顾身的英勇行为，以及由此而身负重伤的悲惨境遇，麦高文允诺照顾并维持原告的余生，具体而言，即从原告受伤之日起至去世之日止，每两周向原告支付 15 美元。根据协议，麦高文每两周支付 15 美元直至其于 1934 年 1 月 1 日去世，期间未有间断。麦高文死后，该支付至 1934 年 1 月 27 日彻底终止。原告便向麦高文的遗产代理人 N. 弗洛伊德·麦高文（N. Floyd McGowin）和约瑟夫·F. 麦高文（Joseph F. McGowin）提起诉讼，要求获得 1934 年 1 月 27 日至诉讼时对方未支付的费用。

一审中，亚拉巴马州的巴特勒县巡回法院（Circuit Court, Butler County）支持了被告的抗辩理由。原告不服，上诉至亚拉巴马州上诉法院（Court of Appeals of Alabama）

本案事故发生过程演示（来自视频课演示动画）

3. 争议焦点

（1）原告与麦高文的约定是否存在相应对价？

（2）对价是否一定要存在于合意达成之后，过去的"对价"是否必然不构成对价？

（3）道德义务是否足以支撑一个完整的合同？

4. 裁判结果

亚拉巴马州上诉法院认为初审法院判决存在错误，麦高文因原告的救助行为而具有实际获益，被告存在支付原告费用的义务，因此决定推翻初审法院的判决结果，并将此案发回重审。

5. 裁判理由

原告的陈述表明，原告使麦高文免受身体的严重伤害或者死亡，这对后者来说是一种实际获益，要比他可能获得的任何经济援助都更有价值。在接受此种获益后，麦高文在道德上有义务补偿原告的行为。他明确同意按协议支付原告费用，并一直遵守这个约定直至其去世，共计超过 8 年。

若麦高文意外中毒，一位医生可在其不知情或未请求时拯救他的生命，这种情况下麦高文向医生支付费用的允诺是有效的。同样，原告的英勇举动使麦高文免于死亡或者严重的身体伤害，麦高文做出的补偿原告的允诺也是有效且可执行的。

在匹兹堡玻璃铺设与建筑公司诉塞雷布斯石油公司案（*Pittsburg Vitrified Paving & Building Brick Co. v. Cerebus Oil Co.*）等案例中，当受诺人照看、改善及保全允诺人财产时，尽管不是应允诺人的请求，也足以成为允诺人后来允诺为受诺人的举动支付报酬的充分对价，这是因为允诺人具有实际获益。[1]

在布思诉菲茨帕特里克案（*Boothe v. Fitzpatrick*）[2]中，一头公牛从被告的土地逃出并由原告照顾，法院认为被告做出的支付原告为此所负担费用的允诺有效，尽管之前并不存在允诺人的请求。同样地，如果受诺人挽救了允诺人的性命或使其免于严重受伤，允诺人随后做出的要报答对方的允诺也有效。更何况，受诺人此时获得的好处比自己的牛受人照看更为重大。

任何认定挽救他人生命或使他人免于重伤的举动，不能成为支持后续支

---

　　〔1〕 *Pittsburg Vitrified Paving & Building Brick Co. v. Cerebus Oil Co.*, 79 Kan. 603, 100 P. 631（1909）; *Edson v. Poppe*, 24 S. D. 466, 124 N. W. 441（1910）; *Drake v. Bell*, 26 Misc. 237, 55 N. Y. S. 945（Sup. Ct.）, *aff'd*, 46 A. D. 275, 61 N. Y. S. 657（App. Div. 1899）.

　　〔2〕 *Boothe v. Fitzpatrick*, 36 Vt. 681（1864）.

付款项允诺的充分对价的判决，都必然基于"救人性命或助人脱险仅仅具有情感价值（sentimental value）"这样一种错误观念。但是，事实真相恰恰相反。一个人的生命与身体安全有着非常重大的金钱价值，完全可以用美元来加以衡量。正因如此，内科医生才能就挽救生命和治愈病痛收取报酬，外科医生才能就实施手术收取报酬。有关过失侵权责任的法律也是如此，其授权根据伤害程度、收入与预期寿命来评估人身伤害案件中的损害赔偿数额。在人寿保险业务中，一个人生命的价值是根据其预期寿命、身体健康状况与支付保费的能力以金钱来衡量的，人身健康保险和意外事故保险领域同样如此。由此，正如本案诉状所言，原告挽救麦高文的性命或使其免于重伤，并且麦高文允诺向原告支付费用，该合同有效且可被执行。

如果允诺人具有实际获益，那么道德义务可以成为支持后续付款允诺的充分对价，尽管允诺人不存在如此行为的先前义务或责任。

本案的实际情况与那些对价只是道德义务或良心责任、与实际或金钱方面的收益无关的案件有着显著区别。在本案当中，允诺人具有实际获益，对于他的承诺而言这是一个充分的对价。

一些法院认为，对于支持后续的付款允诺的道德义务，必须存在先前的法律或衡平法义务，该义务出于某种原因而无法执行，但允诺人仍受其约束。但是，如果允诺人从受诺人处得到了实际获益，在道德上就有义务对后者提供的服务进行补偿并将其作为付款允诺的对价，那么该规则将受到限制：在这种情况下，后续支付费用的允诺是对受诺人提供服务的承认（affirmance）或肯定（ratification），并推定允诺人先前已请求受诺人提供服务。[1]本案中，麦高文做出报答上诉人救助的公开承诺，其实是对原告舍己为人举动的一种承认或肯定，因此推定麦高文曾经在危险发生前请求过原告的救助。

本案起诉状的事实陈述部分表明，为了使麦高文免于严重受伤甚至死亡，原告付出了终身残疾的代价，这是本案中合同对价的一部分。麦高文获得了利益，而原告却遭受了损害，允诺人获得的利益或受诺人遭受的损害可作为允诺人同意支付报酬的充分对价。原告对麦高文的救助并非免费无偿，麦高文答应出钱酬谢与原告接受钱财的举动无疑清楚证明了这一点。

---

〔1〕 *McMorris v. Herndon*, 18 S. C. L. 56（S. C. App. L. & Eq. 1830）；*Chadwick v. Knox*, 31 N. H. 226（1855）；*Kenan v. Holloway*, 16 Ala. 53（1849）；*Ross v. Pearson*, 21 Ala. 473（1852）.

综上所述，亚拉巴马州上诉法院认为初审法院错误地支持了被告的抗辩理由，决定推翻初审法院的判决结果，并将此案发回重审。

五、过去的对价不是有效对价：米尔斯诉怀曼案（MILLS v. WYMAN）

DANIEL MILLS

v.

SETH WYMAN.

Supreme Court of Massachusetts, Worcester, October 1, 1825.

3 Pick. 207, 20 Mass. 207.

（米尔斯诉怀曼案）

1. 裁判要旨

先于允诺的行为或道德义务都不能构成一个充分的对价，此类情形中的允诺不能被执行。

2. 案情介绍

被告怀曼（Wyman）有一个 25 岁的儿子，他已经很长时间不作为怀曼家庭的一员生活了。1821 年，怀曼之子在海上航行归来途中突发疾病，在哈特福德（Hartford）沦落于贫困与绝望之中。原告米尔斯（Mills）照料了他两周时间，直至该年轻男子去世。被告在听闻此事后，出于"短暂"的感动，写信给原告，承诺会支付原告在照料期间的支出。但后来，被告决意反悔，拒绝支付。原告于是提起诉讼，要求获得为住宿、护理和照管所支出的费用。

初审法院，即马萨诸塞州的普通诉讼法院（Court of Common Pleas）认为被告的允诺缺乏对价，做出了支持被告的判决。原告向马萨诸塞州最高法院（Supreme Court of Massachusetts）提起上诉。

3. 争议焦点

（1）原告先于允诺的行为是否可以构成对价？

（2）父子身份间的道德义务是否构成允诺的对价？

（3）被告的允诺是否具有可执行性？

4. 裁判结果

马萨诸塞州最高法院维持了初审法院的判决。

5. 裁判理由

上诉法院首先指出，一个仅由口头作出、没有任何对价的允诺，是不可以通过诉讼方式强制执行的，尽管拒绝履行口头允诺是不光彩的行为。

在本案中，被告的儿子在从异国返回的旅途中沾染疾病，身边只有陌生人。原告为被告的儿子提供了住所，并照顾他直至去世。虽然被告知道这个消息后，写信给原告，承诺要承担这部分费用，但原告为被告儿子提供的善意照料并不是基于被告的请求，被告的允诺是事后作出的。被告后来决定反悔，也愿意以诉讼方式解决这个纠纷。即便认为原告的行为满足构成对价的其他要求，但其已经先于被告的允诺完成，因此不能构成对价。

无论是明示的（express）还是默示的（implied）允诺，法律义务都可以作为允分的对价，例如父亲承诺向其未成年子女提供必要的教育费用。但是孩子成年之后成为自己的代言人，无论他招致了什么性质的债务，都不会为他的父亲创设责任。本案中，被告的儿子已经成年，他已经离开被告的家庭独自生活了很长时间，他应当为自己的债务负责，被告在法律上没有义务为他儿子清偿债务。被告为儿子支付费用所依据的道德义务，不能构成任何对等性的存在，也就不能构成对价。

上诉法院同时认为，道德义务在部分情况下可以成为明示允诺的充分对价。这些特例被限制在特定时间内或存在好的、有价值的对价的案件中。[1]如果允诺建立在"先前的衡平法义务"（preexisting equitable obligations）的基础上，那么其也能构成对价，具体包括允诺为未成年子女清偿债务、允诺清偿破产债务以及允诺清偿受诉讼时效法（statute of limitations）限制的债务。在此类情况下，允诺是基于"自然法中本就存在的义务"自愿作出的。

在过去，已经有人想通过成文法为此类案件的被告设置法律责任，以强

---

[1] *Cook v. Bradley*, 7 Conn. 57（Conn. 1828）；*Littlefield v. Shee*（1831）2 B. & Ad. 811；Yelv. (Metcalf's ed.）4 a, note 1；*Parker v. Carter*, 4 Munf. 273, 18 Va. 273 (1814)；*McPherson v. Rees*, 2 Pen. & W. 521, 1831 WL 3373（Pa. 1831）；*Pennington v. Gittings*, 2 G. & J. 208（1830）；*Smith v. Ware*, 13 Johns. 257, 259, 1816 WL 1179（N. Y. Sup. Ct. 1816）；*Edwards v. Davis*, 16 Johns. 281, 283, note, 1819 WL 1595（N. Y. Sup. Ct. 1819）；*Greeves v. McAllister*, 2 Binn. 591, 1809 WL 1379（Pa. 1809）；*Chandler's Ex'x v. Neale's Ex'rs*, 2 Hen. & M. 124, 12 Va. 124（1808）；Fonbl. on Eq. by Laussat, 273, note；2 Kent's Comm. （2nd ed.）465. *Contra*, *Glass v. Beach*, 5 Vt. 172（1833）；*Barlow v. Smith*, 4 Vt. 139（1832）；*Canal Fund Comm'rs v. Perry*, 5 Ohio 56, 1831 WL 45（Ohio Dec. 1831）. *See also Seago v. Deane*（1828）4 Bing. 459,（1828）130 ER 844；*Welles v. Horton* 2 Carr. & Payne 383；*Davis v Morgan* 6 Dowl. & Ryl. 42.

制直系亲属间互相支持，但这仅仅局限于成文法确认的少数情况。上诉法院承认，并不能够预先确定哪些事实是此类义务的必要条件。诸如死者就共同财产有协议、被告有充足的清偿能力等情事，都需要在判决中发现并确认，从而确定是否存在这种义务。

基于以上原因，上诉法院认为，无论是原告先前照料被告儿子的行为，还是被告为其子支付照料费用的道德义务，都不能构成一个充分的对价。因此，被告的允诺不具有可执行的性质。

六、对价须从受诺人发出与合同相对性的关联：劳伦斯诉福克斯案（LAWRENCE v. FOX）

LAWRENCE

v.

FOX.

Court of Appeals of New York, December 1, 1859.

6 E. P. Smith 268, 20 N. Y. 268, 1859 WL 8352.

（劳伦斯诉福克斯案）

1. 裁判要旨

（1）为他人利益作出的允诺，可由允诺人执行。

（2）第三人作为合同受益人，拥有要求缔约人履行合同的权利。

（3）被告在有对价的情况下为原告利益向第三人作出的允诺，如果被原告采纳，则该允诺被视为已向原告作出，即便原告在作出该允诺时不是当事人，也不知道该允诺。

2. 案情介绍

（1）案件事实。1857 年 11 月，一位名叫霍利（Holly）的人借给了福克斯（Fox）300 美元。借款时，霍利告知福克斯他欠劳伦斯（Lawrence）300 美元。于是，在霍利借钱给福克斯的时候，福克斯允诺次日将同样数额的钱付给劳伦斯。然而那天，福克斯并没有还钱给劳伦斯。与此同时，霍利也消失了。

（2）诉讼历史。原告劳伦斯向布法罗市高级法院（Superior Court of the City of Buffalo）提起诉讼，要求被告福克斯偿还该费用。托伦斯（I. S. Torrance）担任被告的律师，查宾（E. P. Chapin）担任原告的律师。本诉的基础在于被告为原告的利益向第三人作出的允诺，该允诺有有效的对价，尽管原告并非对价的知情者。

被告则基于以下理由提出抗辩：第一，没有证据表明霍利对原告有负债；第二，被告福克斯与霍利之间达成的向原告支付的协议因缺乏对价而无效，而且原告与被告之间不存在合同关系。初审法院驳回了被告的动议。

该案随后被提交给陪审团，初审法院的陪审团作出了有利于原告的裁决，裁定福克斯赔偿借款和利息 344.66 美元。被告福克斯不服，提起上诉，在败诉后继续向纽约州上诉法院提出上诉。

3. 争议焦点

（1）本案中福克斯对霍利的允诺是否有充分的对价？

（2）第三方能否起诉，以执行非他直接订立的合同中允诺给他的利益？

4. 裁判结果

纽约州上诉法院认为：本案中福克斯在收到霍利的充分对价后，答应偿还霍利对劳伦斯的欠款。福克斯对霍利的允诺表明他有责任偿还霍利对劳伦斯的欠款，就好像这笔钱是为了这个目的而借给他的一样。如果被告是向原告而非霍利作出允诺，原告对被告的起诉就有对价上的根据。虽然本案被告的允诺并未对原告作出，但霍利担任原告的代理人，因此被告通过其代理人向原告作出允诺。纽约州上诉法院最终利用信托法的原理判决原告胜诉，维持了初审法院的判决。

格雷法官（H. Gray, J.）代表多数方撰写了法庭意见，约翰逊（Johnson, Ch. J.）、德尼奥（Denio, J.）、塞尔登（Selden, J.）、艾伦（Allen, J.）和斯特朗（Strong, J.）等法官同意。康斯托克法官（Comstock, J.）和格罗弗法官（Grover, J.）则持反对意见，认为原告与允诺没有任何关系，原告亦没有支付对价，因此，原告无权为了自己的利益而执行协议。

5. 裁判理由

格雷法官首先处理了证据问题。被告认为，在场的人听到了霍利关于他当时向被告支付款项的声明，该证据仅仅是传闻证据（hearsay），不具有说服力。对此，纽约州上诉法院进行了分情况讨论：一方面，如果原告为这笔钱起诉霍利，由于原告是受益方，不会对这一证据的效力提出任何异议；另一方面，如果被告履行了他的允诺，将这笔借给他的钱如数支付给原告，且霍利之后起诉他要求收回这笔钱，那么在这一证据由被告提供的前提下，毫无疑问，该证据同样不会受到任何反对。在本案中，被告有权要求提供证据，用来证明霍利和原告之间是明确的债务人和债权人关系。为达此目的，目前的证据显然是有力的，它涵盖了整个事实理由，为陪审团的裁决提供了保证。

尽管存在有力证据证明该允诺存在，但由于缺乏对价，这一允诺可能是无效的。因此，在处理了相对次要的证据问题后，格雷法官将注意力转向了19世纪合同法的两个基本原则，并提出了两个问题：第一，福克斯对霍利的允诺是否存在充分的对价？第二，是否存在足够的相对性来创建一个可执行的合同？

（1）关于支持有效合同的对价是否充分的问题，格雷法官接受了19世纪立法者所奉行的神圣原则，即任何诉求都不能在缺乏对价的情况下提出。在纽约州案件法利诉克利夫兰案（*Farley v. Cleveland*，以下简称"法利案"）中，[1]纽约州最高法院首席法官萨维奇（Savage, Ch. J）经过充分的审查和仔细分析，认为在所有重大方面的允诺中，有对价的允诺是有效的；该法院的判决也得到了复审法院（Court for the Correction of Errors）的一致确认。在法利案中，穆恩（Moon）欠法利一笔钱，并卖给克利夫兰一些干草。作为对价，克利夫兰答应偿还穆恩欠法利的钱。鉴于克利夫兰从穆恩处获得的干草是克利夫兰允诺向法利付款的有效对价，法院认可了法利享有追偿权。格雷法官引用了法利案中的事实，努力证明其与本案的事实相似。根据法利案中的原则，克利夫兰为购买这些干草而欠下的债务，就像被告因借钱而欠下的债务一样，是必须偿还的。类比到本案中，霍利给被告的钱是一笔借款，这笔钱自借款之日起成为被告的财产，被告的允诺不是原告放在被告手中的信托资金。尽管为原告利益而作出的允诺不能使他受益，他仍有义务通过出售动产或收取债务来兑现自己的允诺。格雷法官认为，法利案也经常被类似案件引用，如巴克诉巴克林案（*Barker v. Bucklin*）[2]和德拉瓦与哈德逊运河公司诉韦斯切斯特银行案（*Delaware & Hudson Canal Co. v. Westchester County Bank*）[3]等，

---

〔1〕 *Farley v. Cleveland*, 4 Cow. 432, 15 Am. Dec. 387, 1825 WL 1707（N. Y. Sup. Ct. 1825），*aff'd*, 9 Cow. 639, 1827 WL 2549（N. Y. 1827）.

〔2〕 *Barker v. Bucklin*, 2 Denio 45, 43 Am. Dec. 726, 1846 WL 4209（N. Y. Sup. Ct. 1846）.

〔3〕 *Delaware & Hudson Canal Co. v. Westchester County Bank*, 4 Denio 97, 1847 WL 4219（N. Y. Sup. Ct. 1847）.

这已经是纽约四分之一个世纪以来的"固定"法律。亦即，法利案终结了被告的允诺因缺乏对价而无效的异议。

（2）如前述，法利案的判决显示，这一允诺不仅针对穆恩，也针对原告法利；而本案中，允诺是对霍利作出的，而不是明确对原告做出的，这两个案件之间的差异导致了问题出现，被告以原告和被告之间缺乏相对性为由进行抗辩。因此，在19世纪经典契约理论的另一个基石——相关性问题上，格雷法官再次诉诸引用先例的权宜之计，引用舍默霍恩诉范德海登案（*Schemerhorn v. Vanderheyden*，以下简称"舍默霍恩案"）[1]作为判决理由。格雷法官指出，早在1806年，联邦最高法院根据当时被认为是英格兰的既定法律宣布，"当一个人为了第三人的利益向另一个人作出允诺时，第三人可以对该允诺提起诉讼"。[2]此外，格雷法官还提到了希曼诉惠特尼案（*Seaman v. Whitney*），该案虽然没有被法院正式援引，但不仅与目前正在审议的问题有关，还与舍默霍恩案中所述命题的合理性有关。在希曼诉惠特尼案中，一位名叫希尔（Hill）的人在1835年8月17日开了一张汇票，要求由希曼背书，由凤凰银行（Phoenix Bank）贴现，在票据到期之前它由凤凰银行所有。希尔将它交给被告惠特尼（Whitney），他的票据由第三方承兑。被告在票据背面签名，并在1835年10月7日将票据贴现，将利润交给持有希尔票据的代理人。票据到期后，惠特尼从他的代理人手中收回了票据的收益，并把其作为希尔欠他的一笔债务。希曼支付了那张由他背书的票据，并对惠特尼提起诉讼。法院认为这种情况下希曼无法得到补偿：首先，惠特尼没有允诺付款。其次，如果希尔接受汇票这一事实可以推断出存在一个允诺，则意味着票据承兑的途径增加；但这张票据是由希尔交给惠特尼的，允诺并不是向希曼作出的，而是向当时拥有这张票据的凤凰银行作出的。虽然法院的观点是该笔资金只有通过被告与债权人的明示允诺才能划拨，但提交裁决意见的法官也承认，被告和债务人之间的这种安排可能默示了向债权人支付的允诺。在最近的一个案件中，联邦最高法院认为，在第三方向债务人作出以债务人提出的对价为基础的偿付债务人之债权人的允诺时，没有必要向债权人单独作出允诺，因为在证明向债务人作出向债权人付款的允诺后，便可推断出存在一个对于债权

---

〔1〕 *Schemerhorn v. Vanderheyden*, 1 Johns. 139, 3 Am. Dec. 304, 1806 WL 842 (Sup Ct, 1806).

〔2〕 *Schemerhorn v. Vanderheyden*, 1 Johns. 139, 140, 3 Am. Dec. 304, 1806 WL 842 (Sup Ct, 1806).

人的允诺。

事实证明，舍默霍恩案已被多次采用，其原则不仅得到了法官的认可，而且得到了司法意义上的确认。[1]紧接着，格雷法官分别列举了阿诺德诉莱曼案（*Arnold v. Lyman*）[2]、霍尔诉马斯顿案（*Hall v. Marston*）[3]、布鲁尔诉戴尔案（*Brewer v. Dyer*）[4]等案件，用以证明同样的原则在马萨诸塞州的几个案件中也得到了判定。比如，在霍尔诉马斯顿案中，法院指出："如果 A 允诺 B 以有价值的对价支付给 C，则后者可以起诉要求获得这笔钱。"在布鲁尔诉戴尔案中，法院同样支持受益第三人可以获得补偿的观点："根据长期以来得到承认和明确确立的法律原则，当一个人为了一个有价值的对价，与另一个人通过订立简单合同而为第三人利益采取某种行动时，后者如果能享受该行为的好处，可以就违反这种约定的行为提起诉讼；它并不以当事人之间任何实际或假定的关系为依据，正如前面的一些案件所表明的那样，在更广泛的、更满足案情需要的基础上，法律根据当事方的行为为其创设了义务，确立了相互关系，并默示了作为诉讼基础的允诺和义务。"

然而，根据最近的梅伦诉惠普尔案（*Mellen v. Whipple*）[5]的判决，被告认为它削弱了前述案件所确立规则的效力。在该案中，罗林斯（Rollins）以 500 美元的价格支付给埃利斯（Ellis）和梅奥（Mayo）票据，并将一定的土地抵押给收款人以提供担保，然后出售抵押房屋并将其转让给被告。其中，合同载明"被转让的房屋上设定了 500 美元的抵押，该笔抵押款以及它所记载的票据，将由惠普尔承担"。该契约被惠普尔接受，抵押权随后被正式转让，票据由埃利斯和梅奥背书，交给原告的无遗嘱死亡者（intestate）。在惠普尔收到契约后，他向抵押权人及其受让人支付了一段时间内的抵押款和票据的利息，在拒绝继续付款后，他被原告作为抵押款与票据的受让人的遗产管理人起诉。法院认为，契约中关于惠普尔应支付抵押款和票据的规定完全是契约双方之间的专属事项；罗林斯出售所抵押的资产并没有减少原告的担

---

[1]　*See Delaware & Hudson Canal Co. v. Westchester County Bank*, 4 Denio 97, 1847 WL 4219 (N. Y. Sup. Ct. 1847).

[2]　*Arnold v. Lyman*, 17 Mass. 400, 1821 WL 1511 (Mass. 1821).

[3]　*Hall v. Marston*, 17 Mass. 575, 1822 WL 1511 (Mass. 1822).

[4]　*Brewer v. Dyer*, 61 Mass. 337, 1851 WL 4494, 7 Cush. 337, 340 (Mass. 1851).

[5]　*Mellen v. Whipple*, 1 Gray 317, 67 Mass. 317, 1854 WL 463 (Mass. 1854).

保责任，而且由于没有任何东西为了满足原告对罗林斯的主张而落入被告手中，惠普尔应向梅伦支付票据金额的这一明示允诺没有对价支持，更不用说默示的允诺。对此，格雷法官指出，无论该案是否得到正确处理，它的事实与本案都没有任何相似之处，其判决理由也丝毫不影响现在审议的问题。值得注意的是，由于本案中被告在任何意义上都不是为了原告利益的霍利财产的受托人，法律不会默示一个允诺。但不能否认的是，许多默示允诺的情况都是信托的情况，是为了允诺人的利益而创设的，比如费尔顿诉迪金森案（*Felton v. Dickinson*）[1]就属于这一类。不过，承认它们都是信托案件，不意味着这条规则不适用于本案。根据信托条款，从受托人向信托受益人支付的义务可以推断出他对后者的允诺。

总而言之，在本案中，被告在收到霍利的充分对价后，答应霍利偿还对原告的债务。收到的对价和对霍利的允诺都清楚地表明，他有义务向原告付款，就好像这笔钱是以此为目的付给他一样，并且还默示了这样做的允诺，就好像他已经成为财产的受托人，可以兑换成现金支付。格雷法官指出，引用先例所表明的原则是"一个允诺是为了另一个人的利益而向某人作出，这种情况下受益者可以对违反允诺的行为提起诉讼"，这一原则不仅适用于信托案件，而且作为一项法律原则也适用于本案。此外，法院还指出，前文引用的案例，尤其是法利案，也确定了口头允诺的有效性，而这建立在书面允诺有效性的基础上。

综上所述，纽约州上诉法院维持了下级法院的判决。

---

〔1〕 *Felton v. Dickinson*, 10 Mass. 287（Mass. 1813）.

允诺禁反言原则：对价替代与信赖保护

一、英国允诺禁反言第一案：中央伦敦财产信托公司诉高树房屋公司案（CENTRAL LONDON PROPERTY TRUST LTD v. HIGH TREES HOUSE LTD）

CENTRAL LONDON PROPERTY TRUST LTD

v.

HIGH TREES HOUSE LTD

King's Bench Division, 18 July 1946.

［1947］KB 130，［1956］1 All ER 256，62 TLR 557，［1947］

LJR 77，175 LT 333

（中央伦敦财产信托公司诉高树房屋公司案）

1. 裁判要旨

如果当事人双方以创设法律关系为目的订立协议，并且依据该协议作出允诺的一方当事人知道受诺人将依允诺为一定行为，那么即使该允诺欠缺对价，该允诺对允诺人也具有拘束力。

2. 案情介绍

（1）案件事实。本案原告是中央伦敦财产信托公司（Central London Property Trust Ltd），被告是前者的子公司高树房屋公司（High Trees House Ltd），本案由英国高等法院王座法庭（King's Bench Division）的丹宁法官负责审理。

1937 年 9 月 24 日，原被告签订了一份盖印租赁合同（lease under seal）[1]，约定原告将一栋公寓楼租赁给被告，租期 99 年，从 1937 年 9 月 29 日起算，租金为每年 2500 英镑。1939 年，伦敦人去楼空，被告承租的公寓大部分闲置。在当时无法逆转的战争情势下，被告显然不可能将公寓完全转租。两公司的董事都明白地意识到，在这种情况下被告无法从转租中取得足够的收入，从而也就很难向原告支付预定的租金。于是，具有密切联系的两家公司协商后达成书面协议，将租金从租赁开始时起削减为每年 1250 英镑。

1940 年 1 月 3 日，房东写信给承租人："我们确认双方之间作出的安排，从开始租赁之日起，地面租金应减少到每年 1250 英镑"。同年 4 月 2 日，原告经董事会决议通过减租协议。需要注意的是这份协议签订时存在特殊的战争条件，当时该公寓楼仅被部分出租，这份协议没有提及如果随后公寓被全部出租该如何处理。

之后，被告按每年 1250 英镑的数额支付了从 1941 年到 1945 年初的租金。到了 1945 年初，二战即将结束，公寓楼中的所有公寓都租了出去，被告仍按此数额支付。1941 年 3 月 20 日，原告（房东）的债权人任命了接管人，此后由接管人来管理原告的事务。

接管人没有调查租赁合同，也没有意识到租金是多少。直到 1945 年 9 月，他才意识到租金应为每年 2500 英镑。因此，1945 年 9 月 21 日，原告给被告写信称，租金应当从租赁期一开始就按照最初合同规定的金额（每年 2500 英镑）支付，并说被告欠租金额为 7916 英镑。

由于未收到任何付款，原告向英国高等法院王座法庭提起了友好诉讼（friendly suit）[2]，以弄清楚被告应当支付多少租金这一法律问题。在诉讼

---

　　[1]　盖印合同（contract under seal）是英美法上的一种以特殊形式达成的合同。在英国法律的早期，只有盖印合同才是法律上可执行的，对其他合同（包括一般的书面合同），法院原则上并不承认其效力。盖印合同的达成要求当事人以书面记载，对文本进行蜡封并盖上印章，并且须交付给对方当事人。后来蜡封盖印的形式被简化，通常在合同上印上"seal"或者"L. S."（拉丁文 *locus sigilli* 的简写）即可。盖印合同是正式合同，非正式合同（英美法常称之为简单合同，simple contract）后来逐渐被法院承认有执行力，但必须有对价存在。但盖印合同作为正式合同，即使没有对价也可以成立。

　　[2]　友好诉讼，也称合意诉讼，英文也作 amicable action，指的是双方当事人通过协商同意，为了取得法院对某个有疑问的法律问题的裁决而进行的诉讼，事实问题则通常已由双方协议解决。参见薛波主编，潘汉典总审订：《元照英美法词典》，法律出版社 2003 年版，第 585 页、第 69 页。

中，原告起诉要求的金额是 625 英镑，这是 1945 年以后截至 9 月 29 日、12 月 25 日两个季度结账日（quarter day）[1]被告不愿支付的租金额，因为原告主张年租金应为 2500 英镑，而被告只愿意以 1250 英镑的年租金额支付，这样在两个季度中被告不愿支付而原告认为应当支付的租金额是 625 英镑。

（2）原被告主张。

原告的观点：原告有权要求被告依盖印合同每年 2500 英镑的标准支付租金。首先，依据盖印合同的性质，其内容仅能被另一盖印合同修改。本案原被告虽达成减租协议且以书面形式确认，仍不能变更盖印合同租金条款。其次，减租协议因欠缺对价而不具有合同效力。最后，即使适用衡平禁反言原则（equitable estoppel）判决原告不应否认减租协议，也应考虑该协议是战乱时期为维系被告经营而达成。由此，仅在战乱时期，原告不得恢复原定租金。

被告的观点：被告主张减租协议具有约束力且能够变更盖印合同租金条款，其仅有义务支付每年 1250 英镑的租金。虽然减租协议欠缺严格意义上的对价，但本案双方当事人均想使减租协议具有合同效力，依据衡平法应认定此协议具有拘束力。本案原告减少租金是为了使被告能够继续经营，这就足以使法院认定该协议对原告公司具有约束力。被告进一步指出，盖印合同并非仅能由另一盖印合同修改。在贝瑞诉贝瑞案（*Berry v. Berry*）中，斯威夫特法官（Swift J.）认为，尽管法律确立盖印合同仅能被另一盖印合同修改的规则，但衡平法院经常允许简单合同解除或变更盖印合同，以防订立简单合同后，一方当事人以不履行原盖印合同为由起诉另一方当事人。[2]在纳什诉阿姆斯特朗案（*Nash v. Armstrong*）[3]中，法院认为，口头约定不执行盖印合同或变更盖印合同部分条款，是允诺履行变更后合同的良好对价。

如果上述主张不能成立，被告仍可援引衡平禁反言原则。减租是为了能让被告继续经营下去；由于减租，业务得以开展，被告在减租的基础上安排其事务，此时原告不得违背允诺，要求提高租金。从双方往来书信可知悉，

---

[1]　在英国，季度结账日指每个季度开始的第 4 天，分别是圣母领报节（Lady Day，3 月 25 日）、施洗约翰节（Midsummer Day，6 月 24 日）、米迦勒节（Michaelmas Day，9 月 29 日）以及圣诞节（Christmas Day，12 月 25 日）。按法律和习惯，这 4 天是一年中应按季度支付租金的结账日。

[2]　*Berry v. Berry* [1929] 2 KB 316.

[3]　*Nash v. Armstrong* (1861) 10 CBNS 259.

原告在 1945 年 9 月 21 日前放弃提高租金。

3. 争议焦点

原告是否有权要求被告依盖印合同确定的每年 2500 英镑的标准支付租金？具体而言，涉及如下两方面问题：①1940 年 1 月的协议是否构成一个约定租金为 1250 英镑的合同，且该合同的效力及于整个租赁期？②根据衡平禁反言原则，原告公司是否不得主张超过每年 1250 英镑的租金？

4. 裁判结果

法院判决原告胜诉，支持原告要求被告支付 625 英镑租金的主张，自 1945 年后租金可请求全部给付，自 1939 年至 1945 年间少付的租金则不可请求。法院认为：①如果当事人双方以建立法律关系为目的订立协议，并且依据该协议作出允诺的一方当事人知道受诺人将依允诺为一定行为，那么即使该允诺欠缺对价，法院也认为该允诺对允诺人具有拘束力。本案中原告允诺减租，对其具有拘束力。减租协议变更盖印合同条款。②虽然减租协议对原告具有拘束力，但前提是引起该协议的条件继续存在。1945 年原告要求恢复原定租金之时，情势已发生变化，引起协议的条件不再存续，故原告有权主张提租。

5. 裁判理由

在减租协议是否可构成变更原盖印合同的合同这一问题上，丹宁法官认为，原告有权恢复 2500 英镑的租金。首先，如果依据旧有普通法规则，减租协议非盖印合同，不能变更原盖印合同。其次，尽管衡平法规则中存在简单合同变更盖印合同的情形，但本案减租协议欠缺对价，不是合同，不能适用这一规则。

在考虑原告主张是否违反衡平禁反言原则的问题上，丹宁法官认为，本案原告作出的减租允诺并非对既存事实的陈述，而是对未来意图的允诺，不会引起衡平禁反言原则的适用。正如乔登诉莫尼案（*Jorden v. Money*，以下简称"乔登案"）[1]判决所述，关于未来意图的允诺必须以合同形式体现，否则不具有拘束力。但如前所述，协议不构成合同。因此，按照普通法，所有诉求都没有依据。

为越过旧有规则中衡平禁反言原则只适用于事实陈述的障碍，丹宁法官

---

[1] *Jorden v. Money* (1854) 5 HL Cas 185.

以允诺人没有受法律上拘束的意图为由将本案区别于乔登案。丹宁法官指出，在近50年的一些不符合衡平禁反言原则适用条件的判决中，已发展出不同于乔登案的规则，即当一方当事人以创设法律关系为目的作出允诺并预见受诺人将依其允诺为一定行为，且受诺人为此行为时，法院认定允诺具有拘束力，但拒绝将违反该允诺作为诉因。这些判决是普通法与衡平法相融合的结果，现在应承认此类允诺的有效性。

根据逻辑推理，丹宁法官认为："如果债权人对债务人表示，债务人可以用较小数额清偿较大数额的债务，并且债务人依其允诺履行，即使这一允诺欠缺对价，也具有拘束力。"因此，应认定本案中减租允诺具有拘束力。

认定允诺具有拘束力后，丹宁法官进一步确定允诺的范围。丹宁法官认为，原告允诺将租金减至每年1250英镑，是由于战乱为维系被告经营的权宜之计。当1945年特殊状况不复存在，经由原告提示被告涨租之后，即不再适用减租协议。由此，原告要求被告依每年2500英镑的标准全额支付1945年第三、四季度租金的主张，应当得到支持。

二、美国允诺禁反言第一案：里奇兹诉斯科森案（RICKETTS v. SCOTHORN）

RICKETTS

v.

SCOTHORN.

Supreme Court of Nebraska, December 8, 1898.

57 Neb. 51, 77 N. W. 365, 42 L. R. A. 794,

73 Am. St. Rep. 491.

（里奇兹诉斯科森案）

1. 裁判要旨

允诺人向受诺人提供一张本票，以使后者能够放弃工作，但并未附加任何条件或是要求受诺人作出任何允诺。在此种情况下，该本票缺乏对价支持，但如果受诺人因信赖该赠与允诺而受有损失，则该允诺具有约束力，允诺人不得反悔。除此之外，允诺人可以拒绝支付该本票。

2. 案情介绍

本案发生在内布拉斯加州的兰卡斯特县，原告凯蒂·斯科森（Katie Scothorn）是已故的约翰·里奇兹（John C. Ricketts）的外孙女，被告安德鲁·里奇兹（Andrew D. Ricketts）是约翰·里奇兹的遗产执行人。

1891 年 5 月初，约翰·里奇兹来到斯科森工作的商店，交给她一张本票并对她说："我的孙子女都不用工作，所以你也没必要如此（don't have to）。"票据上载明："1891 年 5 月 1 日，我承诺支付凯蒂·斯科森每年 2000 美元，利息为 6%。约翰·里奇兹"。对此，在场的弗洛德尼先生（Mr. Flodene）可以作证，随后斯科森小姐便放弃了她的工作。一年后，在约翰·里奇兹同意的情况下，斯科森小姐又重新找到了工作，但前者一直没有完全付清承诺给后者的全部资金。1892 年夏天或秋天时，约翰·里奇兹曾向他的女儿斯科森女士（Mrs. Scothorn，即斯科森小姐的母亲）表示卖掉农场后向斯科森小姐支付余款。1894 年 6 月 8 日，约翰·里奇兹先生去世了，他只向斯科森小姐支付了一年的利息。他的遗产执行人安德鲁·里奇兹拒绝向原告支付票据上允诺的金钱，理由是约翰·里奇兹的允诺缺乏对价。双方因此发生纠纷，原告提起诉讼。

本案的初审法院，兰卡斯特县地区法院（District Court of Lancaster County）做出了有利于原告的判决。被告不服，遂向内布拉斯加州最高法院（Supreme Court of Nebraska）提起上诉。

3. 争议焦点

（1）约翰·里奇兹先生的允诺是否具有对价？

（2）被告主张该合同缺乏对价而无效，那么是否可以依据衡平禁反言原则排除被告的这一主张？

4. 裁判结果

内布拉斯加州最高法院认为，依据允诺禁反言原则，遗产执行人安德鲁·里奇兹应当对该票据负责，继续支付余额。初审法院判决正确，因此维持原判。

5. 裁判理由

本案中，约翰·里奇兹只是把这张票据当成一种赠与，并无任何对价的要求。虽然约翰·里奇兹先生主观上是希望原告过一种独立的生活，但斯科森小姐辞去工作这一行为是基于自愿做出的，并不是合同要求必须履行的义务。此外，弗洛德尼和斯科森女士的证言可以排他地证明，这张本票的开具并没有以原告追求或同意做一定的行为为对价。

因此，法官认为本案所涉及的本票并未要求任何对价，仅仅是关于在未来的时间内给予原告一笔钱的赠与允诺。即使不存在对价，也可以依据允诺禁反言原则，不得辜负受诺人的信赖利益而使合同生效。

首先，这种允诺一般来说是不可执行的，但通常认为给予教堂、大学或其他机构票据的行为接近一种赠与或捐赠，不得以对价原则进行抗辩。这些机构基于对捐赠人金钱的花费和义务的履行的信赖，形成了一种有价值的和充分的对价，其实质就是依据允诺禁反言原则排除被告关于对价的抗辩事由。其次，这也是辛普森百年学院诉塔特尔案（*Simpson Centenary College v. Tuttle*）中所认同的观点，该案法官罗思洛克（J. Rothrock）认为，如果受赠人因相信票据将被支付而支出一些金钱或者做出一些行为，该票据不被支付则受赠人会遭受损失的话，那么捐赠人将不得以缺乏对价为由提出请求。[1]再其次，在雷门斯奈德诉甘斯案（*Reimensnyder v. Gans*）中，法院认为，该种情况下的合同被执行是通过允诺禁反言原则实现的，并不是因为对价原则。[2]当受诺人因信赖允诺致使自己情况变得不利时，便产生了诉权。最后，在本案中，斯科森小姐是一个拥有一份周薪10美元工作的女孩，她的外祖父希望将她置于一个独立的地位，因此给她开具了这张票据，并建议她可以放弃工作而依赖于他承诺的赠款。他无疑希望斯科森小姐这么做。但无论她是否放弃，他都认为她的行为是赠与的合理和可能的后果。斯科森小姐基于对此票据的支付的信赖，辞去了自己的工作，使自己的状况恶化，若是允许允诺人或者其遗嘱执行人援引对价原则而拒绝继续履行，将是非常不公平的。因此，法院认为外祖父的遗产执行人安德鲁·里奇兹应当继续支付该票据，做出了支持斯科森小姐的判决。

---

〔1〕　*Simpson Centenary College v. Tuttle*, 71 Iowa 596, 33 N. W. 74 (1887).

〔2〕　*Reimensnyder v. Gans*, 110 Pa. 17, 2 A. 425 (1885).

三、允诺禁反言原则在缔约阶段的适用：D&G 史陶特公司诉百加得公司案（D & G STOUT, INC. v. BACARDI IMPORTS, INC.）

D & G STOUT, INCORPORATED, formerly known as General Liquors, Incorporated, Plaintiff-Appellant,

v.

BACARDI IMPORTS, INCORPORATED, Defendant-Appellee.

United States Court of Appeals, Seventh Circuit, January 31, 1991.

923 F. 2d 566.

（**D&G** 史陶特公司诉百加得公司案）

1. 裁判要旨

只要被告能够预见到原告基于信赖其给予分销权的允诺而采取行动，或者因此产生了费用，那么在法律层面，允诺禁反言原则就存在适用的余地。

2. 案情介绍

原告 D&G 史陶特公司（D&G Stout, Inc.）的前身为通用酒业（General Liquors, Inc.），是一家在印第安纳州经营的酒类分销商，被告百加得公司（Bacardi Imports, Inc.）是一家著名烈酒厂商，其注册成立地在纽约州，主要经营场所在佛罗里达州。由于二者受不同州法管辖（diversity jurisdiction），本案诉讼在联邦法院系统进行。

两家公司有着超过 35 年的经销业务往来。20 世纪 80 年代，印第安纳州内的酒类供应商努力整合经销渠道，使得经销商的数量从 1980 年的大约 20 家锐减至 1990 年的区区两家。在 1987 年 4 月，由于两家主要合作供应商撤回了供应链，通用酒业突然失去其一大半的总销售额，其意识到自己面临着两种选择——要么卖掉公司，要么缩小销售规模以维持运营。通用酒业考虑后认为，只要它能维持与剩下的两家主要供货商——百加得公司和加拿大俱乐部酒业（Hiram Walker & Sons Ltd.）——的业务关系，企业就仍然能运作下去。

了解到通用酒业正在进行协商出售，百加得公司向通用酒业允诺它会继续把在印第安纳州北部的分销权给予通用酒业，但是这个允诺并没有规定合作的具体期限。在接下来的两周内，通用酒业与国家葡萄酒与烈酒公司（National Wine & Spirits, Inc.）商讨达成了一个出售其资产的价格，同时百加得公司也在密切关注二者之间的收购事宜。到了 7 月 22 日、23 日，在收购的协商已完成并且只差最终决定之时，通用酒业再一次向百加得公司寻求保证，后者毫不含糊地再次确认了它要跟通用酒业合作的允诺。因此在 7 月 23 日，通用酒业基于此回应拒绝了国家葡萄酒与烈酒公司的收购要约，决定继续运营。当天下午，百加得公司决定撤回其对通用酒业的供应链，但并未通知通用酒业。8 月 3 日，加拿大俱乐部酒业在知道了这个消息后也终止了与通用酒业的业务关系，因为它认为没有与百加得公司的业务，通用酒业是无法继续经营的。销售人员也纷纷弃通用酒业而去。当通用酒业再次回到谈判桌上时，国家葡萄酒与烈酒公司给出的收购价比起上次下降了 55 万美元。于是原告作为承继通用酒业的公司（successor company），以允诺禁反言为由起诉，要求被告赔偿其前后两次收购要约的差价。

印第安纳州北区联邦地区法院（United States District Court for the Northern District of Indiana）做出了有利于被告的简易判决，认为该允诺不是一个印第安纳州法律上应当被原告合理信赖的允诺，因为该允诺没有设置合作期限，并且随时能够被撤销。原告上诉到美国联邦第七巡回上诉法院（United States Court of Appeals, Seventh Circuit）。

3. 争议焦点

原告能否凭借允诺禁反言原则从被告处获得两次收购差价的赔偿？

4. 裁判结果

美国联邦第七巡回上诉法院认为，被告已经向原告确认了不会终止他们之间的合作关系，紧接着却出尔反尔，但原告可能已经对该确认产生了合理信赖。初审法院认为原告不能对该承诺产生合理信赖或被告在确认时不能预见到这一信赖的意见是错误的。初审法院的判决遭到撤销，案件被发回重审。

5. 裁判理由

上诉法院基于《第二次合同法重述》第 90 条第 1 款的规定（"对于一个允诺，允诺人如果能够合理地预见它将引起受诺人或第三人做出行动或承受负担，并且最终确实如此行动或承受了负担，且不公正只能通过履行该允诺得到避免，那么该允诺就是具有约束力的"），[1] 以及通过援引两个印第安纳州的先例——百事可乐通用灌瓶公司诉伍兹案（*Pepsi-Cola General Bottlers*,

---

〔1〕 Restatement (Second) of Contracts § 90 (1) (1981).

Inc. v. Woods）〔1〕和艾比诉博格瓦纳纽约分公司案（*Eby v. York-Division*，*Borg-Warner*，以下简称"艾比案"）〔2〕，来论述允诺禁反言原则的运用以及期待利益与信赖利益的区分。

上诉法院对照艾比案确立的四要件检验法，将本案案件事实代入进行检验。如果满足了所有要件的要求，则本案可以在法律层面适用允诺禁反言原则，具体过程如下：①百加得公司是否做出明确的给予分销权允诺，使得通用酒业仅凭借对于该允诺的信赖而做出了拒绝收购要约的行为？②通用酒业的拒绝行为是否构成实质变更，并导致其信赖利益遭受损失？③百加得公司是否能够预见到通用酒业会拒绝收购要约？④不公正的避免是否能且仅能通过赔偿损失实现？

基于上诉法院认定的案件事实，以上四个检验要件均得到满足，因此本案可以适用允诺禁反言原则。

上诉法院最终判决认为：首先，只要被告能够预见到原告基于信赖其给予分销权的允诺而采取行动，或者因此产生了费用，那么在法律层面，允诺禁反言原则就存在适用的余地。其次，本案的收购价差实质上与因对任意雇用允诺的信赖而产生的损害——艾比案中产生的搬家费——非常相似。在后一种情况下，依据允诺禁反言原则，雇主需要对由此发生的费用负责。最后，也是允诺禁反言原则适用的边界所在——它并不旨在弥补期待利益的损失，而只针对信赖利益。

四、前合同义务违反与允诺禁反言原则：霍夫曼诉红猫头鹰商店有限公司案（HOFFMAN v. RED OWL STORES, INC.）

Joseph HOFFMAN et al., Respondents,

v.

RED OWL STORES, INC., a foreign corp., et al., Appellants.

Supreme Court of Wisconsin, March 2, 1965.

26 Wis. 2d 683, 133 N. W. 2d 267.

（霍夫曼诉红猫头鹰商店有限公司案）

1. 裁判要旨

允诺禁反言原则在信赖利益赔偿案件中是适当的补救措施，但救济范围

---

〔1〕　*Pepsi-Cola General Bottlers, Inc. v. Woods*, 440 N. E. 2d 696, 698（Ind. Ct. App. 1982）.

〔2〕　*Eby v. York-Division*, *Borg-Warner*, 455 N. E. 2d 623, 627（Ind. Ct. App. 1983）.

应仅限于受害方因信赖被告所言所导致的损失和支出的费用。

2. 案情介绍

从 1956 年到 1961 年底，约瑟夫·霍夫曼（Joseph Hoffman）在其妻子的帮助下一直在沃托马（Wautoma）经营一家面包店，该面包店由夫妻两人共有。红猫头鹰商店有限公司（Red Owl Stores, Inc.，以下简称"红猫头鹰"）位于明尼苏达州，总部设在霍普

明尼阿波利斯的一家红猫头鹰大卖场，1976 年

金斯（Hopkins）。这家公司经营很多杂货超市，同时也将特许经营权扩展到个人、合伙企业和公司所有的代理商店。爱德华·卢克维茨（Edward Lukowitz）是红猫头鹰的部门经理。

1959 年 11 月，霍夫曼希望能够通过建立一家杂货店来扩展他的经营。于是，他联系了红猫头鹰的代表。在商谈过程中，霍夫曼表示能够出资 18 000 美元。1961 年 2 月 6 日，在卢克维茨等人的建议下，霍夫曼在沃托马买下一家杂货店的货物和设备，并租下店面进行经营。1961 年 6 月 6 日，卢克维茨再三保证霍夫曼能在秋季到来前经营一家更大的店铺，于是霍夫曼按照卢克维茨的建议将店铺的设备和库存卖给了后者的经理人。1961 年 6 月，开设一家新的杂货店的范围被缩小到两个地方——基沃尼（Kewaunee）和奇尔顿（Chilton）。在基沃尼，红猫头鹰有一处建筑工地可以选择。在奇尔顿，有一处地点是红猫头鹰建议霍夫曼选择的，该地的购买价格为 6000 美元，需要在选择购买时支付 1000 美元，剩余价款在 30 天内付完。1961 年 9 月 15 日，在卢克维茨保证一切已经准备就绪后，霍夫曼支付了 1000 美元的定金。1961 年 11 月 6 日，霍夫曼以 10 000 的价格美元出售了面包店。在 1961 年 11 月 20 日之前的一段时间，霍夫曼和卢克维茨之间达成了租赁该建筑的某些确定条款。但是，对于如何分期付款、维修维护等问题，双方没有再进行商谈。一两个星期后，卢克维茨要求原告再拿出 2000 美元用于融资。1962 年 2 月 2 日，双方因融资问题发生争议，商谈终止。

霍夫曼将红猫头鹰和卢克维茨诉上法庭，认为被告的行为违反了允诺禁

反言原则，应赔偿其如下损失：出售沃托马杂货店的实际损失和期待利益、出售面包店的损失、购买位于奇尔顿的地段的定金损失、搬家费、租赁房屋的费用。被告提出抗辩，认为其对原告的允诺不构成要约，不能适用允诺禁反言原则，反驳了原告提出的所有赔偿请求。

本案的初审法院奥塔加米县巡回法院（Circuit Court for Outagamie County）支持原告的损害赔偿请求，但不包括其出售沃托马杂货店的期待利益。案件上诉到威斯康星州最高法院（Supreme Court of Wisconsin）。

3. 争议焦点

《合同法重述》第 90 条的允诺禁反言原则是否可以作为本案的诉讼理由？本案事实是否构成允诺禁反言的诉因？陪审团对损害赔偿的裁决是否有足够的证据支持？

4. 裁判结果

威斯康星州最高法院判决维持原判，支持原告除出售沃托马杂货店的期待利益以外其他全部的损害赔偿请求。

5. 裁判理由

（1）允诺禁反言原则可以作为本案的诉讼理由。威斯康星州最高法院对《合同法重述》的理解，是以威廉·佩奇教授（William H. Page）在 1933 年发表的一篇关于《合同法重述》第 90 条解释的论文为基础的。自 1933 以来，拉扎勒斯诉美国汽车公司案（*Lazarus v. American Motors Corp.*）中的法院采用了最接近重述规则的方法，指出，基于不同的事实，钢铁销售商有可能改变其立场，以符合包含在《合同法重述》第 90 条中的衡平法考虑。[1]

在本案中，初审法院基于此安排了特别裁断（special verdict）[2]，且没有提出或发现任何其他可能的理论能够使原告获得救济。以欺诈和欺骗为由的诉讼似乎是最具可比性的，然而根据苏斯基诉大卫杜夫案（*Suskey v. Davidoff*）确立的规则，除非允诺人当前有不履行的意图，否则法律上的欺诈行为不能以未履行的允诺为前提。[3]没有证据表明卢克维茨出于恶意做出了任何被诉

---

〔1〕 *Lazarus v. American Motors Corp.*, 21 Wis. 2d 76, 85, 123 N. W. 2d 548, 553 (1963).

〔2〕 特别裁断，指陪审团就其认定的案件事实作出裁断，但不确定案件的哪一方胜诉，而是将此问题留给法官通过对所认定的事实适用法律来作出判决。参见薛波主编，潘汉典总审订：《元照英美法词典》，法律出版社 2003 年版，第 1279 页。

〔3〕 *Suskey v. Davidoff*, 2 Wis. 2d 503, 507, 87 N. W. 2d 306 (1958).

的允诺，具有红猫头鹰不会履行这些允诺的意图。

其他法院的许多判决也认为采用允诺禁反言原则是合适的，这种趋势仍在继续。正如麦克法丁法官（McFaddin）所说，允诺禁反言原则的发展是法院做出的一种尝试，使得在一切商业交易中，救济手段能与诚实、公平陈述的道德意识之提高保持同步。[1]法院可以在案件中通过适用允诺禁反言原则来防止不公平的发生，因此认可允诺禁反言原则作为本案的诉讼理由。

（2）本案中的事实构成允诺禁反言原则的诉因。允诺禁反言中的允诺并不等于要约，根据《合同法重述》第90条，判断一个行为是否违反了允诺禁反言原则，应该考虑三个条件：第一，允诺人是否有理由期望该允诺会促使受诺人采取明确而实质性的作为或不作为；第二，允诺是否导致了这种作为或者不作为；第三，是否只有强制执行该允诺才能够避免不公平的结果。

在本案中，红猫头鹰向霍夫曼做出允诺，只要霍夫曼出资18 000美元就会为霍夫曼设立一家商店，而且一直引诱原告作为。当霍夫曼卖掉他的杂货店，支付了购买奇尔顿地段的1000美元定金后，18 000美元的投资增至24 100美元。在1961年，被告向霍夫曼保证，如果再增加2000美元，交易就可以达成。1961年6月，被告保证原告在秋季之前能有一家新店，霍夫曼出卖了杂货店的设备与库存。11月，原告在被告的催促下出售了面包店，被告还保证这是与红猫头鹰做成生意的最后一步。

足够的证据可以证明原告的信赖基于普通注意（ordinary care）[2]，而且其履行了与红猫头鹰洽谈所需的条件。被告的允诺引诱了原告行为并对其造成损害，如果原告不能得到救济，那么对其是不公平的。

（3）陪审团对于损害的调查有足够的证据支持。

第一，法院支持原告因出卖面包店而亏损的2000美元的赔偿请求。被告认为，原告出售面包店所获收益是投资奇尔顿商店的一部分现金，而且面包店是原告和其妻子共有，其妻子与被告之间并没有商谈。法院认为，证明原

---

〔1〕　*Peoples Nat'l Bank v. Linbarger Const. Co.* , 219 Ark. 11, 17, 240 S. W. 2d 12 (1951).

〔2〕　普通注意，也称一般注意，在法律上与应有注意（due care）、合理注意（reasonable care）、足够注意（adequate care）和适当注意（proper care）同义。此种注意的程度是指一个通常谨慎和有能力的人，在从事同样的事务或者努力时，在相同或类似的情况下注意的程度。这是判断是否犯有过失的一种标准。参见薛波主编，潘汉典总审订：《元照英美法词典》，法律出版社2003年版，第1010页。

告因出售面包店亏损 2000 美元的证据充分，被告的抗辩不合理。虽然面包店是霍夫曼和他的妻子共有，但是如果允诺人能够预见或者有理由预见第三方会基于允诺有所作为，那么拒绝履行允诺是不公平的。本案中被告不仅预见了霍夫曼的妻子会出售她的共有部分，而且实际上还要求她这样做。因此，法院支持原告提出的 2000 美元赔偿金的请求。

第二，法院支持原告因购买奇尔顿地段而损失的 1000 美元定金的赔偿请求。被告认为 1000 美元是原告购买奇尔顿地段的出资，况且这个地段的合理市场价值是 6000 美元，霍夫曼还应支付剩余的 5000 美元。法院认为要求霍夫曼为了保护他已经支付的 1000 美元而再投资 5000 美元是不合理的。被告对此损害赔偿的反驳没有任何价值。

第三，法院支持原告在奇尔顿的 125 美元租金的赔偿请求。法院认为由被告支付原告每个月在奇尔顿的租金 125 美元是合理的，因为原告出卖面包店是基于被告向原告的保证。

第四，法院支持原告因搬去尼纳（Neenah）而产生的 140 美元搬家费的赔偿请求。法院认为，原告没有搬去奇尔顿，原因是被告建议霍夫曼在福克斯河谷（Fox River Valley）的一家红猫头鹰商店工作以积累一些经验，因此原告搬去了尼纳而不是奇尔顿。搬过去之后，霍夫曼在阿普尔顿（Appleton）的一家面包店上夜班，白天在红猫头鹰商店工作。如果原告没有基于对被告允诺的信赖卖掉在沃托马的面包店，就不会产生 140 美元的搬家费，所以被告应当赔偿 140 美元的搬家费。

第五，法院支持原告因出卖杂货店而造成的 16 735 美元实际损失的赔偿请求。法院认为有证据表明霍夫曼出卖杂货店的实际损失达到 16 735 美元，所以支持该诉讼请求。

第六，法院不支持原告关于出卖杂货店的期待利益的赔偿请求。原告认为违反合同可以请求期待利益的赔偿，但是法院认定本案并不是违约之诉，而且期待利益的赔偿仅限于销售价格与出售资产公平市价之间的差额，但是没有证据表明在 1961 年 6 月 6 日杂货店的公平市价具体是多少，因此不支持该项诉讼请求。

五、允诺禁反言原则的构成要件：康拉德诉菲尔兹案（CONRAD v. FIELDS）

Marjorie CONRAD, Respondent,

v.

Walter R. FIELDS, Appellant.

Court of Appeals of Minnesota, July 24, 2007.

2007 WL 2106302.

（康拉德诉菲尔兹案）

1. 裁判要旨

（1）被上诉人成功申辩了允诺禁反言的诉求。

（2）被上诉人证明了允诺禁反言的要素。

（3）尽管存在防止欺诈法，但上诉人支付被上诉人法学院教育费用的口头允诺可以执行。

（4）被上诉人没有义务在上诉人拒绝支付学费时通过立即从法学院辍学来减少损失。

（5）被上诉人因信赖上诉人允诺受到了实际损害（real detriment）。

（6）在初审审判中没有被接纳为证据的证词记录（deposition transcripts）[1]，上诉人不能在上诉中使用其来证明在庭审中存在争议的事实。

（7）不包括在初审法院提交文件中且存在实质争议的欠税不动产留置权文件（tax-lien document）[2]，不能在上诉中被使用。

2. 案情介绍

（1）案件事实。被上诉人马杰瑞·康拉德（Marjorie Conrad）与上诉人沃尔德·菲尔兹（Walter R. Fields）是1990年代初在公寓大楼里作为邻居认识的朋友。菲尔兹后来成为一位成功而富有的商人，他致力于成为慈善人士，

---

[1]　证词记录由提交给初审法院的文件、证物和诉讼记录组成，这些证词可能被简化为书面记录供以后在法庭上使用。

[2]　欠税不动产留置权，指当某一不动产未依法纳税，或在某些例外情况下，不动产所有人未缴纳其他税款时，税务机构有权将该不动产留置，并在纳税人不按要求纳税时，通过法院判决或出售该不动产而取消其对留置财产的回赎权。

有时也会资助他人的教育费用。2000 年，康拉德在奎斯特通信公司（Qwest Communications International，Inc）工作，年薪 45 000 美元。菲尔兹建议康拉德去上法学院，并愿意支付她的学费。康拉德在此时刚付清了 1.1 万美元的医疗账单，还欠了大约 5000 美元的本科生贷款，她觉得自己无力支付法学院的费用。菲尔兹允诺，他将在到期时支付与法学院有关的学费和其他费用。康拉德辞掉了工作，决定去读法学院。菲尔兹应在 2001 年 8 月和 10 月支付两次学费，每次金额为 1949.75 美元，但他停止了第二次付款。后来菲尔兹的财产被冻结，他停止了支付。菲尔兹向康拉德保证，一旦她毕业并通过了律师资格考试，他就会支付她的学费。然而，康拉德毕业后，菲尔兹拒绝支付她的学费。后来，菲尔兹告诉康拉德，他不会支付她的学费，并威胁说，如果她继续试图与他沟通，他将获得针对她的禁止令（restraining order）[1]。

（2）诉讼历史。康拉德向明尼苏达州亨内平县地方法院（District Court of Minnesota，Hennepin County）起诉菲尔兹，指控其过失和违约。她还指称，她依靠菲尔兹支付教育费用的允诺，放弃了通过全职工作赚取收入的机会，并进入了法学院。菲尔兹在庭审中承认，在康拉德进入法学院之前，他同意支付她的学费。康拉德作证称，她于 2001 年夏天进入法学院就读，原因是菲尔兹提出并保证支付她的教育费用。初审法院审理了该案，根据允诺禁反言原则，判决菲尔兹赔偿 87 314.63 美元。地方法院拒绝了菲尔兹关于新审判和修正所发现的事实的动议，因此菲尔兹上诉至明尼苏达州上诉法院。

3. 争议焦点

如果允诺人和受诺人之间不存在合同，受诺人能否期望促使允诺人采取作为或不作为来实现允诺？

4. 裁判结果

明尼苏达州上诉法院判决：

（1）被上诉人成功申辩了允诺禁反言的诉求。

（2）被上诉人证明了允诺禁反言的要素。

（3）尽管存在防止欺诈法，但上诉人支付被上诉人法学院教育费用的口

---

[1] 禁止令是指，法院在经过由各方当事人参加的听审后发布的在一定期间内有效的命令，旨在保护某人免受他人的骚扰、虐待、暴力或追踪等，尤其是禁止或限制接近受保护者，有时甚至包括禁止与受保护者订立合同。

头允诺可以执行。

（4）被上诉人没有义务在上诉人拒绝支付学费时通过立即从法学院辍学来减少损失。

（5）被上诉人因信赖上诉人允诺受到了实际损害。

（6）在初审审判中没有被接纳为证据的证词记录，上诉人不能在上诉中使用其来证明在庭审中存在争议的事实。

（7）不包括在初审法院提交文件中且存在实质争议的欠税不动产留置权文件，不能在上诉中被使用。

上诉法院维持了原判，动议被部分批准。

5. 裁判理由

上诉法院首先对本案的事实问题和法律问题进行了区分。初审法院的"事实认定，无论是基于口头证据还是书面证据，除非明显错误，否则不得撤销"。[1]在适用这一规则时，如果有合理证据支持初审法院的事实调查结果，上诉法院不会干扰这些调查结果。[2]虽然初审法院的事实调查结果根据"明显错误"标准进行审查并得到承认，但上诉法院重新审查法律问题。[3]

"允诺禁反言意指不存在事实合同的法律上的合同。"[4]允诺人能合理地预见他的允诺会使受诺人合理地信赖而作为或不作为，并且受诺人也确实采取了行动或不作为，如果只有通过允诺的执行才能避免不正义，则该允诺具有约束力。[5]允诺禁反言请求权的要素包括：①明确的允诺；②合理预期允诺人的允诺会使受诺人产生合理信赖，受诺人信赖允诺人而损害了自身的利益；③必须执行允诺以防止不公正。[6]法院将"不公正"因素视为法律问题，考虑受诺人信赖的合理性，并权衡公共政策（有利于执行交易和防止不当得利）。当事实被视为真实时，法律问题在于它们是否达到了允诺禁反言的

---

〔1〕　Minn. R. Civ. P. 52. 01.

〔2〕　*Fletcher v. St. Paul Pioneer Press*, 589 N. W. 2d 96, 101 (Minn. 1999).

〔3〕　*Am. Fedn. of State*, *County and Mun. Employees*, *Council No. 14 v. City of St. Paul*, 533 N. W. 2d 623, 626 (Minn. App. 1995).

〔4〕　*Deli v. U. of Minnesota*, 578 N. W. 2d 779, 781 (Minn. App. 1998).

〔5〕　Restatement (Second) of Contracts § 90 (1) (1981).

〔6〕　*Cohen v. Cowles Media Co.*, 479 N. W. 2d 387, 391 (Minn. 1992), on reh'g, 481 N. W. 2d 840 (Minn. 1992).

程度。[1]

接下来，上诉法院逐项分析了上诉人提出的事由。

（1）上诉人辩称，被上诉人没有申辩或证明允诺禁反言的要件。明尼苏达州是一个告知诉答（notice-pleading）[2]州，诉状不需要绝对的明确性，只需要有足够的信息来告知对方对其提出的索赔即可。[3]

初审法院在其法律分析中认为被上诉人的证词可信，即上诉人鼓励她上法学院，因为她知道自己无力支付学费。上诉人知道她缺钱，帮她买了食物和其他必需品。他知道她在奎斯特通信公司工作，需要辞去工作去上法学院。他表示愿意支付她上法学院的费用，因为他知道她欠了大学学费。被上诉人入学后，他支付了她的法学院学费。被上诉人知道上诉人是一位富有的慈善家；他曾提出为他偶然遇到的陌生人支付教育费用，并知道自己有足够的钱支付她在法学院的教育费用。被上诉人知道上诉人在社会上有地位、年龄比她大、没有结婚、没有孩子，拥有一家成功的公司，拥有一套昂贵的房子，出租一辆昂贵的汽车。此外，上诉人是一位已经为她做了很多善事的朋友，受到被上诉人信任。上诉人的允诺实际上促使被上诉人辞去了奎斯特通信公司的工作，进入法学院学习，而她本不打算这样做。这种情况支持这样一个结论，即不履行允诺是不公平的。这些调查结果足以表明，被上诉人证明了允诺禁反言的要件。

上诉人辩称，他在被上诉人进入法学院后不久就通知她，他将不会支付到期的法学院费用，因此被上诉人在被拒绝履行允诺后，不可能合理地依赖他的允诺来支付她的费用，从而损害她的利益。上诉人辩称，他的允诺导致的唯一不公正涉及被上诉人为进入法学院而支付的最初5000美元费用。但上诉人声明他不会支付到期的费用，这并没有使被上诉人的依赖变得不合理，因为上诉人还告诉被上诉人，他的经济问题是暂时的，他会在她毕业并通过律师考试时支付她的学费。这一陈述使得被上诉人继续依赖上诉人的允诺，即他将支付她的费用，是合理的。

---

[1] *Greuling v. Wells Fargo Home Mortg.，Inc.*，690 N. W. 2d 757，761（Minn. App. 2005）.

[2] 告知诉答，指只需作简洁、清楚的陈述，足以使对方当事人知晓自己的诉讼请求或答辩理由，而非对与诉讼请求或答辩理由相关的任何事实都作专门性描述的诉答。

[3] Minn. R. Civ. P. 8. 01；Minn. R. Gen. Pract. 507；*Roberge v. Cambridge Co-op. Creamery Co.*，243 Minn. 230，232，67 N. W. 2d 400，402（Minn. 1954）.

（2）上诉人引用奥尔森诉协同科技商业系统公司案（*Olson v. Synergistic Techs. Bus. Sys.*, *Inc.*，以下简称"奥尔森案"），[1]辩称允诺禁反言原则不能替代对价原则；鉴于完全缺乏对价，被上诉人没有理由主张可执行合同。

奥尔森案中的法院表示：美国法院采纳了衡平法院基于善意信赖的衡平法诉讼理由，以执行没有对价支持的允诺。这不是作为对价原则的替代，而是作为法院可以用来防止基于信赖而导致的不公平的原则。最终，美国法院将这类案件定性为允诺禁反言，并将该原则的关键要素确定为：①允诺；②受诺人信赖允诺的权利和允诺人防止信赖的义务；③信赖允诺而遭受损害。随着时间的推移，允诺禁反言原则逐渐演变，法院开始关注受诺人的信赖权，而不是允诺人防止信赖的义务。法院指出，在明尼苏达州，其一向承认允诺禁反言原则在维护公平方面的作用。当原告以损害性信赖替代对价为依据，提出普通法诉讼理由时，法律救济措施包括补偿原告允诺的全部价值。从整体上看，奥尔森案并没有表示，根据允诺禁反言原则，追偿需要有对价。

（3）上诉人辩称，由于他没有签署双方之间的书面协议，且被上诉人承认她打算用一年以上的时间完成法学院的学业，根据防止欺诈法，双方之间的任何合同均不可执行。根据防止欺诈法，如果协议根据其条款在一年内无法履行，则除非协议以书面形式表达对价，并由相关方签署，否则不得维持对该协议采取任何行动。[2]

但法院指出，一项协议"可以通过允诺禁反言的方式在防止欺诈法之外达成"。[3]允诺人合理预期他的允诺会使受诺人合理地信赖而作为或不作为，并且受诺人也确实采取了行动或不作为，即使有防止欺诈法的规定，如果只有通过允诺的执行才能避免不正义，则该允诺仍具有可执行性。[4]上诉人昂贵的住房和汽车，以及作为一名成功的企业主的地位，使得他似乎完全有能力履行支付被上诉人法学院费用的允诺，并且因为上诉人在允诺支付被上诉人法学院费用之前，曾多次向被上诉人施予慷慨，上诉人本应合理预期其允诺会促使被上诉人采取行动。该允诺确实促使被上诉人采取行动，并在上诉

---

　[1]　*Olson v. Synergistic Techs. Bus. Sys.*, *Inc.*, 628 N. W. 2d 142, 151（Minn. 2001）.

　[2]　Minn. Stat. § 513. 01（1）（2006）.

　[3]　*Norwest Bank Minnesota*, *N. A. v. Midwestern Mach. Co.*, 481 N. W. 2d 875, 880（Minn. App. 1992）[citing *Berg v. Carlstrom*, 347 N. W. 2d 809, 812（Minn. 1984）].

　[4]　Restatement（Second）of Contracts § 139（1）（1981）.

人未能履行其允诺时给她留下了巨额债务。被上诉人辞去工作并上了法学院，希望上诉人能够支付她的法学院费用，并且在毕业时不会因这些费用而负债。由于要求被上诉人偿付因依赖上诉人偿付债务的允诺而产生的债务是不公平的，尽管存在防止欺诈法，上诉人的允诺仍具有可执行性。

（4）在基于允诺禁反言的诉讼中，"救济可限于以受诺人的信赖程度衡量的损害赔偿"。[1]上诉人反对被上诉人要求赔偿包括住房在内的损失和生活费用，但上诉法院指出，初审法院只对被上诉的学费和书本费进行了赔偿。上诉人辩称，被上诉人要求双倍追偿学费和学生贷款金额。但一份由被上诉人准备并被接纳为证据的数据显示，学费总计 86 462.21 美元，书本费为 2802.17 美元；上诉法院判决赔偿被上诉人 87 314.63 美元，即学费加书本费减去上诉人支付的费用。上诉人还辩称，被上诉人有义务减轻她的损失，她本可以在上诉人拒绝支付学费后立即从法学院退学，从而避免所有损失。但正如在讨论被上诉人信赖的合理性时所解释的，上诉人告诉被上诉人他的经济困难是暂时的，他将在她毕业后支付她的费用。在这种情况下，被上诉人直到毕业后才意识到自己会受到损害，到毕业时，她已经支付了学费和书本费，因此没有机会减轻损害。

（5）上诉人辩称，由于被上诉人获得了有价值的法律学位，她没有因依赖他的允诺而遭受任何实际损害。但法院指出，获得法律学位是上诉人允诺的预期结果，上诉人允诺的实质是被上诉人将获得法律学位，而无须承担就读法学院的相关债务。虽然被上诉人从就读法学院中受益，但她因依赖上诉人的允诺而产生的债务对她不利。

（6）证词记录由"提交初审法院的文件、证物和诉讼记录组成"。[2]"上诉法院不得就上诉以外的事项作出其决定，不得考虑在初审法院未出示和被接纳为证据的事项。"[3]被上诉人辩称，由于提及证词记录和欠税不动产留置权文件，上诉人的整个摘要和附录应删除。证词记录是地方法院记录的一部分。上诉人在其与上诉书中辩护的理论有关的论点中提及被上诉人的证词是恰当的，因此上诉法院拒绝了删除整个摘要和附录的动议。虽然证词记录是

---

〔1〕 *Dallum v. Farmers Union Cent. Exch.*, *Inc.*, 462 N. W. 2d 608, 613（Minn. App. 1990）.

〔2〕 Minn. R. Civ. App. P. 110. 01.

〔3〕 *Thiele v. Stich*, 425 N. W. 2d 580, 582（Minn. 1988）.

记录的一部分，但它不能用来证明审判中有争议的事实，因为它在审判中没有被接纳为证据。因此，上诉法院部分同意被上诉人的动议，删除对证词记录的引用，以支持事实指控。欠税不动产留置权文件不是初审法院记录的一部分。上诉法院可考虑实质上无争议的但不包括在初审法院文件中的书面证据。[1]但欠税不动产留置权文件是上诉人财务状况的证据，这在本案中是一个有争议的问题。因此，上诉法院判决删除欠税不动产留置权文件。

综上所述，上诉法院维持了原判，动议被部分批准。

六、作为允诺禁反言例外的慈善捐款：萨尔斯伯里诉西北贝尔电话公司案（SALSBURY v. NORTHWESTERN BELL TELEPHONE CO.）

John SALSBURY, Appellee,

v.

NORTHWESTERN BELL TELEPHONE COMPANY, Appellant.

Supreme Court of Iowa, September 18, 1974.

221 N. W. 2d 609.

（萨尔斯伯里诉西北贝尔电话公司案）

1. 裁判要旨

（1）慈善捐款不需要原告对此产生信赖。

（2）传统的允诺禁反言原则要求受诺人对允诺人作出的允诺产生信赖，而对于慈善捐款这样的允诺，并不需要信赖的存在。

2. 案情介绍

（1）案件事实。原告约翰·萨尔斯伯里（John Salsbury）在建立查尔斯市学院（Charles City College）中发挥了作用。为了给学院筹集资金，学院聘请了一位专业筹款人彼得·布鲁诺（Peter Bruno）。该专业筹款人向被告西北贝尔电话公司（Northwestern Bell Telephone Company）征集捐款。被告在查尔斯市的办公室经理是达里尔·温德（Daryl V. Winder）先生，其也积极参与为学院筹款的活动。在布鲁诺与温德就认捐事宜进行了多次谈判后，被告最终同意捐款，但温德在收到被告的同意书时并没有填写认捐表单，而是给布鲁诺

---

〔1〕 *Franke v. Farm Bureau Mut. Ins. Co.* , 421 N. W. 2d 406, 409 n. 1（Minn. App. 1988）.

先生写了一封信，告知他被告愿意在三年内捐款 15 000 美元，第一笔 5000 美元的款项将在 1968 年支付。此后，被告并没有实际进行捐助。学院开办不到一年就因缺乏资金而关闭，其将被告的捐款证书转让，在几经转让后，该捐款证书到了原告手里。原告起诉至法院，要求被告履行捐款承诺，但在起诉前，原告并未见过被告同意捐款的原始信件。

（2）诉讼历史。原告向弗洛伊德县地方法院（District Court, Floyd County）提起诉讼。在此前的案例帕帕斯诉豪瑟案（*Pappas v. Hauser*）[1]和帕帕斯诉贝弗案（*Pappas v. Bever*）[2]中，艾奥瓦州最高法院（Supreme Court of Iowa）认为仅完成认捐表单不会对被告产生法律约束力。但是在本案中，被告代表并未完成认捐表单，而是发出了一封信。初审法院据此认为该信对发信人有约束力，故作出了支持原告的判决。

被告不服，上诉至艾奥瓦州最高法院。

3. 争议焦点

如果不存在信赖，允诺禁反言原则对慈善捐款者是否有约束力？

4. 裁判结果

艾奥瓦州最高法院认为：①公共政策应当支持《第二次合同法重述》中的观点，法律不要求有对价或者正当信赖的存在，而是直接赋予这样的慈善捐款允诺以法律约束力；②慈善捐款通常是服务于公共利益的需要，这些公共利益是通过可能的具体项目来实现的，如果没有慈善捐款，这些项目可能永远也不能变成现实，因此法院不会否决慈善捐款允诺的约束力。

艾奥瓦州最高法院维持了初审法院的判决。

5. 裁判理由

艾奥瓦州最高法院首先陈述了案件事实：被告在查尔斯市的代表与原告进行了多次协商，而被告代表向原告致信，表示被告愿意支付这封信件上提及的捐款。哈里斯法官（Harris, J.）总结到，本案的争议焦点为，被告是否因写了这样一封信就应该支付这一信件上提及的捐款。

对于这一问题，法官意识到，若要强制执行慈善捐款，在当时合同法的规则下，很难站得住脚。法院往往会想方设法去找到某个东西作为对价的替

---

[1] *Pappas v. Hauser*, 197 N. W. 2d 607（Iowa 1972）.

[2] *Pappas v. Bever*, 219 N. W. 2d 720（Iowa 1974）.

代，这样才能依靠合同法去强制执行。但是这一做法招致了众多批评，因为慈善捐款允诺被推定为赠与，并不需要以对价作为回报。

在布罗考诉麦克尔罗伊案（*Brokaw v. McElroy*）等先例中，法院曾经从其他捐款人那里找到了捐款允诺的对价，[1]但是这一理论也受到了人们批评。有人认为，在有多个捐款人的情形，每个捐款人的捐款通常是不以其他人的捐款作为参考的，即使某一个人受到先前捐款或者是预期捐款的诱导进行了捐款，这样的诱导也仅仅是影响捐款人的动机而已；不能说先前某一个人的捐款就是为了换取后面其他人的捐款而作出的。

作为对这一广受批评的观点的回应，一些法院转而求助于允诺禁反言原则，将它作为一种替代解决方案，以取代合同法上的对价要求。[2]然而，允诺禁反言原则需要当事人对某一个承诺产生信赖。[3]本案中，原告是直到本案进入初审程序才看见这封信的，也就是说，适用允诺禁反言原则可能也无法执行被告的慈善捐款允诺。

虽然很多法院已开始放弃利用传统合同规则，转而利用允诺禁反言原则作为判决依据，但按照允诺禁反言原则处理可能会导致更多的慈善捐助案件得不到强制执行，因为是否存在正当信赖相当难以证明，而传统合同法规则并不会考虑受诺人是否会对承诺产生正当信赖。因此，如果强制执行慈善捐款允诺是一个可取的目标，那么即便没有对价和正当信赖，强制执行慈善捐款允诺也是合理正当的，并且这也是《第二次合同法重述》的立场。如果法院认可《第二次合同法重述》中的这一观点，就可以终结由于遗嘱执行人和遗产管理人的谨小慎微所产生的大量不必要的诉讼，因为这些遗嘱执行人和遗产管理人为了避免支付那些额外费用，往往不会主动支付已经去世的人所承诺过的那些捐款，除非有法院的裁决要求他们必须这样做。[4]

---

〔1〕 *Brokaw v. McElroy*, 162 Iowa 288, 143 N. W. 1087 (1913)；*Bd. of Trustees of Upper Iowa Conf. of Methodist Episcopal Church v. Noyes*, 165 Iowa 601, 146 N. W. 848 (1914)；*In re Leigh's Est.*, 186 Iowa 931, 173 N. W. 143 (1919)；*Young Men's Christian Ass'n v. Caward*, 213 Iowa 408, 239 N. W. 41 (1931).

〔2〕 1 Williston on Contracts, Third Ed., s 140, pages 607-619；83 C. J. S., Subscriptions, s 5b (2), 736 at 737-738；73 Am. Jur. 2d, Subscriptions, s 13, pages 704-705.

〔3〕 *McKeon v. City of Council Bluffs*, 206 Iowa 556, 221 N. W. 351 (1928)；*King v. Knudson*, 209 Iowa 1214, 229 N. W. 839 (1930)；*Holden v. Constr. Mach. Co.*, 202 N. W. 2d 348 (Iowa 1972)；31 C. J. S. Estoppel s 71, pages 428-438；28 Am. Jur. 2d, Estoppel & Waiver, s 76, pages 710-712.

〔4〕 Calamari & Perillo, Law of Contracts, s 103, pages 177-178.

《第二次合同法重述》草案的第 90 条中包含了新增加的第 2 款：

（1）若允诺是在允诺人通过合理的推想可以预见到能够引起受诺人或第三人的行为或负担的情况下作出的，并确实引起了此种行为或负担，如果只有通过允诺的履行才能避免不公正，则该允诺必须得到履行。对因违背诺言而给予的救济应限制在正当范围内。

（2）慈善捐款或婚姻财产协议依第 1 款而具有约束力，受诺人无须证明该允诺诱使了作为或不作为。同时，艾奥瓦州最高法院相信，公共政策会支持《第二次合同法重述》中的观点。法律不要求有对价或者正当信赖的存在，而是直接赋予这样的慈善捐款允诺以法律约束力。

综上所述，艾奥瓦州最高法院维持初审法院判决。

七、表见代理与允诺禁反言：通用计算机系统公司诉宾夕法尼亚州医疗服务协会案（UNIVERSAL COMPUTER SYSTEMS，Inc. v. MEDICAL SERVICES ASSOCIATION OF PENNSYLVANIA）

UNIVERSAL COMPUTER SYSTEMS，INC.，Appellant in No. 79-2400,

v.

MEDICAL SERVICES ASSN. OF PA.，t/a Pa. Blue Shield,

Appellant in No. 79-2401.

United States Court of Appeals，Third Circuit，August 7，1980.

628 F. 2d 820.

（通用计算机系统公司诉宾夕法尼亚州医疗服务协会案）

1. 裁判要旨

（1）根据宾夕法尼亚州法律，表见代理权（apparent authority）能够在没有委托人实际授权的情况下约束委托人，要件为委托人使得第三方相信其代理人享有代理权，并以一般审慎、勤勉和谨慎的判断确定代理人是否拥有代理权，由此认为代理人享有所需的代理权。

（2）允诺禁反言原则的要件为，允诺人应合理预期允诺会导致受诺人采取明确和实质的作为或不作为；该允诺必须实际引发这种作为或不作为，若要实现公平的结果，必须履行该允诺。

2. 案情介绍

（1）案件事实。1975 年 7 月，位于宾夕法尼亚州坎普希尔（Camp Hill）的宾夕法尼亚州医疗服务协会（Medical Services Association of Pennsylvania，以下简称"医疗服务协会"）就一台计算机的租赁招标。康涅狄格州韦斯特波特（Westport）的通用计算机系统公司（Universal Computer Systems, Inc.，以下简称"通用公司"）准备了一份投标书。为了留足审议时间，招标条款规定医疗服务协会须在 1975 年 8 月 18 日中午 12 点之前于宾夕法尼亚州哈里斯堡（Harrisburg）收到投标书。

医疗服务协会的员工乔尔·格伯特（Joel Gebert）担任医疗服务协会与该招标潜在投标人之间的联络人。在投标截止日期前不久，大概为 8 月 15 日（星期五），通用公司总裁沃伦·罗伊·威尔逊（Warren Roy Wilson）致电格伯特，称通用公司可以提供一台符合所需规格的计算机。由于不愿使用传统的快递，威尔逊希望通过阿勒格尼航空公司（Allegheny Airlines）将投标书发送到哈里斯堡，并询问格伯特是否可以安排人于星期一早上在哈里斯堡机场取件。格伯特向威尔逊保证，他将联系人在机场领取投标书并及时交给医疗服务协会，以赶上投标截止日期。

威尔逊于 1975 年 8 月 18 日上午 8 点 30 分左右从纽约拉瓜迪亚机场（La Guardia Airport）通过阿勒格尼航空公司的 PDQ 服务发送了投标书。威尔逊再次打电话给格伯特，向他提供必要的信息，以便在格伯特同意并保证及时交付给医疗服务协会的情况下，在哈里斯堡接收投标书。然而，格伯特告诉威尔逊，他改变了主意，不能在机场接收投标书。威尔逊试图与阿勒格尼航空公司协商，让快递员或其他代理人领取投标书并及时交付给医疗服务协会，但未能成功。

起初，除了通用公司或医疗服务协会的员工，阿勒格尼航空公司拒绝让其他人接收投标书。威尔逊最后联系到阿勒格尼航空公司的主管，指示其将包裹交给快递员。然而，投标书送达得太晚，无法赶上中午的最后期限。因此，医疗服务协会拒绝了该投标书，并将其原封不动地退回。

（2）诉讼历史。通用公司向宾夕法尼亚州中区联邦地区法院（The United States District Court for the Middle District of Pennsylvania）提起诉讼，要求就医疗服务协会违反承诺的行为寻求损害赔偿。该案由陪审团审理，陪审团对医疗服务协会作出了赔偿原告 13 000 美元的判决。此后，医疗服务协会提出了一项要求法院不顾陪审团裁决作出判决（*non obstante veredicto*）的动议和一项重新进行审判的动议。

地区法院的 R. 狄克逊·赫尔曼法官（R. Dixon Herman, J.）批准了前一项动议，但拒绝了重新审判的动议。地区法院认为：①通用公司应知道格伯特无权承诺在机场接机，因此医疗服务协会不受格伯特承诺的约束；②通用公司的信赖并不合理，其应当了解联邦采购法规（federal procurement regulations）且这些法规禁止格伯特履行涉案承诺，所以通用公司不能根据允诺禁反言原则获得救济。[1]

通用公司对地区法院的判决提出上诉，医疗服务协会就地区法院拒绝其重新审判的动议提出交叉上诉。

3. 争议焦点

本案是否构成表见代理？是否适用允诺禁反言原则？

4. 裁判结果

上诉法院认为：①格伯特拥有表见代理权，医疗服务协会应对其行为承担责任。②通用公司构成合理信赖，本案能够适用允诺禁反言原则予以救济。因此，上诉法院对地区法院驳回医疗服务协会的重新审判动议予以确认，撤销关于医疗服务协会责任承担的判决，将案件发回地区法院重审。

5. 裁判理由

关于法律适用问题，上诉法院认为，鉴于此跨州诉讼在宾夕法尼亚州法院提起，宾夕法尼亚州法律适用于本案中的承诺和履行。[2]上诉法院总结道，地区法院的判决基于两个问题：第一，格伯特向通用公司承诺接受投标提案，但其缺乏实际和明显的权利来做出该承诺；第二，威尔逊对格伯特承诺的信赖是否合理。

毫无疑问，格伯特缺乏做出承诺的实际权利（actual authority）。然而问题在于，根据宾夕法尼亚州的法律，他是否拥有做出这种承诺的表见代理权。

---

［1］ *Universal Computer Systems, Inc. v. Medical Services Associaiton of Pennsylvania*, 474 F. Supp. 472（M. D. Pa. 1979）, aff'd sub nom. *Universal Computer Systems, Inc. v. Medical Services Associaiton of Pennsylvania*, 628 F. 2d 820（3d Cir. 1980）.

［2］ *Craftmark Homes, Inc. v. Nanticoke Const. Co.*, 526 F. 2d 790, 792 n. 2（3d Cir. 1975）.

根据宾夕法尼亚州的判例法，表见代理权是在没有本人实际授权的情况下，本人的行为足以使第三人相信代理人具有代理权，从而产生约束本人的效力。[1]确定代理人是否拥有表见代理权的标准是，"一个拥有通常程度的审慎、勤勉和谨慎判断的人是否有理由相信并且实际上会相信代理人拥有其所声称行使的权利"。[2]然而，如果第三人注意到代理人缺乏授权，本人将不受其代理人未经授权的行为的约束。[3]

地区法院称，格伯特"负责接听所有潜在投标人的电话，并且根据投标要求，格伯特为唯一联系人"。尽管如此，地区法院认为通用公司应知晓格伯特无权承诺在机场接机，因此医疗服务协会不受格伯特承诺的约束。地区法院的理由如下：①招标过程受联邦采购法规的约束；②这些法规禁止医疗服务协会在招标书指定的时间或地点以外的时间或地点接收投标书，以表明对任何投标人的偏向；③通用公司应知晓联邦采购法规适用于招标过程，以及这些法规禁止格伯特所承诺的行为。因此，上诉法院认为，对代理的讨论应集中于地区法院有关法规相关性的结论上。

上诉法院认为地区法院结论有误，通用公司并不一定知晓本案适用联邦法规。招标书显然只包含两个可能适用联邦采购法规的暗示，但显然未提及地区法院用以判定格伯特所作承诺无效的法规，即41 C. F. R. § 1-2. 301（a）。招标书的第2页首次出现联邦采购法规："规格以可选设备的'品牌名称或同等'模式呈现，如联邦采购法规第1-1. 307-4节和第1-1. 307-5节到第1-1. 307-9节所述。"对联邦采购法规的第二次引用出现在招标书的第10页。显然招标书中未提及地区法院所适用的法规，也未表明联邦采购法规所有条款均适用于本合同。

此外，医疗服务协会辩称，招标书中表明中标者必须得到美国卫生、教育和福利部（United States Department of Health, Education, and Welfare, HEW）部长的批准。即便如此，这仍然不足以支持地区法院的判决。上诉法院也不同意地区法院的第三个结论，即一个理性的人应当知晓招标程序受联邦采购法规的约束。

---

〔1〕　*Revere Press, Inc. v. Blumberg*, 431 Pa. 370, 375, 246 A. 2d 407, 410（1968）.

〔2〕　*Apex Fin. Corp. v. Decker*, 245 Pa. Super. 439, 369 A. 2d 483, 485–86（1976）.

〔3〕　*Schenker v. Indem. Ins. Co. of N. Am.*, 340 Pa. 81, 87, 16 A. 2d 304, 306（1940）.

招标书中提及的联邦采购法规并非涉案法规 41 C. F. R. §1-2. 301（a），也未明示投标程序适用联邦采购法规。此外，没有迹象表明招标书包含相关联邦法规的副本。虽然招标书中包含中标人必须得到美国卫生、教育和福利部批准的通知，但上诉法院认为该要求并不能从法律上得出一个理性人应当知晓投标程序受联邦采购法规约束的结论。因此，地区法院错误地认定格伯特缺乏做出承诺的表见代理权。威尔逊有理由不知晓联邦采购法规适用于招标程序，并且这些法规可能使格伯特的承诺无效。

出于基本相同的理由，上诉法院认为地区法院裁定不应根据允诺禁反言原则执行格伯特的承诺是错误的。承诺适用允诺禁反言原则的要件是，承诺人应当合理预期其承诺将引起被承诺人明确且实质性的行为或忍耐。此外，承诺必须实际引起这种行为或忍耐，且只有履行承诺才能避免不公正。[1]根据公平正义的需要，救济可能会受到限制。[2]

地区法院认为，假设格伯特有做出承诺的权力，那么通用公司的信赖利益遭到了损害。然而，地区法院认为通用公司的信赖并不合理，通用公司应该了解联邦采购法规且该法规禁止格伯特履行涉案承诺，所以不能裁定医疗服务协会根据允诺禁反言原则履行承诺。但由于上述原因，上诉法院认为地区法院的结论是错误的，即通用公司并不一定知晓联邦采购法规的适用。

关于医疗服务协会引用的斯特马克诉格伦奥尔登煤炭公司案（*Stelmack v. Glen Alden Coal Co.*）[3]和 TMA 基金有限公司诉比维尔案（*TMA Fund, Inc. v. Biever*）[4]，上诉法院认为其与结论并不冲突。

在第一个案件中，被告请求获得进入原告的土地并在原告建筑物周围竖立支撑物的许可，以保护原告免受被告采矿的损害。原告同意，因此被告竖立了支架。随着采矿作业的进行，被告不时对建筑物进行维修，但最后拒绝将其恢复到以前的状态。原告提起诉讼，寻求通过合同和允诺禁反言原则获得救济。在驳回基于允诺禁反言原则的诉讼请求时，法院表示只有真正不容

---

[1]　Restatement of Contracts §90（1932）.

[2]　Restatement of Contracts §201（Tent. Draft No. 2, April 30, 1965）.

[3]　*Stelmack v. Glen Alden Coal Co.*, 339 Pa. 410, 14 A. 2d 127（1940）.

[4]　*TMA Fund, Inc. v. Biever*, 380 F. Supp. 1248（E. D. Pa. 1974）, *aff'd*, 532 F. 2d 747（3d Cir. 1976）.

反悔的所有要素都存在，才可援引允诺禁反言原则。因为如果随意适用，那么除完全缺乏对价的允诺外，任何允诺都可被执行。[1]法院继续分析道："原告没有信赖被告的承诺采取任何行动，没有产生不利影响。他们没有相反或实质地改变立场，没有因被剥夺无偿受益而遭受不公正待遇，因此没有普通法或衡平法上的获偿权利"。[2]然而，本案中的原告显然因信赖被告的承诺而遭受了重大损害，原告因未获得格伯特所承诺的服务而遭受了不公正待遇。

第二个案件与本案也有差别。该案中被告受诱导签署本票以挽救商场失利，还作出了"已安排其他融资"的虚假陈述。在针对被告执行票据的诉讼中，法院裁定该票据因缺乏对价而无法执行。法院指出，TMA 基金有限公司"在执行协议和票据以换取票据付款时并未承诺做任何事情。直到现在，TMA 基金有限公司不需要为或不为任何根据协议条款有权为之或不为的行为"。[3]然而在本案中，医疗服务协会承诺会接收投标书，而通用公司信赖该承诺，造成了利益损害。

因此，上诉法院认为，根据宾夕法尼亚州的法律，格伯特拥有表见代理权，能够做出对医疗服务协会具有约束力的承诺。通用公司信赖该承诺致使利益受损，因此该承诺应基于允诺禁反言原则强制执行。

最后，上诉法院讨论了损害赔偿问题。陪审团对医疗服务协会作出了赔偿 13 000 美元的裁决，原因为如果格伯特的承诺得到履行，通用公司的投标书将及时提交，其将获得计算机租赁合同。13 000 美元似乎代表了陪审团对通用公司因医疗服务协会未能履行承诺而损失的利润金额的计算。地区法院认为，损害赔偿的得出过程合理，并且金额也在陪审团的自由裁量权范围内。因此，地区法院驳回了医疗服务协会要求不顾陪审团裁决径行判决的动议，以及在此基础上重新进行审判的动议。在交叉上诉中，医疗服务协会辩称，陪审团裁定通用公司由于医疗服务协会未能履行承诺而遭受损害仅仅基于猜想和推测，即使通用公司的出价最低，也不能保证其会获得合同，因为最终的合同仍需得到联邦健康保险局（Federal Bureau of Health Insurance）的批准。

---

〔1〕 *Stelmack v. Glen Alden Coal Co.*, 339 Pa. 410, 416, 14 A. 2d 127, 129 (1940).

〔2〕 *Stelmack v. Glen Alden Coal Co.*, 339 Pa. 410, 416, 14 A. 2d 127, 130 (1940).

〔3〕 *TMA Fund, Inc. v. Biever*, 380 F. Supp. 1254（E. D. Pa. 1974），*aff'd*, 532 F. 2d 747（3d Cir. 1976）.

医疗服务协会特别指出，真正公开的低报价实际上并未被选中授予合同。

然而，法院经审理得出，如果医疗服务协会履行承诺，通用公司的投标书就会及时提交，并且会获得合同。首先，有证据表明，如果及时收到通用公司的出价，这一价格即为低报价。证据表明，通用公司的出价比中标公司提交的出价每月低约 450 美元。其次，格伯特作证说，如果在其他条件相同的情况下，在较早的时间点收到了较低的报价，他会建议与报价最低的投标者进行谈判。医疗服务协会财务总监的行政助理雷·艾歇尔伯格（Ray Eichelberger）也作证称，在所有其他因素相同的情况下，"最低投标价格将是接受该投标的唯一决定因素"。最后，没有证据表明其他因素会妨碍将合同授予通用公司。艾歇尔伯格在他的证词中还表示，如果通用公司的投标书及时提交，并且该投标成本最低，则合同很可能会获批。因此，如果格伯特履行承诺并在机场领取通用公司的投标书，通用公司将获得合同。

综上所述，上诉法院对地区法院驳回医疗服务协会的重新审判动议予以确认，并撤销了关于医疗服务协会责任承担的判决，将其发回地区法院重审。

合同的订立：要约与承诺

一、合同订立的客观理论：路西诉齐默案（LUCY v. ZEHMER）

W. O. LUCY AND J. C. LUCY

v.

A. H. ZEHMER AND IDA S. ZEHMER

Supreme Court of Appeals of Virginia, November 22, 1954.

196 Va. 493, 84 S. E. 2d 516.

（路西诉齐默案）

1. 裁判要旨

当事人心理上的同意并不是合同成立的必要条件。如果一方当事人的言语或其他行为只有一个合理含义，则除非另一方当事人知道其表现的不合理含义，否则其未公开的意图是无关紧要的。

2. 案件事实

本案发生在弗吉尼亚州。A. H. 齐默（A. H. Zehmer）在弗吉尼亚州的丁威迪市（Dinwiddie County）拥有一片 471.6 英亩的优质土地，被称为弗格森农场（Ferguson Farm）。虽然多年来求购者络绎不绝，但他始终没有将其卖出。W. O. 路西（W. O. Lucy）是一位伐木工和农民，其与齐默是老相识，也很熟悉农场的情况。七八年前，路西曾向齐默提出用 20 000 美元买下农场，但当时仅达成了口头协议，而且齐默也退出了。

1952 年 12 月 20 日晚 8 时许，路西来到麦肯尼镇（McKenney），齐默在此地生活并经营有饭店、加油站和汽车旅馆。路西打算和齐默见面，并再度尝试购买农场。他拎着一瓶半满的威士忌走进饭店，和齐默一起喝了酒。路西询问其是否已将农场卖出，齐默回答没有。路西说"我打赌你不会为 50 000 美元卖掉那地方"，齐默表示愿意，但认为路西出不起钱。路西表示自己有能力支付，并当场要求与齐默达成书面协议。齐默拿来一张饭店账单（restaurant check），在背面写下"我在此同意以 50 000 美元的价格将弗格森农场出售给路西"。在路西的要求下，齐默重写了一份协议，将其中的"我"改成了"我们"（指齐默夫妇），夫妇两人都签了名。当晚，两人就农场买卖事宜进行了 40 多分钟的讨论。

1952 年 12 月 21 日，路西致电其兄弟，安排双方各支付一半对价并共同拥有该土地。当天，在麦肯尼镇举办的一个社交聚会中，路西将这笔买卖告诸众人，明确表明自己坚定地购买这片土地。12 月 22 日，路西聘请律师检查土地产权状况，后者于 12 月 31 日回信表示土地产权没有瑕疵。1953 年 1 月 2 日，路西给齐默写信，称土地产权没有瑕疵，他已准备好以现金支付价款，并询问齐默准备何时完成交易。1 月 13 日，齐默回信称其从未同意或打算出售农场。齐默表示，签订合同时他喝多了，并且当时只是开了一个玩笑，因为他始终觉得路西根本没有能力支付 50 000 美元。

双方对此协商未果，于是路西向丁威迪县巡回法院（Circuit Court of Dinwiddie County）提起诉讼，请求被告履行土地购买合同。但被告提出反对，认为当时只是开个玩笑，这个购买合同并不成立。初审法院否认了该合同的效力，认为这并非被告的内心真意，因而驳回原告诉讼请求。原告上诉至弗吉尼亚州最高上诉法院（Supreme Court of Appeals of Virginia）。

3. 争议焦点

（1）被告是否应当履行该土地购买合同？

（2）合同成立所要求的合意应以双方的内心真实想法为依据还是以外在行为表现为依据？

（3）签订合同时，被告是否处于醉酒状态？

（4）本案中的合同是否公平合理？

4. 裁判结果

上诉法院认为，该合同是双方合意的结果，并且不存在其它合同无效的情形，因而合同成立，被告应当履行该合同。

5. 裁判理由

（1）本案中被告签订合同时非醉酒状态。被告称自己当时是在醉酒状态下说大话。但被告后来能够详细叙述订立合同时的想法及意图与他的醉酒理由不相符，并且被告的妻子曾建议被告开车将原告送走，这表明当时被告并未处于醉酒状态。事实上，被告的律师在口头辩论时也承认当时的被告并非处于无法签订合同的醉酒状态。因此，被告当时并非醉酒状态。

（2）被告签订合同时并非开玩笑。被告在签订合同时，先后写过两份。被告第一次表示"我愿将土地卖给路西"，而在原告的要求下，第二次把"我"改成了"我们"，并且被告的妻子也在合同上签了字。同时，在签订合同之前，被告与原告交谈了40多分钟，这40多分钟足够被告做出充分的思考。这两点都可以证明，被告当时的行为是严肃的，并非在开玩笑。

（3）原告对该合同产生合理信赖。原告相信这个合同是严肃的，而绝非一个玩笑。因此，合同签订之后，原告将此事告诸众人，明确表明自己坚定地购买这片土地，并且与他的兄弟一起筹集到了50 000美元，同时雇人对这片土地的产权状况等进行了检查。这些行为表明原告对该合同产生了合理信赖并已经付诸行动。

（4）合意的关键不在于内心真实意图。这是本案最为核心的争议点。法院认为，当事人在订立合同时，合意是重要因素。但是，内心深处的意图并非合同成立的绝对要件。当事人的语言或者其他外在行为能够使得对方产生合理的信赖，这就足够了。尽管被告称自己是开玩笑，但被告签订合同的一系列行为足以使对方产生合理的信赖，因而合同有效。

（5）该合同是公平的。合同的公平是需要考虑的重要问题。本案中并没有欺诈、重大误解、不当手段和不平等当事人交易的情形，价格也是比较公允的。

经核查，这片土地最初的购买价格为11 000美元，几年来的税款为6300美元，而此次交易价格为50 000美元。排除被告的管理成本，这依然是一个合理的交易价格。被告也承认这是一个合理价格。因此，本案中合同是公平的。

综上，本案合同有效，被告应当依约履行。

二、商业广告通常为要约邀请：卡夫特诉艾德 & 约翰斯顿公司案（CRAFT v. ELDER & JOHNSTON CO.）

CRAFT
v.
ELDER & JOHNSTON CO.
Court of Appeals of Ohio, Second District, Montgomery County,
July 14, 1941.
38 N. E. 2d 416, 34 Ohio Law Abs. 603.
（卡夫特诉艾德 & 约翰斯顿公司案）

1. 裁判要旨

标明特定数量、日期和所出售商品的广告仅构成单方要约（unilateral offer）[1]，不构成合同。发布广告者和公众之间不存在合同关系，发布广告者可以不经通知任意撤回广告。

2. 案情介绍

1940 年 1 月 31 日，被告在报纸上刊登了一份广告，称以单价 26 美元出售电动缝纫机，仅限周四，也就是 1940 年 2 月 1 日。第二天，原告向被告公司支付 26 美元以购买其中的一台电动缝纫机，但被告拒绝交付。原告认为被告发出广告就是发出要约，拒绝交付缝纫机就是违约，故以违约为由诉至蒙哥马利县普通法院（Court of Common Pleas of Montgomery County），要求被告赔偿 149 美元（缝纫机的原价 175 美元减去广告价 26 美元）及其利息。

本案的初审法院驳回原告的诉讼请求，认为被告的广告不构成要约，原告接受该广告并不能与被告形成合同关系。原告不服，遂向本案的终审法院俄亥俄州上诉法院（Court of Appeals of Ohio）提起上诉。

3. 争议焦点

本案中的商业广告是否可以构成要约？

4. 判决结果

上诉法院维持原判，认为商业广告不构成要约，拒绝原告的赔偿请求。

---

[1] 单方要约为直译，与我国的要约邀请同义。

5. 裁判理由

原告认为被告的广告构成要约，而自己的购买行为构成承诺，进而双方之间存在合同关系，因此被告拒绝交易的行为属于违约。但是法院认为被告发布的广告不属于要约，被告拒绝交易不属于违约。

首先，广告是针对不特定社会大众而非特定对象发出的，所以被告作为发布广告者并没有与任何特定主体构成合同关系。由此，广告不是要约，而仅是单方要约。根据俄亥俄州判例法，在缺乏对价之时，要约可以在被接受之前撤回。但是引用该规则的案例都是发生在特定主体之间，并没有像本案这样发生在社会公众与发布广告者之间的。该规则中的"接受之前"并不适用于本案，因为原告支付价款要求购买缝纫机的行为并不能创设其与被告的合同关系，被告拒绝交易的行为在法律上只能构成单方要约的撤回。

其次，一般而言，要约人撤回要约前应向受要约人发出通知，但这一规则适用于合同双方处于协商状态或者至少构成单诺合同（unilateral contract）[1]的情况。本案的广告仅构成一个单方要约，而非单诺合同。作为单方要约的商业广告只有在构成悬赏广告的情况下才能转化为单诺合同，例如广告要求不特定人提供特定信息、归还特定物品以及做指定的事情。单诺合同中最重要的因素是要完成发出要约者指定的行为。如果发出要约者在行为人完成广告指定行为后没有履行其允诺，那么不当得利原则就会发挥作用。但是本案的广告并不符合上述三种情形，因此仅构成单方要约。

最后，在双方交易已经完成并且消费者没有收到撤销单方要约通知的情况下，即使广告仅构成单方要约，双方的交易也不可撤销。在阿诺德诉菲利普斯案（*Arnold v. Phillips*）[2]中，阿诺德发布了一则广告，表示可以用圣克莱尔纸币（St. Clair Money）在他店里买东西，而且可以按票面值计算。菲利普斯看到这则广告后就去阿诺德店中订购了东西，但是此时双方都没有就如何支付进行交流。而后，阿诺德的店员将商品送到了菲利普斯店里，但是忘了老板跟他说过的提醒菲利普斯不要圣克莱尔纸币的事，没有对交易的条件

---

〔1〕　单诺合同指的是仅由一方当事人作出允诺，而另一方当事人以行为的作为或不作为所达成的合同。它与由双方当事人均作出允诺而作成的双诺合同（bilateral contract）相对。参见薛波主编，潘汉典总审订：《元照英美法词典》，法律出版社 2003 年版，第 1375 页。

〔2〕　*Arnold v. Phillips*, 1846 WL 2890（Ohio Com. Pl. 1846）.

做任何说明。于是，阿诺德又把店员送回到菲利普斯店里，让他再去提醒一遍。但是当时只有菲利普斯的店员在，菲利普斯并不在。当天中午，菲利普斯拿着面值100美元（实际价值只有面值的25%—40%）的圣克莱尔纸币去交钱，但是阿诺德拒绝了。于是阿诺德请求法院判决菲利普斯返还商品。但是法院认为菲利普斯收到货物时交易就已经完成，合同关系不能撤销。同样，在迈耶诉帕卡德公司案（*Meyer v. Packard Cleveland Motor Co.*）[1]中，迈耶看到帕卡德公司登载的翻新卡车广告后，就买了该卡车并且签了书面订单。此时，双方的交易也已经完成。而本案与前两个案子并不相同，被告拒绝了交易，并没有把缝纫机送到原告那儿，所以双方并没有完成交易，不能适用前述规则。

因此，本案双方之间并没有合同关系存在，本案的案情既不能满足单诺合同的条件，同时交易也没有完成，被告撤销单方要约的行为不构成违约，无须赔偿原告。

三、符合要约条件的商业广告构成要约：莱夫科维茨诉大明尼阿波利斯盈余商店案（LEFKOWITZ v. GREAT MINNEAPOLIS SURPLUS STORE, Inc.）

Morris LEFKOWITZ, Respondent,

v.

GREAT MINNEAPOLIS SURPLUS STORE, Inc., Appellant.

Supreme Court of Minnesota, December 20, 1957.

251 Minn. 188, 86 N. W. 2d 689.

（莱夫科维茨诉大明尼阿波利斯盈余商店案）

1. 裁判要旨

（1）若刊发报纸广告，提议以特定价格出售具有一定价值的物品，该出售提议在条件清楚、确定、明确且无商量余地时才构成要约。该要约一经承诺，合同即成立。

（2）通过刊发报纸广告来发布要约的，要约人可以在该要约被承诺前修改要约条件。要约一经承诺，要约人即无权在已公布的要约中强加新的条件。

---

[1] *Meyer v. Packard Cleveland Motor Co.*, 106 Ohio St. 328, 140 N. E. 118, 120 (1922).

2. 案情介绍

（1）案件事实。1956 年 4 月份，被告大明尼阿波利斯盈余商店（Great Minneapolis Surplus Store）在明尼阿波利斯市一家报纸上先后刊登两则广告。第一则刊登于 4 月 6 日，内容如下：

"星期六上午 9 点整，3 件品牌全新毛皮大衣，价值近于（worth to）100 美元。先到者先得，每件 1 美元出售。"

4 月 13 日，被告在同一家报纸上刊登了第二则广告：

"星期六上午 9 点，2 件品牌全新淡色三层式貂皮围巾，原价 89. 50 美元，出清，星期六，每件 1 美元出售。

1 件黑色兔毛女用披肩，款式漂亮，价值 139. 50 美元，只售 1 美元，先到者先得。"

在广告刊登后的每个星期六，原告莫里斯·莱夫科维茨（Morris Lefkowitz）都按照广告中的要求第一个来到商店，到相应的柜台，并表明自己愿意按照广告的要求分别支付 1 美元来购买广告中所说的大衣和披肩。但是，被告商店两次都拒绝将商品卖给原告。第一次拒绝的理由是：根据"店规"，广告中的商品只针对女性顾客，不卖给男士。第二次拒绝的理由则是原告是知道店规的，因此不卖给原告。原告于是向亨内平县的市镇法院（Municipal Court, Hennepin County）提起了违约之诉。

（2）原被告观点。原告认为被告刊登在报纸上的广告是要约，自己两次均按照广告中的要求来到被告商店，请求按广告中提出的 1 美元的价格购买大衣和披肩的行为构成承诺，双方已达成商品买卖合同，被告却拒绝将商品出售给自己，这一行为构成违约，被告因此应承担损害赔偿责任，赔偿数额应为大衣和披肩的价值分别减去应支付的 1 美元。

被告则认为：

首先，刊登在报纸上的以特定的价格出售商品的广告是一种单方要约，可以不经通知就撤回。被告援引一些权威的观点和判例来支撑自己的抗辩：当一个广告商在报纸上刊登广告，表明自己想以特定价格和特定条件来出售自己所拥有的货物时，这种广告通常被解释为要约邀请。因此，即使相对人看到广告后，通过表明自己愿意接受一定数量的货物的方式做出承诺，合同也无法成立。只要未经卖方做出承诺，买卖合同便不成立，并且卖方可在合同成立前修改或撤回商品的价格和某些条件。

其次，被告着重援引了卡夫特诉艾德 & 约翰斯顿公司案[1]，该案主要讨论的是一个一天特价销售电动缝纫机的广告的法律效力。在该案中，法院认为该则广告要约并非针对特定人做出，而是面向大众做出的，因此属于一项单方要约，在没有任何对价的支持下，被告可以不经通知任意将其撤回。

最后，被告在上诉中还辩称，要约已被"店规"修改，因此只有女性才有资格接受广告中的交易。

（3）诉讼历史。市镇法院驳回了原告关于毛皮大衣的损害赔偿请求，认为其价值具有推测性和不确定性，但支持了原告关于黑色兔毛披肩的损害赔偿请求，判决原告应得到的赔偿数额为披肩价值减去应支付的 1 美元，即 138.50 美元。被告请求修改法院发现的事实或者采用替代措施——发回重审，但市镇法院拒绝了被告的动议。被告不服，向明尼苏达州最高法院（Supreme Court of Minnesota）提起上诉。

3. 争议焦点

（1）本案中被告刊登的两则广告是否构成要约？

（2）原告的行为是否构成承诺？

4. 裁判结果

明尼苏达州最高法院驳回被告的上诉请求，维持原判。墨菲大法官（Murphy, Justice）发表了判决意见。

5. 裁判理由

首先，明尼苏达州最高法院认同市镇法院以大衣的价值不确定为由驳回原告关于大衣的损害赔偿请求。唯一能够证明大衣价值的证据只有广告中的"价值近于 100 美元"这一句，大衣的出售价格比真正价值少了多少是无法准确估计出来的。该广告的价格条件不够确定，不足以构成一个要约。

其次，针对被告援引卡夫特诉艾德 & 约翰斯顿公司案的判例做出的抗辩，明尼苏达州最高法院认为，每一项要约本质上都是单方的，因为它们必然都是由合同一方做出的，被告所援引的判例中并没有清楚地区分单方要约和单

---

[1] *Craft v. Elder & Johnston Co.*, 38 N. E. 2d 416 (Ohio Ct. App. 1941).

诺合同。在本案中，根据摆在眼前的事实，法院所要关注的是被告刊登的广告是否构成要约；如果是，再判断原告的行为是否构成对被告要约的承诺。有很多权威观点认为，将一部分刊登在报纸或通函上的有关货物买卖的广告解释为一项要约是合理的，对这一要约做出承诺，合同便会成立。威灵斯顿（Williston）在其《合同法》（修订版）第一卷第 27 节中认为，面向大众的广告能否产生一项有约束力的义务，检验标准在于"是否有事实表明有明确的条款承诺欲以某些履行来换取所请求的某件事物"。[1]

明尼苏达州最高法院在总结上述判例和学者的观点后进一步强调，当一个出售提议内容清楚、确定、明确且无值得商议之处时，该出售提议便构成要约，而非要约邀请，被要约人对该要约做出承诺时合同便成立。法院援引了约翰逊诉首都福特公司案（*Johnson v. Capital City Ford Co.*）[2]，该案中法院判决有关买卖汽车的广告可以构成一项要约，对此做出承诺将会导致合同成立，要约人便有责任按照发布的要约中的条款履行义务。

明尼苏达州最高法院进一步指出，在具体的个案当中，报纸上的一则广告究竟是要约还是要约邀请，取决于双方的法律意图和当时的具体情况。法院认为，本案中被告发出的出卖黑色兔毛披肩的广告要约包含原价、现价、质地、颜色、品类等具体信息，"先到先得"也是表达与第一个顾客成交的意愿。要约包含的条件是清楚、确定、明确和无值得商议之处的。明尼苏达州最高法院认为，市镇法院认定双方的行为中存在充分的相互义务，足以构成一个买卖合同，这一判决是正确的。因此，明尼苏达州最高法院判决，被告商店刊登的关于披肩的广告构成一项清楚、确定、明确的要约，并且无值得商议之处，原告作为第一个出现在被告营业场所等待服务的顾客，有权要求被告实际履行。

最后，关于被告以"店规"为由提起的抗辩，明尼苏达州最高法院指出广告中并没有这项"店规"。根据佩恩诉劳茨兄弟公司案（*Payne v. Lautz Bros. & Co.*）[3]确立的先例，广告商（要约人）有权在被要约人承诺前修改

---

　　〔1〕　Samuel Williston, *Contracts*（*Rev. ed.*）, New York Baker, Voorhis & Co.. 1922, s 27.

　　〔2〕　*Johnson v. Capital City Ford Co.*, 85 So. 2d 75（La. Ct. App. 1955）.

　　〔3〕　*Payne v. Lautz Bros. & Co.*, 166 N. Y. S. 844（City Ct. 1916）, *aff'd*, 168 N. Y. S. 369（Sup. Ct. 1918）, *aff'd*, 185 A. D. 904, 171 N. Y. S. 1094（App. Div. 1918）.

要约，但被要约人作出承诺后，要约人无权再增加要约之外的条件。因此，被告以"店规"为由的抗辩是无效的。

四、悬赏广告可以构成要约：卡利尔诉石炭酸[1]烟球公司案（CAR-LILL v. CARBOLIC SMOKE BALL COMPANY）

Carlill v. Carbolic Smoke Ball Company
Court of Appeal, 7 December 1892.
［1892］EWCA Civ 1，［1893］1 QB 256.
（卡利尔诉石炭酸烟球公司案）

1. 判决要旨

悬赏广告可以构成要约。该要约可以通过达成广告中的条件而被承诺，并不需要通常的承诺。确定要约具有拘束力应依据要约人的言行。若有不清晰之处，应从大众理解的一般含义进行解释。

2. 案情介绍

被告是一种名为石炭酸烟球（carbolic smoke ball）的医疗制剂的所有者和供应商。被告在报纸上发布了一

石炭酸烟球模型图和当时伦敦
报纸上刊登的悬赏广告

则广告，其称任何人只要遵照说明书使用其生产的石炭酸烟球，一天三次，连续使用两周，若仍然感染流感、感冒或者患上其他由感冒引发的疾病，就可获得被告向其支付的 100 英镑。此外，被告已经将 1000 英镑存入银行，以示诚意。

原告卡利尔（Carlill）女士基于对广告的信任在药店购买了被告生产的石炭酸烟球，并遵照其说明从 1891 年 11 月 20 日至 1892 年 1 月 17 日使用该种石炭酸烟球，但在 1 月 17 日当天还是感染了流感。原告请求被告支付 100 英

---

[1] 石炭酸（carbolic acid），学名苯酚（phenol），化学式 C_6H_5OH，是具有特殊气味的无色针状晶体。有毒，是有机合成的重要原料，也广泛用于外科器械消毒、排泄物处理、皮肤杀菌、止痒等用途。

镑，遭到拒绝，便向法院起诉。初审法院的霍金斯（Hawkins）法官作出了有利于原告的判决，后被告上诉至上诉法院（Court of Appeal）。

3. 争议焦点

被告发布的广告是否构成要约，是否因为内容模糊以及未向特定人作出而不具有约束力？原告承诺要约后是否需要通知被告？合同是否有对价？

4. 裁判结果

上诉法院判决驳回被告的上诉请求，维持原判。

5. 判决理由

被告在诉讼中主张，广告内容模糊不清，具体表现为要约对象不清、药物保护期限不清。因此广告仅仅是宣传广告，不构成要约；即便构成要约，原告也没有向被告发出承诺通知，这使得合同无法成立；即便合同成立，也为无对价契约（nudum pactum）[1]。上诉法院的三位法官主要针对被告提出的几项问题进行分析，得出了有利于原告的结论。

第一，法官否认该广告太过模糊以至无法构成法律上的允诺，而不存在合同。广告称，按照要求使用被告的产品后感染流感者可以获得 100 英镑，但并未明确在什么期间感染流感即满足广告所规定的条件。鲍文（Bowen）法官指出，为了得出正确的结论，必须按照大众理解的一般含义进行解释。林德利（Lindley）法官认为此期间为服药后的合理期间；鲍文法官认为是在服药期间；史密斯（Smith）法官认为包括流感流行期间、服药期间、服药结束后的合理期间。基于上述解释，该广告至少不因没有明确期间而不能成为法律上的允诺。此外，林德利法官和史密斯法官还指出，被告在银行中存入 1000 英镑的事实也证明了其允诺的意图。

第二，法官认为该广告未向特定的人作出并不影响其拘束力。林德利法官援引威廉姆斯诉卡沃丁案（*Williams v. Carwardine*）[2]，指出类似本案的广告的悬赏广告是要约，是针对任何成就广告中条件的人的要约，并可由其承诺。鲍文法官则援引斯宾塞诉哈丁案（*Spencer v. Harding*），该案中法院认定

---

〔1〕　无对价契约，指建立在单纯允诺基础上的无对价支持的协议。除非以盖印的方式作成，否则当事人没有诉权。亦作 naked contract, nude contract。参见薛波主编，潘汉典总审订：《元照英美法词典》，法律出版社 2003 年版，第 986 页。

〔2〕　*Williams v. Carwardine* (1833) 4 B & Ad 621.

向首位信息提供者支付酬金的广告构成允诺。[1]法官认为，尽管广告是针对全社会的，但并不会导致要约人和全社会订立合同。和要约人订立合同的人仅限于信赖广告而完成条件并前来的人。

第三，法官认为在特殊情况下承诺并不需要通知。林德利法官指出，通常情况下，当要约作出后，为了成立有约束力的合同，不仅需要承诺，还需要向要约人发出承诺通知。但如果要约本身不要求承诺通知，那么就不需要向要约人发出承诺通知。本案中的要约属于持续性要约，永不撤销。从要约的用语和交易的性质上看，要约人并不期待也并不要求收到除履行通知之外的承诺通知。类似地，鲍文法官认为要约人可明示或默示地要求特定的承诺方式，以使得交易具有约束力。受约人只要按照要约要求的方式进行承诺便足矣。

第四，法官认为该合同具备充足的对价。林德利法官认为，一方面，被告获得了收益，因为该广告可以增强公众对被告产品的信心，而有利于产品销售，构成了对价；另一方面，原告承受了不便，因为其按照广告的要求使用被告的产品，也构成了对价。鲍文法官同样认为原告按照被告的要求不辞烦劳地使用其产品，同时被告产品的销量也增加，获得了利益，构成了对价。

综上所述，法官认为该广告是具有约束力的要约，经原告达成广告中的条件而被承诺，合同成立。该合同具备充足的对价，因此可执行。被告应向原告支付 100 英镑。

五、悬赏广告经典案：塔夫脱诉海特案（TAFT v. HYATT）

TAFT et al.

v.

HYATT et al.

Supreme Court of Kansas, April 12, 1919.

105 Kan. 35, 180 P. 213.

（塔夫脱诉海特案）

1. 裁判要旨

（1）一般而言，为逮捕嫌疑人而提出的私人悬赏与根据制定法提出的法

---

[1] *Spencer v. Harding* (1870) LR 5 CP 561.

定悬赏不同。

（2）个人发出的要约只是一项提议，对方作出承诺并基于要约作出一些意在得到悬赏金的行为后，合同才成立。

（3）发出要约的人与完成指定行为的人之间要有意思上的合意，悬赏金申请人至少应在完成指定行为之时了解到悬赏金的存在。

2. 案情介绍

1917 年 5 月 16 日，美国堪萨斯州帕森斯市（City of Parsons）发生一起袭击案件，阿萨·史密斯（Asa Smith）之妻阿格尼丝·史密斯（Agnes Smith）遭遇袭击身亡，一位名为罗伯特·史密斯（Robert E. Smith）的黑人医生被怀疑是凶手（后被指控犯有一级谋杀罪并被判处刑罚）。为了逮捕嫌疑人，阿萨·史密斯和美国园艺理疗协会（American Horticultural Therapy Association，A. H. T. A）部分成员发布了悬赏金为 750 美元的悬赏广告，获得悬赏金的条件为"逮捕嫌疑人或提供将导致嫌疑人被逮捕的信息"。

海特（Hyatt）是一名律师。1917 年 5 月 17 日上午，另一名律师通知他，罗伯特想见他，并告诉他在哪里可以找到罗伯特。当天下午，海特遵照指示，来到罗伯特在帕森斯市的藏身之处，在那里找到了他。两人在一起谈了一个多小时，但未能就聘用海特为罗伯特辩护一事达成一致，二者律师和客户之间的关系也自始至终未成立。在去见罗伯特的路上，海特得知悬赏广告已经发出，他回来后去了县检察官办公室，告诉他在哪里可以找到罗伯特，后者安排副警长去那个地方逮捕罗伯特。副警长与海特一同驱车前往罗伯特早些时候的所在地，但他们发现罗伯特并不在那里；罗伯特被其他人带走了。

在 1917 年 5 月 17 日下午 6 点后不久，克拉伦斯·格拉斯（Clarence Glass）和查尔斯·爱德华兹（Charles C. Edwards）两人去找帕森斯市警察局长托马斯·莫里（Thomas A. Murry），请求其乘坐出租车前往市内某地控制罗伯特，并将其送至位于奥斯维戈（Oswego）的监狱。莫里遵照要求前往指定地点，在那里他与格拉斯、爱德华兹、泰森（Tyson）、库克（Cook）和兰塞姆（Ransom）一同找到了罗伯特。上述一行人乘车前往奥斯维戈，而就在离开帕森斯市前，警察局长告诉罗伯特其已被捕，并打算把其送至奥斯维戈的监狱。协助警察局长护送罗伯特的人员都参加了有色人种共济会（Lodge of Colored Masons），罗伯特也是其中一员。罗伯特向他们表达了对聚众暴乱的恐惧，并同意将自己交由他们监管，他们也同意保护他；他们在打电话给警察局长寻求帮助时都未听说过悬赏广告。警察局长莫里则作证道，他在逮捕罗伯特之前就听说了报酬，逮捕罗伯特并把其带到奥斯维戈，部分是为了赚取报酬，部分是为了保护罗伯特免遭聚众暴乱的侵害。

海特律师认为自己有权获得报酬，原因在于：①其第一个向合适的官员提供了有关罗伯特的信息；②其在主观上有获得悬赏金的意图，与悬赏金提供者达成了意思上的合意；③罗伯特并未因其提供的消息被逮捕，对此其既无过错，也无疏忽。

警察局长莫里也认为自己有权获得报酬，原因在于：①其是导致嫌疑人罗伯特被送看的直接执行人，符合悬赏金设立条件中"逮捕嫌疑人或提供将导致嫌疑人被逮捕的信息"的规定。②其在逮捕罗伯特之前就得知了悬赏广告的存在，并且逮捕就是为了得到悬赏金，在主观上有获得悬赏金的意图，与悬赏金提供者达成了意思上的合意。

格拉斯、爱德华兹、泰森、库克、兰塞姆等人同样认为自己有权获得报酬，原因在于他们是将嫌疑人罗伯特送往监狱的实际执行人，符合悬赏金设立条件中"逮捕嫌疑人或提供将导致嫌疑人被逮捕的信息"的规定。

本案的原告为悬赏金的提供者塔夫脱（Taft），其表示上述人员以起诉相威胁，要求其支付悬赏金，但其不知悬赏金究竟应当支付给众多申请人中的哪一位，因此提起诉讼，请求法院确定悬赏金的最终归属。

初审法院，即堪萨斯州拉贝特县地方法院（Labette District Court）判决只有海特有权获得悬赏金，并驳回了其余人员的诉讼请求。其余人员不服，上诉至堪萨斯州最高法院（Supreme Court of Kansas）。

3. 争议焦点

（1）律师是否有权因提供嫌疑人所在地点但最终没有导致成功逮捕的信息而获得该私人报酬？

（2）警官是否有权因成功逮捕嫌疑人而获得该私人报酬？

（3）其他人员是否有权因提供导致成功逮捕的嫌疑人的信息而获得该私人报酬？

4. 裁判结果

堪萨斯州最高法院推翻一审判决，认为被告均无权获得悬赏金，判决将悬赏金返还原告。

5. 裁判理由

针对海特律师，堪萨斯州最高法院认为：①律师利用不利于客户的信息去获得金钱利益（即获得悬赏金）是显失公平的，而且也会鼓励律师的高度不职业行为。②他为逮捕嫌疑人所做的努力是无效的。他向官员们提供的信息并没有导致逮捕嫌疑人。不管出于何种原因，在他们采取任何行动逮捕罗伯特之前，罗伯特已经在另一名官员的羁押下，并在其朋友的帮助下自首。因此，海特律师无权获得悬赏金。

针对警察局长莫里，堪萨斯州最高法院认为：①根据先例卡尼尔诉斯夸尔案（*Garnier v. Squires*）、铁路公司诉欣塞尔案（*Atchison，T&S. F. Ry. Co. v. Hindsell*）和史密斯诉禾恩案（*Smith v. Hern*），如果一名官员有合理理由相信被逮捕者犯有重罪，则可以在未持有逮捕令的情况下逮捕该人。[1]作为帕森斯市的警察局长，他的职责是逮捕逃犯或者被指控或涉嫌犯罪的人。他没有持有逮捕被告的逮捕令或其他程序性文书这一事实并不重要，因为其有合理理由相信罗伯特犯下了被指控的特定罪行。②根据先例埃尔金斯诉威安多特县案（*Elkins v. Board of Comm'rs of Wyandotte Cty.*）、史密斯诉芬纳案（*Smith v. Fenner*）、马什诉快递公司案（*Marsh v. Wells Fargo & Co. Express*）和萨克尔诉史密斯案（*Thacker v. Smith*），公共政策不允许职务行为成为获得悬赏金的基础。[2]因此，莫里无权获得悬赏金。

针对格拉斯等其他人员，堪萨斯州最高法院认为：①一般而言，为逮捕嫌疑人而提出的私人悬赏与根据制定法提出的法定悬赏不同。根据先例范·弗利辛恩诉曼宁案（*Van Vlissingen v. Manning*）[3]，个人发出的要约只是一项提议，对方作出承诺并基于要约作出一些意在得到悬赏金的行为后，合同才成立。②发出要约的人与完成指定行为的人之间要有意思上的合意，即悬赏金申请人至少应在完成指定行为之时了解到悬赏金的存在。格拉斯一行人在

---

〔1〕 *Garnier v. Squires*, 62 Kan. 321, 62 P. 1005（1900）; *Atchison，T. & S. F. Ry. Co. v. Hindsell*, 76 Kan. 74, 76, 90 P. 800, 801（1907）; *Smith v. Hern*, 102 Kan. 373, 170 P. 990（1918）.

〔2〕 *Elkins v. Board. of Comm'rs of Wyandotte Cty.*, 91 Kan. 518, 520, 138 P. 578（1914）; *Smith v. Fenner*, 102 Kan. 830, 172 P. 514（1918）; *Marsh v. Wells Fargo & Co. Express*, 88 Kan. 538, 129 P. 168（1913）; *Thacker v. Smith*, 103 Kan. 641, 175 P. 983（1918）.

〔3〕 *Van Vlissingen v. Manning*, 105 Ill. App. 255（Ill. App. Ct. 1902）.

完成指定行为之后才得知悬赏广告的存在，其在完成行为之时缺乏与要约人意思上的合意，虽偶然完成了指定行为，但不构成对要约的承诺。因此，格拉斯等其他人员无权获得悬赏金。

据此，堪萨斯州最高法院最终认为上述所有人均无权获得悬赏金，推翻了初审判决，将案件发回重审，并指示执行该命令。

六、被信赖要约不可撤销：德雷南诉斯达铺设公司案（DRENNAN v. STAR PAVING CO. ）

WILLIAM A. DRENNAN, Respondent,

v.

STAR PAVING COMPANY（a Corporation）, Appellant.

Supreme Court of California, December 31, 1958.

51 Cal. 2d 409, 333 P. 2d 757.

（德雷南诉斯达铺设公司案）

1. 裁判要旨

当要约被合理信赖时，就默示了不可撤销的附带允诺的存在。受诺人的合理信赖可以代替对价，并据此对允诺人具有约束力，允诺人应该执行其允诺，即不能撤销要约。

2. 案情介绍

本案原告德雷南（Drennan）是一个获得许可的总承包方，被告斯达铺设公司（Star Paving Company）是一个分包方。

1955 年 7 月 28 日，原告计划竞标兰卡斯特（Lancaster）学区的"蒙特维斯塔学校包工项目"（Monte Vista School Job），于是将总标划分为小部分，由分包方投标。总承包方会根据分包方提出的报价，选择较低的一个来估算自己的总标价。根据该地区的惯例，总承包方可以在规定的投标日以电话的方式接收分包方的投标。所以，在投标当天，原告的秘书约翰逊夫人（Mrs. Johnson）通过电话收到了 50 到 75 个分包方对学校工程项目的不同部分的投标。秘书将这些分包方写入了一个特殊的表格交给原告，原告除了在总标中写上分包方的名字及各分包方需要承包的工作，还需要提供总标价（317 385 美元）10%的保证金，用于担保一旦有分包方中标，必须与其签订合同。投标当天下午，原告的秘书收到了被告估价师肯尼思·胡恩（Kenneth R. Hoon）的电话，希望就学校工程项目的铺路工作以 7131.60 美元投标。由于这是铺路工作部分接到的最低投标报价，原告将被告列为铺路工作的分包方，并基于此报价计算自己的总标价。最终，7 月 28 日，原告以最低价中标。第二天早上，原告在去往洛杉矶的路上路过被告办公室，遇到了被告的建筑工程师奥本海默先生（Mr. Oppenheimer），在原告介绍完自己之后，被告的建筑工程师就告诉原告昨天的投标报价有错误。原告表示已经将被告的报价计算入自己的总标价中，并且已经中标，希望被告能按原报价实施工程建设，但被告表示如果少于 15 000 美元则拒绝做铺路工作。

原告经过几个月的努力，能找到的其他最低报价为 L&H 铺设公司（L&H Paving Company）提出的 10 948.60 美元，并最终按照此报价完成了建设工作。

据此，原告向法院起诉，请求被告赔偿因其拒绝履行铺路工作对原告造成的损失。克恩县高级法院（Superior Court of Kern County）判决被告败诉，并需要赔偿原告损失 3817 美元（10 948.6 美元与 7131.6 美元之差）。被告不服，上诉至加利福尼亚州最高法院（Supreme Court of California）。

3. 争议焦点

没有对价的情况下是否可以使允诺具有执行力？原告的信赖是否使被告的要约不可撤销？

4. 裁判结果

加利福尼亚州最高法院维持了初审法院的判决。

5. 裁判理由

本案中被告的投标为一个要约，原告将被告的报价用于计算自己的总标价，不构成承诺，因为没有向原告表示其愿意接受，承诺没有发出。但是本案被告的要约中包含一个允诺（不管是明示或默示），允诺被告将依条件履行。根据《合同法重述》第 45 条，如果单诺合同中给出一个要约，而且受要约人据此给出了部分要约所要求的对价，那么要约人就受合同的约束，应该在要约中确定的时间内，立即履行如同在给出充分对价的条件下应该履行的义务；如果要约中没有确定时间，那么应该在合理的时间内履行。该条评注 b 认为，这样的要约中包含一个附属的默示允诺，即如果已部分履行所要求的行为，那么要约人不会撤销要约。

对于被告的默示允诺，原告没有相应的对价支持（无论是基于获益受损理论还是对价交易理论）。但是，在没有对价的情况下，允诺禁反言原则为受诺人的合理信赖提供了保护。《合同法重述》第 90 条规定："若允诺人可合理地预期他的允诺将诱使受诺人做出确切而实质性的作为或不作为，而预想的作为或不作为也事实上发生了，那么如果强制实施该允诺是避免不公平结果的唯一方式，则该允诺是有约束力的。"根据第 90 条，受诺人的合理信赖代替了对价，并据此对允诺人具有约束力，被告应该执行其允诺，即不能撤销要约。

根据《合同法重述》第 90 条的规定分析本案案情。首先，允诺人的合理预期体现在：被告在投标时能够合理预见到，如果他的报价是最低的，那么他的投标很有可能会被原告接受使用。其次，引诱受诺人的行为体现在：原告基于被告的报价来计算自己的总标价，并把被告列为总合同的分包方，且原告的投标已经中标，中标后提供了一个总标价 10% 的担保。最后，受诺人的合理信赖体现在：被告在投标的时候没有说明要约是可撤销的，而且也没有及时说明报价有错误，原告合理信赖被告投标是想成为铺路工程的分包方，基于这种信赖，将被告的投标用于计算自己的总标价，使原告自己受约束。

对于被告的要约是否可撤销的认定，法院认为有三个条件：①投标时是否明示或默示要约在承诺前的任何时间是可撤销的；②是否有法律规定的撤销权；③是否能合理地推断出要约是可撤销的。对于第一个条件，被告在投标时并没有说明要约是否可撤销。对于第二个条件，原则上单诺合同在完全履行前的任意时间都是可撤销的，但是根据《合同法重述》第 45 条评注 b 对附属的默示允诺的规定，被告的默示允诺受允诺禁反言原则的约束，要约不能撤销。对于第三个条件，被告认为其在投标中出现报价错误，所以要约应该是可以撤销的。法院认为，只有在原告知道或应当知道要约中存在错误的时候，要约才是可撤销的。当然，如果原告有理由相信被告的投标是错误的，就不会有合理信赖，第 90 条也就不会适用了。而在本案中，在兰开斯特附近的沙漠中铺路的报价，最大值和最小值之间通常有 160% 的浮动，因此原告没有理由得知被告的报价有错误，不能推断出要约是可撤销的。退一步说，即使被告的报价在被接受之前是可撤销的，也不意味着被告在准备其报价时没有责任履行合理谨慎的义务。在投标的分包方和合理依赖投标的总承包方之间，因错误造成的损失应由引起错误的一方承担。

综上所述，法院认为，虽然对于被告的默示允诺，原告没有相应的对价支持，但是允诺禁反言原则为受诺人的合理信赖提供了保护。受诺人的合理信赖代替了对价，并据此对允诺人具有约束力，被告应该执行其允诺，即不能撤销要约。因此，法院对被告的抗辩不予支持。

七、承诺的通知问题：国际净化器公司诉康罗金酒公司案（INTER-NATIONAL FILTER CO. v. CONROE GIN, ICE & LIGHT CO.）

INTERNATIONAL FILTER CO.
v.
CONROE GIN, ICE & LIGHT CO.
Commission of Appeals of Texas, Section A, December 10, 1925.
277 S. W. 631.

（国际净化器公司诉康罗金酒公司案）

1. 裁判要旨

如果要约人在其要约中明示或默示地表示，受要约人只需就要约要求采取行动，而无须向其发出承诺通知，则受要约人只要遵循要约所示的方式采取行动便构成无须通知的承诺。

2. 案件事实

本案原告国际净化器公司（International Filter Co.）是一家伊利诺伊州企业，主要办事处设在芝加哥，其业务是生产净水设备。本案被告康罗金酒公司（Conroe Gin, Ice & Light Co.）是一家得克萨斯州企业，其业务包括生产冰块。

1920年2月10日，原告的律师（traveling solicitor）向被告的经理呈递了一份出售净水设备的书面文件，上面写明："当买方表示接受，并且经卖方在芝加哥办公室的执行官批准之后，合同成立。合同成立之后，任何修改都必须通过双方签署的正式批准的补充协议进行。本提案应立即接受，且除非已被接受，否则如有更改，恕不另行通知。"被告的经理于同一天向原告的律师表示接受提案。

1920年2月13日，原告的执行官也批准了该交易，并且在文件上签写

"O.K."字样。第二天，原告向被告寄信称："感谢贵公司的订单……请尽快向我公司发送水质样本，以便在装船前分析水质特性。"

但是过了一段时间，被告想要撤销其订单，而原告则坚持继续履行该合同。因为双方都坚持各自的立场，于是原告向法院起诉，请求被告承担违约责任，而被告则主张合同并未成立。

本案的初审法院（District Court, Montgomery County）判决被告胜诉，原告不服并上诉，但上诉法院（Court of Civil Appeals of Texas, Beaumont）维持了原判。于是原告继续将案件上诉至本案的终审法院（Commission of Appeals of Texas, Section A）。

3. 争议焦点

（1）原告执行官在提案上写下的"O.K."字样是否构成要约所要求的承诺？

（2）为了使合同成立，原告是否需要向被告发出承诺通知？

4. 裁判结果

终审法院支持了原告的诉讼请求，撤销了上诉法院的判决，并将案件发回重审。

5. 裁判理由

对于第一项争议焦点，终审法院同意上诉法院的观点，认为原告执行官在提案上写下的"O.K."构成要约所要求的承诺。根据格彻尔 & 马丁公司诉彼得森案（*Getchell & Martin Lumber & Mfg. Co. v. Peterson & Sampson*），"O.K."虽然不能被称为"文雅英语"，但在美国的商业生活中，它已经被广泛使用了很多年，并获得了一个非常确定的含义。因此，通过使用"O.K."这个词，原告的执行官只可能表示接受被告的提案。[1]

对于第二项争议焦点，终审法院认为，在本案中，承诺的通知并不是必需的。卡利尔诉石炭酸烟球公司案[2]已经阐明了一项规则，即承诺通知是为了维护要约人的利益而作出的，因此如果要约人认为这样做有必要，他就可以免除受要约人对自己的承诺通知。而且，如果一个人在其向另一个人作

---

〔1〕 *International Filter Co. v. Conroe Gin, Ice & Light Co.*, 269 S. W. 210, 214（Tex. Civ. App.）, rev'd, 277 S. W. 631（Tex. Comm'n App. 1925）, citing *Getchell & Martin Lumber & Mfg. Co. v. Peterson & Sampson*, 124 Iowa 599, 100 N. W. 550（1904）.

〔2〕 *Carlill v. Carbolic Smoke Ball Cornpany*〔1892〕EWCA Civ 1,〔1893〕1 QB 256.

出的要约中，明示或默示地暗示了一种特定的承诺方式，该方式足以使交易产生约束力，那么受要约人需要做的就是遵循该特定方式；而如果要约人在要约中明示或默示地暗示，直接按照要约要求采取行动就足以使交易产生约束力，无须对其发出承诺通知，那么受要约人的履行即构成无须通知的承诺。

值得注意的是，该规则并不是想要否定承诺通知的重要性，而是想要说明缔约能力的存在赋予了要约人免除承诺通知的权利，并且，如果要约表明承诺通知并不是必需的，那么在这种情况下要约人确实就放弃了获得通知的权利。

在本案中，要约要求的承诺方式是"经卖方在芝加哥办公室的执行官批准"，而原告确实遵循了被告所要求的该特定方式。当原告按该方式作出承诺之后，这一份提案就成了合同。

最后，终审法院还认为，即使本案要求原告发出承诺通知，其于1920年2月14日寄给被告的信件也足以构成承诺通知。因为，在本案中，构成承诺的并非原告2月14日寄出的信件，而是原告的执行官在提案上所写下的"O. K."。

需要强调的是，承诺通知和承诺本身是不同的。承诺代表双方当事人达成合意，而承诺通知仅仅与该事实存在一定关联。

此外，虽然法律要求受要约人作出承诺通知，但其并未规定该通知必须遵循某些特定形式，除非当事人对此有所约定。因此，只要是能够把承诺的事实传达给要约人的，都可构成承诺通知。本案中，任何一个理性谨慎的人在看到原告于1920年2月14日寄出的信件之后，显然都能认识到原告作出承诺的事实，因此该信件足已构成承诺通知。

综上所述，原告执行官在提案上写下的"O. K."构成要约所要求的承诺，原告无须向被告发出承诺通知。即使本案要求发出承诺通知，原告于1920年2月14日寄给被告的信件也足以构成承诺通知。因此，原告的诉讼请求应得到支持，上诉法院的判决应予推翻。

八、要约的撤回：詹姆斯·贝尔德公司诉金贝尔兄弟公司案（JAMES BAIRD CO. v. GIMBEL BROS. , INC. ）

JAMES BAIRD CO.

v.

GIMBEL BROS. , Inc.

Circuit Court of Appeals, Second Circuit, April 10, 1933.

64 F. 2d 344.

（詹姆斯·贝尔德公司诉金贝尔兄弟公司案）

1. 裁判要旨

（1）原告基于被告要约中所提供的油毡报价确定了自己在进行油毡投标时的出价并且成功获得投标，而这一事实并不构成具有约束力的油毡供应合同，因为在承包商发出承诺通知之前，该报价已经被撤回。

（2）根据允诺禁反言原则，被告在原告根据其提供的价格进行投标之后、发出承诺通知之前这段时间内撤回向原告提供的要约的，不承担损害赔偿责任。

（3）被告的要约中所提供的在获得总承包合同后立即接受要约的具体油毡报价并未授予原告在成功中标后以该报价接受要约的选择权。

2. 案情介绍

（1）案件事实。被告金贝尔兄弟公司（Gimbel Bros. , Inc. ）为纽约批发商，在了解到宾夕法尼亚州的公路部门有意愿投标建造一座公共建筑后，便指派一名雇员到费城一家拥有相关说明书的承包商处计算该工程所需油毡数量，然而雇员将所需油毡数量错估成实际所需数量的一半左右。在不知道这一错误的情况下，被告于 1932 年 12 月 24 日向 20 名至 30 名可能参与投标的承包商发出了一份要约，要约内容包括："如果您成功被授予合同，我们将绝对保证……提供合理报价"，"请在获得总承包合同后立即接受要约"。原告詹姆斯·贝尔德公司（James Baird Co. ）是华盛顿的一家承包商，于 12 月 28 日收到了上述要约。同样在 12 月 28 日这天，被告意识到了自己在计算油毡数量上的错误，遂电报告知所有收到报价的承包商撤回原报价，并以原报价两倍左右的价格更新了自己的报价。原告于同一天下午在华盛顿收到了这份撤回通知，但在此之前原告已经根据被告所提供的报价在哈里斯堡对油毡进行了投标。当地政府于 12 月 30 日接受了原告的投标申请，同日，被告写了一封确认其撤回要约的确认书，原告于 12 月 31 日收到该撤回确认书，并于 1933年 1 月 2 日正式承诺接受该要约。由于被告拒认双方之间有合同存在，原告向其提起违约损害赔偿诉讼。

（2）诉讼历史。原告向纽约州南区联邦地区法院（the District Court of the United States for the Southern District of New York）提起诉讼，请求法院确认双方之间存在合同，被告应当对其进行损害赔偿。

初审法院驳回了原告的诉讼请求，原告上诉至联邦第二巡回上诉法院（United States Court of Appeals for the Second Circuit）。

3. 争议焦点

原被告双方间是否存在合同？本案是否适用允诺禁反言原则？

4. 裁判结果

上诉法院认为：①双方之间并不存在合同，原告使用被告要约中提供的油毡报价进行投标的行为并不能视为接受要约的承诺。②该案件并不属于允诺禁反言原则的适用范围。第二巡回上诉法院确认了初审法院的判决，原告败诉。

5. 裁判理由

上诉法院首先指出，根据《合同法重述》第 35 条，原告在接受被告所提出的要约前，被告已经将该要约撤回，因此原告的承诺时间晚于该要约撤回的时间。

上诉法院逐项分析了原告的诉讼理由：

（1）原告指出，被告的要约构成合理暗示，那就是若原告根据该要约中的油毡报价行事，即在进行投标时使用该报价，则被告的要约应当是不可撤销的，而这使得自己处于一种必须承担重大损失才能撤销投标的境地。尽管原告可以在收到被告撤回要约通知后撤销其投标，但另外提交一份投标的时间已经过去，并且由于油毡这一物品在整个建筑工程成本中仅占很小一部分，对原告来说，预测到因为油毡价格而失去该合同并可能导致其定金被没收一事存在不合理的困难。虽然原告的确可以在获得投标之际就提前确保双方之间的合同存在，但这并不是由被告方所提出的。被告明知承包商将会在其投标中使用被告提供的报价，并且这一事实也保证承包商将以提议的价格供应油毡。这一切不可避免地暗示着，当承包商依照要约行事时，他们便接受了要约并且承诺支付油毡的费用，以备自己的投标被接受。

上诉法院认为，当事人之间订立这样的合同是完全可能的，问题的关键在于他们的真实意思，即他们使用的词句中所包含的真意。原告这一论点具有合理性的前提是，被告事实上必须知道，如果他在承包商进行投标后撤回其报价，承包商将会陷入何种困境。然而，非常明确的是，承包商并不认为仅通过投标就接受了商人的要约。上诉法院举例说，如果中标人在获得合同之后拒绝与政府部门签订合同，被告自然不可能起诉他违约。如果承包商已宣告破产，被告也不能就他的财产提出主张。因此得出结论：双方之间显然不存在合同。同时，要约中所使用的语言也能证明这一点："如果成功获得合同（if successful in being awarded this contract）"很难仅仅通过在投标中使用被告所提供的油毡价格来实现，显然这种使用被告所提供的价格的行为并不能等同于被告"获得（award）"了该合同。同样，"如果您成功被授予合同，我们将绝对保证……提供合理报价（we are offering these prices for…prompt acceptance after the general contract has been awarded）"这句话也被上诉法院视为承诺中的通常沟通，排除了在投标中使用报价应当被视为具有同等效力的看法。确实也可以将后一句话看作要约被接受的提前通知，原告实际接受的是被告的出价，但这种看法会过度扭曲词句的自然含义（natural meaning），特别是对于前一句话来说。承包商可以通过坚持在使用被告提供的报价之前签订合同的方式随时摆脱现有困境。上诉法院认为，在商业交易中，为那些不主动保护自己的人寻找严格解释的行为最终无助于促进公平正义。

（2）原告同时指出，即使双方没有签订双诺合同，被告也应当根据允诺禁反言原则给予损害赔偿。

上诉法院首先分析了允诺禁反言原则的适用范围：该原则所适用的情形主要是当事人认购一项风险投资，通常是慈善的，并且在投资完成之后仍然信守承诺。该原则的适用范围逐渐变广，并且《合同法重述》第90条对该原则的内容进行了归纳概括。由于该原则并不适用于当前正在审理的案子，法院按照《合同法重述》中的规定对其进行解读。

上诉法院随后分析到，要约通常是为了交换对价而做出的，这种对价包括反要约或要约人希望的其他行为。在这种情况下，双方提出交易（propose bargains）；他们假定每一个承诺或是履行都是对另一个承诺或履行的诱因。例如在威斯康星州铁路公司等诉密歇根州审计长佩里·F. 鲍尔斯案（*Wisconsin & M. Ry. Co. v. Powers*）[1]和班宁公司诉加利福利亚州案（*Banning Co. v. People of State of Cal.*）[2]中的情况。但同时，一个人也可以在做出承诺时并不期望获得同样的承诺，例如有条件或无条件捐赠的承诺。普通法通过盖印文件规定了这类情况，但文件中所规定的内容并不是普遍适用的。允诺禁反言原则便是为了避免允诺人在依赖允诺行事时遭受否认允诺所带来的严重后果，例如西格尔诉斯皮尔公司案（*Siegel v. Spear & Co.*）[3]和阿勒格尼学院诉国家银行案（*Allegheny College v. Nat'l Chautauqua Cty. Bank of Jamestown*）[4]两个案件中的情况。但在收到对价之前，交换的要约并不会成为承诺。如果要拓宽允诺禁反言原则的适用范围，将会导致要约人无视其要约中的规定条件。在本案的情况中，被告向原告发出了交付油毡的要约，以交换原告的承诺，而不是交换其投标行为，而该投标行为对于交易来说是无关紧要的。该要约只有在收到等价物时，即在原告承诺接受要约并给付时才能构成承诺。在这种情况下，不存在允诺禁反言原则适用的余地。

最后，上诉法院解释到，被告的要约也不能被视为一种选择，即如果原告的投标被接受，原告有权及时以要约中的报价获得这批油毡，但如果原告能够从其他地方获得更好的价格，则不强制其接受原要约中的报价并支付。上诉法院认为，没有任何理由认为被告自己有意愿承担这种单方面的义务。诚然，如果按照上述解释，允诺禁反言原则有可能适用于本案，原告也是基于要约中的内容行事，但就已发现的证据来看，并不能按照这一原则进行判决。[5]

综上，上诉法院维持了初审法院的判决，原告败诉。

---

〔1〕　*Wisconsin & M. Ry. Co. v. Powers*, 191 U. S. 379, 386, 387, 24 S. Ct. 107, 48 L. Ed. 229（1903）.

〔2〕　*Banning Co. v. People of State of Cal.*, 240 U. S. 142, 152, 153, 36 S. Ct. 338, 60 L. Ed. 569（1916）.

〔3〕　*Siegel v. Spear & Co.*, 234 N. Y. 479, 138 N. E. 414（1923）.

〔4〕　*Allegheny Coll. v. Nat'l Chautauqua Cty. Bank of Jamestown*, 246 N. Y. 369, 159 N. E. 173（1927）.

〔5〕　*Ganss v. J. M. Guffey Petroleum Co.*, 125 A. D. 760, 110 N. Y. S. 176（App. Div. 1908）；*Comstock Bros. v. North*, 88 Miss. 754, 41 So. 374（1906）.

九、承诺的构成要件：乌彻芬尼土地出售合同案（WUCHERPFENNIG v. DOOLEY）

Donald WUCHERPFENNIG, Plaintiff and Appellant,

v.

Elizabeth DOOLEY, Defendant and Appellee,

and

Louise Grettum, and all persons unknown who have or claim any interest in the property hereinafter described, Defendants.

Supreme Court of North Dakota, July 11, 1984.

351 N. W. 2d 443.

（乌彻芬尼土地出售合同案）

1. 裁判要旨

（1）要约的承诺必须是绝对的、明确的和无条件的，并且不得引入额外的条款或条件。[1]

（2）为了形成合同，要约和承诺必须是对同一事物表示同意。

（3）有效的承诺必须明确表达创建且仅创建合同的意图。

（4）对于以每英亩固定价格出售不动产的要约，本案中的信件所使用的语言没有体现出绝对、明确和无条件的承诺，而是似乎更多地具有谈判的性质，以期在未来达成协议，因此本案没有成立土地出售合同，法院驳回了对特定履行的诉讼请求。

2. 案情介绍

（1）案件概览。本案是为特定履行所谓的土地销售合同而提起诉讼。地方法院法官约翰·欧·加拉斯（John O. Garaas）驳回了原告的诉讼请求，原告提出上诉。北达科他州最高法院（Supreme Court of North Dakota）法官桑德（Sand）认为，原告的信件没有体现绝对、明确和无条件的承诺，而是似乎更具谈判性质，以期在未来达成协议，因此本案没有成立土地销售合同。因此，法院驳回了对特定履行的诉讼请求。

---

[1] N. D. Cent. Code § 9-03-21.

（2）案件事实。原告唐纳德·乌彻芬尼（Donald Wucherpfennig）和被告伊丽莎白·杜利（Elizabeth Dooley）以及被告路易斯·格雷特姆（Louise Grettum）是弗莱德（Fred）和哈里特（Harriet）夫妇的子女。弗莱德于1964年去世，哈里特于1977年去世。

根据父母的遗嘱，家庭农场被分为四份，由唐纳德、伊丽莎白和路易斯继承。其中四分之一包括农庄的部分，被称为"家庭区"（home quarter），由唐纳德获得其中三分之二的共有权益（undivided interest）[1]，伊丽莎白和路易斯各获得六分之一的共有权益。余下的四分之三的家庭农场中，每个子女均能获得三分之一的共有权益。

在哈里特遗产的遗嘱检验（probate）[2]期间，伊丽莎白表示有兴趣将她的财产份额出售给唐纳德。

具体的沟通经过如下：

1979年1月4日，伊丽莎白给处理遗产遗嘱检验的律师罗伯特·凯斯（Robert Case）写了一封信，信中写道："现在，如果唐纳德想购买我的那部分不动产，我会以每英亩200美元的价格卖给他，前提是这是现金交易并及时处理。"

1979年1月13日，凯斯写信回复，表明唐纳德"有兴趣"（interested）购买伊丽莎白在不动产上的权益。

1979年2月17日，凯斯跟进了另一封信，全文为：

"唐纳德已与联邦土地银行（Federal Land Bank）做出安排，以筹得资金来购买你在农场土地上的权益。因此我们准备继续进行这项交易。请让我知道你希望就土地权益中获得的确切金额。"

"我也必须知道你是否愿意签署有关特殊用途估价（Special Use Valuation）[3]

---

〔1〕 共有权益，或称未分割权益，指的是由两人或多人基于同一权利基础共同享有的权益，不论这些人各自在该项权益中所享权益在价值或数量上是否相等。参见薛波主编，潘汉典总审订：《元照英美法词典》，法律出版社2003年版，第1371页。

〔2〕 遗嘱检验，指的是验证遗嘱有效或无效的司法程序，其含义现扩大至遗产管理的法律程序。遗嘱检验程序包括搜集遗产、清偿债务、缴纳税款、向继承人分配遗产。这些工作通常在遗嘱检验法院或其它有管辖权法院的监督下由遗嘱执行人或遗产管理人进行。参见薛波主编，潘汉典总审订：《元照英美法词典》，法律出版社2003年版，第1098页。

〔3〕 特殊用途估价，指的是遗嘱执行人对不动产（尤其是农田）以目前用途而不是其最高潜在价值进行估价的选择权。See Bryan A. Garner ed. , *Black's Law Dictionary*, Eighth Edition, Thomson Reuters West, 2004, p. 4813.

的协议。"

"请让我听到你关于这些事情的消息。"

伊丽莎白并未回复这封信，但在 1979 年 3 月 9 日的一封信中撤销了她以每英亩 200 美元的价格将土地出售给唐纳德的提议。

（3）诉讼历史。原告唐纳德向地方法院，即在卡斯县（Cass County）的东部中央司法区（East Central Judicial District）的地方法院，提起诉讼，以寻求特定履行合同。他声称该合同是由于伊丽莎白在 1 月 4 日提出的要约和他在凯斯 2 月 17 日的信中做出的承诺所形成的。唐纳德还寻求另一种替代方案，即分割（partition）[1]财产。

地方法院经过双方同意，先行审理特定履行的诉讼请求。约翰·欧·加拉斯法官判决认为，伊丽莎白的要约没有被承诺，即使得到了承诺，由此产生的合同也不能以特定履行的方式执行。

初审法院判决驳回了唐纳德对特定履行的诉讼请求，唐纳德上诉至北达科他州最高法院。

3. 争议焦点

原告唐纳德是否对要约做出了有效的承诺？

4. 裁判结果

北达科他州最高法院判决认为，唐纳德在伊丽莎白于 1979 年 3 月 9 日撤销要约之前，没有对伊丽莎白的要约做出承诺，因此双方之间不存在合同。因此，北达科他州最高法院维持了地方法院驳回唐纳德特定履行诉讼请求的判决。桑德法官撰写了判决书，埃里克斯塔德（Erickstad）、吉尔克（Gierke）、皮德森（Pederson）和范德·瓦勒（Vande Walle）法官同意判决。

5. 裁判理由

北达科他州最高法院对承诺有关的具体规则进行了阐述。首先，要约的承诺必须是绝对的、明确的和无条件的，并且不得引入额外的条款或条件。

---

〔1〕 分割，指财产的分割，最狭义上是指将以共同保有人（joint tenant）、共同继承人（coparcener）或混合共有人（tenant in common）等形式共有的土地在权利人之间进行分割；较广义上可以指在共有人（co-owner）间对动产或不动产进行的分割。财产的分割可以是自愿的，依当事人的协议进行；也可以是强制的，依法院的命令进行。通常情况下，法院并不命令对财产进行实物分割，而是命令将财产出售，对售得的价款（proceeds）进行分割。

这一规则援引了《北达科他州世纪法典》第 9-03-21 条，[1]并在诸多案例中引用。[2]其次，为了形成合同，要约和承诺必须是对同一事物表示同意。[3]最后，有效的承诺必须明确表达创建且仅创建合同的意图。[4]

对于第 1 和第 3 条规则，在本案中，伊丽莎白确实曾提出以每英亩 200 美元的价格出售土地的要约。唐纳德声称凯斯于 2 月 17 日的信就是对该要约的明确承诺。然而，北达科他州最高法院认为，凯斯的信函仅仅表明唐纳德已"做出安排，以筹得资金"，以及他们"准备继续进行这项交易"。在这封信的下一句中，凯斯要求伊丽莎白让他知道她希望就土地权益获得的确切金额。

北达科他州最高法院认为，2 月 17 日的这封信的用语并没有体现出绝对的、明确的和无条件的对于伊丽莎白的要约的承诺，并且也没有表达出创建且仅创建合同的意图。这封信的条款似乎更具有谈判的性质，以期在未来达成协议。凯斯表示唐纳德"准备继续进行这项交易"，并询问伊丽莎白希望从她就该土地的权益中获得多少金额。这些用语很难表明是对伊丽莎白要约的明确的、无条件的承诺。

对于第 2 条规则，北达科他州最高法院认为，唐纳德在审判中的证词进一步证实了，双方从未同意相同条款。伊丽莎白的律师曾提问，为什么 2 月 17 日的信中没有包含确切的美元金额。唐纳德对此问题的回答为："确切的金额为 37 200 美元。这会比她认为她有权获得的要少一些。如果我们当时发送了一份包含 37 200 美元的合同，我敢肯定她不会签署它。"这意味着唐纳德承认，他自己也认为伊丽莎白期望获得的金额是超过他打算支付的 37 200美元，并且认为她不会同意 37 200 美元的金额。此时，很难认为双方对合同条款达成了合意。

据此，北达科他州最高法院提出的 3 条规则在本案中都不符合，因此其

---

〔1〕　N. D. Cent. Code § 9-03-21. 该条规定："除非第 41-02-14 条另有规定，否则承诺必须是绝对的和无条件的，或者承诺本身必须包含这种特质，即要约人可以将其与其他情形区分开来，并且能够推断出做出承诺的人。一个附条件的承诺（qualified acceptance）是一个新的提议（proposal）。"

〔2〕　*Cooke v. Blood Sys.*, *Inc.*, 320 N. W. 2d 124, 128（N. D. 1982）；*Grossman v. McLeish Ranch*, 291 N. W. 2d 427, 430（N. D. 1980）；*Greenberg v. Stewart*, 236 N. W. 2d 862, 868（N. D. 1975）.

〔3〕　*Grossman v. McLeish Ranch*, 291 N. W. 2d 427, 430（N. D. 1980）；*Greenberg v. Stewart*, 236 N. W. 2d 862, 868（N. D. 1975）.

〔4〕　*Markmann v. H. A. Bruntjen Co.*, 249 Minn. 281, 286, 81 N. W. 2d 858, 862（Minn. 1957）；*Minar v. Skoog*, 235 Minn. 262, 266, 50 N. W. 2d 300, 302（Minn. 1951）.

得出结论，唐纳德在伊丽莎白于 1979 年 3 月 9 日撤销要约之前，没有对伊丽莎白的要约做出承诺，双方之间不存在合同。北达科他州最高法院判决维持地方法院驳回唐纳德特定履行的诉讼请求的判决。

十、承诺的形式：藤本诉里奥格兰德泡菜公司案（FUJIMOTO v. RIO GRANDE PICKLE CO.）

George FUJIMOTO et al.，Plaintiffs-Appellees，

v.

RIO GRANDE PICKLE COMPANY，Inc.，Defendant-Appellant.

United States Court of Appeals Fifth Circuit，July 11，1969.

414 F. 2d 648.

（藤本诉里奥格兰德泡菜公司案）

1. 裁判要旨

（1）要约人可以指定特定形式进行承诺；如果没有指定，只要求所采用的方式符合惯例和习惯；若都不存在，则由法院帮助确立面向未来适用的习惯和规则。

（2）如果行为明确表达了接受具体要约的意图，并且事实上为要约人所知，那么就存在有效的承诺。

（3）通常情况下，有权获得一定比例利润的雇员在终止工作时，可以收回在终止日期之前应有的利润。

2. 案情介绍

（1）案件事实。原告藤本（Fujimoto）和布拉沃（Bravo）受雇于被告里奥格兰德泡菜公司（Rio Grande Pickle Company）。为了鼓励原告在公司认真工作，被告向原告提供了包含奖金利润分红条款（bonus profit sharing provision）的合同。合同中说明原告将获得公司年度利润的 10%。这些合同没有说明原告如何承诺并将合同送回，所以他们简单地签署并保留了合同。原告继续为被告工作了 14 个月，直到 1966 年 11 月 30 日由于公司业务性质的变化而辞职。被告在原告辞职时声称没有有效的合同，因为合同没有被送回被告。当被告没有支付原告 10% 的利润时，原告提起违约之诉。

（2）诉讼历史。地区法院认定原告已经做出承诺。地区法院认为，承诺分享净利润（net profits）的合同是通过承诺被告的要约而产生的，而净利润一词是模糊的，并指示陪审团在计算净利润时不参考从上一个财政年度结转的损失。陪审团计算出 8964.25 美元的损失，地区法院根据陪审团的裁决作出了有利于原告的判决。

被告不服，上诉至联邦第五巡回上诉法院（United States Court of Appeals Fifth Circuit）。

3. 争议焦点

本案中原被告之间的协议是否已经签订？

4. 裁判结果

上诉法院认定合同已经被承诺，而且在截至 1966 年 9 月 30 日的整个财政年度和下一个财政年度的两个月内一直生效，但地区法院在指导陪审团如何计算被告公司在 1966 年 10 月和 11 月的净利润方面出现错误。因此，上诉法院维持了部分原判，推翻了部分判决并将案件发回重审。

5. 裁判理由

上诉法院逐一反驳了被告提出的抗辩事由。

（1）被告辩称，没有足够的证据证明原告已经承诺奖金合同，因为原告没有就奖金提议进行书面承诺，也没有将签署的书面文件交还给公司。被告提出了一个问题，即如果在合同条款中没有规定承诺的方式，是否可能通过归还合同文本以外的方式进行承诺。

要约人可以要求受要约人以任何形式进行承诺，包括语言和任何方式，行为或符号同样构成有效的交流媒介。[1]如果要约人没有指定承诺的方式，法律只要求所采用的方式符合类似情况下的惯例和习惯。[2]如果缺乏这种惯例和习惯，法院需要确立一个应用于未来的习惯和法律规则。[3]

上诉法院认为两份书面要约都没有规定特定的承诺方式，也没有证据表明被告曾经表现出只有通过归还签署的文件才能接受这些要约的意图。此外，有证据表明，被告将合同规定的 10% 的奖金发放条件主要规定为原告继续留在公司工作，而且雇员也了解其不需要归还合同。

---

〔1〕　See Restatement of Contracts § 21.

〔2〕　*Aetna Cas. & Sur. Co. v. Berry*, 350 F. 2d 49, 54 (5th Cir. 1965).

〔3〕　*Allied Steel & Conveyors, Inc. v. Ford Motor Co.*, 277 F. 2d 907, 910-11 (6th Cir. 1960).

上诉法院已经意识到，正如本案所表明的，为了法律适用，必须认识到语言以外沟通的重要性。[1]归还已签署的合同并不是受要约人作出承诺的唯一方式，上诉法院认为必须确定原告事实上是否向被告充分传达了承诺的意愿。只要能有效地让要约人知道他的要约已被接受，表达同意的方式事实上无关紧要。

在本案中，有大量证据证明被告知道原告同意奖金合同的条款，因为原告曾提出增加报酬，否则要辞职。但他们在收到要约后继续工作了 14 个月，在此期间没有再对报酬表示不满。还有证据表明，原告与公司总裁私下讨论了奖金合同，他们的同意态度应该是明确无误的。鉴于这些情况，被告知道原告已经接受了它的要约，所以存在有约束力的合同。

（2）被告接下来辩称，即使合同存在，原告也无权获得 1966 年 10 月和 11 月的任何补偿。被告辩称，每份合同都规定 10% 的奖金在每个财政年度结束时计算，这意味着雇员必须工作满整个财政年度才有权获得奖金，但是原告在 1967 年 9 月 30 日财政年度结束前辞职。

对此，上诉法院认为，合同没有规定雇员有义务在公司待满整个财政年度。在这种情况下，应该适用得克萨斯州的规则，有权获得一定比例利润的雇员可以在终止工作时收回他在终止日期之前对应的部分利润。[2]

（3）关于雇员的 10% 奖金的计算方法，合同只规定在每个财政年度结束时进行核算，对于期间结束前离职的情况，合同中并没有提及。因此，上诉法院认为存在争议，需要对合同进行解释。上诉法院认为，解释合同不仅要看合同措辞，还要考虑其主题、与争议有关的事实和其他情况。[3]除非合同有明确规定，否则上诉法院通常不会将合同解释成与常识相反的情况。[4]

上诉法院认为，地区法院指示陪审团仅根据公司 10 月至 11 月的收入和支出来计算其在 1966 年 10 月 1 日开始的财政期间的利润是错误的，在计算这

---

　[1]　*McCarty v. Langdeau*, 337 S. W. 2d 407, 412（Tex. Civ. App. 1960），writ refused NRE（Nov. 2, 1960）.

　[2]　*Haggar Co. v. Rutkiewicz*, 405 S. W. 2d 462, 465（Tex. Civ. App. 1966），writ refused NRE（Nov. 23, 1966）.

　[3]　*Gulf, C. & S. F. Ry. Co. v. Coca‐Cola Bottling Co. of Cleburne*, 363 F. 2d 465, 467（5th Cir. 1966）.

　[4]　*Connecticut Gen. Life Ins. Co. v. Craton*, 405 F. 2d 41, 47-48（5th Cir. 1968）.

两个月的利润时需要考虑从上一年结转的 156 000 美元的损失。这种计算方式是符合被告作为种植业公司的性质的。被告为种植和维护作物进行了大量投资，而回报往往需要一定的时间才能显现。收入、支出、收益、损失不是同时发生，而是在某一个时间段发生，而业务往往同时进行，并涵盖多个时间段。

公司所在行业的季节性同样为原被告双方所知悉。时间、季节的不同与销售具体情况都可能导致支出、收入与利润高低不定，并体现在费用与利润的集中情况上：可能费用集中在一个财政年度，而利润集中在另一个财政年度。在本案中，种植和生长的成本费用集中在一个财务状况不佳的年份发生，而利润是在接下来的年份取得的。

对此，上诉法院参照了先例。为了让经济活动的计算更加平稳，早期财政所涵盖的损益可以被带入到下一个财政期间的净利润计算中去。[1] 否则按照本案中的计算方法，如果要求后面的日期为整个生产周期的损益负责，对合同而言是不公平的。

（4）被告的最后一个论点是，地区法院将原告的奖金完全以现金形式发放是错误的。被告辩称，这种现金支付违反了合同规定：10% 的奖金应以两张支票支付，每张支票的金额为净利润的 5%，并要求其中一张支票必须背书给里奥格兰德泡菜公司，以换取公司的股票。

地区法院无视了这一约定，理由是双方已经通过实际行动改变了支付方式。在上一个财政年度，被告用一张支票支付了估计为净利润 10% 的奖金，并没有要求将该金额的一半作为投资返还给该公司。地区法院认为，通过这一行为，被告表明它决定修改协议中的支付和再投资条款。原告在没有抗议的情况下接受并兑现支票，就代表同意了这种修改，被告现在不能反悔或恢复已失效的条款。

在马塔努斯卡谷农民合作社诉莫纳汉案（*Matanuska Valley Farmers Coop. Ass'n. v. Monaghan*）中，法院认为："合同双方从一开始就遵循了另外一种付款方式，因此必须认为他们通过互相协商修改了书面协议。合同双方可以通过相互协商修改或者废除合同，并采用新的协议来代替合同。改变合同条款

---

[1] *Laystrom v. Cont'l Copper & Steel Indus. , Inc.* , 244 F. 2d 504, 505 (7th Cir. 1957).

的协议可以当事人行为或者明确的修改协议作为证据来证明。"[1]

此外，被告在股东的推动下解散，将使原告不可能拿出一半的奖金来换取股票。被告不能制造了履约的不可能后，再以未能履约为由来逃避合同义务。

上诉法院认为，地区法院所认定的被告要约被承诺、合同生效并一直持续到1966年11月底没有错误。但是，地区法院应允许陪审团考虑公司前几年账面上结转的损失，并重新确定净利润。

因此，上诉法院维持了部分原判，推翻了部分判决并将案件发回重审。

十一、医疗合同的违约与赔偿：霍金斯诉麦吉案（HAWKINS v. MCGEE）

HAWKINS

v.

MCGEE.

Supreme Court of New Hampshire，June 4，1929.

84 N. H. 114，146 A. 641.

（霍金斯诉麦吉案）

1. 裁判要旨

（1）外科医生所说的病人将在医院住院并能在几天内恢复工作，只能被解释为对治疗持续时间和原告致残可能性的意见或预测，超出这些估计的事实将不会使被告承担合同责任。

（2）被告所说"我将保证打造完美或百分之百好的手"，如果从字面含义看，将成立与被告意思保持一致的保证。如果被告这样表示，其目的就是传达字面含义，以此诱使原告及其父亲同意手术，并且有充分的证据表明原告是如此理解的。

（3）外科医生若违反了通过植皮手术产生完美的手的保证，其损害赔偿标准是完美的手的价值与术后实际的手的价值之间的差值。同时，在确定因违反手术成功保证而造成的损害时，不应考虑因手术而遭受的损害和痛苦。

---

〔1〕 *Matanuska Valley Farmers Coop. Ass'n v. Monaghan*，188 F. 2d 906，909（9th Cir. 1951）.

2. 案情介绍

（1）案件事实。

原告乔治·霍金斯（George Hawkins）11 岁时（1915 年）因接触电线而导致了严重的烧伤，他的手掌上留下了疤痕组织。大约 9 年后，霍金斯和他的父亲去看医生。新罕布什尔州的医生，即被告爱德华·麦吉（Edward R. B. Mc-Gee），与原告的父亲接洽，希望能去除疤痕。被告对原告进行了一项手术，旨在从原告右手的手掌上移除相当数量的疤痕组织，并移植从原告胸部取下的皮肤。有证据表明，在做手术之前，原告和他的父亲去了被告的办公室，被告在回答"这个男孩要住院多久"的问题时说："三四天，不超过四天，然后这个男孩就可以回家了，再过几天他就可以带着一只好手回去工作了。"当原告和他的父亲询问有关该手术的更多信息时，被告保证会做出一只"完美或百分之百好的手"。原告和他的父亲同意了手术，但手术没有成功。因为被告从原告的胸膛移植了皮肤，原告的手掌上长出了浓密的毛发。原告对被告提起诉讼，理由是被告违反了手术成功保证。

（2）诉讼历史。

初审法院指示陪审团，如果认为原告有权获得救济，则应根据他在手术中的损害和痛苦，以及他在现有伤害之外因手术而遭受的不良影响，判给他赔偿金。陪审团据此确定了原告应得的赔偿。

被告提起动议，申请撤销陪审团裁决，他认为陪审团裁决违反了法律和证据规则，并且赔偿金额过高。初审法院驳回了被告对陪审团裁决的证据和法律提出质疑的动议。然而，初审法院同意被告的请求，认为陪审团确定的赔偿金过于高昂，并表示如果原告没有退还 500 美元以外的赔偿金，该裁决将被撤销。原告拒绝退还，因此初审法院撤销了陪审团裁决。原告向新罕布什尔州最高法院（Supreme Court of New Hampshire）提出上诉。

3. 争议焦点

（1）本案中医生的承诺能导致合同成立吗？

（2）损害赔偿金是否由原告在合同未被违反的情况下所获得的价值来衡量？

4. 裁判结果

新罕布什尔州最高法院认为：①外科医生所说的病人将在医院住院并能在几天内恢复工作，只能被解释为对治疗持续时间和原告致残可能性的意见或预测，超出这些估计的事实将不会使被告承担合同责任。②被告所说"我将保证打造完美或百分之百好的手"，如果从字面含义看，将成立与被告意思保持一致的保证。如果被告这样表示，其目的就是传达字面含义，以此诱使原告及其父亲同意手术，并且有充分的证据表明原告是如此理解的。③外科医生若违反了通过植皮手术产生完美的手的保证，其损害赔偿标准是完美的手的价值与术后实际的手的价值之间的差值。同时，在确定因违反手术成功保证而造成的损害时，不应考虑因手术而遭受的损害和痛苦。

新罕布什尔州最高法院推翻初审法院判决，将案件发回重审。

5. 裁判理由

新罕布什尔州最高法院首先对原被告之间的对话进行了分析。尽管被告向原告说明"三四天，不超过四天，然后这个男孩就可以回家了，再过几天他就可以带着一只好手回去工作了"，这种效果的证词却不能得出医生针对在三四天内完成治疗或者不出几天患者就可以返回工作等内容订立合同的结论。上述声明只能被解释为对治疗持续时间和原告致残可能性的意见或预测，超出这些估计的事实将不会使被告承担合同责任。原告主张的唯一实质性依据是被告在决定手术之前说过的证词，"我将保证做打造完美或百分之百好的手"。这些话被说出来时原告在场，如果从其表面价值来理解，这些话将成立一个与被告意思保持一致的保证。

被告争辩说，即使这些话是他说的，也没有一个理性的人会认为这些话是为了"建立任何合同关系"而使用的，这些话语只能被合理地理解为"他用强烈的语言表达了他相信并期望通过这次手术给原告很好的帮助"。正如被告所主张的那样，在将合同订立问题提交给陪审团之前，初审法院需要处理一个初步的法律问题，即"这些话是否可能有说话人赋予它们的含义，从而使得说话人免于承担责任"，但不能认为初审法院在本案中对这个问题有了错误的决断。目前没有必要去确定被告的论点是否基于"所有外科手术中存在的不确定性的常识"，或者是在相应对价缺失的情况下，外科医生以使人体受损部位恢复到"百分之百完美"为内容来订立合同的可能性是具有决定性作用的，因为本案中还有其他因素倾向于支持原告的论点。有证据表明，被告曾多次请求原告父亲给他做这个手术的机会，而原告律师在对被告的交叉询问中提出的理论是，他寻求一个"试验皮肤移植手术"的机会，而他对此缺乏相关经验。如果陪审团接受了原告的这部分论点，那么可以进一步得出结论，即如果被告这样表示，其目的就是传达字面含义，以此诱使原告及其父亲同意手术，并且有充分的证据表明原告是如此理解的。合同订立问题已提交给陪审团。

针对损害赔偿问题，法官对陪审团的指示（charge）实质内容如下："如果被告有权获得赔偿，他有权就他已经遭受的和继续遭受的痛苦和损害获得赔偿。"被告适时地提出异议。据此，陪审团被允许考虑损害的两个要素：①手术造成的痛苦和损害；②手术对原告手的积极不良影响（positive ill effects）。在此类案件中缺乏具体权威的损害赔偿规则，但通过一般原则和类比来检验，上述指示似乎存在错误。

"合同法中使用的损害赔偿是对违约行为的赔偿，以合同条款衡量。"[1]法律的目的是"使原告处于与被告履行合同时一样的有利地位"。[2]赔偿的衡量"是基于被告本应给予原告的内容，而不是原告给予被告的内容或其他花费"。[3]"唯一公平的、属于合同条款范围内的损失是当事方在订立合同时必须考虑到的，或者他们知道或应当知道的由于未能履约而产生的损失。"[4]

本案与为特定目的而制造并保证执行特定工作的机器有关案件非常相似。这种案件通常适用于动产销售中违反担保的损害赔偿规则，衡量损害的标准则是合同价格与实际价格比较后的机器价值差额，连同当事方知道或应当知道的未能履约所造成的附带损失。[5]

---

〔1〕 *Davis v. New England Cotton Yarn Co.* , 77 N. H. 403, 404, 92 A. 732, 733 (1914).

〔2〕 Williston Cont. § 1338; *Hardie-Tynes Mfg. Co. v. E. Cotton Oil Co.* , 150 N. C. 150, 63 S. E. 676, 134 Am. St. Rep. 899 (1909).

〔3〕 Williston Cont. § 1341.

〔4〕 *Davis v. New England Cotton Yarn Co.* , 77 N. H. 403, 404, 92 A. 732, 733 (1914), *Hurd v. Dunsmore*, 63 *N. H.* 171 (1884).

〔5〕 *Hooper v. Story*, 155 N. Y. 171, 175, 49 N. E. 773 (1898); *Adams Hardware Co. v. Wimbish*, 201 Ala. 548, 78 So. 902 (1918); *Isaacs v. Jackson Motor Co.* , 108 Kan. 17, 193 P. 1081 (1920); *Paducah Hosiery Mills v. Proctor & Schwartz*, 210 Ky. 806, 276 S. W. 803 (1925); *Pioneer Elec. Co. v. McCurdy*, 151 Minn. 304, 186 N. W. 776 (1922); *Christian & Brough Co. v. Goodman & Garrett*, 132 Miss. 786, 96 So. 692 (1923); *Hardie-Tynes Mfg. Co. v. E. Cotton Oil Co.* , 150 N. C. 150, 63 S. E. 676, 134 Am. St. Rep. 899 (1909); *York Mfg. Co. v. Chelten Ice Mfg. Co.* , 278 Pa. 351, 123 A. 327 (1924); *Gen. Motors Truck Co. v. Shepard Co.* , 47 R. I. 88, 129 A. 825 (1925); *Cavanagh v. A. W. Stevens Co.* , 24 S. D. 349, 123 N. W. 681 (1909); *Foutty v. Chalmax Sales Co.* , 99 W. Va. 300, 128 S. E. 389 (1925).

在这种情况下适用的规则得到了很好的确定。"作为一般规则，买方损害赔偿的衡量标准是货物应有的价值（如果质量保证是真实的）与销售时的实际价值之间的差额，包括预期收益和既有损失，以及当事人可以合理预期的其他损害，这些损害可能是由于卖方未能遵守其协议而造成的，并且无法通过买方的合理注意（reasonable care）避免。"[1] 因此，本案中原告损失的真正衡量标准是被告所允诺的完美的手对于他的价值，与他现有状况下的手的价值之间的差额。[2] 即使是自然产生的损害，一旦超出此范围，也不再予以赔偿。

原告的痛苦程度并不能衡量这种价值差异。一次重大外科手术必然会带来疼痛，这是原告为了获得好手而与被告一起承诺所自愿承担的部分。这是原告承担的法律损害，构成其为合同提供的对价。它代表了原告愿意为一只好手支付的部分价格，但它无助于揭示一只好手的价值，或者是被告承诺的手与手术后实际的手之间的价值差异。将手术导致的原告手部状况的恶化作为单独的损害因素提交给陪审团是错误和带有误导性质的，尽管这种错误对原告的损害可能比对被告的更大。任何此类手术的不良影响都将包括在上述真正的损害赔偿规则中，但即使没有证据表明其手部状况的恶化是手术的结果，也可以适当地从被告未能改善手部状况进行损害评估。

初审法院在撤销陪审团裁决时，适用了先前提供给陪审团的损害赔偿规则。由于该规则存在错误，也就没有必要考虑是否存在证据证明陪审团确定的损害赔偿金过高。

新罕布什尔州最高法院认为，初审法院拒绝被告对于指示的要求是适当的。证据表明，指示陪审团遵循被告的第 2 项要求，即"陪审团必须表决的唯一问题是确认原被告之间是否存在以'得到完美的手'为内容的特殊合同"，是极不合理的。同样，被告的第 5 项要求，即"为了让被告承担责任，必须要查明原被告都认为医生在保证这次手术有一个完美结果"，也缺乏准确性。如果被告保证了一个完美的结果，且原告信赖这项允诺，那么任何内心保留都是无关紧要的。判断被告行为的标准不是内在的，而是外在的。[3] 被

---

〔1〕 *Union Bank v. Blanchard*, 65 N. H. 21, 23, 18 A. 90, 91（1889）；*Hurd v. Dunsmore*, 63 N. H. 171（1884）；*Noyes v. Blodgett*, 58 N. H. 502（1878）；P. L. ch. 166, §69, subd. 7.

〔2〕 Sutherland, Damages（4th Ed.）§92.

〔3〕 *Woburn Nat. Bank v. Woods*, 77 N. H. 172, 89 A. 491（1914）；*McConnell v. Lamontagne*, 82 N. H. 423, 425, 134 A. 718（1926）；*Eleftherion v. Great Falls Mfg. Co.*, 84 N. H. 32, 146 A. 172（1929）.

告的第 7 项要求如下："如果存在保证完美结果的特殊合同，除非进一步的手术无法纠正原告的残缺，否则仍要做出有利被告的裁决。"鉴于被告拒绝进行进一步手术，这项要求显然是错误的。即使该诉求背后的理论是正确的，证据也足以支撑可涵盖此类手术费用的金额的裁决。

综上所述，新罕布什尔州最高法院推翻初审法院判决，将案件发回重审。

防止欺诈法：合同书面形式

一、一年期合同与允诺禁反言：麦金托什诉墨菲案（McINTOSH v. MURPHY）

Dick McINTOSH and Martha McIntosh

v.

George MURPHY and Murphy Motors，Limited，a Hawaii Corporation.

Supreme Court of Hawai'i，May 11，1970.

52 Haw. 29，52 Haw. 112，469 P. 2d 177，54 A. L. R. 3d 707.

（麦金托什诉墨菲案）

1. 裁判要旨

尽管防止欺诈法可能有不同的规定，但若允诺人应当合理地预见到其允诺会使受诺人或第三人作为或不作为，并且该允诺的确导致了这样的作为或不作为，只有执行该允诺才能避免不公正，那么该允诺应具有执行力。违反允诺之救济应限制在公正所要求的范围之内。因此，为避免不合理的判决，通过允诺禁反言原则可以执行防止欺诈法规定的一些"自订立之日起一年内无法履行"的口头雇佣合同。

2. 案情介绍

被告乔治·墨菲（George Murphy）于1964年3月口头邀请原告迪克·麦金托什（Dick McIntosh）担任位于夏威夷火奴鲁鲁的汽车公司的销售经理。被告在两次面试原告期间谈了销售经理的工作，但是未签署书面合同。同年4月，被告汽车公司总经理电话通知原告可能会聘用他，并且如果原告愿意的话，可能在 30 天内开始工作。原告表示自己对该工作仍有兴趣，并电话通知被告其将于 4 月 26 日（周日）抵达火奴鲁鲁。同年 4 月 25 日（周六），被告电话告知原告销售经理助理的工作仍有空缺，并要求原告于 4 月 27 日（周一）到达火奴鲁鲁，开始担任助理一职。原告对职位变更为助理表示惊讶，但再次表明将于 4 月 26 日（周日）抵达火奴鲁鲁。最终原告于 4 月 26 日抵达夏威夷，并于 27 日开始工作。

为了担任被告的工作，原告把其部分生活物品搬到了夏威夷，变卖了在洛杉矶的房产。而且，出于对双方达成的聘任合同，即原告担任被告的汽车公司销售经理的信赖，原告从洛杉矶搬至夏威夷，还在火奴鲁鲁租了房子，并放弃了其他工作机会。原告随后为被告工作，但在约两个半月后的 7 月 16 日，被告以不能与潜在客户达成交易、无法培训销售人员为由将原告解雇。

原告将被告诉至法院，要求其赔偿因违反口头雇佣合同而给自己造成的损失。被告提出抗辩，抗辩理由为双方合同违反了防止欺诈法，该法规定"任何自订立之日起一年内无法履行的合同"均需要采取书面形式，才可以被执行。被告主张合同是在 4 月 25 日订立的，但是一年合同期限是从 4 月 26 日周一开始起算的。该合同没有以书面形式作出，所以不具有强制执行力，被告基于此要求法院直接裁决合同不可执行。

本案的初审法院，即夏威夷第一巡回法院（First Circuit Court），作出了有利于原告的判决。初审法院指出，为了判断双方之间的雇佣合同是否违反防止欺诈法，需要首先确定该合同成立的时间，即原告作出承诺的时间。原告以实际开始履行合同作为承诺，所以 4 月 27 日原告开始为被告公司工作的时间才是合同成立的时间。根据本案事实，双方雇佣合同约定的是一年，因此该合同属于成立一年内可以履行完毕的合同，不违反防止欺诈法，不要求书面形式。即使如被告所言，合同是在 4 月 25 日原被告打电话时成立的，由于这一天是周五，随后的周末也不应当被计算进入一年的期限内，因此合同的订立还是没有违反防止欺诈法的规定。

被告不服，遂向本案的终审法院即夏威夷最高法院（Supreme Court of Hawaii）提起上诉。

3. 争议焦点

(1) 当事人之间的雇佣合同是否需要以书面形式订立？

(2) 如果合同成立，原告在何时进行了承诺？

(3) 该口头雇佣合同是否违反了防止欺诈法中"一年期条款"书面形式要求的规定？

(4) 本案为何要适用允诺禁反言原则赋予合同强制执行力？

4. 裁判结果

初审法院支持了原告的诉讼请求，终审法院维持原判。终审法院认为，由于原告合理信赖被告的承诺，该合同具有强制执行力，只有通过执行合同和给予金钱赔偿才能避免不公正。除此之外，其他救济方式都显得不足。根据允诺禁反言原则，本口头雇佣合同具有强制执行力。

5. 裁判理由

被告坚持认为，双方的口头雇佣合同违反了防止欺诈法中"任何自订立起一年内无法履行的合同均需要采取书面形式，才能够具有强制执行力"的要求。然而，夏威夷最高法院却认为无须讨论合同何时成立的问题，因为基于允诺禁反言原则可以规避防止欺诈法的僵化适用，进而作出终审判决。夏威夷最高法院通过以下过程论证了适用允诺禁反言原则规避防止欺诈法的合理性。

首先，夏威夷最高法院回顾了防止欺诈法的发展历程和历史功能，并指出曾用于规制古代伪证的防止欺诈法由于不再存在技术上的问题而需要进行限制。从历史角度看，夏威夷州的防止欺诈法[1]和其他州的制定法相似，均源自英国1677年的《防止欺诈及伪证法》（Act for the Prevention of Frauds and Perjuries），[2]其立法目的是防止实践中大量存在的欺诈行为，主要包括伪证和唆使作伪证。夏威夷最高法院指出，司法程序中的结构性和功能性问题在现代已经不再存续，故防止欺诈法中有关书面形式的规定应当受到限制。

其次，夏威夷最高法院指出，虽然防止欺诈法具有减少伪证危险、书面形式要求使合同双方意识到合同的重要性等功能，但在实践中有很多无法避

---

〔1〕 Haw. Rev. Stat. Ann. § 656-1.

〔2〕 29 Car 2 c 3.

免的缺陷。例如，在很多情况下，适用防止欺诈法实质上是帮助违反合同的一方逃避责任，因此对其适用应当受到合理限制。强制执行违反防止欺诈法的口头合同，是为了避免不合理的判决。法院会根据允诺禁反言原则和部分履行原则（part performance）来强制执行。部分履行属于早已得到夏威夷州承认的衡平法原则，此外部分法院也曾基于允诺禁反言原则强制执行防止欺诈法中"自订立之日起一年内无法履行"的雇佣合同。当存在更合时宜的方法时，没有必要再刻板地适用防止欺诈法的规定。

基于以上论述，夏威夷最高法院适用允诺禁反言原则规避了防止欺诈法在本案中的僵化适用，并以《合同法重述》1969 年增补草案第 4 号第 217A 条（注：《合同法重述》官方文本第 139 条）作为依据。[1]该条规定：①尽管防止欺诈法可能有不同的规定，但若允诺人应当合理地预见到其允诺会使受诺人或第三人实施作为或不作为，并且该允诺的确导致了这样的作为或不作为，只有执行该允诺才能避免不公正，那么该允诺应具有执行力。违反允诺之救济应限制在公正所要求的范围之内。②确定是否只有通过执行该允诺才可以避免不公正时，下列情形至关重要：（a）其他救济方式，尤其是取消允诺或恢复原状是否具有可适用性和充足性；（b）与被寻求救济相关的作为或不作为之含义和重要特征；（c）该作为或不作为为允诺之发出或允诺条款之存在提供确证的限度，或者是否有其他清楚和令人信服的证据可以证明允诺之发出或允诺条款之存在；（d）该作为或不作为是否具有合理性；（e）允诺人可预见的该作为或不作为的范围。

综上所述，夏威夷最高法院认为原告从洛杉矶搬到夏威夷的行为是被告可以预见的，事实上这是原告履行职责所必需的；不公正只可通过执行合同和给予金钱赔偿来避免，其他救济方式都显得不足。同样，本案中存在一个雇佣合同，至于合同的确切期限是应被告要求随意终止，还是自原告开始工作之日起一年，均交由陪审团决定。

---

[1]　Restatement（Second）of Contracts § 217A（Supp. Tentative Draft No. 4, 1969）.

二、作为例外的部分履行原则：比弗诉布拉姆罗案（BEAVER V. BRUMLOW）

Warren and Betty BEAVER, Plaintiffs-Appellants,

v.

Michael and Karen BRUMLOW, Defendants-Appellees.

148 N. M. 172

Court of Appeals of New Mexico. , March 4, 2010.

No. 28, 839

（比弗诉布拉姆罗案）

1. 裁判要旨

如果根据防止欺诈法不能强制执行的口头合同已经履行，以至于否认其效力是不公平的，依据衡平法可以认定该合同不受防止欺诈法的影响，并判决实际履行。

2. 案情介绍

（1）案件事实。买受人迈克尔·布拉姆罗（Michael Brumlow）为出卖人的赛马运输生意工作了大约 10 年，从 1994 年开始，到 2004 年结束。2000 年 10 月，比弗（Beaver）在鲁伊多索唐斯（Ruidoso Downs）村购买了 24 英亩的房产，在 2001 年 6 月或 7 月，布拉姆罗向比弗询问其是否愿意出售部分土地来安置房屋。比弗先生同意了，双方走访了（walked）出卖人将出售给买受人的不动产的具体边界。

买受人布拉姆罗在出卖人比弗的同意下占有了该土地。依靠出卖人的出售协议，买受人布拉姆罗将其 IRA（个人退休金账户）和 401-K 退休计划兑现，并支付了大量罚息（penalty），以支付房屋和装修费用。买受人购买了双单元组合房（a double-wide home），并将其搬到了该宗土地上。比弗先生在鲁伊多索唐斯村签署了一份申请书，申请在他同意出售给买受人的土地上放置房屋。根据该协议，买受人还为该活动房屋设置了围挡，为该房屋浇筑了混凝土基座和地基，建造了一个露台和两组楼梯以进入该房屋，为该房屋供电和供水，安装了一个化粪池系统，安装了一个丙烷系统，将一个用于储存的凝灰岩棚带到该房产上，并对该房产进行了绿化。比弗先生签署了鲁伊多索唐斯村要求的申请。依照该协议，买受人花费了大约 85 000 美元。

关于该宗土地的出售和所有权转让从未确定过日期，也没有实际确定价格。然而，布拉姆罗先生认为他将支付所在社区的任何市场价格。布拉姆罗宣称，他认为价格将是"任何值得的东西"。

出卖人在买受人对土地进行改造和布置房屋期间，每天都会开车经过该地，但从未表达过不想将标的物卖给买受人的意图。出卖人在买受人占有房产的这几年里，从未试图打断买受人对房产的和平占有。

2004 年 3 月，布拉姆罗先生向比弗先生发出为期两周的通知，终止了他与出卖人的雇佣关系，打算去比弗的一个竞争对手处工作。双方的关系迅速恶化，出卖人改变了主意，决定不把约定的那片土地卖给买受人。出卖人随后试图将协议调整为"租赁"，而不是出售，然后试图终止"租赁"并驱逐买受人。出卖人准备并要求买受人签署一份"协议"，该"协议"要求买受人每月向出卖人支付 400 美元。买受人遵守了这一要求，认为这是土地的付款。当买受人开始在支票上写上"土地付款"时，出卖人停止兑现支票，并声称"协议"是用来出租的，尽管"协议"中没有"租金""出租""租赁""租赁权"字样。买受人试图友好地解决争端，提出以现金支付该房产的公平市价，并由他们出资对该房产进行调查，但出卖人拒绝了。

出卖人随后对买受人提起了驱逐诉讼（a suit for ejectment），声称买受人违反了租赁协议，试图将其赶出该房产。买受人否认存在租赁协议，并肯定地声称他们是根据购买该宗土地的协议而占用的。买受人还提出了反诉，其中包括违约、欺诈和表面侵权行为的索赔。出卖人依防止欺诈法提出抗辩。

（2）诉讼历史。土地出卖人比弗提起诉讼，要求将买受人布拉姆罗从该宗土地驱逐，而买受人则反诉要求对口头合同实际履行。经过初审法院（the District Court, Lincoln County）审理，凯伦·L. 派尔森斯（Karen L. Parsons）法官作出了有利于被告的判决，原告提起上诉。

上诉法院（Court of Appeals of New Mexico）驳回了上诉，维持原判。

（3）原被告观点。原告认为，防止欺诈法禁止口头合同的实际履行，因为：①买受人的部分履行没有"明确提及"（"unequivocally referable"）口头协议；②口头协议未确定购买价格和履行时间。另外，原告还主张，实际履行是不恰当的，因为买受人在法律上有足够的损害赔偿作为救济措施。

被告主张原告要实际履行土地转让合同。

3. 争议焦点

(1) 该土地转让合同是否符合防止欺诈法的要求？

(2) 双方的部分履行行为是否构成防止欺诈法的例外？

(3) 口头协议是否具有充分性？

(4) 合同是否已经实际履行？

(5) 普通法的救济措施是否不足？

4. 裁判结果

上诉法院维持了初审法院的判决，要求原告对土地转让合同进行实际履行。

5. 裁判理由

(1) 防止欺诈法。美国的反欺诈法起源于英国法，题为"防止欺诈和伪证法"。该法最初是为了防止在履行以证人记忆为证据的义务时出现欺诈和伪证，所以要求某些被列举的合同和交易以当事人签署的书面形式为证。

虽然采用防止欺诈法的根本原因已不复存在，但保留该法的理由主要有三项：①该法仍具有证据功能，从而减少了伪证的危险；②书面要求使当事人认识到协议书的重要性；③书面要求使人们更容易区分可执行的协议和不可执行的协议。[1]

本案涉及英国欺诈法规的第4节，其相关部分规定：不得就任何合同或土地、物业或世袭财产的销售，或与之有关的任何权益提起诉讼……除非提起诉讼所依据的协议或其备忘录或说明是书面的，由被指控的一方或由其合法授权的某人签署。(No action shall be brought upon any contract or sale of lands, tenements, or hereditaments, or any interest in or concerning them ... unless the agreement upon which such action shall be brought, or some memorandum or note thereof, shall be in writing, signed by the party to be charged therewith, or by some person thereunto by him lawfully authorized.)[2]

(2) 部分履行。在麦金托什诉墨菲案 (*McIntosh v. Murphy*) 中，法官认为："不论该条的文义，对防止欺诈法的司法解释导致了对其适用的限制，以

---

[1] See *McIntosh v. Murphy*, 52 Haw. 29, 469 P. 2d 177, 179 (1970).

[2] See *Childers v. Talbott*, 16 P. 275, 276, 4 N. M. (Gild.) 336, 339 (1888).

克服其条款的字面和机械应用的苛刻和不公正。"在新墨西哥州，一个公认的例外是部分履行原则。[1]

麦金托什诉墨菲案确立了这样的规则：如果根据防止欺诈法不能强制执行的口头合同已经履行，以至于否认其效力是不公平的，依衡平法可以认为该合同不受防止欺诈法的影响，并判决履行。

在本案中，初审法院得出如下结论："证据是明确的、有说服力的，可以使本案避免防止欺诈法的适用，而且双方都有实质的部分履行。买受人花费了大量的时间、精力和金钱来开发这块地产，出卖人申请许可将动产安置在土地上，就出售土地的方式征求律师的意见，并允许买受人依靠他们的陈述在土地上居住多年。"初审法院认为，适用防止欺诈法是不公平和不公正的。

出卖人没有主张缺乏口头合同的证据，事实上，他们承认，证据是充分的。此外，出卖人并没有主张买受人的部分履行行为不足以克服防止欺诈法，也没有主张他们的部分履行行为充分。出卖人的唯一争议是，买受人的履行行为不足以证明存在一个出售土地的口头协议，因此不符合部分履行的条件。

在本案中，买受人在出卖人的同意下占有了出卖人同意转让的特定土地。在协议的基础上，买受人将 IRA 和 401-K 退休计划提前兑现，并支付了巨额罚息；买受人购买了一个双单元组合房，并在出卖人的同意下，将其搬到了该土地上。买受人还在土地上建立了有价值的临时和永久的改进设施，并在出卖人的同意下对房产进行了美化。根据协议，买受人花费了大约 85 000 美元来购买双单元组合房和进行改善。我们认为买受人的行为是对口头协议的充分履行，使该协议不受防止欺诈法的约束。

（3）口头协议的充分性。本案更类似于卡尔科特诉萨瑟兰案（*Colcott v. Sutherland*）[2]，在该案中，新墨西哥州最高法院建议，如果合同在其他方面是完整的，并且已经通过转移占有部分履行了合同，那么对涉及土地的合同的实际履行要求不会因为没有指定价格而失败。

当事人已达成协议，不规定回购的价格会有什么影响？出卖人认为，这导致了不完整性和不确定性，对具体履约的补救措施是致命的。买受人说，

---

〔1〕 See *Alvarez v. Alvarez*, 72 N. M. 336, 341, 383 P. 2d 581, 584 (1963).

〔2〕 *Colcott v. Sutherland*, 36 N. M. 370, 16 P. 2d 399 (1932).

不存在不完全性或不确定性，因为法律的暗示使双方当事人受到合理价格的约束，而依衡平法有办法确定这一价格。这可能是完全正确的。

（4）合同的实际履行。上诉法院在本案中采用了奥基夫案（*O'Keefee v. Aptos Land & Water Co.*）的观点[1]。买受人通过清晰、有力和令人信服的证据证明，出卖人签订了向买受人出售特定土地的合同。此外，买受人和出卖人都实质地部分履行了他们订立的合同。特别是，买受人兑现了自己的退休金，占有了该土地，将组合房搬到了该土地上，并对土地进行了重大改进，总成本约为 85 000 美元，所有这些都是在出卖人知情并同意的情况下进行的，而且持续了数年。买受人认为他们必须支付该房产的任何价值，而且出卖人咨询了一名律师来起草销售文件。当买受人一再要求将合同正式化时，出卖人的回答是："我们会解决的"。因此，正式的合同文件没有写出确定的价格和条款，不是买受人的错。在这种情况下，初审法院将价格定为由客观评估师确定的公平市价。我们特别注意到，出卖人在上诉中没有对初审确定的价格的公平性提出异议。

（5）普通法上的救济措施是否充分。出卖人认为，实际履行的补救措施是不恰当的，因为买受人在普通法上有充分的损害赔偿补救措施。诚然，若一方已经履行了他的部分条款，以至于允许另一方适用防止欺诈法的抗辩就等于对他的欺诈，衡平法就会认为防止欺诈法的障碍已经消除。但是，如果合同是转让不动产的合同，而所信赖的履行行为是由所提供的服务组成的，那么这些服务必须具有特殊或特别的性质，以至于无法用明确的货币标准来衡量补偿。

出卖人还辩称，买受人的部分履行行为"本可以非常容易地用金钱来补偿"。然而，买受人并没有为他们的部分履行行为寻求损害赔偿；他们依靠自己的部分履行行为以及出卖人的部分履行行为来迫使卖给他们土地的合同得到实际履行。此外，土地被认为具有无法用金钱替代的特殊价值，这是公认的。

当不动产是协议的标的物时，可以假定损害赔偿的普通法补救措施是不充分的，因为每块土地都独一无二。尽管作为衡平法救济措施的实际履行通常以普通法救济的不足为前提，但当合同涉及土地交易时，施以衡平法的实际履行救济无需考察普通法的损害赔偿救济是否充足。

---

[1] See *O'Keefe v. Aptos Land & Water Co.*, 134 Cal. App. 2d 772, 286 P. 2d 417（1955）

合同效力瑕疵

一、未成年人合同撤销的后果：多德森诉施雷德案（DODSON BY DODSON v. SHRADER）

Joseph Eugene DODSON, a minor, by his next friend Gene DODSON, Plaintiff/Appellee,

v.

Burns SHRADER, Jr., and Mary Shrader, individually and d/b/a Shrader's Auto Sales, Defendant/Appellant.

Supreme Court of Tennessee, at Nashville, January 27, 1992.

824 S. W. 2d 545.

（多德森诉施雷德案）

1. 裁判要旨

在未成年人合同中，若未成年人没有受到欺诈、胁迫或者没有不当的影响，合同是公平合理的，未成年人已经按照购买价格支付了金钱，并且已经交付且使用了购买的商品，则在合同被撤销时，卖方有权扣除商品在未成年人手中时因使用、折旧、故意或过失造成的损害的部分。如果卖方存在欺诈、胁迫或者合同本身是不公平的，又或者交易是有人肆意利用自己的优势地位来引诱未成年人达成的，则上述规则不适用。

2. 案情介绍

1987 年 4 月，16 岁的约瑟夫·尤金·多德森（Joseph Eugene Dodson）从

货车销售商施雷德（Burns and Mary Shrader）处购买了一辆1984年的二手皮卡车。多德森支付了4900美元的现金买车，这个钱是从他女朋友的祖母那里借来的。在买车的时候，施雷德没有询问年龄，多德森也没有对他未成年的状况作出虚假陈述。但是施雷德相信那个时候多德森应该是十八九岁的样子。

1987年12月，在购车9个月后，卡车开始出现机械故障。一个修车的人认为问题出在了气门上，但是不检查发动机内部无法知道确切的问题。多德森不想或者没有足够的钱进行维修，仍然继续使用该车。一个月后，也就是1988年1月，卡车的发动机爆炸致使车辆不能使用。多德森把车停在了他父母房子的前院，他联系了施雷德，想要撤销合同并且要求退全款。施雷德拒绝接受交付的卡车，也不同意退全款的要求。

1988年5月10日，多德森向莫瑞县一般审理法院（Maury County General Sessions Court）起诉，请求撤销合同并返还购车款，法院判决驳回多德森的诉讼请求。多德森向该县的巡回法院（Circuit Court for Maury County）提起重新上诉（de novo appeal）。在上诉期间，施雷德通过律师表示，他在没有折旧赔偿的情况下拒绝接受退货的车。在巡回法院审理之前，卡车在停在多德森父母住所前院的时候，被撞到了左侧的挡泥板，肇事者逃逸。在巡回法院审理期间，根据施雷德的陈述，卡车只值500美元了。1988年11月，巡回法院根据之前的普通法判决和遵循先例原则，勉强同意了撤销合同，判决施雷德返还多德森4900美元购车款。施雷德提起上诉，田纳西州上诉法院（Court of Appeals of Tennessee）维持下级法院判决，施雷德继续上诉至田纳西州最高法院（Supreme Court of Tennessee）。

3. 争议焦点

在未成年人订立的合同被撤销之后，未成年人是否有权获得全额退款，或者卖方是否有权扣除卡车在未成年人使用过程中发生的贬值所对应的价款？

4. 裁判结果

田纳西州最高法院（Supreme Court of Tennessee）将本案发回初审法院进行进一步重审，审查上诉案件的费用由双方平均分摊。

5. 裁判理由

本州最早的类似争议案件是惠顿诉伊斯特案（Wheaton v. East）。"当法院认为合同有损未成年人的利益时，它是无效的；当对未成年人有利的时候，比如生活必需品，它就是有效的；当合同的性质不确定（不知道是否符合未成年人的利益）时，它是可撤销的，并由未成年人来决定是否撤销"。[1]

在塔克诉佩恩案（*Tuck v. Payne*）中，麦金尼法官（Justice McKinney）认为，现在的规则是，未成年人订立的合同并不无效，而是可撤销的，由未成年人在其成年之前或者之后决定是否撤销。[2]新规则抛弃了之前根据合同有利或不利于未成年人来判断合同可撤销还是无效的规则，允许未成年人在达到能够判断合同是否对自己有利的年龄时，自己选择确定合同的效力。在新规则下，允许未成年人基于道德义务自愿承担对自己不利的合同义务。采用新规则并没有减损未成年人的权利，只是给予选择权，使其可以选择援引被认定为有利的合同，这样的合同如果被认定为无效，则不能对合同另一方强制执行。因此未成年人就可以选择承担其认为对自己有利的合同，同时免于不利合同的伤害。适用新规则是基于以下准则：寻求公正必须公正处事，任何人都不能从其错误中获利，当其进行不公正行为的时候，不能获得公正的眷顾，未成年人不能利用法律对未成年人的保护，伤害与其善意交易的其他人。

田纳西州修改的新规则与其他州大多数规则相一致，这一规则的基础是"未成年原则"（infancy doctrine），即使未成年人不因缺乏判断力"而在市场中被一些狡猾的成年人利用，与他们订立合同，导致其财产受到损失和浪费"。[3]但是，这些州的司法或成文立法出现了一种新趋势，开始选择一种能同时平衡未成年人权利和无辜商人权利的方法。因此，发展出了两个未成年人规则，在合同解除的时候，允许合同的另一方退还的金额少于总价款。第一个规则被叫作"获益规则"（Benefit Rule），根据该规则，在合同撤销的时候，对全部价款的偿还要减去未成年人对商品的使用费用。该规则承认传统的生活必需品规则被扩展，当未成年人不能恢复从交易另一方实际获得的利益时，他就应该受到合同的约束。[4]第二个规则认为，向未成年人退还的全

---

[1] *Wheaton v. East*, 13 Tenn. 40, 61 (1833).

[2] *Tuck v. Payne*, 159 Tenn. 192, 17 S. W. 2d 8 (1929).

[3] *Halbman v. Lemke*, 99 Wis. 2d 241, 245, 298 N. W. 2d 562, 564 (1980).

[4] *See Porter v. Wilson*, 106 N. H. 270, 209 A. 2d 730, 13 A. L. R. 2d 1247 (1965); *Valencia v. White*, 134 Ariz. 139, 654 P. 2d 287 (Ct. App. 1982), 2 Williston on Contracts, §238, p. 43 (3rd Ed. Jaeger 1959). *Berglund v. Am. Multigraph Sales Co.*, 135 Minn. 67, 160 N. W. 191 (1916).

额价款应当扣除使用费用、商品贬值费或商品受损的费用。[1]

今后将在本州适用的规则是，在未成年人合同中，若未成年人没有受到欺诈、胁迫或者不当影响，合同是公平合理的，未成年人已经按照购买价格支付了金钱，并且已经交付且使用了购买的商品，就不该允许他获得自己支付的全部价款，却不允许卖方获得购买之商品在未成年人手中时因使用、折旧、故意或过失损害的合理补偿。如果卖方存在欺诈、胁迫或者合同本身是不公平的，又或者交易是有人肆意利用自己的优势地位来引诱未成年人达成的，这个规则就不能适用了。卖方是否存在欺骗、胁迫，以及要返还的商品的公平市场价值是多少，是一个事实问题。这个规则既可以保护未成年人免遭不公与欺凌，也可以公正对待那些本着善意和未成年人交易的人们。

这个规则很好地适应了现代的情况：未成年人被允许在他们达到法律上成年的年龄之前，为他们自己进行大量的商业交易，而他们事实上也这么做了。很多未成年人工作赚钱并积攒下来，经常在没有任何远见和限制的情况下花掉这些钱。如果未成年人有钱为他们的交易付款，那么法律并不质疑他们进行交易的权利。如果商人们不能安全地以一种公平合理的方式与未成年人进行交易，则对每一个相关的人来说，这种负担是难以承受的。另外，如果让未成年人知道，他们用他们自己的钱、为自己的利益去进行交易，而在支付、使用了商品直到商品坏掉之后，又可以返回去强迫卖家返还给他们商品价款，则与给未成年人以诚实、忠诚的道德影响或者引导他们在未来进行善意且有用的商业交易不符。这样的原则只会造成道德原则的崩溃，鼓励未成年人欺诈和不讲诚信。

本案中，在原告购买卡车 9 个月后，卡车就出现了机械故障。原告已经被告知，故障可能的根源或许出现在发动机的内部。他继续使用该车辆，直到发动机爆炸而无法使用，这其中是否存在原告重大过失或者故意的行为，需要在初审阶段予以明确。在原告第一次把卡车交付给被告且被告拒绝后，卡车在停在原告父母处的时候被一逃逸司机损害。损害的数额以及卖家和买家之间的责任数额、卡车的公平市场价值也是事实审理者需要解决的事项。

因此，本案被发回初审法院进行进一步审理，审查上诉案件的费用由双

---

[1] *See Carter v. Jays Motors*, 3 N. J. Super. 82, 65 A. 2d 628（App. Div. 1949）; *Creer v. Active Auto. Exch.*, 99 Conn. 266, 121 A. 888（Conn. 1923）; *Rodriguez v. N. Auto Auction, Inc.*, 35 Misc. 2d 395, 225 N. Y. S. 2d 107（App. Term 1962）; *Pettit v. Liston*, 97 Or. 464, 191 P. 660（1920）.

方平均分摊。

二、未成年人合同的撤销：基佛诉弗雷德豪汽车公司案（KIEFER v. FRED HOWE MOTORS, INC.）

Steven M. KIEFER, Respondent,

v.

FRED HOWE MOTORS, INC., Appellant.

Supreme Court of Wisconsin, May 7, 1968.

39 Wis. 2d 20, 158 N. W. 2d 288.

（基佛诉弗雷德豪汽车公司案）

1. 裁判要旨

（1）关于虚假陈述的认定。首先，虚假陈述必须包含不真实的事实陈述；其次，行为目的是欺骗、诱使另一方做出某种行为；最后，对方因该虚假陈述被诱导做出某种行为，并因此遭受伤害或损害。

（2）未成年人订立的合同（除必需品合同外）无效，或可由该未成年人选择撤销。

2. 案情介绍

1965 年 8 月 9 日，原告史蒂文·M. 基佛（Steven M. Kiefer）与被告弗雷德豪汽车公司（Fred Howe Motors, Inc.）达成一个合同，购买被告一辆 1960 年的威利斯旅行车（Willys station wagon）。原告支付了 412 美元并取得了对该车的占有。购车当时，原告已满 20 岁，已婚，并育有一子，属于独立生活的未成年人。在合同中，原告书面声明"本人表示已满 21 岁，且明知经销商基于这一条件出售汽车"。后在使用过程中，车辆出现问题，于是原告联系被告要求退货，并主张追回购买价款。根据威斯康星州的法律，已满 16 岁的未成年人可以驾驶机动车，但若未满 21 岁，则不能购买机动车。原告与被告几经协商，都未达成解决方案。于是原告联系了其律师，律师向被告写信表明原告在购车时未满 21 岁，合同应当被认定为无效，应由原告返还汽车并由被告退还购车款。但是，被告并没有对此作出回应，于是原告向沃克夏县巡回法院（Circuit Court for Waukesha County）提起诉讼，请求返还 412 美元的购车款。初审法院判决支持原告的诉讼请求，被告不服，上诉至威斯康星州最高法院（Supreme Court of Wisconsin）。

3. 争议焦点

（1）一个已满 18 岁且脱离父母生活的未成年人是否应当为其订立的合同承担法律责任？

（2）合同效力是否被有效地否认？

（3）原告是否应当为其虚假陈述承担侵权责任？

4. 裁判结果

威斯康星州最高法院维持了初审法院判决，支持原告的诉讼请求。虽然原告在购车时已满 20 岁，已结婚且育有一子，但是仍可以否认合同效力，并且原告不构成虚假陈述其年龄。

5. 裁判理由

对于未成年人合同，法律的一般规则是：除非是购买生活必需品，否则未成年人订立的合同或者无效，或者基于未成年人的选择可撤销，唯一的例外是存在制定法规定或承担法定责任的合同（如婚姻合同或抚养非婚生子女的合同）。一般规则并不会因为未成年人是否脱离父母独立生活（emancipation）而受到影响。被告并没有举证证明存在上述例外情形，仅仅认为法院应当基于公共政策的考虑而采用新规则，规定已满 18 岁且脱离父母独自生活的未成年人应当承担合同责任。虽然我们承认威斯康星州的法律存在自相矛盾的地方，例如一个未成年人可以参军，但不能投票选举；一个未成年人可以结婚并且为其侵权和犯罪承担责任，但不足以承担合同责任；一个已满 16 岁的未成年人可以驾驶机动车等危险交通工具，但未满 21 岁不能购买机动车。几个世纪以来，法律一直认为成年的年龄界限是 21 岁，但其他州已经降低了标准。我们认为，被告最好去寻求立法的支持，而不是法院的判决。但是，结婚属于脱离父母生活的主要原因，若采用被告提出的新规则，仅仅因为本案原告脱离父母生活而认为其有订立合同的能力，那就意味着已结婚的未成年人比未结婚的未成年人更有理性、更加成熟，这种结论似乎不符合逻辑。

任何明确表示否认合同效力的行为都足以达到未成年人有效否定合同效力的目的。因此，未成年人出于否认履行合同的目的而发出的通知，甚至是退还货物和货款的请求，都足以构成否认合同效力的声明。在本案中，原告的证词及其律师写给经销商的信，都表明存在对合同效力的有效否认。

根据 19 世纪的观点，未成年人虚报其年龄并不重要，因为对行为能力的错误陈述并不等于实际上拥有行为能力。但是，随着时间的推移，这一规则已被改变。有两种方法可以约束欺诈的未成年人：禁止否认其宣称自己已成年，合同将对其发生法律效力，其需要承担合同损害赔偿责任；或者可以由未成年人否认合同效力，承担侵权损害赔偿责任。威斯康星州采用的是第二种方法。因此，本案中需要判断的是原告行为是否符合虚假陈述的构成要件。对于被告是否询问过年龄以及原告是否回答了已满 21 岁这一问题，双方存在争议。这一问题应当交由初审法院决定，而初审法院认为原告没有口头表明已满 21 岁。但是被告认为，即使原告没有口头承认其年龄超过 21 岁，仍存在虚假陈述，因为其合同的签名处上方有一句"本人表示已满 21 岁，且明知经销商基于这一条件出售汽车"。威斯康星州最高法院却认为，原告签署的合同上存在一句"已满 21 岁"的表述，不构成经销商的正当信赖。经销商并没有查看征兵证、身份证，甚至在这种情况下没有合理地查看驾驶证，因此，原告没有虚假陈述其年龄，不承担虚假陈述的侵权责任。

异议意见：21 岁以下但已为人父母的未成年人上下班所用的汽车是一个生活必需品，购车合同不应当被撤销。

三、精神疾病当事人合同的撤销：奥尔特勒诉教师退休委员会案（OR-TELERE v. TEACHERS' RETIREMENT BOARD OF THE CITY OF NEW YORK）

Francis B. ORTELERE, Individually and as Executor of Grace W. Ortelere, Deceased, Appellate,

v.

TEACHERS' RETIREMENT BOARD OF the CITY OF NEW YORK, Respondent.

Court of Appeals of New York, July 2, 1969.

25 N. Y. 2d 196, 250 N. E. 2d 460, 303 N. Y. S. 2d 362.

（奥尔特勒诉教师退休委员会案）

1. 裁判要旨

若合同一方当事人在订立合同时因精神缺陷或精神疾病无法以合理的方

式进行交易，且合同相对方有理由了解其状况，则合同当事人需要承担合同无效的后果。

2. 案情介绍

本案发生在纽约州。格蕾丝·W. 奥尔特勒（Grace W. Ortelere）女士自1924年开始担任教师，她也是纽约市教师退休系统（Teachers' Retirement System）的成员。奥尔特勒女士可以按时领取年金、养老金和退休前身故抚恤金，以及自由选择退休津贴发放的方案。

1958年6月28日，奥尔特勒选择了退休福利方案，将她的丈夫作为未用储备金的受益人。在这一方案下，她每月获得的退休津贴较低，但是若她在收完足额养老金前去世，她的丈夫可以得到余下的养老金。1960年6月16日，她指定如果自己在退休前去世，她的丈夫是她身故抚恤金的受益人。1964年3月，奥尔特勒女士受神经衰弱困扰，1964年7月1日被诊断出更年期精神病（involutional psychosis），属于忧郁症型（melancholia type）。1965年2月5日，奥尔特勒女士开始休假。同年2月11日，她在接受治疗期间提交了退休申请，申请项目包括取消之前的退休福利方案选择，变更为在她有生之年领取最高额度的退休津贴，但其去世后，受益人即她的丈夫不能获得任何福利。3月28日，奥尔特勒女士因动脉瘤在家中昏倒，随后住进医院。10天后，她因高血压性心脏病引发的脑血栓去世。奥尔特勒女士的丈夫和遗嘱执行人起诉纽约市教师退休委员会（Teachers' Retirement Board of the City of New York），要求撤销2月11日奥尔特勒女士因精神不健全而选择的退休福利方案。

本案的初审法院（Supreme Court of New York, Trial Term）认定奥尔特勒女士于2月11日提出申请之时具有精神障碍，因此判决支持原告的诉讼请求，但该判决之后被上诉法庭（The Supreme Court, Appellate Division）以证据不足为由推翻。原告遂向本案的终审法院即纽约州上诉法院（Court of Appeals of New York）提起上诉。

3. 争议焦点

（1）本案中去世的奥尔特勒女士在患有精神疾病期间缔结的合同是否有效，即其做出的变更退休福利方案的行为是否可被撤销？

（2）纽约市教师退休委员会对奥尔特勒女士的精神疾病是否知情或应当知情？

4. 裁判结果

纽约州上诉法院认为，尽管奥尔特勒女士在变更退休福利方案时具有认知判断能力，但是根据医学分类上的精神疾病来看，奥尔特勒女士因意志和情感障碍或人格紊乱，无法做出理性的判断，因此她的选择是可撤销的。上诉法院判决撤销原判，并将案件发回重审。

5. 裁判理由

（1）传统上，判断精神健全与否很大程度上采用的是"认知能力"检验法（cognitive test），即当事人是否欠缺理解有关交易的性质的能力，当事人是否有能力知道他在做什么并且理解其效果。该标准更看重的是达成协议时的行为能力，因此只需要当事人在缔结合同的那一刻"清醒"即可。纽约州上诉法院认为，虽然奥尔特勒女士在做出退休福利方案选择时具有完全的认知判断能力，但仅仅用传统的认知测试来判断缔约能力是不充分的。传统标准建立在精神病学知识相当有限的时期，该标准无法解释一些精神疾病患者似乎具有认知判断能力却不能控制自己行为的现象。现代医学对精神疾病的认知研究表明：即使精神疾病患者具备相应的智力水平和认知理解能力，其意志混乱、情感障碍或人格紊乱仍可能导致其不具有签订合同或行使合同权利的能力。因此纽约州上诉法院认为，传统的"认知能力"检验法局限性过大，需要重新审视。本案中，依据原告提供的医生的证言，可以认定奥尔特勒女士患有精神病。不能仅因为奥尔特勒女士可以通过 19 世纪心理学的"认知能力"检验，而认为奥尔特勒女士退休福利方案的选择行为有效。

（2）《合同法重述（草案）》阐述了关于合同能力的现代规则，即无论案例的推理如何，都不再用"认知能力"检验法来解释结果，"在下列情况下，一个存在精神疾病或精神缺陷的人，在从事交易活动时所创设的合同义务是可以撤销的：……他不能以合理的方式对交易采取行动，并且交易相对方有理由知道其状况。"[1]

判断有认知能力而进行缔约的精神疾病患者是否享有合同撤销权，需要考虑冲突政策的平衡。一方面需要维持合同的稳定性以及保护善意缔约方的期待利益，另一方面也要保护那些了解交易性质，但由于精神疾病而无法控

---

[1]　Restatement, 2d, Contracts［T. D. No. 1, April 13, 1964］，§ 18C.

制自己行为的人。因此，只有当合同相对方知道或被告知缔约方具有精神疾病时，缔约方才可以获得相应救济。如果合同相对方不了解缔约方的精神疾病，且合同是经过双方公平协商而达成的，该合同已经被全部或部分履行或情势变更，以至于撤销该合同有失公平，则撤销权不再适用。这种情况下，法院可以依衡平法给予当事人适当的救济。

本案中，教育委员会知道奥尔特勒女士是因精神疾病而休假，奥尔特勒女士也曾求助于教育委员会的精神病医生，说明交易相对方明知合同当事人的精神状况，因此满足撤销权的行使条件。

（3）纽约州上诉法院也从公共政策的角度对本案进行考虑。设立退休福利系统的目的是保护其成员和相关受益者。让一个40多年来持续为教育事业做贡献并参加了退休福利系统的教师，为其因精神疾病做出的鲁莽决定而负责，接受并不利于其自身和受益者的福利方案，是不合理、不公平的。

四、非婚同居合同的效力：马文非婚同居财产分割案（MARVIN v. MARVIN）

Michelle MARVIN, Plaintiff and Appellant,

v.

Lee MARVIN, Defendant and Respondent.

Supreme Court of California, December 27, 1976.

18 Cal. 3d 660, 557 P. 2d 106, 134 Cal. Rptr. 815.

（马文非婚同居财产分割案）

1. 裁判要旨

（1）加利福尼亚州《家庭法法案》（Family Law Act）[1]不管辖非婚关系期间所获财产的分配问题。

（2）法院应强制执行非婚伴侣之间的明示合同，除非该合同明确建立在不道德（meretricious）性服务的对价之上。

（3）不存在明示合同时，法院应调查当事人的行为，以确定该行为是否表明当事人之间存在默示合同、合伙/合资协议或其他默示协议。在案件事实

---

〔1〕　Cal. Civ. Code § 4000 *et seq.*

允许时，法院也可采用合理金额（*quantum meruit*）[1]原则，或采用推定信托（constructive trust）[2]或归复信托（resulting trust）[3]等衡平法救济手段。

2. 案情介绍

（1）案件事实。1964年10月，原告米歇尔·马文（Michelle Marvin）与被告李·马文（Lee Marvin）达成一份口头协议，约定"双方在同居时将各自的付出与所得结合在一起，并平等享有因一方或双方的努力而累积的一切财产"。两人同意以夫妻名义共同生活，此后原告还放弃了利润丰厚的表演者与歌唱家职业，"作为一个伴侣、家庭主妇、管家和厨师，将全部时间奉献给被告"。作为回报，被告同意"为原告提供余生的一切经济支持与需求"。

原告表示，1964年10月至1970年5月，其与被告同居并履行了协议规定的义务。在此期间，两人辛勤耕耘，并以被告的名义取得了数量可观的不动产和个人财产，其中包括一项价值超过100万美元的电影版权。然而，1970年5月，被告强迫原告离开自己的家庭。被告继续支持原告直至1971年11月，此后拒绝支付任何费用。

（2）诉讼历史。原告向洛杉矶市高级法院（Superior Court of Los Angeles County）提起诉讼，请求法院确认其合同与财产权利，并对同居关系存续期间取得财产的一半适用推定信托。被告则提出以下抗辩：①其与原告的同居非法，协议具有"非道德"的特征，执行协议将违反公共政策；②协议损害了其妻贝蒂·马文（Betty Marvin）的夫妻共同财产权；③《加利福尼亚州民法典》（Civil Code of California）第5134条规定"所有婚姻财产协议须以书面形式订立"，[4]本案中的口头协议不可执行；④《加利福尼亚州民法典》第

---

〔1〕 合理金额，指的是服务的合理价格，以及在准合同（如不当得利）中计算赔偿额的合理数额。参见薛波主编，潘汉典总审订：《元照英美法词典》，法律出版社2003年版，第1129页。

〔2〕 推定信托是默示信托（implied trust）的一种，指法律根据当事人的某些行为以及衡平原则而推定产生的信托关系，以阻止不法行为人从其不法获得的财产上不当得利。如违反他人意愿或滥用其信任，以实际或推定的欺诈、胁迫或各种违法、不公正、阴谋、隐瞒手段获得在公平和诚信情况下本不应该获得并享有的权利，法律推定此类行为违反信托关系。参见薛波主编，潘汉典总审订：《元照英美法词典》，法律出版社2003年版，第305页。

〔3〕 归复信托也是默示信托的一种，指当财产转让的情形表明让与人并没有使受让人从财产中受益的意图时，法律就将其规定为信托。参见薛波主编，潘汉典总审订：《元照英美法词典》，法律出版社2003年版，第1193页。

〔4〕 Cal. Civ. Code § 5134.

43.5 条（d）款规定，"对婚姻允诺的违反不产生诉因"。[1]

初审法院批准了被告的动议，驳回了原告的诉讼请求。原告上诉至加利福尼亚州最高法院（Supreme Court of California）。

3. 争议焦点

本案中原被告之间的协议是否可以被执行？

4. 裁判结果

加利福尼亚州最高法院认为：①加利福尼亚州《家庭法法案》不管辖非婚关系期间所获财产的分配问题；②法院应强制执行非婚伴侣之间的明示合同，除非该合同明确建立在不道德性服务的对价之上；③不存在明示合同时，法院应调查当事人的行为，以确定该行为是否表明当事人之间存在默示合同、合伙/合资协议或其他默示协议。在案件事实允许时，法院也可采用合理金额原则，或采用推定信托或归复信托等衡平法救济手段。

加利福尼亚州最高法院推翻初审法院判决，将案件发回重审。

5. 裁判理由

加利福尼亚州最高法院首先援引了特鲁塔利诉梅拉维利亚案（*Trutalli v. Meraviglia*），指出非婚伴侣可以合法订立合同，对关系持续期间所获财产的所有权进行安排。[2]该原则在瓦莱拉共同财产分割案（*Vallera v. Vallera*）中得到重申，即"如果一名男性与未婚女性以夫妻名义共同生活，根据协议将收入集中起来并平均分享共同积累，则衡平法将保护每一方在此类财产中的利益"。[3]

接下来，加利福尼亚州最高法院逐项分析了被告提出的抗辩事由。

（1）被告指出，其与原告的同居非法，协议具有"非道德"的特征，执行协议将违反公共政策。被告主张，非婚伴侣之间的合同如果"涉及"（involved in）或"考虑了"（in contemplation of）非法关系，则无法执行。但是，加利福尼亚州最高法院在审查了该州的众多判例后指出，法院在否定合同时采用了更为狭窄和精确的标准，即非婚伴侣之间的合同仅在明确基于不道德

---

〔1〕　Cal. Civ. Code § 43.5.

〔2〕　*Trutalli v. Meraviglia*, 215 Cal. 698, 12 P. 2d 430 (1932).

〔3〕　*Vallera v. Vallera*, 21 Cal. 2d 681, 685, 134 P. 2d 761, 763 (1943).

性服务的有违道德与非法的对价时才不可执行。[1]此外，大量判例也支持在与本案基本无法区分的事实背景中执行非婚伴侣之间的协议。[2]据此，加利福尼亚州最高法院认为，男性与女性未婚同居并发生性关系，这一事实本身并不会使两人之间关于收入、财产或开支的协议无效，此类协议也不会仅因双方在订立合同时考虑创设或延续非婚关系而无效。非婚伴侣之间的协议，仅在其依赖于不道德性服务的对价时才会失效。因此，被告所主张的如果合同"涉及"或"考虑了"非婚关系就会失效的规则，无法同上述判决相协调。

针对被告援引的、法院拒绝执行非婚伴侣之间的合同的判例，加利福尼亚州最高法院指出这些案例实际上都涉及基于非法性服务的对价。在希尔诉威斯布鲁克庄园案（*Hill v. Westbrook's Est.*）[3]中，女方允诺为男方提供住房，与男方以夫妻名义共同生活并养育男方的孩子。男方则允诺立下遗嘱为其提供衣食，但在没来得及这样做时便去世了。女方起诉要求分配财产，初审法院予以支持，但上诉法院予以驳回。上诉法院指出，女方意在从与男方的不道德关系和养育子女的行为中寻求合理价值，但法院不会对姘居和养育子女的行为给予补偿。由于初审判决至少部分考虑了女方所付出性服务的价值，上诉法院撤销了初审判决。[4]在阿蒲德克诉塞缪尔案（*Updeck v. Samuel*）[5]中，双方订立的合同"将以夫妻名义生活作为对价"。由于该合同涉及通奸罪，法院认定其为非法。[6]

加利福尼亚州法院进一步指出，被告主张的标准不仅含糊不清，也不可

---

[1]　*Trutalli v. Meraviglia*, 215 Cal. 698, 12 P. 2d 430（1932）; *Bridges v. Bridges*, 125 Cal. App. 2d 359, 270 P. 2d 69（1954）; *Croslin v. Scott*, 154 Cal. App. 2d 767, 316 P. 2d 755（1957）.

[2]　*In re Marriage of Foster*, 42 Cal. App. 3d 577, 117 Cal. Rptr. 49（Ct. App. 1974）; *Weak v. Weak*, 202 Cal. App. 2d 632, 639, 21 Cal. Rptr. 9（Ct. App. 1962）; *Ferguson v. Schuenemann*, 167 Cal. App. 2d 413, 334 P. 2d 668（1959）; *Barlow v. Collins*, 166 Cal. App. 2d 274, 277-78, 333 P. 2d 64（1958）; *Ferraro v. Ferraro*, 146 Cal. App. 2d 849, 304 P. 2d 168（1956）; *Cline v. Festersen*, 128 Cal. App. 2d 380, 275 P. 2d 149（1954）; *Profit v. Profit*, 117 Cal. App. 2d 126, 255 P. 2d 25（1953）; *Garcia v. Venegas*, 106 Cal. App. 2d 364, 235 P. 2d 89（1951）; *Padilla v. Padilla*, 38 Cal. App. 2d 319, 100 P. 2d 1093（1940）; *Bacon v. Bacon*, 21 Cal. App. 2d 540, 69 P. 2d 884（1937）.

[3]　*Hill v. Westbrook's Est.*, 95 Cal. App. 2d 599, 213 P. 2d 727（1950）.

[4]　*Hill v. Westbrook's Est.*, 95 Cal. App. 2d 599, 603, 213 P. 2d 727, 730（1950）.

[5]　*Updeck v. Samuel*, 123 Cal. App. 2d 264, 266 P. 2d 822（1954）.

[6]　*Updeck v. Samuel*, 123 Cal. App. 2d 264, 267, 266 P. 2d 822, 824（1954）.

行。实际上，非婚伴侣之间的所有协议都可以说在某种意义上"涉及"他们相互间性关系的事实，或者"考虑了"这种关系的存在。因此，如果从字面上理解，被告的标准可能会使非婚伴侣之间的所有协议无效。此外，该标准也没有提供区分有效与无效协议的依据，在实际操作时缺乏确定性。

（2）被告抗辩道，协议损害了其妻贝蒂·马文的夫妻共同财产权，违反了公共政策。被告主张，根据 1964 年的成文法，其与妻子分居期间的收入属于夫妻共同财产，[1]而协议旨在将此共同财产的一半利益移转至原告。但加利福尼亚州最高法院指出，无论协议是否超出被告作为共同财产管理者的权限，被告的论点都不能成立，因为共同财产的不当转让并非自始无效，而是可经受害方配偶要求而被撤销。[2]本案中，贝蒂·马文有机会在离婚诉讼中主张其夫妻共同财产权，执行原被告之间的协议并不会损害其任何权利，因此不违反公共政策。

（3）对于被告提出的口头协议不可执行的抗辩，加利福尼亚州最高法院指出婚姻财产协议是一种规划婚姻的协议，其中每一方都同意解除或修改本应由婚姻产生的财产权。[3]本案中的协议显然不符合该定义，因此不适用《加利福尼亚州民法典》第 5134 条的规定。

（4）至于被告提出的"对婚姻允诺的违反不产生诉因"的抗辩，加利福尼亚州最高法院的结论是：自 1939 年《加利福尼亚州民法典》第 43.5 条实施以来，大量案件中都执行了非婚伴侣之间的共同经营协议，而且法院或律师均未提及该条文。

最后，加利福尼亚州最高法院表明了总体原则，即自愿同居并发生性关系的成年人与其他任何人一样，有能力订立有关收入与财产权的合同。当然，订立为性服务支付费用的合同是非法的，因为其本质上是卖淫协议。只要协议没有基于非法和不道德的对价，当事人就可以随意安排经济事务，任何政策都不会阻止法院强制执行此类协议。本案中，原告主张双方同意将收益集

---

〔1〕 1964 年适用的是原《加利福尼亚州民法典》第 169 条、第 169.2 条。上述条文于 1970 年被第 5118 条废止；1972 年，第 5118 条经过修正，规定"配偶分居时，配偶各方的收入和积累属于夫妻的个人财产"。

〔2〕 *See Ballinger v. Ballinger*, 9 Cal. 2d 330, 334, 70 P. 2d 629（1937）；*Trimble v. Trimble*, 219 Cal. 340, 344, 26 P. 2d 477（1933）.

〔3〕 *See In re Corker's Est.*, 87 Cal. 643, 648, 25 P. 922（1891）.

中在一起，他们签订了平等分享所有所获财产的协议，并且被告同意支持原告，该协议的条款并不依赖于任何非法对价。因此，加利福尼亚州最高法院认为初审法院错误批准了被告的动议。

虽然本案中的口头协议属于明示合同，但由于原被告提出了不存在明示合同时未婚伴侣的财产权问题，而且本州上诉法院也出现了互相矛盾的处理，加利福尼亚州最高法院着手解决这一问题。

在卡里案（*In re Marriage of Cary*）[1] 中，上诉法院认为，鉴于 1970 年《家庭法法案》的政策，非婚伴侣积累的财产应平均分配，但该案并未提及必须存在明示合同。加利福尼亚州最高法院梳理了卡里案之前的案例，指出两个互相矛盾之处：第一，法院对非婚伴侣之间的明示合同适用普通法原则，除非其基于非法对价，否则予以执行。但对非婚伴侣之间的默示合同，法院却拒绝予以执行。第二，在处理非婚伴侣通过共同努力所积累的财产时，法院认为在缺乏明示合同的情况下，提供服务的非婚伴侣不能对非婚关系期间获得的财产主张权利。卡里案的观点得到了阿瑟利庄园案（*Estate of Atherley*）[2] 法院的支持，但遭到贝克曼诉梅休案（*Beckman v. Mayhew*）[3] 法院的拒绝。

加利福尼亚州最高法院并不认同卡里案和阿瑟利庄园案的说理，认为两起案件扩大了《家庭法法案》的适用范围，因为该法案并不涉及非婚伴侣的财产权，立法史也未能表明立法机关考虑过这一问题。但是，加利福尼亚州最高法院同意两起案件中法院的观点，即如果适用先例，不允许非婚伴侣根据默示合同或衡平法原则主张权利，则会导致财产分配的不公。加利福尼亚州最高法院一一驳斥了各种拒绝救济非婚伴侣的理论，并指出由于现代社会非婚关系的盛行与社会对这种关系的接纳，法院不应将"不道德性关系属非法"的原则适用于本案，将非婚关系与不道德性行为划上等号。基于非婚关系双方合理期待的实现，加利福尼亚州最高法院补充道，在不存在明示合同时，法院应调查当事人的行为，以确定该行为是否表明当事人之间存在默示合同、合伙/合资协议或其他默示协议。在适当时，法院可采用推定信托或归复信托等衡平法救济手段。如果非婚伴侣能够证明其提供了服务并期待获得

---

[1]　*In re Marriage of Cary*, 34 Cal. App. 3d 345, 109 Cal. Rptr. 862（Ct. App. 1973）.

[2]　*Estate of Atherley*, 44 Cal. App. 3d 758, 119 Cal. Rptr. 41（Ct. App. 1975）.

[3]　*Beckman v. Mayhew*, 49 Cal. App. 3d 529, 122 Cal. Rptr. 604（Ct. App. 1975）.

金钱报酬，那么其可获得合理金额的补偿，即提供家庭服务的合理价值减去获得支持的合理价值的补偿。

综上所述，加利福尼亚州最高法院推翻初审法院判决，将案件发回重审。

五、竞业禁止协议的效力：CAB 诉英格拉姆等案（CENTRAL ADJUSTMENT BUREAU, INC. v. INGRAM）

CENTRAL ADJUSTMENT BUREAU, INC., Plaintiff-Appellant,

v.

Henry Preston INGRAM, Richard B. Goostree, James C. Bjorkholm, Jr.,

and Ingram & Associates, Inc., Defendants-Appellees.

Supreme Court of Tennessee, September 17, 1984.

678 S. W. 2d 28.

（CAB 诉英格拉姆等案）

1. 裁判要旨

在竞业禁止协议约定的范围超过了合理限度的情况下，法院可以对其进行合理性调整，并执行修改后的竞业禁止协议。根据合理性规则修改竞业禁止协议，不是为合同双方制定一个新合同，而是在合同双方所做出的所有选择中选择一个最好的。部分执行双方先前不够妥当的约定，比完全否定这一约定更接近双方的合意。如果有证据证明竞业禁止协议是故意不合理的或者具有压迫性的，那么该约定应直接被认定为无效。

2. 案情介绍

本案的原告是得克萨斯州一家名为 Central Adjustment Bureau, Inc. 的债务催收公司，简称 CAB。原告 CAB 在美国共有 25 个分支机构，3 名被告均为 CAB 的前雇员。他们于 1979 年离开 CAB，并成立了一家与 CAB 在业务上具有直接竞争关系的债务催收公司，即英格拉姆协会（Ingram & Associates, Inc.）。3 名被告于 CAB 工作期间，均与 CAB 签署了竞业禁止协议。CAB 对 3 名被告提起诉讼，指称其违反了竞业禁止协议，并侵犯了 CAB 公司的合法权益，应承担相应的法律责任。

初审法院即戴维森县衡平法院（Equity Court, Davidson County）认为，原被告之间签署的竞业禁止协议，在空间和时间的限制范围上超过了合理的限度。因此，初审法院通过禁制令，将其限制范围调整到合理限度内，并予以执行。此外，初审法院还认定，被告违反竞业禁止协议、不公平竞争以及违背忠诚义务，应对原告承担8万美元的损害赔偿金。

田纳西州上诉法院（Tennessee Court of Appeals）推翻了初审法院关于竞业禁止协议的判决，认为其缺乏对价，所以应为无效。此外，上诉法院认为，竞业禁止协议本身在空间和时间的限制范围上超过了合理限度，也应直接判定为无效，而不应由法院对其进行修改后继续执行。上诉法院肯定了初审法院对被告的侵权责任的认定，但是认为8万美元的损害赔偿金并不合理，应重新决定损害赔偿金的数额。

对田纳西州上诉法院的判决，原告上诉至田纳西州最高法院（Supreme Court of Tennessee）。在田纳西州最高法院，双方对被告的侵权行为没有争议，仅对与竞业禁止协议相关的两个争议焦点进行了辩论。

3. 争议焦点

（1）竞业禁止协议是否有效并可以执行？

（2）不合理约定的竞业禁止协议是否可以由法院进行合理调整后继续执行？

4. 裁判结果

田纳西州最高法院判决撤销田纳西州上诉法院的判决，支持初审法院的判决，由被告承担诉讼费用。

5. 裁判理由

（1）竞业禁止协议是否有效成立，并可以执行。

雇佣合同中可以约定合理的竞业禁止协议。影响竞业禁止协议效力的因素有三：①竞业禁止协议是否成立，即其是否具有对价。②竞业禁止协议是否可以被执行，即要考虑是否是雇主的恶意造成被告雇员离职。③竞业禁止协议约定的限制范围是否合理。对于第三点，本案的限制范围显然已经超过必要限度。因此，仅在前两个争议焦点上讨论是否可以由法院进行合理调整后继续执行。

第一，竞业禁止协议是否成立。影响竞业禁止协议效力的第一个因素是，竞业禁止协议是否成立，即其是否具有对价。根据先例拉姆齐诉互助供给公司案（*Ramsey v. Mutual Supply Co.*），田纳西州最高法院认为延续雇佣可以作为原始雇佣合同的充分对价。[1]而在本案中，法院需要解决的是，对于任意制雇员（即雇主可以随时解雇的临时工）的延续雇佣，是否构成了在签订雇佣合同之后，再签订的竞业禁止协议的对价。因为在签订雇佣合同之后再签订竞业禁止协议，会使得雇员因为担心失去已获得的工作，而处于订立合同的不利地位。对此，田纳西州最高法院认为，在就业开始之前、同时或之后的短暂时期内签署的竞业禁止协议，属于原始雇佣合同的一部分。根据被告古斯特里（Goostree）的证言，其签订竞业禁止协议的日期是 1972 年 3 月 3 日，而他也是自这一天正式开始工作的。由此可见，其先前签订的雇佣合同并没有使其处于订立合同的不利地位。因此，田纳西州最高法院认为，延续雇佣构成本案所涉的竞业禁止协议的充分对价。

第二，竞业禁止协议是否可以被执行。影响竞业禁止协议效力的第二个因素是，竞业禁止协议是否可以被执行，即是否是雇主的恶意造成被告离职。虽然对于任意制雇员，即临时工，雇主可以随时解雇而不承担法律责任，但任意、反复无常或恶意的解雇明显影响了法院是否应该执行竞业禁止协议的决定。田纳西州最高法院指出，3 名被告均在 CAB 任职了较长时间，其中英格拉姆（Ingram）和古斯特里在 CAB 工作了 7 年，比约克霍尔姆（Bjorkholm）在 CAB 工作了 2 年。3 人皆自愿离职，且没有证据显示 CAB 恶意或者以其他不法的方式中止其与被告的雇佣合同。此外，英格拉姆在入职时的身份仅是一名推销员，而在离职前则已晋升为 CAB 公司最高层之一；古斯特里获得了多次加薪和两次升职机会。因此，田纳西州最高法院认为本案被告为自愿离职而非 CAB 恶意解雇，并非雇主的恶意造成被告的离职。

最后，根据其他一些法院的观点，雇佣合同中的竞业禁止协议的对价，除了延续雇佣，还需要其他额外的好处。即使如此，英格拉姆和古斯特里也的确获得了加薪或升职的福利。而且，这些加薪或升职的福利表明 CAB 对雇佣合同的履行情况是良好的。因此，田纳西州最高法院认为雇佣合同中的竞业禁止协议有效成立并可以被执行。

（2）竞业禁止协议是否可以由法院进行合理调整后继续执行。影响竞业禁止协议效力的第三个因素是，竞业禁止协议约定的限制范围是否合理。在约定的范围超过了合理限度的情况下，田纳西州最高法院认为可以对其进行

---

[1] *Ramsey v. Mutual Supply Co.*, 58 Tenn. App. 164, 427 S. W. 2d 849 (1968).

合理调整，并执行修改后的竞业禁止协定。

曾经，大多数法院采用的是"全有或全无"的理论，即对于有争议的约定，法院只能判定其为有效或者无效的约定。后来，法院不再坚持"全有或全无"的理论，而是倾向于对有争议的约定做出合理的调整，使其能继续执行。

法院采取的修改限制性约定的方式之一是"蓝铅笔"规则（blue pencil rule）。"蓝铅笔"规则规定，对竞争的不合理限制规则，可以在其原文的语法意义内进行合理性修改后执行，例如先例索拉里工业公司诉马拉迪案（*Solari Industries, Inc. v. Malady*）[1]。

一方面，"蓝铅笔"规则具有简洁的优点，并可以防止法院实际上重写合同双方协议的情况。但是另一方面，"蓝铅笔"规则也有明显的缺点：因为这些需修改的可分割条款通常包含协议不可分割的组成部分，所以"蓝铅笔"条款往往会使合同语言变得笨拙。因而，该规则也被批评为重形式而轻实质。

最近，大部分法院主要采取修改限制性约定的第二种方式，即合理性规则。合理性规则规定，除非有证据证明雇主存在恶意的行为，否则法院可以主动修改竞业禁止协议并执行它，以在不对雇员造成不合理的困难以及不对公共利益造成损害的情况下，合理地保护雇主的利益。而且，在本案所涉的约定中，特别规定了可以对其进行修改的条款。因此，田纳西州最高法院认为本案应适用合理性规则对竞业禁止协议进行合理性修改，其表示，根据合理性规则修改竞业禁止协议，不是为合同双方制定一个新合同，而是在合同双方做出的所有选择中选择一个最好的，如先例雷克托–菲利普斯–莫尔斯公司诉沃曼案（*Rector-Phillips-Morse, Inc. v. Vroman*）[2]。部分执行双方先前不够妥当的约定，比完全否定这一约定更接近双方的合意。

法院也认识到，若雇主意识到不合理约定的合同可以在法院合理调整后继续执行，可能会不恰当地引导一些雇主将更多带有压迫性和不必要的限制条款加入竞业禁止协议中。尤其是当合同约定败诉方支付律师费时，雇主可能什么也不需要支出，由此会引发不必要的诉讼。因此，田纳西州最高法院认为，如果有证据证明竞业禁止协议是故意不合理的或者具有压迫性的，那么该约定应直接被认定为无效。而在本案中，初审法院对竞业禁止合同的合

---

〔1〕　*Solari Industries, Inc. v. Malady*, 55 N. J. 571, 264 A. 2d 53 (1970).

〔2〕　*Rector-Phillips-Morse, Inc. v. Vroman*, 253 Ark. 750, 489 S. W. 2d 1, 61 A. L. R. 3d 391 (1973).

理调整是有效的。而且，并无任何证据显示原告具有恶意，也没有任何关于律师费的约定条款。因此，本案的竞业禁止协议由法院进行合理调整后继续执行并无不妥。

六、代孕合同的效力：婴儿 M 抚养权确权纠纷案（IN RE BABY M）

In the Matter of BABY M, a pseudonym for an actual person.

Supreme Court of New Jersey, February 3, 1988.

109 N. J. 396, 537 A. 2d 1227, 77 A. L. R. 4th 1, 56 USLW 2442.

（婴儿 M 抚养权确权纠纷案）

1. 裁判要旨

私主体行为的自愿不能规避法律对交易该行为的规制，代孕合同因违反法律和公共政策而无效。

2. 案情介绍

1985 年 2 月，威廉·斯特恩（William Stern）先生与玛丽·贝丝·怀特海德（Mary Beth Whitehead）通过纽约不孕中心（Infertility Center of New York）签署了代孕合同。合同中写道，斯德恩先生的妻子不能生育，斯特恩夫妇想要个孩子，怀特海德愿意作为代孕母亲，生育一个以斯特恩先生为父亲的孩子。合同规定，使用斯特恩先生的精子，通过人工授精的方式使怀特海德怀孕，孩子出生后交给斯特恩夫妇，然后办理终止怀特海德的母亲权利的一切必要程序，以便其后能由斯特恩夫人成为养母。孩子出生并交给斯特恩先生后，斯特恩先生应支付给怀特海德 1 万美元。经过几次人工授精，怀特海德怀孕，1986 年 3 月 27 日，婴儿 M 出生。怀特海德强忍不舍，依协议把孩子交给了斯特恩夫妇，但在送走孩子当晚即陷入巨大的悲痛之中，因此她在第二天就前往斯特恩夫妇的家中，请求再抚养孩子一个星期。斯特恩夫妇担心怀特海德会情绪失控采取自杀行为，同时也出于对她的信任，把孩子又交了她。但随后经历了 4 个月的争取，斯特恩夫妇才把孩子接了回来。

由于怀特海德拒绝放弃孩子的抚养权，斯特恩先生向法院起诉请求执行代孕合同。初审法院（Superior Court, Chancery Division, Family Part, Bergen County）判决代孕合同有效，应依照执行。怀特海德不服，上诉至新泽西州最高法院（Supreme Court of New Jersey）。

怀特海德主张代孕合同无效，认为代孕合同违反公共政策，使婴儿不能得到亲生父母的抚养。她进一步主张，该合同剥夺了她陪伴儿女的宪法性权利，也与终止亲权和有关收养的制定法相矛盾。基于代孕合同无效，被告进一步要求对孩子的优先抚养权，其理由是保障儿童利益最大化和不鼓励代孕合同的政策取向。其律师主张，因代孕合同而出生的小孩应该交由能够妥善照顾孩子的母亲抚养，怀特海德正是一个合格的母亲。

斯特恩先生坚持主张代孕合同有效并应该得到执行，理由是个人享有的宪法上的隐私权包括生育子女的权利以及成年人自行处理生育事务的自由。关于抚养权归属，他坚持认为孩子抚养权毫无保留地归属于斯特恩一家，才能实现儿童利益的最大化。

3. 争议焦点

本案中的代孕合同是否有效？

4. 裁判结果

终审法院认定代孕合同无效，确认了将监护权授予原告的初审判决，撤销了关于被告代孕母亲终止亲权和原告妻子收养子女权利的初审判决，恢复被告的母亲身份，并就探视问题发回重审。

5. 裁判理由

终审法院认为代孕合同无效的结论基于如下两点得出：一是，该合同与现行法律相冲突；二是，该合同与制定法和判例法所体现的州公共政策相悖。判决对上述两点分别加以论述。

就第一点违反现行法来看，终审法院认为代孕合同存在以下3点与现行法律规则相冲突。

第一，州法禁止在儿童收养的行为中涉及金钱交易，除了经批准的（非营利）实体的费用或者与婴儿出生有关的费用，否则将构成比较严重的轻罪。本案中的代孕合同的结构经过了精心设计，以避开上述法律。尽管如此，仍然可以清晰地发现，本案中的金钱交易与收养相关。尽管斯特恩先生辩称支付给怀特海德的金钱是与收养无关的所谓"服务费"，但协议约定：即使怀特海德的服务行为已经全部结束，如果婴儿在妊娠期前4个月就死亡，斯特恩先生不会付钱；而如果婴儿出生时夭折，则只会支付给怀特海德约定金额的十分之一，即 1000 美元。这说明斯特恩先生明确知道他付钱是为了收养婴儿，怀特海德也知道她收钱是因为自己的孩子会被收养，纽约不孕中心也明确知道其收取费用的本质是协助收养所获得的报酬。因此这一结构本质上就是与金钱相关的私人间的收养行为。

第二，根据代孕合同以及初审法院的法令终止生母亲权的行为也没有遵守州法的严格要求。根据州法，亲权终止通常只表现为三种形式：由经批准的机构采取的行为、由青年和家庭服务处（Division of Youth and Family Service）做出的行为以及与私人收养有关的行为。这三种形式由不同的法律所规定，但其认定标准在实质上是相同的。书面放弃亲权的行为只有向经批准的机构或者青年和家庭服务处做出才能生效，私人收养时没有类似规定。在前两种方式中，只有收到亲生父母正式的书面同意，或是向经批准的机构证明"亲生父母违背了作为父母的义务"，或向青年和家庭服务处证明"孩子的健康和发展受到父母的严重损害"，才能做出终止其亲权的决定。而终审法院认为，在私人收养的情形中，单一的书面弃权行为，或者放弃行为，都不能独立地构成终止亲权的法定因素。在本案中，终止亲权的约定不能被强制执行，因为仅在合同中有约定放弃亲权的条款，而没有确实的弃权行为作支撑是不够的。在亲生父母的亲权未终止时，收养行为也不能发生，故也不能判决斯特恩夫人可以收养本案中的孩子。

第三，代孕合同中关于怀特海德应放弃抚养权、终止亲权的条款并没有赋予其撤回权。但在私人收养中，不允许亲生母亲撤回放弃抚养权声明的行为，显然与州法相悖。因为根据州法，放弃抚养权的承诺需要满足极其苛刻的条件才能具有不可撤销性。这些条件包括承诺的形式条件、实质条件、程序要求以及承诺的接受对象。显然州法认为在不满足法律要求的情况下，该类承诺具有可撤销性。故代孕合同中关于不可撤销的放弃抚养权的约定是无效的。

就第二点违反公共政策而言，法院认为代孕合同无效，因为其在目的和手段上都与州公共政策相悖。

代孕合同预设的前提是亲生父母可以在孩子出生之前就决定其抚养权归属，而无须考虑既定法中基于儿童利益最大化来决定抚养权的原则，这明显违反了州公共政策。代孕合同约定儿童需要与亲生父母中的一方永久分离，而州法的原则是尽可能让孩子与亲生父母共同生活。代孕合同也违反了父母双方在抚养儿童方面权利平等的政策。

此外，这一交易中各方的利益都没有得到充分保护。代孕母亲怀特海德在签订代孕合同前后仅受到极少的法律援助，并没有准确了解其行为后果的严重性，她的决定并不是在完全自愿的情况下做出的。斯特恩夫妇一方的利益也没有被充分保护，他们对代孕母亲的情况几乎一无所知，甚至也对为人父母的责任没有准确认识。更糟糕的是，整个合同完全没有考虑到如何使儿童的利益最大化。

终审法院进一步论述，代孕本质上是买卖婴儿，或者至少是买卖母亲的权利。买卖儿童的罪恶与代孕在本质上是相同的，即利用母亲的弱势地位来夺走她的孩子，区别仅仅是程度上的不同。在本案中，即使在最理想的情况下观察各方，也会发现获利动机都是主因，并最终控制着这场交易。母亲一方对代孕合同的同意与否并不重要，因为在一个文明社会中，存在一些不能交易的事物。在美国，一个人的行为是否自愿，并不能决定其是否构成商品，更不能规避法律对交易该行为的规制和禁止。一些社会认为比财富更重要的价值是不能被交易的，如劳动、爱和生命。代孕行为对儿童、亲生父母和收养家庭的长期影响也是值得担忧的，而对整个女性群体而言，代孕可能会导致代孕母亲堕落，进而对女性群体造成巨大伤害。

总而言之，在新泽西州，代孕母亲对买卖其所生婴儿的同意是无效的，这种不可撤销的同意会使整个代孕合同无效。

七、格式免责条款的效力：克拉尔诉 H. & M. 包裹寄存室公司案（KLAR v. H. & M. PARCEL ROOM, INC.）

Sidney R. KLAR et al. , Respondents

v.

H. & M. PARCEL ROOM, Inc. , Appellant.

Court of Appeals of New York, May 15, 1947.

296 N. Y. 1044, 73 N. E. 2d 912.

（克拉尔诉 H. & M. 包裹寄存室公司案）

1. 裁判要旨

法院认为，在没有明示或默示特别合同的情况下，公司基于所收到的名义金额，接收在其包裹室寄存的行李，即成为受托人，并在保管和保护财产方面负有一般的注意义务，不能认为当事人接收包裹收据的行为足以引起当事人对责任限制条款的注意。

2. 案情介绍

（1）案件事实。被告 H. & M. 包裹寄存室公司（H. & M. Parcel Room, Inc.，以下简称 "H. & M. 公司"）是在纽约市哈德森与曼哈顿铁路公司（Hudson & Manhattan Railroad Company）第 33 街车站广场经营的一家包裹寄存室，对公众开放。一个叫埃利斯（Ellis）的人为原告西德尼·R. 克拉尔（Sidney R. Klar）寄存了一个 2 英尺长、1 英尺宽的包裹，里面放着珍贵的毛皮制品，他收到了一张编号为 34-971 的收据。两天后原告持收据赴 H. & M. 公司欲提取该包裹，但 H. & M. 公司已误将该包裹交付给出示了一张不同编号收据的人。

原告收到的包裹收据由一张 3 英寸长、2.5 英寸宽的纸板制成，在正面底部以 1.5 英寸高的红色字体显著标号，在上部以 0.25 英寸高的红色字体印有"合同"字样及其他不重要事项。在正下方以更微小的字体于不到 1 英寸宽的纸面上密密麻麻地印着以下文字：

"本合同按下述条件，以所提供服务的低廉对价，经寄存人同意而缔结，对合同双方有约束力。

收费—本合同下每件包裹每 24 小时收费 10 美分，不足 24 小时按 24 小时计。

遗失或损坏—包裹若遗失或损坏，赔偿额不超过 25 美元每件。

物品超过 90 天未被取走的，将会以公开或非公开方式售出，以支付费用。"

埃利斯作证说，在收到这张票据时并未阅读它，也未被要求阅读，以为这仅仅是包裹的收据。除了这张收据上印有的限制，没有证据表明被告向原告发出了任何形式的告知。

（2）诉讼历史。原告向纽约市镇法院（Municipal Court of City of New York）提起诉讼，要求赔偿该包裹 1000 美元的价款，法院判决支持了 939.5 美元。案件上诉至纽约州最高法院第一上诉法庭（Supreme Court of the State of New York, Appellate Term, First Department），该法院将被告的赔偿责任降低到了 25 美元。案件继续上诉至纽约州上诉法院（Court of Appeals of New York），该法院推翻了下级法院判决，维持了纽约市镇法院的判决。被告随后再上诉到终审法院（Court of Appeals of New York），终审法院同样维持了纽约市镇法院的判决。

3. 争议焦点

被告作为寄托合同的受托人，其责任是否因合同约定而限于25美元？

4. 裁判结果

终审法院同样维持了市镇法院的判决。

5. 裁判理由

首先，在没有特殊的明示或默示合同的情形下，受托人基于所收到的名义金额，在包裹寄存室接收待检行李，即成为受雇受托人，必须在保管该财产时履行一般注意义务。受托人对因其过失造成的财产损失所负责任的衡量标准是财产的合理价值。在不违反法律及公共政策的情况下，寄托合同的当事人可以约定减轻受托人对于寄托物品的普通法义务。为限制受托人责任，当事人必须订立一份特殊合同，寄托人在收到有关该特殊合同条款的合理通知并表示同意的情况下，才受到合同约束。

其次，根据马丹诉谢拉德案（*Madan v. Sherard*）[1]，为了免除自己对全部损失的责任，被告有义务证明双方根据收据中的特殊条款签订了合同。本案中，没有证据证明包裹寄存室附近存在醒目标识或大型标牌，不足以引起寄托人对责任限制条款的注意；也没有证据表明原告曾收到包含特殊合同条款的通知，或有机会对该合同表示同意或反对。因此，被告不能主张收据构成当事人之间的寄托合同，不能认为寄托人仅仅收到了印有相关事项的包裹收据就足够引起其对责任限制条款的注意。从交易性质和情境判断，原告有权将收到的这一纸张视为其追踪和确定其财产的凭证。若原告没有被告知这一纸张还有其他目的或包含特殊合同条款的话，其没有阅读该纸张的行为本身不构成过失。

再其次，寄存人接收收据的行为是否能成立当事人对责任限制的约定，这是一个应由初审法院决定的事实问题。初审法院认为没有足够证据证明特殊约定存在，这一认定不应被推翻。

最后，根据道尔顿诉汉密尔顿酒店运营有限公司案（*Dalton v. Hamilton*

---

[1] *Madan v. Sherard*, 73 N. Y. 329, 333（1878）.

Hotel Operating Co. , Inc.)[1]，向正确的所有人以外的他人错误交付属于重大过失。因此，本案被告违反了一般注意义务。

综上所述，终审法院认为，在没有特殊的明示或默示合同的情形下，受托人基于所收到的名义金额，在包裹寄存室接收待检行李，即成为受雇受托人，必须在保管该财产时履行一般注意义务，不能认为当事人接受包裹收据的行为足以引起当事人对责任限制条款的注意。因此，终审法院对被告的抗辩不予支持。

八、双方错误的法律效果：莱佛士诉威奇豪斯案（RAFFLES v. WICHELHAUS）

Raffles v. Wichelhaus
Court of Exchequer, 20 January 1864.
[1864] EWHC Exch J19, (1864) 2 Hurl & C 906.
（莱佛士诉威奇豪斯案）

1. 裁判要旨

（1）当事人对于合同的重要条款认识错误或存在误解，双方对此都不清楚的情况下，双方之间就没有订立合同的意愿。

（2）在主要条款模糊不清的情况下，应该允许当事人引入外部证据对合同内容予以解释。

2. 案情介绍

原告莱佛士（Raffles）是利物浦的一个棉花经纪人，被告威奇豪斯（Wichelhaus）是"一般的中间商"，即购买货物并不是为了自用，而是为了买进卖出以赚取差价。二人签订了一份合同，合同约定原告向被告出售 125 包苏拉特棉花（Surat cotton）。这批苏拉特棉花将由一艘名为"无双号"（the "Peerless"）的船从孟买运送至利物浦。然而，当时有两艘名为"无双号"的船停泊在孟买。其中一艘"无双号"将于 10 月起航离开孟买，另一艘将于 12 月起航。在缔约之时，被告心里想的是 10 月起航的"无双号"，而原告指的却是 12 月起航的那艘。当 12 月起航的"无双号"运送苏拉特棉花到达利

---

[1] *Dalton v. Hamilton Hotel Operating Co.* , 242 N. Y. 481, 486, 152 N. E. 268, 270 (1926).

物浦时，被告拒绝接受上述货物或向原告支付货款，因为在被告看来，货物交付时间已经比约定时间晚了几个月。于是，原告以被告违约为由向英国理财法院提起了诉讼，要求被告支付合同约定的货款。

同时要注意本案的背景。一个重要的问题就是为什么原被告双方对于船舶没有明确约定，只是约定了名称，没有约定到达时间等。在当时，卖方并不能承诺一个明确的交货期限，因为航行的轮船何时到达目的地并不确定，这批货物何时能够卸载也不确定。而且，买卖棉花的合同一般是在航行途中签订的，有的甚至是在船到达目的地之后签订的，当时识别船只的标准并不是船名，因为有很多同名的船，而是通过识别船长的名字来区分同名船只。其实，当时有不少于11艘叫做"无双号"的轮船在本案涉及的航线上航行。本案买方主张他们签订合同时所指的是10月出发的"无双号"轮船，是有依据的，因为此轮船前一年曾经去过印度，而卖方所指的12月那艘"无双号"前一次去的并不是印度，而是澳大利亚和北美。

在案件审理过程中，双方提出了各自的主张。原告律师认为：该合同是关于出售若干包特定种类棉花的，原告已准备好交付。棉花将由哪艘船送达并不重要，只需要知道这是一艘名为"无双号"的船。"to arrive ex Peerles"一词只意味着如果船只在航行中丢失，合同将终止。如果合同是关于出售一艘名为"无双号"的船的话，这的确很重要，但这是关于在一艘名为"无双号"的船上出售棉花的合同。被告无权以口头证据反驳表面上完整的书面合同。原告没有指控被告虚假陈述或欺诈，只是说他认为这艘船是另一艘船。除非在签订合同时另有说明，否则轮船的出航时间并非合同的组成部分。被告律师认为，合同文本中并未规定被称为"无双号"的船指的是哪一艘；但是，当两艘被称为"无双号"的船即将从孟买启航时，有一种潜在的模糊性。口头证据规则在此可以运用，以表明被告是指一艘"无双号"，但原告是指另一艘。既然如此，双方就没有一致意见，因此也就没有具有约束力的合同。

3. 争议焦点

本案的争议焦点在于双方之间是否存在有约束力的合同。

4. 裁判结果

法院作出裁决，原告与被告之间不存在有约束力的合同。被告胜诉，无需向原告支付合同约定的货款。[1]

5. 裁判理由

法院认为，在审查被告是否违反合同时，首先应当考虑书面合同条款本身的含义。虽然本案双方在合同中就买卖棉花以及棉花将由一艘名为"无双号"的船从孟买运送至利物浦达成一致，但是缔约时存在两艘同名的"无双号"，而合同中并未具体说明将由哪一艘"无双号"运送棉花，因此合同条款存在歧义。法院允许双方通过口头证据来澄清合同条款潜在的歧义。根据双方提供的口头证据，合同双方对于由哪艘船运送棉花存在不同的理解，从未出现过"意思表示一致"，没有形成合意。因此，原告和被告之间并不存在具有约束力的合同。

九、经济胁迫的合同可以撤销：奥斯汀仪器公司诉劳拉公司案 (AUSTIN INSTRUMENT, INC. v. LORAL CORPORATION)

AUSTIN INSTRUMENT, INC. , Respondent,

v.

LORAL CORPORATION, Appellant.

Court of Appeals of New York, July 6, 1971.

29 N. Y. 2d 124, 272 N. E. 2d 533, 324 N. Y. S. 2d 22.

（奥斯汀仪器公司诉劳拉公司案）

1. 裁判要旨

合同中经济胁迫的成立需要满足 3 个条件：①胁迫方以违反合同相威胁，使受胁迫方被剥夺自由意志；②受胁迫方找不到其他人代替胁迫方承担义务；③合同违约的救济是不够的。

2. 案情介绍

1965 年 7 月，劳拉公司与美国海军签署了制造雷达装置的合同，标的金额 600 万美元。合同规定了交货日期，若劳拉公司迟延交付则需承担违约金，而且在劳拉公司存在过错的情况下会触发合同撤销条款。劳拉公司随后招标

---

〔1〕 "法庭作出裁决"（for the court），指的是由法院作出判决，本案以简单的法庭一致裁决的方式判决被告胜诉，但是没有给出法官的具体理由和分析。

购买生产雷达装置所需的 40 个精密齿轮零件，并与奥斯汀仪器公司（以下简称"奥斯汀公司"）签订分包合同，由奥斯汀公司提供 23 个该等零件。奥斯汀公司在 1966 年初开始交付。

1966 年 5 月，劳拉公司与美国海军签订第二个合同，为美国海军制造更多雷达装置。劳拉公司又一次招标购买零件，奥斯汀公司对 40 个精密齿轮零件竞标，但 7 月 15 日，劳拉公司的一位代表通知奥斯汀公司董事长克劳斯（Krauss）先生，说奥斯汀公司将且仅将在竞标价最低时才能获得零件分包合同。奥斯汀公司的经理表示拒绝接受少于 40 个精密齿轮零件的订单。第二天，他告知劳拉公司，奥斯汀公司将停止交付已订立分包合同中到期应予交付的零件，除非劳拉公司同意提高该分包合同下货物的价格（提价不仅适用于未交付零件，也适用于已交付零件），并同意与奥斯汀公司签订根据海军第二个合同所需的全部 40 个精密齿轮零件增订订单。此后，奥斯汀公司很快就停止交付货物。劳拉公司联系 10 家精密零件制造商后，发现这些制造商无法及时生产出符合海军要求的零件，劳拉公司只好同意了奥斯汀公司的要求。7 月 22 日，劳拉公司向奥斯汀公司致信，称"我们已火急火燎地就其他供货源展开调查，由于目前军方紧急需要，就算他们尽其所能从头开始生产，也根本不可能按时供货，以达到政府的交付要求。因此，我们除接受你们的条件外别无选择"。

尽管劳拉公司直到 9 月才允许奥斯汀公司恢复交货，但奥斯汀公司事实上在 8 月就为劳拉公司供货，使其满足了与美国海军签订的两个合同中的交货要求。1967 年 7 月，在奥斯汀公司交付第二个分包合同下最后一批货物后，劳拉公司告知其将就提价事宜寻求救济。

1967 年 9 月 15 日，奥斯汀公司对劳拉公司提起诉讼，要求获得第二个分包合同下后者未付的超过 17 750 美元的欠款。同日，劳拉公司以经济胁迫为由提起诉讼，要求奥斯汀公司向其赔偿 22 250 美元，即第一份分包合同下的提价总额。法院将两个诉讼请求合并审理。

初审法院判决支持奥斯汀公司的诉讼请求，劳拉公司的诉讼请求被驳回。劳拉公司不服，上诉至向本案的终审法院，即纽约州上诉法院（Court of Appeals of New York）。

3. 争议焦点

（1）奥斯汀公司停止向劳拉公司供货的行为是否构成经济胁迫？

（2）劳拉公司在同意奥斯汀公司提价条件时是否可选其他卖方？

（3）劳拉公司迟延提出诉讼请求，是否使其失去退还提价款的诉讼请求权？

4. 裁判结果

纽约州上诉法院认为劳拉公司显然受到了奥斯汀公司的经济胁迫，故将本案发回初审法院以计算劳拉公司损失，同时推翻有关驳回劳拉公司诉讼请求的判决部分，其他部分维持原判，首席法官富尔德（Chief Judge Fuld）撰写了意见。法官伯根（Judge Bergan）发表了反对意见，认为应当维持原判。

5. 裁判理由

纽约州上诉法院认为奥斯汀公司对劳拉公司构成经济胁迫。奥斯汀公司辩称，劳拉公司将恢复交付时间延至9月这一行为与其所声称的对零件的迫切需求相矛盾。劳拉公司证明，奥斯汀公司需于8月末和9月初交付零件以满足劳拉公司10月的生产需求；约定9月交付的雷达装置所需的零件，交付日期为9月1日。即便如此，劳拉公司也不得不夜以继日地工作，以履行其合同承诺。而其他供货商最早只能从10月开始供货，这将导致延误9月、10月向海军交货。劳拉公司所声称的无其他选择，只得同意奥斯汀公司的要求，是可以确定的。奥斯汀公司用不交付劳拉公司急需货物的违约行为相威胁，剥夺了劳拉公司的自由意志，使其别无选择。

除此之外，劳拉公司完成了证明其无法在合理期限内从其他供应商处获得零件的举证责任。劳拉公司联系了其认为有能力提供零件的供应商列表中全部10位制造商，其中无一能够尽快发货。劳拉公司生产高度精密的军事器械器件，需要按照最严格的工程标准来制造，因此奥斯汀公司所认为的劳拉公司应当从它并不熟悉也不满意的其他供应商处获得所需零件是不合理的。正如施托伊尔（Steuer）法官在反对意见中指出的那样，"劳拉公司联系了所有它认为有能力制造这些零件的制造商"，这已经做到了法律要求的全部。

对于奥斯汀公司所提出的劳拉公司为履行其合同义务，应当与政府联系，要求延长交付期限以从其他供应商处购买零件的意见，纽约州法院认为不可采用。劳拉公司如不能按合同约定向海军提供雷达零件，将面临巨额罚金，并失去未来商业机会。此外，劳拉公司还无法确定何时可从其他替代供应商处获得满足生产需要的足够零件。劳拉公司可从其他公司获得的唯一承诺是开始交付而非全部供应，且因该等领域迟延交付为普遍现象，劳拉公司几乎不可能得知需申请延长多久才能交付。此外，劳拉公司应当保证分包商的不履行行为不成为主合同违约的借口。[1]基于上述考虑，劳拉公司未向政府申请延长交付期限不构成驳回其诉讼请求之基础。

劳拉公司在接受奥斯汀公司违约事实后再以法律途径主张损害赔偿显然是不够的，因为其在以上所有附随后果发生后，仍然不得不在其他地方取得零件。换言之，当奥斯汀公司提价时，劳拉公司实际上别无选择，只能先以"受胁迫"的价格接受零件，然后起诉拿回提价部分的价款。

关于劳拉公司行使退款请求权的时间，奥斯汀公司主张，合同终止期经过已久，劳拉公司已失去所有退款请求权。即使劳拉公司在受胁迫情形下签订合同，应在受胁迫支付相关货款后立即寻求救济，使法院得知其诉讼请求，[2]而不是时至1967年7月再起诉。本案中，劳拉公司迟延提出该等退款请求，直至奥斯汀公司第二个分包合同最后一批货物交付3天后。劳拉公司等待的理由在于其担心交付停滞现象再次发生，而考虑到奥斯汀公司的过往行为，这极有可能发生。除非全部零件已交付，否则奥斯汀公司采取进一步商业强制的可能性依旧存在。

综上所述，劳拉公司受到了奥斯汀公司的经济胁迫。劳拉公司显然处于紧急情景中，且被剥夺自由意志。如劳拉公司未履行基础合同，其将面临巨额罚金，并失去未来与政府合作的商业机会；劳拉公司承担了举证责任，证明没有其他供应商能够及时交付所需零件，其无法从其他供应商处获得零件以保证不违反与海军签订的合同；劳拉公司待奥斯汀公司最后一次发货后就后者的行为提起诉讼这一做法是合理的。因此，将本案发回初审法院以计算劳拉公司损失，推翻有关驳回劳拉公司诉讼请求的判决部分，其他部分维持原判。

---

〔1〕　See, e. g., McBride & Wachtel, *Government Contracts*, §35. 10, 〔11〕.

〔2〕　See *Oregon Pac. R. Co. v. Forrest*, 128 N. Y. 83, 93, 28 N. E. 137（1891）; *Port Chester Elec. Const. Corp. v. Hastings Terraces*, 284 A. D. 966, 967, 134 N. Y. S. 2d 656（App. Div. 1954）.

十、欺诈合同的撤销：经典保龄球公司诉 AMF 公司案（CLASSIC BOWL，INC. v. AMF PINSPOTTERS，INC.）

CLASSIC BOWL，INC.，Plaintiff-Appellant,

v.

AMF PINSPOTTERS，INC.，Defendant-Appellee.

United States Court of Appeals Seventh Circuit，November 13，1968.

403 F. 2d 463.

（经典保龄球公司诉 AMF 公司案）

1. 裁判要旨

行为人以欺诈为由要求损害赔偿必须证明欺诈的基本要素以确立欺诈，且损害赔偿必须合理、确定性地予以证明。若上诉人的行为不符合欺诈中的信赖要件，且对于损害赔偿的证据不足，则不能证明被上诉人存在欺诈行为，被上诉人无需对上诉人进行损害赔偿。

2. 案情介绍

（1）案件事实。原告经典保龄球公司（Classic Bowl，Inc.）是一家在伊利诺伊州莫顿格罗夫（Morton Grove）拥有且经营了 38 个保龄球道并向公众出售相关商品的公司，被告 AMF 公司（AMF Pinspotters，Inc.）从事制造和租赁保龄球排瓶机的业务，并向拥有保龄球道的公司和公众出售保龄球用品。自从被告开始经营业务以来，一直到 1962 年 1 月 8 日，被告并未开放保龄球排瓶机的销售渠道，而只根据租赁协议以指定的租金将产品出租。1958 年 3 月 14 日，原告与被告签订租赁合同，合同约定被告将 38 台保龄球排瓶机和相关设备租赁给原告，并安装在原告位于伊利诺伊州莫顿格罗夫的经营场所。1962 年 1 月 8 日，被告向所有的承租人发送了一封信，信中附有一份刊登在《华尔街日报》（*Wall Street Journal*）上的公告副本，该公告为承租人提供了以每台 8450 美元的价格购买租赁机器的选择权，并允许在 1962 年 9 月 30 日或之前行使该权利。这封信是由被告公司销售副总裁 T. E. 米德（T. E. Meade）签署的。1962 年 9 月 20 日，原告接受了被告的提议，签署了 1962 年 1 月的信件并将其转交给被告，信中要求支付 3800 美元的部分首付款。原告声称，在新型号保龄球排瓶机发售上市后，其购买的保龄球排瓶机每台价值不超过

2000 美元，因此起诉要求追回购买价格与其所声称价值之间的差价，同时加上出球系统等其他相关费用，总计 140 734 美元。

（2）诉讼历史。联邦地区法院初审作出了有利于被告的判决，买方随后上诉至联邦第七巡回上诉法院（United States Court of Appeals Seventh Circuit），上诉法院判决驳回原告的上诉请求，维持初审法院的判决。

（3）原被告主张概要。原告认为，被告在没有告知其在测试并计划推出新的保龄球排瓶机的情况下，与其签订购买协议，构成了对租赁协议的违反，属于欺诈行为。原告认为被告构成欺诈的理由在于，1962 年 6 月，经典保龄球公司的总裁阿伦森（Aronson）曾经询问过 AMF 公司销售区域副总裁弗兰克·穆勒（Frank Mueller）以及服务机销售员杰克·兰纳（Jack Laner），AMF 公司为什么要出售正在租赁的机器以及他们是否在测试新的机器。根据原告的证词，AMF 公司的代表否认他们知道任何此类测试和计划。但是有关证据表明，至少穆勒知道 AMF 公司一直在测试一种新的机器。而事实上，新的 82-70 型机器在 1962 年 4 月 6 日由美国保龄球大会正式批准。原告认为，根据双方订立的租赁合同的第四段，被告承诺对原告租赁的机器进行持续的测试活动，以改进现有的机器，而其未告知原告即测试并发售新机器的行为构成欺诈，应当赔偿原告在合同中因丧失交易利益而遭受的损害。

被告则认为，原告并没有受到任何损害，因为签订购买协议可以使原告免于支付每年 30 400 美元的租金，为期五年半，总共节省了 167 200 美元，已经超过了原告所主张的损失 140 734 美元。此外，测试行为并不会影响原告的购买，也不会因为引入了新机器而导致原有机器的价值下降。

3. 本案争议焦点

（1）被告在与原告达成租赁机器购买协议的同时，发售新型号的保龄球排瓶机是否构成对原告的欺诈行为？

（2）被告是否违反了担保义务？

4. 裁判结果

联邦第七巡回上诉法院认为，在本案中，证据不足以让一个理性的人得出结论，认为原告的损害赔偿主张已经充分确立。原告的第二项诉求涉及质量保证条款，辩论意见书中对于这一点的讨论很少，因此联邦第七巡回上诉法院认为被告并没有违反担保义务。综上，联邦第七巡回上诉法院判决驳回原告的上诉请求，维持初审法院的判决。

5. 裁判理由

首先，联邦第七巡回上诉法院认为，被告在与原告订立合同的过程中不存在欺诈行为。在威尔金森诉阿普尔顿案（*Wilkinson v. Appleton*）中，伊利诺伊州最高法院指出："从广义上说，构成欺诈的虚假陈述，必须是以陈述重大事实的形式表示，目的是诱使一方当事人采取行动；它必须是虚假的，作出陈述的当事人知道是虚假的，或者他没有合理的理由相信它是真实的；另一方当事人必须不知道它的虚假性，必须合理地相信它是真实的，必须因它采取行动而造成损害，并且在这样做的时候必须依赖于陈述的真实性。"[1]在博罗维奇诉芝加哥乳香树脂公司案（*Borowicz v. Chicago Mastic Company*）中，法院确立了这样的规则："不得推定欺诈，而必须通过清楚而令人信服地证明每个基本要素来肯定地确立欺诈。"[2]同时，既定原则表明诱因中的欺诈必须以对过去或现有事实的陈述为基础，不能以承诺将来采取行动或将来不采取行动为基础。本案证据显示，1962年6月，被告并没有准备将新机器推向市场。它测试的82-70型号机器一开始是作为产品模型而不是商业形式产生的。原告的总裁阿伦森知道租赁协议要求被告开发改进的保龄球排瓶机，却未能进一步询问被告对新设备的测试，也没能在销售合同中设立相应的保护条款。联邦第七巡回上诉法院认为阿伦森声称确信被告事实上并没有对排瓶机的预期改进进行持续的测试且在未来某个时候会推出一种新型号机器是非常不现实的。

其次，联邦第七巡回上诉法院认为原告有责任证明新型号机器的引入导致其购买机器价值下降。原告为每台机器支付了5186.13美元，这显然是这些机器当时的价值。在新型号机器推出后，为了证明原有机器的价值下降，原告提请了一名证人，证明他在1964年购买了24台被火烧毁的AMF的服务机，修理之后以每件3875美元的价格出售。证人进一步表示，他认为这些机器的价值与正常运作的机器以及现有机器的价值无关。同时，他还表示这些机器在1962年的价值会更高。此外，还有其它证据表明机器的折旧率很高，使得对各种机器进行比较有很大风险。联邦第七巡回上诉法院认为，这名证

---

[1] *Wilkinson v. Appleton*, 28 Ill. 2d 184, 187, 190 N. E. 2d 727, 729-30 (1963).

[2] *Borowicz v. Chi. Mastic Co.*, 367 F. 2d 751 (7th Cir. 1966).

人的证言不能达到原告的证明目的，原告没有达到证明标准。

同时，根据伊利诺伊州中部照明公司诉斯坦泽尔案（*Central Illinois Light Company v. Stenzel*）[1]、法列切克诉梅奥案（*Falejczyk v. Meo*）[2]和约翰斯顿诉加尔瓦市案（*Johnston v. City of Galva*）[3]，损害赔偿必须合理、确定地予以证明，不得具有推测性或可能性，并且必须被证明是被诉过错导致的直接结果。本案中，上诉人提出的损害赔偿证据不足。因此，上诉人的行为并不符合欺诈中的信赖要件，被上诉人不存在虚假陈述，不构成欺诈，无需上诉人进行损害赔偿。

上诉人的第二项指控是被上诉人违反担保义务。辩论意见书中对于这一点的讨论很少，故联邦第七巡回上诉法院认为本案的事实不足以支持违反担保义务的主张。

十一、显失公平合同不应被执行：威廉姆斯诉沃克-托马斯家具公司案（WILLIAMS v. WALKER-THOMAS FURNITURE CO.）

Ora Lee WILLIAMS, Appellant,

v.

WALKER-THOMAS FURNITURE COMPANY, Appellee.

William THORNE et al. , Appellants,

v.

WALKER-THOMAS FURNITURE COMPANY, Appellee.

United States Court of Appeals District of Columbia Circuit,

August 11, 1965.

350 F. 2d 445, 18 A. L. R. 3d 1297, 121 U. S. App.

D. C. 315, 2 UCC Rep. Serv. 955.

（威廉姆斯诉沃克-托马斯家具公司案）

1. 裁判要旨

若合同的内容或者条款显失公平，以至于触动了法官的良知，那么该合

---

[1] *Central Illinois Light Co. v. Stenzel*, 44 Ill. App. 2d 388, 195 N. E. 2d 207（Ill. App. Ct. 1963）.

[2] *Falejczyk v. Meo*, 31 Ill. App. 2d 372, 176 N. E. 2d 10（Ill. App. Ct. 1961）.

[3] *Johnston v. City of Galva*, 316 Ill. 598, 147 N. E. 453（1925）.

同不能被强制执行。

2. 案情介绍

沃克–托马斯家具公司（Walker-Thomas Furniture Co.，以下简称"托马斯公司"）在哥伦比亚特区经营着一家家具零售店。在 1957 年至 1962 年期间，威廉姆斯（Williams）在托马斯公司通过分期付款购买了许多家具。

1962 年 5 月 12 日，威廉姆斯在托马斯公司购买了一件名为"Daveno"的家具、3 张桌子和两盏灯，总价值 391.1 美元。在交易中签订的是由卖方提供的印制好的格式购买合同，其中约定在威廉姆斯付清所有款项前，物品被视为租给威廉姆斯使用，托马斯公司保留家具的所有权，如果威廉姆斯有任何一期没有付款，则托马斯公司有权收回对应物品。此外，合同进一步约定，购买每件物品时所发生的债务以同一购买者先前购买的所有物品的权利为担保，而每件新购买的物品都自动成为先前交易所产生的担保权益的对象。

此后不久，威廉姆斯未能及时支付每月的款项，托马斯公司诉请取回自 1958 年第一次交易以来威廉姆斯购买的所有物品。1962 年 4 月 17 日，威廉姆斯购买了一套价值 514.95 美元的立体声音响，其同样未能及时付款，于是托马斯公司诉请取回自 1957 年 12 月以来其购买的所有物品。威廉姆斯拒绝了该要求，并向一般事务法院（Court of General Sessions）起诉，初审法院驳回了威廉姆斯的请求。

威廉姆斯继续向哥伦比亚特区地方上诉法院（District of Columbia Court of Appeals）上诉，认为自己与托马斯公司订立的合同中至少有一部分显失公平，因此该合同不应该被执行。地方上诉法院认为，托马斯公司已意识到威廉姆斯的财务状况，音响合同背面列明了其社会工作名称以及她每个月从政府领取 218 美元的补贴。托马斯公司很清楚威廉姆斯需要用这笔有限的收入维持她自己与 7 个孩子的生活，却还是卖给她一套价值 514.95 美元的音响，地方上诉法院认为不能过分谴责托马斯公司的行为。托马斯公司的做法确实显示出关于狡诈和不负责任商业交易的严重问题，但地方上诉法院未能在哥伦比亚特区的零售相关立法和法院判例中发现能宣布合同违背公共政策的根据，因此地方上诉法院在缺乏依据的情况下勉强支持了托马斯公司的诉讼请求。

威廉姆斯不服判决，继续上诉至哥伦比亚特区联邦巡回上诉法院（United States Court of Appeals District of Columbia Circuit）。

3. 争议焦点

法院是否可以依据显失公平认定合同不可执行？

4. 裁判结果

哥伦比亚特区联邦巡回上诉法院认为，初审法院和地方上诉法院没有就案件中可能存在的显失公平作出裁定，因此判决将该案发回初审法院作进一步审理。斯凯利·怀特法官（J. Skelly Wright）发表了多数意见，丹纳赫法官（Danaher）发表了反对意见。

5. 裁判理由

首先，哥伦比亚特区联邦巡回上诉法院否认了地方上诉法院判决提出的"法院缺乏拒绝执行显失公平合同的权力"的论断。法院引用了联邦最高法院在 1870 年的斯科特诉美利坚合众国案（*Scott v. United States*）中的观点："如果一个合同不合理和显失公平，但不存在因欺诈而无效的情形，法院将给予起诉违约行为的一方损害赔偿，该种赔偿并非根据合同内容而产生，而是其在衡平法上所享有的。"[1]

其次，哥伦比亚特区联邦巡回上诉法院提到，《统一商法典》第 2-302 条规定，"法院可以拒绝执行其认为在订立时显失公平的合同"。虽然本案发生时该法尚未生效，但并不意味着哥伦比亚特区的普通法在该法颁布时并非如此，也没有阻止法院采用类似规则来发展哥伦比亚特区的普通法。哥伦比亚特区联邦巡回上诉法院认为，特区议会采纳《统一商法典》第 2-302 条的行为具有说服力：本案这样做的根据是判例的基本原理，而该条款又是从判例中明确推导出的。所以，若能够确认合同订立时存在显失公平因素，则合同不应得到强制执行。

再其次，通常来讲，显失公平包括一方当事人未能做出有意义的选择（meaningful choice），以及不合理地有利于另一方当事人的合同条款。是否存在有意义的选择，应取决于合同订立时存在的各种商业背景和贸易情况，因为在很多情况下，议价能力的严重不平等导致了选择化为泡影。同样，订立合同的方式也与此有关，要考虑订立合同的一方受过的教育是否使其能够理解合同条款背后的含义，其能否理解隐藏在迷宫般的小号字体印刷中以及被欺骗性销售行为无限淡化的重要条款。通常，签订一个未充分了解其条款的

---

[1] *Scott v. United States*, 79 U. S.（12 Wall.）443, 445, 20 L. Ed. 438（1870）.

合同，无异于签订一个承担风险的单边协议，所以与因议价能力低而没有真正选择权的一方签订商业上不合理的合同时，几乎不可能得到他的同意，或是同意的客观体现。这时候，法院就应该摒弃合同不应该被质疑的想法，考虑如此不公平的合同是否应该被执行的问题。

最后，初审法院和地方上诉法院不认为该案中的合同应被拒绝执行，因此没有就案件中可能存在的显失公平作出裁定。考虑到审理记录不完整，没有提及是否存在显失公平的情况，哥伦比亚特区联邦巡回上诉法院将该案发回初审法院作进一步审理，以便查明相关事实。

丹纳赫法官发表了反对意见，质疑法院是否有必要对救济资金的支出进行公共监督。对于部分人来说是奢侈品的东西对其他人而言可能是绝对的必需品；许多被救济人需要信贷，而商业组织对此要承担很大的风险，相关条款的设计也是为了与这种风险相适应。丹纳赫法官强调，对此类问题应当采取谨慎的态度，特别是因为法律长期以来规定当事人在订立自己的合同方面有很大的自由度。

十二、欺诈合同的撤销：乔丹诉科纳贝尔案（JORDAN v. KNAFEL）

Michael JORDAN, Plaintiff and Counterdefendant-Appellee,

v.

Karla KNAFEL, Defendant and Counterplaintiff-Appellant.

Appellate Court of Illinois, First District, Third Division, December 12, 2007.

378 Ill. App. 3d 219, 880 N. E. 2d 1061.

（乔丹诉科纳贝尔案）

1. 裁判要旨

（1）如果合同的订立是由欺诈所导致的，那么受欺诈方可以选择撤销合同。

（2）为使一项陈述成立欺诈以允许法院撤销合同，寻求救济的一方须证明：①该陈述内容属于重大事实；②陈述者为使对方为一定行为而作出该陈述；③陈述者明知陈述内容有误或怀疑其真实性，但该陈述被对方合理地信赖；④陈述的相对方因信赖该陈述而受到损害。

（3）如果寻求撤销的一方认识到该事实就会作出不同的行为，或者该虚假陈述与其做出决策时所依赖的信息相关，那么对于事实的虚假陈述便是"重大"的。为满足"重大"的特征，陈述无须最为重要或导致决定的产生，只要是一项实质要素即可。

（4）一方在并不确定的情况下，声称自己确切知晓一项重大事实，这种行为构成欺诈性虚假陈述。

（5）一方了解到披露事实将纠正另一方对于订立合同之基本假设的错误；如果未披露事实的行为并非出于善意，且不符合公平交易的合理标准，则该方未披露事实的行为构成虚假陈述。

2. 案情介绍

（1）案件事实。1989 年，本案原告，前 NBA 球员迈克尔·乔丹（Michael Jordan）与本案被告卡拉·科纳贝尔（Karla Knafel）发生婚外恋情，并进行了无保护措施的性行为。1990 年 11 月，乔丹与科纳贝尔再次进行了无保护措施的性行为后，科纳贝尔于 1991 年初得知自己怀孕并告知乔丹自己怀有他的孩子。二人对此事商议后，乔丹于 1991 年春提出退役后支付科纳贝尔 500 万美元，以换取科纳贝尔不提起确认生父之诉，并且不透露他们间的婚外恋情。乔丹积极促使科纳贝尔接受。1991 年 7 月，科纳贝尔的孩子出生，乔丹支付了部分医疗费用并给付科纳贝尔 25 万美元，科纳贝尔按照约定未提起确认生父之诉，且对他们间的婚外恋关系保密。1991 年 8 月、9 月，细胞靶点诊断公司（Cellmark Diagnostics）对乔丹、科纳贝尔及科纳贝尔的孩子进行了 DNA 和血清检测，结果表明乔丹并非科纳贝尔孩子的生父。

（2）诉讼历史。乔丹第二次退役后，拒绝支付科纳贝尔 500 万美元，并申请法院的确认判决（declaratory judgment）[1]和禁制令。乔丹指称，企图以公开他们的亲密关系向他敲诈 500 万美元，双方间的协议不具有可执行力。科纳贝尔以乔丹违约为由提起反诉，指称乔丹同意退役后向她支付 500 万美元，以确保科纳贝尔不提起确认生父之诉，以及不透露两人间的婚外恋情。针对科纳贝尔提起的反诉和变更后的本诉，乔丹提起进行简易判决的动议。

---

〔1〕 确认判决，或称宣告式判决，指法院仅确认当事人之间的权利及其他法律关系而未规定可予强制执行等救济措施的判决。不论当事人在此之后是否会据之请求给予救济，法院都可以作出此种判决。通常在当事人对自己的权利或其他事项存在疑问时，可以请求法院就此作出确认判决。参见薛波主编，潘汉典总审订：《元照英美法词典》，法律出版社 2003 年版，第 378 页。

库克县巡回法院（Circuit Court of Cook County）同意了乔丹的动议，对本案作出简易判决，认定科纳贝尔就乔丹和孩子间亲子关系这一重大事实构成欺诈性虚假陈述（false statement）[1]或相互错误（mutual mistake）[2]，认为原被告间的合同并无可执行力。科纳贝尔上诉至伊利诺伊州上诉法院（Appellate Court of Illinois）。

（3）原被告观点。

被告认为，库克县巡回法院错误地同意了乔丹的诉求并作出简易判决，本案存在如下问题：①本案关涉重大问题的事实——亲子鉴定的有效性，尚存在争议；②本案的关键事实认定，如是否构成欺诈以及善意、意图、重要性、信赖的认定等双方错误的要素，尚存在争议；③并无证据证明被告威胁原告。另外，被告指出本案中库克县巡回法院滥用自由裁量权。

原告认为，基于原告是否为被告孩子生父的欺诈性虚假陈述或是双方错误的抗辩，其与被告订立的合同不可执行。

3. 争议焦点

（1）本案中被告的行为是否构成欺诈性虚假陈述，进而可被原告主张撤销？其中原被告对如下问题具有争议：被告对于原告和孩子的亲子关系的确定陈述是否影响协议约定的重大事实？被告对于重大事实是否作出了虚假陈述？原告是否信赖被告作出的陈述而达成协议？

（2）本案是否构成对合同产生重要影响的相互错误，继而原告是否可以主张撤销？

4. 裁判结果

（1）原告不是被告孩子的生父。

（2）本案原告与被告孩子是否构成亲子关系是影响合同订立的重要要素，且关涉原告提出的欺诈性虚假陈述抗辩是否成立。

（3）被告作出的确信原告是孩子生父的陈述是欺诈性的。

（4）原告有权撤销合同。

---

〔1〕 虚假陈述，指意图误导或诓骗而对明知是虚假的或轻率地相信其为真实的事实所作的陈述。参见薛波主编，潘汉典总审订：《元照英美法词典》，法律出版社2003年版，第531页。

〔2〕 相互错误，也称双方错误，指各方当事人对主要事实、合同用语或文书内容等有相同的误解。合同中的相互错误，是指当事人间已形成合意，合同也已达成，但合同的书面表达并未真正体现当事人的意图。参见薛波主编，潘汉典总审订：《元照英美法词典》，法律出版社2003年版，第940页。

5. 裁判理由

（1）乔丹是否为孩子生父。伊利诺伊州上诉法院认为原告提供的亲子鉴定结果有效且可被采纳，原告并非被告孩子的生父。被告辩称该证据无效或不可靠的观点未被采纳。

（2）欺诈是否会影响合同效力。被告认为，原告与被告孩子之间不具有亲子关系这一事实，与原被告间的合同是否有执行力不具有关联性，因为在订立合同时原告主观上是善意的。而原告认为，其被被告告知他是孩子的父亲，而证据表明其与被告孩子不具有亲子关系，因被告所做陈述为虚假陈述，该合同可撤销。伊利诺伊州上诉法院指出，包含了所有必要要素、具有可执行力的合同，可能因肯定性答辩（affirmative defense）[1]而不具有执行力。

（3）欺诈性虚假陈述的构成要件。伊利诺伊州上诉法院认为，构成欺诈性虚假陈述需满足：①该陈述内容属于重大事实；②陈述者为使对方为一定行为而作出陈述；③陈述者明知陈述内容有误或怀疑其真实性，但该陈述被对方合理地信赖；④陈述的相对方因信赖该陈述而受到损害。

（4）被告的陈述是否为重大事实。被告认为其陈述内容不属于重大事实，对于合同订立并非关键。伊利诺伊州上诉法院认为，如果寻求撤销的一方认识到该事实就会作出不同的行为，或者该虚假陈述与他做出决策时所依赖的信息相关，那么对于事实的虚假陈述便是"重大"的。本案中，原告被告知与被告孩子具有亲子关系后，感到担心并与被告商议解决办法，在被告拒绝堕胎后，原告提出订立协议以解决问题。被告作出的亲子关系的肯定性陈述对于合同订立具有重要性，且被告为诱使原告为一定行为而作出该陈述。

（5）被告的陈述是否为欺诈性虚假陈述。伊利诺伊州上诉法院通过利普斯科姆诉威尔斯案（*Lipscomb v. Wells*）与《第二次合同法重述》推理出科纳贝尔的陈述构成欺诈性虚假陈述。依据该案，一方在并不确定的情况下，声称自己确切地知道了一项重大事实的行为，构成欺诈性虚假陈述。[2]《第二次

---

〔1〕　肯定性答辩，也称积极的答辩，指被告并不否认原告所主张之事实的真实性，而是提出其他的理由来说明为什么自己不应承担责任的答辩。因此，它并不反驳原告诉求之真实性，而只是否认原告在法律上有起诉的权利。参见薛波主编，潘汉典总审订：《元照英美法词典》，法律出版社 2003 年版，第 48 页。

〔2〕　*Lipscomb ex rel. Lipscomb v. Wells*, 326 Ill. App. 3d 760, 768, 260 Ill. Dec. 374, 761 N. E. 2d 218, 224（2001）.

合同法重述》第162条规定，"（1）如果做出虚假陈述的一方意图使另一方相信其陈述，且满足下列要求之一，该陈述构成欺诈性虚假陈述：（a）陈述者明知或相信陈述内容与事实不符，或（b）陈述者对其陈述或暗示内容的真实性并不确定，或（c）陈述者明知其所做出的陈述或暗示没有依据"。[1]本案中，被告怀孕前与原告之外的人发生了性关系，却在合同成立时明确表示原告是孩子生父，被告应知她对孩子生父身份的确定性表述缺乏依据，该陈述具有欺诈性。

（6）不披露事实是否属于虚假陈述。虽然被告曾向原告透露过其和他人发生了性关系，而在协商解决问题时，即订立合同的过程中，被告并未透露这一信息明确表示原告是孩子的生父，被告这一行为非善意且不符合公平交易的合理标准。依据《第二次合同法重述》第161条（b）款，被告隐瞒事实的行为构成虚假陈述。[2]

（7）本案与菲格诉博希姆案（*Fiege v. Bohem*，以下简称"菲格案"）的关联。伊利诺伊州上诉法院还提及了菲格案。法院承认一方当事人克制起诉的权利可以构成充分对价，使合同具有可执行力。[3]但在菲格案中，并无证据证明不公正或原告（怀孕的女方）欺诈。此外，根据现代判例法和《第二次合同法重述》第161条，菲格案的原告向被告隐瞒其于受孕时与被告之外的人发生关系这一行为，可能构成虚假陈述而使合同可撤销。

（8）本案是否构成相互错误。根据《第二次合同法重述》第152条，"如果双方当事人对合同订立的前提有错误认识，且该错误对于合同已达成的交易与履行产生重大影响，则受到不利影响的一方当事人可撤销该合同"。[4]本案中，即使科纳贝尔未作出欺诈性虚假陈述，乔丹也有权依据相互错误撤销该合同。

---

〔1〕 Restatement (Second) of Contracts § 162 (1) (1981).

〔2〕 Restatement (Second) of Contracts § 161 (b) (1981).

〔3〕 *Fiege v. Boehm*, 210 Md. 352, 362, 123 A. 2d 316, 323 (1956).

〔4〕 Restatement (Second) of Contracts § 152, at 385 (1981).

合同的履行与违约

一、轻微违约与实质履行：雅各 & 杨公司诉肯特案（JACOB & YOUNGS INC. v. KENT）

JACOB & YOUNGS, Inc.,

v.

KENT.

Court of Appeals of New York, January 25, 1921.

230 N. Y. 239, 129 N. E. 889, 23 A. L. R. 1429.

（雅各 & 杨公司诉肯特案）

1. 裁判要旨

（1）"实质履行规则"（substantial performance doctrine）：当合同一方虽然并非完全严格地按照合同履行义务（full performance）时，只要该方已按合同履行了其中主要、必需的义务，即使该履行与合同有轻微的差别，也认为该方已经完成了合同履行义务。

（2）原告的违约并非基于故意和欺诈，只是疏忽导致，而且该违约是轻微的。法院认为原告已实质履行了合同义务，并不构成根本违约，判定被告获得的救济是管子之间的价值差。

2. 案情介绍

原告雅各 & 杨公司（Jacob & Youngs, Inc.）与被告肯特（Kent）签订了一份房屋建造合同，约定原告为被告建造一幢乡村别墅，该别墅的造价超过77 000美元。其中，该合同还约定了该别墅安装的管子必须是由雷丁公司

（Reading Company）生产的镀锌焊接标准管。

别墅于 1914 年 6 月建成，被告随即住进了该别墅。直到 1915 年 3 月，被告发现别墅的一些管子并非合同所约定的雷丁公司生产的管子，而是其他公司生产的。被告遂认为原告的履行有瑕疵，要求其返工将别墅的管子全部更换为雷丁公司的管子。由于别墅的管子除小部分必须外露的以外，大部分都嵌入了墙体之内，返工的成本极高。原告没有遵照被告的要求返工并要求被告支付剩余的工程款 3483.46 美元，但被告因该瑕疵拒绝支付。

原告认为其他公司生产的管子在质量、外形、市场价格上都与雷丁公司的一样，因此其无须返工更换，被告应向其支付剩余的工程款 3483.46 美元。

被告认为合同约定使用雷丁公司生产的管子，原告违反合同的约定使用了其他公司生产的管子是违约行为，应该将所有管子更换成雷丁公司的管子以符合合同的约定。

3. 争议焦点

具有轻微瑕疵的履约行为是否构成对合同义务的违反？

4. 裁判结果

纽约州上诉法院（Court of Appeals of New York）认为，原告履行的瑕疵不构成对合同义务的根本违反，赋予被告的救济应该是赔偿其不同管子之间的价值差，而非让原告返工更换管子，因此判决原告胜诉。

5. 裁判理由

（1）原告使用其他公司生产的管子并非出于欺诈或故意，错用管子是工程的分包商疏忽导致。

（2）原告的违约并没有对被告产生实质性的损害。雷丁公司的管子和其他品牌的管子的唯一差别是管子上生产商的盖印，这点差别甚至连当时在施工现场的、被告聘请的建筑师也没能发现。两者的质量、外形、市场价值及成本都是一样的。

（3）因轻微的疏忽而对合同的违反并不总是伴随着守约方权利的丧失，违反合同的一方可以通过经济补偿来弥补其疏忽造成的后果。合同条款之间有些是互相依赖的，有些是互相独立的。一些允诺即使彼此依赖，也并非依赖到细枝末节的程度。可以合理地认为，允诺的当事人并不会愿意用过分的手段去制裁轻微的疏忽。因此，违反了那些相对独立的承诺可以通过经济补偿的方式弥补。纽约州上诉法院认为，合同中所约定的使用雷丁公司生产的管子是一个相对独立的条款。

（4）原告的违约是轻微的。哪些违约是轻微的，哪些是重要的，很难用一个公式去衡量。不过，如果一项违约是如此显著和普遍，以至于通过任何实际或实质性措施导致合同的目的受挫，则法院不会容忍这项违约。这是一个程度衡量的问题，在此需要考虑合同的目的、当事人的意愿、违约的原因以及强制恪守合同的残酷性。不过，这并不是说当事人不能约定守约方的救济就是一方完全严格履行，而是说在当事人没有如此明示，而且违约责任远远大于一方被剥夺的权利时，法院会审慎地做出如此推断。基于此，纽约州上诉法院认为，错用其他公司生产的管子只是一项轻微违约行为。

（5）综上所述，原告的违约并非基于故意和欺诈，只是疏忽导致，而且该违约是轻微的。纽约州上诉法院认为原告已实质履行了合同义务，并不构成根本违约，判定被告获得的救济是管子之间的价值差。

二、实质履行与损害赔偿：普兰特诉雅各布斯案（PLANTE v. JACOBS）

Eugene C. PLANTE, Plaintiff-Respondent,

v.

Frank M. JACOBS and Carol H. Jacobs, his wife, Defendants-Appellants,

Sterling Savings & Loan Association, a Wisconsin corporation;

Marguerite A. Hoenig and the City Bank and Trust Company, a Wisconsin

banking corporation, Defendants.

Supreme Court of Wisconsin, June 7, 1960.

10 Wis. 2d 567, 103 N. W. 2d 296.

（普兰特诉雅各布斯案）

1. 裁判要旨

只要合同的履行达成了合同的本质目的（essential purpose），即构成合同的实质履行（substantially performed）。

2. 案情介绍

1956年1月6日，被告雅各布斯（Jacobs）与原告普兰特（Plante）签订了一份书面建筑合同，合同约定原告应按照被告在书面约定中的具体要求提供原材料并建造一座房子，约定的建造价格为 26 765 美元。建造过程中，被告支付了原告 20 000 美元。但是原告在履行合同期间，出现众多建筑上的瑕疵，特别是房屋墙体的错位，使得起居室较原计划窄了一英尺以上，房屋整体被加长了两英尺。墙体错位的原因和具体时间已经无法查明，但如果将这面墙拆除重建，费用将高达 4000 美元。被告本身并没有因为墙体的错位而遭受直接的损害，相关专家也证实，墙体错位并不会对房屋的市场价格带来任何不利的影响。但是被告坚持认为原告未能按照约定实质履行合同，因为房屋中许多地方未完成、粗制滥造以及需要修复，并且声称若严格按照规划和建造说明书完成房屋，追加费用会占到合同总价的 25%—30%，所以拒绝支付剩余价款。为此，原告主张行使对房屋的留置权，并向法院提起诉讼，要求被告支付剩余价款以及为建造房屋而支付的额外费用。

本案初审法院沃克夏县巡回法院（Circuit Court for Waukesha County）认为原告已经实质履行了该合同，支持了原告的诉讼请求，并责令被告支付 4152.9 美元外加利息与费用。被告不服，向威斯康星州最高法院（Supreme Court of Wisconsin）提起上诉，原告也申请复审。

3. 争议焦点

双方关于修建房屋的合同是否得到了实质履行？如果是，那么应该如何计算损害额？

4. 裁判结果

本案上诉法院威斯康星州最高法院经过审理后决定维持初审法院的判决。

5. 裁判理由

首先，上诉法院需要解决本案建筑合同是否得到了实质履行的问题。检验一个合同是否得到了实质履行，关键看其是否符合合同的本质目的。以马尼托瓦克蒸汽锅炉厂诉马尼托瓦克黏胶公司案（*Manitowoc Steam Boiler Works v. Manitowoc Glue Co.*）[1]为例，若按照合同要求，新修建的锅炉容量应当是旧锅炉的 150%，但实际上新锅炉的容量仅仅为旧锅炉的 82%，这就属于典型的未能实质履行。再如胡拉汉诉克拉克案（*Houlahan v. Clark*）[2]，原告需要

---

[1] *Manitowoc Steam Boiler Works v. Manitowoc Glue Co.*, 120 Wis. 1, 97 N. W. 515 (1903).

[2] *Houlahan v. Clark*, 110 Wis. 43, 85 N. W. 676 (1901).

在湖中打桩，并放置一个与邻居的码头相平行且在一条直线上的船屋。但承包商实际上未能完成这一要求，所放置的船屋对船主毫无用处，因而也被认定为未能实质履行。关于本案房屋建造合同的实质履行，并不意味着建造过程中的每一个细节都严格按照预定规范与设计计划，除非这些细节在合同签订之初就已经约定成为合同的核心条款，或者某些特征和细节对个人而言有特殊或重大意义。本案中，建房计划只是一幅平面配置图，而非蓝图，其中并未包含特定具体的房屋细节，而且施工过程中的很多细节问题并非在施工前就能够完全预料到，必须运用实际经验加以解决，因而运用完工成本占合同价金多少比重这样的数学规则对房屋建造合同是否实质履行进行判定是不合理的。所以，尽管被告对他们验收的房屋在多方面感到不满意，但是初审法院认定合同已被实质履行是正确的。

其次，如果合同已被实质履行，但不完全履行，那么原告应当获得多少赔偿。通常来说，如果合同已经达到了实质履行的程度，但是存在不完全履行和瑕疵履行，那么运用正确的损害计算规则得出的赔偿额，应当是已完工房屋的现值与若严格按照规范与计划完成修建所具有的价值之间的差值，即价值减损规则（diminished-value rule）；如果还有少量的、能够以合理费用维修的小缺陷，弥补该缺陷不需要重建建筑物，也不会牺牲已经在建筑过程中完成的工作与材料，那么维修费用也应当被纳入赔偿额当中，即维修成本规则（cost-of-repair/replacement rule）。[1]

上诉法院结合以上两条规则认为，墙体本身不可分离、不可移动，起居室墙体的错位的回复，由于推倒重建的费用过于不合理且经济上浪费而不能被允准，因此应当适用价值减损规则。同时，专家证人作证认为，墙体错位并不会对房屋的市场价格带来任何不利的影响，错位也没有给被告带来任何法律上的损害。而在被告声称的其余房屋缺陷上，比如庭院墙壁与地板、客厅和厨房天花板的裂痕，以及橱柜、水槽、排水管、壁橱晾衣杆等处的装修瑕疵，则都应适用维修成本规则。

综上所述，初审法院的判决予以维持。

---

〔1〕　Restatement（Second）of Contracts § 348（2）（1981）.

三、根本违约（实质违约）的判断：沃克公司诉哈瑞森案（WALKER & COMPANY v. HARRISON）

WALKER & COMPANY, a Michigan corporation, Plaintiff-Appellee,

v.

Herbert L. HARRISON and Mary L. Harrison, individually and d/b/a United Cleaners, Teachout Brothers and Teachout Rug Cleaners, Defendants-Appellants.

Supreme Court of Michigan, February 28, 1957.

347 Mich. 630, 81 N. W. 2d 352.

（沃克公司诉哈瑞森案）

1. 裁判要旨

在发生重大违约的情况下，放弃继续履行合同义务是受害方可以使用的武器之一，但受害方必须确定对方已经构成实质违约，否则放弃继续履行合同义务反而会使受害方成为合同违约方。实质违约的确定是一项事实问题。

2. 案情介绍

原告沃克公司（Walker & Company）主要从事户外广告牌和公告栏的租赁、出售与委托经营业务，被告哈瑞森（Harrison）从事干洗业务。两家公司签订了一个关于广告牌的合同。该合同采取书面形式并标明"租赁合同"字样，具体内容如下：

"出租人同意自费制作并安装一个18英尺9英寸高×8英尺8英寸宽的带电钟和闪灯的霓虹标志牌；出租人承诺将在建成后把上述广告牌租赁给承租人使用，而承租人则承诺将根据下列条件向出租人支付费用。

（a）本次租用的期限为36个月。

（b）在租用期间内承租人每月向出租人支付的租赁费用为148.50美元；

（d）维修。出租人同意承担租金内对标志牌和配套设施的维修服务；服务包括清洗和刷漆，使标志牌维持原本的颜色和状态以及其他必要的维修工作。"

"合同到期"条款还写道，"该标志所有权归承租人所有"。这一条款被加到书面协议中，而且显然是由于被告对所有权的担忧而增加的，他们表达了"用现金购买"的愿望，销售人员曾一度"报出了现金价格"。

1953 年 7 月下旬，广告牌制作完成并安装完毕，1953 年 8 月 1 日产生第一笔月租金 148.50 美元，被告于 1953 年 9 月 3 日支付。但因广告牌状况百出，这第一笔租金竟也成了最后一笔。被告抱怨说，广告牌安装后不久就被砸上了西红柿，镀铬上也可以看到锈迹，角落布满蜘蛛网，还有小孩子在上面乱写乱画。被告认为其有权根据上文的（d）条款要求原告进行维护，但原告没有采取任何行动，于是他一遍遍催促。最终，在 1953 年 10 月 8 日，原告不再接他的电话，他给原告发电报如下："你方一直以来无视合同、不履行维修义务的行为使合同作废，休想再得到任何报酬。"原告回复了一封信件，其中首先指出"你方的电报没有提出任何关于没有履行维修义务的具体主张"，表示希望对方提供相关信息，其后提到"想知道你方拒绝支付租金的行为是否意味着使合同无效"，并作了如下总结："请注意租赁合同 G 条，即有关违约的程序条款。如果你方不按期支付租金，我们将通过法律途径执行合同 G 条所列条件。请注意，你方须在每一自然月结束后 10 日之内支付上月租金，你方已拖欠 9 月租金约 30 日。除非我方在 10 月 25 日之前收到 9 月和 10 月的租金，否则我们会将全部问题交由律师处理。按照合同 G 条，你方须支付全部租金。"被告此后没有支付过租金，原告援引合同 G 条对余下租金 5197.5 美元提出损害赔偿诉讼。被告针对原告不履行维修义务的违约行为提出抗辩，以此证明他们拒绝履行合同和要求损害赔偿是合理的。

本案在杰纳西县巡回法院（Genesee County Circuit Court）初审，法院在没有陪审团的情况下宣判，得出了对原告有利的判决。被告不服，上诉至密歇根州最高法院（Supreme Court of Michigan）。

3. 争议焦点

（1）本案中沃克公司的行为是否构成了对合同的实质性违约？

（2）本案合同为租赁合同还是销售合同？

4. 裁判结果

密歇根州最高法院维持了初审法院的判决，被上诉人承担上诉费。

5. 裁判依据

《合同法重述》第 275 条：

（1）受损害方失去了他所合理预期的从合同中应得到的利益的程度。

（2）受损害一方的损失可以获得补救的程度。

（3）违约方已经履行合同的程度或者已经为履行合同做准备的程度。

（4）违约方终止合同的困难程度。

（5）违约方的主观上故意、过失或是完全无过失。

（6）违约方不能履行剩余部分合同的确定程度。

6. 裁判理由

上诉法院没有详细阐述有关提供服务的证词。虽然上诉法院承认沃克公司延迟提供服务的行为（在哈瑞森发出他的拒绝交租的电报后一周，沃克公司才派出一名工作人员负责并处理该问题）很是让人恼火，但上诉法院还是同意初审法院的意见，认为其重要性不足以证明拒绝履行合同是合理的，而且注意到缺少认定沃克公司违约的优势证据。初审法院记录如下：

"被告打过几次电话，但他不记得具体时间。他记得在 8 月 7 号第一次打电话，抱怨了西红柿、一些锈蚀和蜘蛛网。根据证词，西红柿粘在时钟上，可能超出他不用梯子等工具的触及范围；但蜘蛛网和锈蚀很容易清理。我认为对于蜘蛛网来说，原告方关于没有实质违约的论点是很明显的；标志牌建好后的七天也不可能有很多锈迹；当然，我们谁都不喜欢钟表粘上西红柿，但他说他一直给原告打电话，尽管下雨很可能冲洗掉一部分污渍。但污渍一直都在，他们也没来。我实在没能发现可以认定实质违约以证明解除合同合理性的事实。"

上诉法院也得出结论，上述情形不构成实质违约。上诉法院指出，上诉人拒绝履行合同的行为没有合法根据，其在随后未能遵守合同条款本身就是一种实质违约。此外，还存在损害赔偿的问题。双方相当长时间争论这是销售合同还是租赁合同，尤其是上诉人。仅仅通过合同内容来看为租赁合同，但通过合同期满的约定来看又超过了"租赁"的范围。所谓的租赁仅仅是分期付款吗？上诉法院认为无须根据实际合同条款烦恼这个问题，因为这一问题存在着扩大解释，"租赁合同可以作为转让动产的手段"。双方已经达成协议加速合同到期，初审法院判决减少剩余租金总数，对于这点沃克公司没有提出上诉。因此，初审法院的判决没有错误，上诉法院维持了初审法院的判决，被上诉人承担上诉费。

四、预期违约第一案：霍切斯特诉德·拉图尔案（HOCHSTER v. DE LA TOUR）

HOCHSTER v. DE LA TOUR
Queen's Bench, 25 June 1853.
（1853）2 E & B 678，[1843-60] All ER Rep 12，[1853] EWHC QB J72.
（霍切斯特诉德·拉图尔案）

1. 裁判要旨

如果双方当事人订立了在指定期限履行的合同，一方当事人在指定期限到来前拒绝履行该合同的，另一方当事人可以在合同履行期限到达之前提起诉讼，而不必等待合同履行期限的到来。

2. 案情介绍

本案发生在 1852 年的英国。1852 年 4 月 12 日，被告德·拉图尔（De la Tour）与原告霍切斯特（Hochster）签订服务与雇佣合同，雇用原告作为导游，从 1852 年 6 月 1 号起陪伴被告在欧洲大陆旅行 3 个月，报酬是每月 10 英镑。原告正在为此次旅游做准备时，1852 年 5 月 11 日，被告写信给原告通知其计划改变，取消原告的服务，并拒绝给予任何赔偿。1852 年 5 月 22 日，原告向英国王座法庭（Queen's Bench）[1]提起简约之诉（assumpsit），请求获得损害赔偿。

被告律师提出反对意见称，合同的履行期限即 1852 年 6 月 1 日到来之前，原告没有提起诉讼的权利。既然原告没有主张解除合同，那么他就应该为履行合同而做准备直至履行期限到来。违约应当发生在合同履行期限到来后，在此之前并不存在违约，因此原告没有提起诉讼、请求损害赔偿的权利。

3. 争议焦点

合同履行期限到来之前，如果一方当事人拒绝履行协议，那么另一方当事人是否可以提起违约之诉，请求获得损害赔偿？

---

〔1〕　王座法庭是 1875 年司法改革之前英格兰的三个普通法中央法庭之一，另外两个是民诉法庭（Court of Common Pleas / Common Bench）和理财法院（Court of Exchequer），它们都是依据不同分工从早期的御前会议（Curia Regis）中分离出来的。之所以称之为王座法庭，一方面是因为它是以国王的名义来记录和保存档案的，另一方面是因为以前国王时常亲自在此坐堂问案。

4. 裁判结果

王座法庭作出支持原告的判决，认为一方预期违约时，另一方可以提起违约之诉，无论合同履行期限是否到来。

5. 裁判理由

（1）王座法庭认为当合同规定了对未来行为的承诺时，一方拒绝履行协议从而放弃合同，就构成违约。不能对履行期限未到来的合同提起违约之诉，并不是普遍性原则。例如，在肖特诉斯通案（*Short v. Stone*）中，男方允诺女方未来某一天娶她，却在此之前娶了另一位女子，那么他即刻面临违反婚约之诉。[1] 又如，在福特诉泰利案（*Ford v. Tiley*）中，一方允诺未来某一天出租，却在该日前租给了第三方，他也可能即刻面临违约之诉。[2] 在鲍德尔诉帕森斯案（*Bowdell v. Parsons*）中，一方允诺在未来某一天出卖并交付特定物品，却在该日前出卖和交付给了第三方，那么也将立即面临违约之诉。[3]

支持对预期违约提起诉讼的理由之一，是被告在履行日期到来之前已经丧失了履行能力，当然这个理由并不是绝对的。以下几种情况并不适用，例如前例中的男子的第一任妻子可能已经死亡；租赁中第三方或许会放弃承租；物品买卖交易中，卖方可能已经重新购买了货物，有能力出售并交付。

支持对预期违约提起诉讼的另一个理由是，如果双方签订了履行时间在未来某一天的合同，那么合同双方在此期间建立了一种关系，包含了不做出与该种关系不一致、有损于对方的行为的默示允诺，即在此期间任何一方都不会损害该承诺的履行。在本案中，游客和导游签订了未来某日的合同，那么他们双方之间也存在一种约束，如果其中一方放弃允诺，就违反了默示合同。

王座法庭引用了普朗什诉科尔伯恩案（*Planchè v. Colburn*）[4]，此案中被告聘请原告为定期出版刊物撰写论文。在原告完成撰写之前，该出版刊物已被废弃。原告在未完成论文的情况下提起了违约之诉。反对意见认为，原

---

[1] *Short v. Stone* (1846) 8 QB 358.

[2] *Ford v. Tiley* (1827) 6 B & C 325.

[3] *Bowdell v. Parsons* (1808) 10 East, 359.

[4] *Planchè v. Colburn* (1881) 8 Bing 14.

告未能根据特殊合同要求完成、提供、交付论文，因此不能获得救济。法院认为原告可以将被告放弃履行合同的行为视作违约，保有起诉权利。如果履行日期到来前，合同一方放弃履行合同意味着另一方同时免除继续履行的义务，那么要求另一方等到履行日期到来后再提起诉讼是没有道理的。

（2）对于一个约定未来行为的合同，一方当事人放弃该合同的同时，也免除了另一方当事人履行合同的义务，因此没有理由要求另一方等到那一天到来后再提起诉讼，寻求救济。因此，放弃履行未来义务的违约行为立即使得当事人有权向违约方提起赔偿诉讼。如果原告必须在未来的合同履行之日，即1852年6月1日到来后才能请求法律救济，那么他在此日期之前就不能与其他人签订任何雇佣合同，否则会与签订的合同发生抵触。作为导游，此期间内原告还需要准备到欧洲大陆旅游的一切装备等。在被告拒绝履行合同后，如果允许原告自由地将自己从未来的履行义务中解脱出来，保留其因对方违约而享有的提起诉讼请求损害赔偿的权利，同时使原告不必浪费时间在空等上，不用付出不必要的金钱为履行合同做准备，原告可以寻找其他雇主减轻自己的损失。这种做法更加合理，更有利于合同双方。

五、履行不能第一案：泰勒诉卡德维尔案（TAYLOR v. CALDWELL）

Taylor v. Caldwell
Court of Queen's Bench, 6 May 1863.
［1863］**EWHC QB J1，（1863）3 B & S 826，122 ER 309.**
（泰勒诉卡德维尔案）

1. 裁判要旨

对于积极合同而言，只要合同内容本身不违法，即使不可预见的原因使得合同的履行变得不可能或代价极为高昂，一方当事人也需履行义务或者承担违约责任，但这一规则仅适用于不受任何明示或默示条件约束的、肯定且绝对的合同。从合同的性质来看，当合同双方意识到某一特定事物的继续存在是合同订立的基础时，该合同就不应被解释为积极合同，而是以默示条件为前提的合同。当默示条件无法满足时，合同即可解除，合同双方均无须对此承担违约责任。

2. 案情介绍

原告泰勒（Taylor）和被告卡德维尔（Caldwell）签订了音乐厅租赁合同，合同中约定泰勒租用卡德维尔的音乐厅 4 天，具体日期为 1861 年 6 月 17 日、7 月 15 日、8 月 5 日和 8 月 19 日。每天的租金为 100 英镑，目的是进行音乐会演出和举办宴会招待客人。整个合同表明，被告将保留对音乐厅的所有权，且该音乐厅的存在对于履行合同而言是必不可少的，没有音乐厅，双方在合同中设想的娱乐活动是不可能进行的。但是在首场演出举办前，音乐厅意外被大火烧毁，由于损毁严重，音乐会不能按期举行。证据表明大火的发生的确是一场意外，合同双方对此并不存在过错。此前泰勒已经为音乐会做了大量的准备工作，由于音乐厅的意外烧毁，演出计划泡汤了，合同无法履行。于是，泰勒以卡德维尔违约为由提起诉讼，要求其支付音乐会广告和其他准备事项的支出。

3. 争议焦点

（1）在双方对大火发生均无过错的情况下，原告遭受的损失是否可以从被告处获得赔偿？

（2）音乐厅的毁损是否会免除被告履行合同的义务？

4. 裁判结果

被告不承担责任，合同不能履行不是被告的过错，合同因为履行不能而被解除，所以双方都被免除了合同义务。从合同的性质来看，当事人订立合同的基础显然是特定的人或者动产的继续存在。在本案中，纵观整个合同，法院发现双方订立合同的基础是音乐会举行时音乐厅仍然存在，这对演出至关重要。因此，王座法庭认为，音乐厅已经不复存在，并且不是由于任何一方的过错导致，那么双方都可以免责，原告无权请求被告支付音乐会的广告和其他准备事项的费用，被告不再承担合同义务。

5. 裁判理由

第一，原被告双方在达成协议的时候根本没有想到会有这样的灾难发生，协议中也没有明确的条款提到如果发生这样的灾难应该怎么处理。因此，如何认定本案争议的问题，必须取决于法官如何适用法律的一般原则。

第二，此前类似案件适用的是绝对赔偿责任原则，如果有一份合同要求当事人必须无条件去做某件事情，只要合同本身不是非法的，即使是因无法预料事件的发生导致履行合同变得出乎意料地艰难，甚至是不可能履行，当事人也必须履行这一合同。

第三，法官的突出之举是区分了合同类型，提出了受制于默示条件的合同。某些合同在订立时，双方当事人都意识到某一特定事物的继续存在是履行合同的基础，在此种情况下，这种合同不应当被解释为一个积极合同，而是受到了默示条件的约束。该默示条件发生变化，使得合同无法履行时，合同双方均应免责。这些默示条件可能是人的生命或事物的持续存在。法官认为，绝对赔偿责任原则仅适用于积极合同案件，而不适用于此类隐含默示条件的案件。

第四，法官对默示条件做了进一步解释。从合同本质看，如果当事人从一开始就已经知道，在合同履行时间到来之时，某些特定的情形必须持续存在，否则这一合同就无法履行，那么可以认定，在当事人达成这一合同的时候，他们一定已经预先想到了那些特定情形的持续存在，这是他们将来履行一定行为的基础。此时，如果没有关于该情形必须存在的明示或默示担保，合同不应被解释为积极合同，而是受默示条件限制的合同，也就是说，如果非因合同当事人的过错导致事物灭失而使履行不可能，当事人可因此免除合同责任。

第五，法官在论证过程中，用罗马法的规定为其见解背书。法官说道，普通法中的合同一般被认为应当绝对履行，不履行就要赔偿损失，没有第三种结果。受制于默示条件的合同还是个非常新鲜、少见的概念，这一概念将导致第三种结果，也就是双方都不承担责任。相反，罗马法则是默认每一个合同都不是绝对的，这种默示条件存在于每一类特定物之债当中。也就是说，对于履行特定物之债的债务人来说，当合同项下的物品在他违约之前就已经毁损，并且这一毁损并非由于其行为造成，也并非由于其过错造成时，这一债务人是免于承担法律责任的，除非通过约定，这一债务人已经为自己先行设定了风险，愿意承担之后发生的不幸事件。

第六，法官还列举了英国的一些判例，说明有些合同是严格合同的例外。这些合同尽管没有明确将例外情况写入，但例外情况应该是默示存在的，而例外情况一旦发生，合同就无须履行。例如，如果一方同意与某人结婚，并同意在一定时间内提供服务。在实践中，订立这种合同绝不会将一方的死亡作为例外明确列入其中。在这种情况下，如果作出允诺的人在履行合同之前死亡，实际上是"违约"的。例如，如果一位作者同意完成一件作品，但他在完成之前死亡了，那么他的遗嘱执行人无须履行合同义务，因为完成作品的义务纯粹是个人性质的，而在作者突然死亡后，他就不再可能履行书写义务了。此外，在特定合同依赖于一方当事人的特定技能的情况下，如果不可抗力使该方当事人无法履行，例如，受雇完成一幅画的作家被打瞎，那么他就无须履行合同。在这些情况下，当事人或其执行人免除违约责任的唯一依据是，根据合同的性质，合同中有一个默示条件，即合同当事人的生命一直持续存在；而在画家完成一幅画的情况下，隐含的条件是画家的视力必须是持续存在的。

第七，就本案合同性质而言，当事人订立该合同的基础是，在音乐会开始举办的时候，该音乐厅能够持续存在；该音乐厅的存在对于当事人的履行行为来说是至关重要的。由于该音乐厅不复存在，而这种不复存在并非由任何一方当事人的过错所造成的，双方当事人都可以免除履行合同的责任。原告可以不用再接受使用"雪利花园"（Surrey Gardens）、不用再支付相关的金钱，而被告则可以不用履行交付音乐厅和"雪利花园"以及其他一些东西的义务。于是，王座法庭判决驳回了原告的诉讼请求。

六、履行不现实的判断：环大西洋融资公司诉美利坚合众国案（TRANSATLANTIC FINANCING CORPORATION v. U. S.）

TRANSATLANTIC FINANCING CORPORATION, Appellant,

v.

UNITED STATES of America, Appellee.

United States Court of Appeals District of Columbia Circuit, May 27, 1966.

363 F. 2d 312, 1966 A. M. C. 1717, 124 U. S. App. D. C. 183,

3 UCC Rep. Serv. 401.

（环大西洋融资公司诉美利坚合众国案）

1. 裁判要旨

当合同履行遭遇困境时，履行不能（impossibility of performance）的问题便会随之产生，此时法院便需要根据实际情况对合同履行作出新的安排，这一安排过程至少包括 3 个合理确定的步骤：①不可预见的意外事件（contingency）必须已经发生；②发生意外事件的风险未经由协议或习惯得到分配；③意外事件的发生必须导致合同在商业上履行不现实（commercially impracticable）。[1]

2. 案件事实

环大西洋融资公司（一审原告、上诉审上诉人）是一家船舶经营公司，其于 1956 年 10 月 2 日与美国政府（一审被告、上诉审被上诉人）签订了一份将小麦从美国运往伊朗的船舶租赁协议（voyage charter），该协议约定了本次航行的费用为 305 842.92 美元，始发地为美国得克萨斯州的加尔维斯顿（Galveston）港，目的地为伊朗的班达尔沙普尔港（Bandar Shapur），具体的航线则未提及。10 月 27 日，环大西洋融资公司的运输船从始发地出发，沿着直布罗陀海峡—苏伊士运河这一航线驶向目的地。但是，由于战争等局势变化，苏伊士运河关闭。因此，运输船不得不绕行好望角，在里程额外增加 3000 英里和费用额外增加 43 972 美元的情况下，于 12 月 30 日到达目的地。之后，环大西洋融资公司向哥伦比亚特区联邦地区法院（United States District Court for the District of Columbia）提交诉状（libel），[2]要求美国政府根据"据实结算"（quantum meruit）原则[3]，支付因船只偏离正常航线而增加的费用，但被驳回了诉讼请求。原告不服，上诉至哥伦比亚特区联邦巡回上诉法院（United States Court of Appeals District of Columbia Circuit）。

3. 争议焦点

（1）苏伊士运河的关闭是否导致涉案合同的履行不现实？

---

[1] 《合同法重述》第 454 条使用了"履行不现实"一词［履行不能（impossibility）的意思并不仅仅指严格意义上的不可能履行，还包括履行不现实（impracticability）］。威灵斯顿在他的体系书第一版中使用了这个概念。S. Williston, *Contracts*, 1963（1st ed. 1920）（"难以获得标的物，除非以在商业上不可行的方法和费用来获得"）。

[2] 此处的 libel 指的是海事诉讼中的原告起诉状，相当于 declaration、bill 或是 complaint。1966 年《联邦民事诉讼规则》（Federal Rules of Civil Procedure）和《海事诉讼补充规则》（Supplemental Rules for Certain Admiralty and Maritime Claims）公布后，海事诉讼中的原告起诉状与一般民事案件相同，改称 complaint，不再使用 libel。

[3] 这一原则来源于罗马法，根据该原则，当事人有权根据自己实际付出的劳动或提供的服务主张相应的费用或者报酬。它与当事人根据合同的约定主张相应费用或者报酬有所不同，后者是有合同作为主张的依据的。"据实结算"原则比较多地运用在无因管理或合同被宣布无效的情形中。

（2）上诉人能否请求被上诉人赔偿其因绕行而增加的履行成本？

4. 判决结果

上诉法院维持了地区法院的判决。上诉法院认为，因苏伊士运河关闭而选择替代航线履行案涉合同并不导致其构成履行不能。如果一方已实施的履行行为是有价值的，那么根据"据实结算"原则，他可以要求另一方就其全部的履行行为支付款项。但本案上诉人已获得了合同价款，现在又要求被上诉人支付额外增加的费用，这显然是其试图在获得合同中约定的利润后再强迫被上诉人承担绕行成本。当没有过错发生，而合同履行不现实时，法律寻求一种衡平的解决方案，"据实结算"原则即是实现这一目标的方法之一。但将所有商业灾难的负担置于一方当事人身上，以此来保护另一方的利润，根本行不通。很显然，案涉合同规定的价款足以阻止上诉人要求额外费用的诉求。

5. 裁判理由

（1）案涉合同不构成法律意义上的履行不能。

如今，认定合同履行不能的规则已从早期那种虚构的、并不真实的方法——考察合同中的"模式条款"和当事人订立合同的"意愿"（contemplation）——中摆脱出来了。目前人们普遍认可的是：当一件事无法实施时，则构成法律意义上的履行不能；当一件事只有在成本过高且不合理的情况下才能完成时，则属于履行不现实。这一原则表明了法院希望对合同履行问题的判断能够及时反映不断变化的商业实践和商业道德，当合同履行在商业上的无意义性已超过其能产生的社会利益时，合同即为履行不现实。这一问题的提出，也意味着法院需要根据实际情况对合同履行作出新的安排，这一安排过程至少包括3个合理确定的步骤：①不可预见的意外事件必须已经发生；②发生意外事件的风险未经由协议或习惯得到分配；③意外事件的发生必须导致合同在商业上履行不现实。

首先，不可预见的意外事件在本案中已经发生。因案涉合同并未约定具体的运输航线，故可推定双方均期待根据通常的、习惯的航线履行合同。但常规航线中苏伊士运河的关闭，导致当事人期待的履行方法实际上已无可能。

其次，发生意外事件的风险在本案中经法院推定而得到分配。当事人对意外事件的风险进行分配的证据可从合同的明示内容中找到，也可从合同默示内容中推出，还可从交易习惯和惯例等具体情形中寻得。一方面，虽然运输船经由苏伊士运河到达目的地是当事方之间的默认期待，绕行好望角的航线也确实是惯用的替代履行手段，但并不能就此认定苏伊士运河关闭的风险应转让给被上诉人。另一方面，考虑到本案当事人正如大多数受苏伊士运河局势影响的商人一样意识到了该地区可能成为一个危险区域，他们或可预见紧张局势将可能导致运河关闭而增加运费。实际上当事方在很多时候往往会因意见不合或无暇顾及而未能对可预知的风险进行分配，故而也不能就此认定本案当事人已对事后发生意外事件的风险进行了分配。但本案相关情形表明，上诉人有承担这些异常风险的意愿。

最后，本案中意外事件的发生未能导致合同在商业上履行不现实。船舶运输的货物并未因绕行好望角而遭受损失，船舶及船员也适合本次航行，而且上诉人有不亚于美国政府的保险购买能力以应对意外事件的发生，其应对特别影响本次合同履行的相关国际纷争更加敏感。虽然经济成本与履行难度的增加确实可能导致合同在商业上履行不现实，但本案上诉人所期待的履行成本和替代履行成本之间的差异还远远达不到这一要求。

（2）上诉人不能请求被上诉人支付其因绕行好望角而增加的合同履行费用。既然案涉合同不构成法律意义上的履行不能，那么上诉人自然无法依据"据实结算"原则仅针对额外增加的运输费用提出诉求。

七、合同目的落空第一案：柯瑞尔诉亨利案（KRELL v. HENRY）

Krell v. Henry
Court of Appeal, 1903.
[1903] 2 KB 740, 72 LJKB 794, 52 WR 246, [1900-3]
All ER Rep 20, 89 LT 328, 19 TLR 711.
（柯瑞尔诉亨利案）

1. 裁判要旨

如果因为双方在订立合同时均不可预见的事件导致合同目的不能实现，合同双方均无须继续履行合同。合同目的或者合同赖以存在的基础，可以通过合同条款、合同订立时的事实等加以推定。

2. 案情介绍

原告保罗·柯瑞尔（Paul Krell）于 1902 年 3 月离开了自己的国家，将自己位于蓓尔美尔街（Pall Mall）56A 号的房子委托给了律师塞西尔·比斯古德（Cecil Bisgood），指示在他认为合适的条件和期限内（不超过 6 个月）可以出租。

1902 年 6 月 17 日，被告 C. S. 亨利（C. S. Henry）在原告房子的窗户上看到一则告示，大意是说，这个房间可以观看国王爱德华七世的加冕游行，[1]可以出租。于是，被告询问了房子的管家，管家告诉他在这个房间观看加冕游行视野非常好。因此，被告跟管家表示，其在国王加冕游行的两天时间（6 月 26 日、27 日），以 75 英镑的价格租下这个房子。6 月 20 日，被告和原告律师在信中确认了合同的内容：被告以 75 英镑的价格租下蓓尔美尔街 56A 号 3 楼的套房共 6 月 26 日、27 日两天。前者随信附上 25 英镑的定金，并承诺将于 24 日支付剩余的 50 英镑。原告律师还确认，被告在这两天的白天（而非晚上）可以使用这些房间。

然而，由于国王需要进行阑尾炎手术，加冕游行未能如期举行。由此，被告拒绝支付剩余的 50 英镑价款。原告提起诉讼，要求被告履行合同，与此同时被告也提起反诉，要求原告返还已支付的定金。初审法院判决支持被告的请求，驳回原告的诉讼请求，原告提起上诉。

3. 争议焦点

本案是否可以适用泰勒诉卡德维尔案[2]的规则，也就是当合同双方在订立合同时不能预见的事实发生导致合同目的不能实现时，双方是否需要对该合同无法履行负责？

4. 裁判结果

上诉法院维持原判，支持被告不支付剩余价款的请求。

5. 裁判理由

上诉法院认为，在本案中，真正的问题是罗马法原则在英国法律中的适用范围，而该原则在泰勒诉卡德维尔案中已有说明。根据该原则，如果从合

---

[1] 1902 年，当爱德华七世继承维多利亚女王的王位时，英国人都在等待 60 多年来的第一个加冕仪式。

[2] *Taylor v. Caldwell* (1863) 3 *B & S* 826.

同的性质来看，双方当事人从一开始就已经知道，只有在合同履行时某些特定事物继续存在，合同目的才能实现，那么这种已被预见的事物就是合同的基础。如果在合同违约之前，由于不可归因于当事人的原因，特定事项不复存在导致合同不能履行，那么合同当事人这种情况下可以免责。尼克诉阿什顿案（*Nickell and Knight v. Ashton*）明确该原则不仅仅适用于因特定事物不存在而导致合同无法履行的案件，还适用于作为合同基础的明示条件、状态的停止或者不存在导致合同无法履行的情况。[1]

上诉法院认为，一方面，如果某事物、事物的状态或者条件的持续存在对于合同的实现是必要的，以至于当事人订立合同时预见到以上内容的存续是合同的基础，那么该事物必须是合同的标的物，该条件或者事物状态也需要是合同中明确表示出来的内容。但是，这种条件或者事物的状态无须特定化，只要外部证据能够清楚地表明它们已经被当事方假定为合同的基础即可。并且，如果双方在订立合同时无法认识到可能造成合同履行不能的事件，缔约双方不会因为合同没有提及这类事件而承担责任。

上诉法院认为，首先要做的是对合同的实质条件进行分析判断。这种分析判断并不当然来自合同中的条款，在需要的时候，这种分析判断还可以来自案件中双方当事人都承认的相关情形。在对合同的实质进行分析判断之后，要提出的问题是，是否该合同需要以某一事物特定状态的持续存在作为其基础。如果对此问题的回答为"是"，那么就应该限制合同中一般性词语的使用效力，因为一旦双方作为合同基础的事物状态不复存在而使合同无法履行，双方就无须承担违约责任。

本案中，虽然合同中没有提到加冕游行，但是双方均承认，原告在其房屋的窗户上张贴了房屋观看加冕游行的视野良好的告示。被告被窗户上的告示吸引，而与被告管家开始磋商。因此，很容易理解，原告出租房间，是基于观看加冕游行这一特定的目的。上诉法院认为，该合同不是房屋出租合同，而是为了特定目的使用房屋的特许合同。加冕游行按照宣布的路线进行且该路线通过合同中的房屋，是双方均认可的合同的基础。而且在订立合同时，双方并不能合理地预见到加冕游行不能如期举行，或是不按照宣布的路线举行。

---

[1]　*Nickell and Knight v. Ashton*, *Edridge & Co* [1901] 2 KB 126.

在本案的辩论中，原告认为，如果实际的加冕游行是本案合同的基础，一旦加冕游行并没有实际发生，双方都可以免于履行合同的责任。那么，以此类推，如果马车车夫受雇于乘客，在德比赛马日（Derby Day）[1]以 10 英镑的高价将乘客送到叶森（Epsom）观看赛马会，但后来由于各种原因赛马会不再举行，那么双方的合同义务也应该被免除。但法官并不认为原告提及的雇用马车看赛马会的例子应该成立。法官认为，的确，乘客雇用这位车夫，其目的是去观看赛马会，但是车夫并没有这种目的，也就是说，并不是乘客看赛马会的目的导致车夫在此情况下选择搭乘这位乘客，也就是说，车夫并没有从乘客这里得到什么特别的条件，使得他专为满足乘客的观看目的而服务。任何其他的车夫都可以很好地完成这一任务。因此，法官认为这种情况下赛马会即使取消了，马车还是可以继续使用。但是本案正是由于房间位置得当，具有非常好的观看视角，被告才会租房子，加冕游行和房屋的位置共同构成了合同的基础。加冕游行取消，被告也不可能只是坐在房间里。

法官最后总结，每个案件必须根据不同的事实判断，但是面对每个案子都可以询问以下 3 个问题：①合同的基础是什么？②合同的基础是否阻碍了合同的履行？③阻碍合同履行的事件是否是缔约双方在合同订立时所不能合理预见的？首先，在判断合同的基础时不仅限于合同使用的语句，还需要考察合同所处的环境和当事人对事实的认识。在本案中，合同的基础是加冕游行的发生。其次，加冕游行的取消导致合同无法履行。最后，加冕游行的取消是缔约双方订立合同时不能合理预见到的。因此，上诉法院认为缔约双方都不应继续履行合同。

此外，因为被告已撤回要求返还 25 英镑的反诉，所以不再进行讨论。

---

〔1〕 此处的德比赛马日，指的是在英国叶森马场举行叶森德比大赛（Epsom Derby）的日子。叶森德比大赛，简称德比（the Derby）或德比锦标（Derby Stakes），赛程为 1 英里 4 弗隆 6 码（约 2420米），为仅限 3 岁雄马和雌马角逐的一级赛（Group 1/G1），首届比赛在 1780 年举行，2021 年总奖金为 112.5 万英镑，为英国经典赛事第二关。叶森德比之名启发了许多其他类似赛事，如欧洲的意大利德比（Derby Italiano）、德国德比（Deutsches Derby）、爱尔兰德比（Irish Derby），美国包括历史最悠久的肯塔基德比（Kentucky Derby）在内的一些赛马比赛，以及澳大利亚德比（Australian Derby）、新西兰德比（New Zealand Derby）和日本德比（东京优骏）。

八、预期违约与货物补进：赫斯勒诉水晶湖克莱斯勒-普利茅斯公司案（HESSLER v. CRYSTAL LAKE CHRYSLER-PLYMOUTH，INC.）

Donald R. HESSLER，Plaintiff-Appellee，

v.

CRYSTAL LAKE CHRYSLER-PLYMOUTH，INC.，Defendant-Appellant.

Appellate Court of Illinois，Second District，April 15，2003.

338 Ill. App. 3d 1010，788 N. E. 2d 405，273 Ill. Dec. 96，

50 UCC Rep. Serv. 2d 330.

（赫斯勒诉水晶湖克莱斯勒-普利茅斯公司案）

1. 裁判要旨

（1）若"ASAP"术语由被告一方的有权代理人写入合同，同时双方未有异议，则"ASAP"构成合同的一部分。

（2）口头证据规则只决定当事人的最终合同中包含哪些条款，并不排除运用外部证据解释术语。在合同术语含混不清时，可以考虑引入外部证据进行解释。

（3）预期违约关注的是当事人是否公开交流了不可能履行合同的意愿或行为，或当事人作出明确的决定，表示不再继续履行原先的合同。

（4）受害方当事人对违反合同的行为可寻求任何可能的救济措施，即使其已通知毁约的一方当事人将等待后者的履行行为。

（5）《统一商法典》并不要求受害方当事人必须采取一些自力救济措施，以作为其获得救济的前提条件；买方愿意继续履行合同并不能豁免卖方毁约的行为。

（6）《统一商法典》第2-713条仅适用于买方未能"补进"货物的情形，此时买方应获得的损害赔偿为其得知另一方违约时的市场价格与合同价格的差额。在买方已经"补进"货物的情况下，应适用第2-712条第（2）款的规定，即买方应获得的损害赔偿为"补进"货物的成本与合同价格的差额。

（7）判断"补进"货物的行为是否适当，标准在于在"补进"货物的时间和地点，买方是否基于善意及以合理方式行为。事后证明"补进"货物的行为并非最廉价和最有效，这对行为的判断而言无关紧要。

2. 案情介绍

（1）案件事实。1997 年 2 月，克莱斯勒（Chrysler）汽车公司推出了一款名为"普利茅斯·普劳勒"（Plymouth Prowler，以下简称"普劳勒汽车"）的新概念汽车。然而，克莱斯勒汽车公司当时并未披露其将来是否会生产这样的汽车。原告赫斯勒（Hessler）知道有该款汽车推出，也知道该款汽车的产量还不确定。在 1997 年 2 月 4 日，原告与好几家汽车经销商进行联系，了解是否可以购买这款普劳勒汽车。1997 年 2 月 5 日，原告与一位名为罗森伯格（Gary Rosenberg）的人进行接触，他是被告水晶湖克莱斯勒－普利茅斯公司（Crystal Lake Chrysler-Plymouth, Inc., 以下简称"水晶湖公司"）的共同所有人。双方签订了一份"机动车辆零售协议"（以下简称"协议"）。协议表明，原告订购的是一辆 1997 年版的 V6 双门紫色普劳勒汽车。除此之外，协议中还提到，客户赫斯勒先行支付 5000 美元为预付款。如果该车不能在 1997 年 12 月 30 日之前交付，该笔预付款将退还给客户。被告保留这一车辆的时间为 2 个星期。该协议还指出，原告已经通过支票方式在被告处存入 5000 美元。

协议中有一个方框，标注了"车辆将于……时间交付"，框内写着英文缩写"ASAP"。该术语由被告的销售人员在完成这一交易的过程中写在上面，罗森伯格本人并没有指示销售人员写上该术语，但是，罗森伯格按照常规流程，指示被告的雇员处理客户的支票并出具了收据。他表示，"ASAP"这一术语在他的业务中是"用来替代订货号码的，只是要求雇员按照先后次序对订单进行编排。该术语的意思是一旦能够编排订单，那么马上就要去做"。罗森伯格也说道，从字面意思看，"ASAP"代表的是尽快交付货物。

罗森伯格承认，原告是第一个对这款普劳勒汽车下订单的人，而且非常肯定原告的订单是其收到预付款的第一份订单。原被告都同意，他们收到的信息是，制造商克莱斯勒公司给出的普劳勒汽车标价为 39 000 美元。

1997 年 5 月 23 日，案外人普兰德利（Salvatore Palandri）与被告签订购买普劳勒汽车的合同。合同显示购买价格为 50 000 美元加税与其他费用，并且普兰德利在被告处存入了 10 000 美元的预付款。合同中进一步提及，普兰德利将"获得这一家汽车经销商的第一辆普劳勒汽车"。

原告在 9 月 22 日这一天打电话给罗森伯格，向他告知其参加车展所获得的信息，即普劳勒汽车的经销商名单中有被告。罗森伯格则告知原告，他将不会向原告出售普劳勒汽车，因为原告背着他和克莱斯勒汽车公司进行联系。原告表示抗议，罗森伯格进一步称其并未与原告签订合同并出售汽车。这次交谈中，罗森伯格与原告就"大美国"车展的情况进行了讨论。他告诉原告，自己相当确信他的公司至少会获得一辆普劳勒汽车。当原告要求罗森伯格确认这辆车将属于自己的时候，罗森伯格明确告诉原告，其已经答应将这辆车卖给其他人了。

从 1997 年 9 月 23 日开始，原告联系了 38 家普劳勒汽车的经销商，咨询购买普劳勒汽车的事宜，但他一辆车也没有买到。对于罗森伯格是否会在将来向其交付一辆普劳勒汽车，原告已经严重怀疑。

1997 年 10 月 25 日，原告来到普劳勒汽车见面会，看到被告展厅内停有一辆普劳勒汽车。原告找到了罗森伯格，告诉他自己来这里是要提走这辆汽车的。罗森伯格则表示，他不会将这辆车卖给原告，也不想与原告进行交易。当日晚些时候，原告以 77 706 美元的价格从另外一家汽车经销商处购买了一辆普劳勒汽车。

1997 年 10 月 27 日，被告将其当年得到的唯一一辆普劳勒汽车卖给了普兰德利，售价为 54 859 美元，该价格包括了普兰德利支付的 10 000 美元预付款。

1997 年 11 月，原告指示律师向被告发出了一封信函，要求购买一辆普劳勒汽车。尽管原告已经从其他地方买到了汽车，但他还是准备从被告这里购买一辆。原告同时还在继续了解普劳勒汽车的价格，直到 1998 年 1 月，他都没有发现比 77 706 美元更低的价格。1998 年 1 月 7 日，原告从被告处得到了退回的 5000 美元预付款。

（2）诉讼历史。1998 年 4 月 23 日，原告向麦克亨利县巡回法庭（Circuit Court Of Mchenry County）起诉被告违反了合同，初审法院判决支持被告。原告不服提起上诉，伊利诺伊州上诉法院（Appellate Court of Illinois, Second District）推翻了初审法院的判决，认为合同的含义模糊不清，原告可通过事实表明被告确实违反了合同，并要求初审法院通过证据确定合同的含义。

案件被发回重审后，初审法院认定：①被告违反了协议，原告以高出合同 29 853 美元的价格购买另外一辆普劳勒汽车的行为是适当的，因此判决原告获得 29 853 美元的赔偿；②"ASAP"术语具有意义，即"如果而且当一辆汽车可交付时"以及"尽快做能够做的事"；③被告应将该辆普劳勒汽车尽快交付给原告，而当被告在1997年9月和10月告知原告不打算向其出售汽车时，被告构成拒绝履行合同；④原告已做好履行合同的准备，将要履行并且能够履行这一合同；⑤原告向另一家汽车经销商支付的购车价格，是罗森伯格拒绝出售那辆普劳勒汽车之后，原告所能获得的最好价格。

被告不服判决，该案再次来到伊利诺伊州上诉法院。

（3）原被告观点。原告认为：合同中约定被告会将第一辆普劳勒汽车售予原告，而被告未能按照合同内容向其交付车辆，因此被告构成合同的毁弃，导致原告最终只好以超出合同价格近30 000美元的价格再行购买，被告应当向其赔偿该差价。

被告认为：首先，"ASAP"不是双方同意的条款。它是用不同的墨水写在合同上的，而且是由一个没有参与与原告谈判过程的销售人员写的。由于汽车的产量不确定，双方故意在协议中没有写明交货日期。因此，"ASAP"并不是双方最终协议的一部分。其次，原告所作的其将购买第二辆普劳勒汽车的证言表明，他有根据合同去履行的意愿。这样，当事人的行为表明了双方都有着履行合同的意愿，也就不可能存在毁弃合同的情况。

3. 争议焦点

（1）本案中的"ASAP"术语是否构成合同的一部分？

（2）本案合同中的"ASAP"术语是否表明被告须将其得到的第一辆普劳勒汽车卖给原告？

（3）本案中被告的行为是否构成毁约？当被告未履行合同时，另一方继续发出购买邀请，是否影响被告的行为构成毁约？

（4）本案中被告的行为是否违反合同？

（5）本案中援引《统一商法典》第2-712条第（2）款，根据"补进"货物的成本与合同价格的差额计算原告的损害赔偿是否合理？

（6）本案中原告"补进"货物的行为，即从另外一家汽车经销商处以77 706美元购买普劳勒汽车的行为是否适当？

4. 裁判结果

伊利诺伊州上诉法院维持初审法院的判决意见，判决被告行为构成违约，且应当以原告补货费用与合同价格之间的差额作为赔偿金。原告胜诉。

5. 裁判理由

（1）在书面协议中的"ASAP"条款是否构成合同一部分，从而约束被告必须将其得到的第一辆普劳勒汽车卖给原告？

被告辩称，"ASAP"一词并非双方最终合同的一部分，因为该词使用不同颜色的墨水书写，且由一位未参与谈判的销售人员写入合同。上诉法院不同意被告的主张，指出"ASAP"一词是由一名销售人员在"完成"交易的过程中写于合同上的，而且其在业务往来中经常被委派某些任务。此外，被告的代理人在合同执行后从未试图删除该词。综上，上诉法院认为该术语由被告的有权代理人写入合同，同时双方未有异议，因此"ASAP"构成合同的一部分。

被告辩称，即使"ASAP"是合同的一部分，也只是一个无意义的插入，并且法院错误地运用外部证据来解释该术语。被告指出，合同已构成双方对协议的完整表达，"ASAP"只是无意义的插入，而且合同明确规定原告同意订单中包含了"合同完整、排他"的声明。上诉法院认可合同完整并表达了双方最终的意图这一观点，但拒绝了被告所提出的"不得使用外部证据解释合同"的观点。上诉法院指出，口头证据规则只决定了当事人的最终协议中包含哪些条款，其不排除运用外部证据解释术语。[1]上诉法院此前表示合同术语含混不清，尚不明确被告是否有义务向原告交付第一辆普劳勒汽车，此时可以考虑引入外部证据进行解释。[2]上诉法院指出，初审法院查明大多数人在其一生中都会使用"ASAP"一词，而且罗森伯格亦称该词的含义为"如果而且当一辆汽车可交付时"以及"尽快做能够做的事"，证实该术语的公认含义即为合同中的原意。亦即，尽快交付货物，是当事人在这一合同中想要达到的目的。

（2）本案中被告的行为是否构成毁约？《统一商法典》第2-610条评注1指出："预先毁约这一概念，关注的是当事人是否公开交流了不可能履行合同的意愿或行为，或当事人作出明确的决定，表示不再继续履行原先的合同。"上诉法院认为，被告已同意尽快向原告交付普劳勒汽车。其一再告诉原告不会将自己获得的第一辆普劳勒汽车交付给他，便构成了毁约。

被告随后辩称，原告所作的其将购买第二辆普劳勒汽车的证言表明，其

---

〔1〕 *McMahon Food Corp. v. Burger Dairy Co.*，103 F. 3d 1307, 1314 (7th Cir. 1996).

〔2〕 *Air Safety，Inc. v. Tchrs. Realty Corp.*，185 Ill. 2d 457, 462-63, 236 Ill. Dec. 8, 706 N. E. 2d 882 (1999).

有履行合同的意愿。既然双方都有履行合同的意愿，也就不存在合同的拒绝履行。上诉法院不同意被告的说法，指出被告的行为向原告表明其不会执行合同。而对于原告的行为，《统一商法典》第2-610条（b）项规定，受害方当事人"对违反合同的行为可寻求任何可能的救济措施"，"即使其已通知毁约的一方当事人将等待后者的履行行为"。受害方当事人的救济措施之一，便是《统一商法典》第2-711条第（1）款（a）项规定的"补进货物"（cover），因此买方愿意继续履行合同并不能豁免卖方毁约的行为。

被告继续辩称，即便构成了拒绝履行合同，原告也未采取任何措施表明其认为被告拒绝履行合同；原告并未采取诸如终止合同、寻求禁令阻止汽车的出售、要求撤回要约、延迟履行义务等自力救济手段。上诉法院同样拒绝了原告的主张，指出《统一商法典》并不要求受害方当事人必须采取一些保证措施，以作为其获得救济的前提条件。

至于被告违约的时间点，上诉法院指出，原告签订了尽快从被告处获得普劳勒汽车的合同，而且罗森伯格也表示原告是第一个订购普劳勒汽车并支付预付款的人。因此，初审法院所认定的"当被告将其在1997年获得的第一辆普劳勒汽车卖给案外人普兰德利时，被告便违反了双方之间的合同"没有错误。

（3）原告的补货行为是否适当？初审法院认定，原告最终购买普劳勒汽车的价格，是被告拒绝出售汽车之后他所能够获得的"最好价格"。并且，原告在购买这辆汽车日期之前的一个月，努力想获得这款普劳勒汽车。上诉法院指出，依《统一商法典》第2-712条评述2，"判断补进货物的行为是否适当，标准在于在补进货物的时间和地点，买方是否基于善意及以合理方式行为。事后证明补进货物的行为并非最廉价和最有效，这对行为的判断而言无关紧要"。由此，上诉法院同意初审法院在此问题上的结论，即原告实施了恰当的补货行为。

（4）损失数额如何计算？当事人得知另一方违约时市场价格与合同价格之差额的损失计算公式依据的是《统一商法典》第2-713条[1]，这是在一方当事人毁弃合同、受害方当事人已经补货的情况下计算损失的正确公式。

---

[1]《统一商法典》第2-713条："卖方未能交付或毁约时所造成的损失，是买方得知违约时的市场价格与合同价格的差额，加上本篇规定的任何附带损失和间接损失（第2-715条），减去因卖方违约致使买方节省的费用。"

但是，该条款只是适用于受害方没有有效补货的情形。[1]相反，在当事人已经补货的情况下，第2-712条第（2）款规定了恰当的计算损失的方式，即补进货物的成本与合同价格的差额，因此初审法院根据第2-712条第（2）款计算原告应获得的赔偿数额的做法没有错误。

（5）其他法院对于"毁弃合同"的认定。在本案中，上诉法院引用了其他案例的观点来增加被告存在"毁弃合同"这一行为的说服力。

在 P. R. S. 国际公司诉丝雷德·帕克斯公司（*P. R. S. International*，*Inc. v. Shred Pax Corp.*）[2]中，法院指出，"根据《统一商法典》的规定，合同一方的某些行为可能构成对合同的预期性拒绝，如果这些行为足够清楚地表明了不履行合同的意图。"

在盾牌公司诉瑞士谷 AG 服务公司案（*Shields Pork Plus*，*Inc. v. Swiss Valley AG Service*）[3]中，法院指出："允诺人的语言必须足够清晰，才能被合理地解释为承诺人不能或不会履行。"

基于以上事实和理由，上诉法院维持了初审法院的判决。

九、明示担保与默示担保：贝琳娜海运公司诉克劳案（BAYLINER MARINE CORPORATION v. CROW）

BAYLINER MARINE CORPORATION
v.
John R. CROW.
Supreme Court of Virginia，January 8，1999.
257 Va. 121，509 S. E. 2d 499，37 UCC Rep. Serv. 2d 594.
（贝琳娜海运公司诉克劳案）

1. 裁判要旨

（1）被告在"道具模型"和宣传材料等文件中对船只最大速度的描述，

---

〔1〕《统一商法典》第2-713条评述5指出，该条提供了前述第2-712条所规定的救济措施的替代手段，它仅适用于买方没有"补进"货物的情形。

〔2〕 *P. R. S. International*，*Inc. v. Shred Pax Corp.*，184*Ill.* 2d 224（1998）.

〔3〕 *Shields Pork Plus*，*Inc. v. Swiss Valley AG Service*，329 *Ill. App.* 3d 305，315，263 *Ill. Dec.* 219，767 *N. E.* 2d 945（2002）.

不构成对原告所购特定船只速度的任何明示担保。

（2）原告未能明确被告所制造船只的适销性标准，也未能证明被告违反了适销性（merchantability）的默示担保。

（3）原告未能证明其已经向卖方告知购买船只的特定用途，因此被告没有违反有关商品特定用途适用性（fitness for a particular purpose）的默示担保。

2. 案情介绍

（1）案件事实。1989年8月，原告（被上诉人）约翰·克劳（John R. Crow）购买了一艘由被告（上诉人）贝琳娜海运公司（Bayliner Marine Corporation）制造的3486冠军敞篷船（3486 Trophy Convertible），用于近海捕鱼。在购买这艘船之前，原告向零售商的销售代理约翰·阿瑟顿（John Atherton）询问了这艘船的最大速度。阿瑟顿表示自己没有亲身体验过这种船型，但是向原告提供了被告有关试驾船型的"道具模型"（prop matrixes）和宣传材料，"道具模型"描述了被告所生产船型的螺旋桨尺寸、齿轮比（gear ratios）、发动机尺寸和最大速度（当配备20×20或20×19螺旋桨时，最大速度可达30英里/小时）。但是，"道具模型"提供的信息"是用于比较目的，该数据未参考天气条件或其他变量"，它解释说，"测试是在海平面或海平面附近进行的，油箱和水箱均装满，乘客和起落架重量约为600磅"。宣传材料还指出，这种船型"具有到达主要近海渔场所需的性能"。

原告签署合同购买了3486冠军敞篷船，但原告的船只有一个20×17螺旋桨。1989年9月，原告收到船后在伊丽莎白河（Elizabeth River）上试驾，注意到该船的最高时速仅为13英里。在接下来的一年多时间里，零售商通过各种维修和改造来提高它的速度，但最高时速基本只能维持在17英里，除了在发动机改装后的一段时间内暂时达到约24英里的时速。1990年7月，被告的一位代表致信原告，指出购买时其所作的性能陈述不正确，并且23英里/小时至25英里/小时是该船可达到的最大速度。尽管如此，原告还是将这艘船用于近海捕鱼，并在购买后的头几年内记录了850小时的发动机使用情况。

（2）诉讼历史。1992年，原告向朴茨茅斯市巡回法院（The Circuit Court, City of Portsmouth）提起诉讼，指称被告的"道具模型"和宣传材料创设了一个明示担保，即原告购买的船可达到书面材料中描述的最高时速30英里。此外，原告还指称被告违反了对船只近海捕鱼这一特定用途适用性和适销性的默示担保。被告则提出以下抗辩：①其"道具模型"和宣传材料未构成、也不违反任何船只最高时速 30 英里的明示担保；②尽管该船不满足这位特定游钓者的需求，但没有证据表明，该船通常不能作为近海渔船销售，因此被告没有违反适销性和特定用途适用性的要求。

初审法院认定被告违反明示担保和违反适销性与特定用途适用性的默示担保，并作出有利于原告的判决。初审法院判决被告向原告支付 135 000 美元的赔偿金，外加判决前利息，其解释道，该赔偿金包括了这艘船的购买价格，以及这艘船的储存、维修、融资、保险等费用。

被告不服，上诉至弗吉尼亚州最高法院（Supreme Court of Virginia）。

3. 争议焦点

作为运动渔船的制造商，被告是否违反了对适销性和特定用途适用性的明示担保和默示担保？

4. 裁判结果

弗吉尼亚州最高法院认为：①被告在"道具模型"和宣传材料等文件中对船只最大速度的描述，不构成对原告所购特定船只速度的任何明示担保；②原告未能明确被告所制造船只的适销性标准，也未能证明被告违反了适销性的默示担保；③原告未能证明其已经向卖方告知购买船只的特定用途，因此被告没有违反有关商品特定用途适用性的默示担保。

弗吉尼亚州最高法院推翻初审法院判决，作出有利于原审被告的终审判决。

5. 裁判理由

弗吉尼亚州最高法院根据以往判例指出，在上诉时，法院将以最有利于初审胜诉方的角度审查证据。[1]接下来，弗吉尼亚州最高法院逐条分析了双方争议。

（1）原告称"道具模型"构成了被告的明示担保。弗吉尼亚州最高法院首先引述《弗吉尼亚州法典》（Code of Virginia）第 8.2-313 条，其中规定"卖方的明示担保是指：①卖方向买方作出的与货物有关的任何事实确认或承诺，并成为交易基础的一部分，即构成对货物应符合该确认或承诺的明示担

---

[1] *Tuomala v. Regent Univ.*, 252 Va. 368, 375, 477 S. E. 2d 501, 505（1996）；*W. S. Carnes, Inc. v. Bd. of Sup'rs of Chesterfield Cty.*, 252 Va. 377, 385, 478 S. E. 2d 295, 301（1996）.

保。②作为交易基础的任何商品描述均构成对商品应符合该描述的明示担保"。此外，卖方对事实的特定确认是否构成明示担保通常是事实问题。[1]

在此前的多特里诉阿什案（*Daughtrey v. Ashe*）中，弗吉尼亚州最高法院审查了珠宝商在评估表上的陈述是否构成明示担保，并认为将所出售的特定钻石描述为 VVS 级[2]，构成了对钻石实际上属于该等级的明示担保。[3]然而，与该案中的表述不同，本案中被告提供的"道具模型"中的陈述与原告实际购买的特定船不存在实质相似的特征。通俗地说，"道具模型"中所述最大速度不适用于另一艘带有不同尺寸螺旋桨的船，并且其携带的设备重量远低于原告船上的设备。因此，弗吉尼亚州最高法院得出结论，"道具模型"中的陈述不构成被告对原告购买的特定船只性能的明示担保。

原告还指称，被告在其宣传手册中的声明明示担保了该船的最大速度，即这艘船"具有到达主要近海渔场所需的性能"。但是弗吉尼亚州最高法院认为，虽然"作为交易基础的任何商品描述均构成对商品应符合该描述的明示担保"是一般规则，但《弗吉尼亚州法典》第 8.2-313 条第 2 款规定"声称仅仅是卖方对商品的意见或赞扬的声明不构成明示担保"。[4]被告在其宣传手册中所作的声明仅是对船只性能的褒奖，并未描述船只的具体特性或特点，仅表达了制造商对船只性能质量的看法，并没有明示担保船只的速度能够达到 30 英里/小时。因此，弗吉尼亚州最高法院得出结论，证据不支持初审法院裁定被告违反对原告作出的明示担保。

（2）原告指称，他的船无法达到 30 英里/小时的最快速度，因此该种船只不符合作为近海运动渔船的一般用途，被告违反了适销性的默示担保。被告辩称，尽管该船不满足这位特定游钓者的需求，但没有证据表明该船通常不能作为近海渔船销售。

弗吉尼亚州最高法院指出，《弗吉尼亚州法典》第 8.2-314 条第（2）款

---

[1]　*See* VA Code Ann. § 8.2-313, Official Comment 3；*Daughtrey v. Ashe*, 243 Va. 73, 78, 413 S. E. 2d 336, 339 (1992).

[2]　VVS 是"very very slightly included"的缩写，是钻石净度（clarity）分级标准之一，其描述的钻石内部瑕疵的情况为：由经验丰富的分级人员用 10 倍专用放大镜观察，能够发现很小很小的瑕疵特征，难度为很难到极难。

[3]　*Daughtrey v. Ashe*, 243 Va. 73, 77, 413 S. E. 2d 336, 338 (1992).

[4]　VA Code Ann. § 8.2-313 (2).

的（a）项、（c）项规定，"如果卖方是此类商品的制造商，则在销售合同中默示了对商品适销性的保证。为了适销，商品必须'在交易中无异议通过'并且'符合使用这些商品的一般目的'"。[1]根据联邦信号公司诉安全因子公司案（*Federal Signal Corp. v. Safety Factors，Inc.*），在评估商品的适销性时，商品必须"在交易中无异议通过"涉及是否"有相当大部分购买者会反对购买这些商品"，而"符合使用这些商品的一般目的"涉及"商品是否能够合理地执行其日常功能"。[2]

首先，对于原告指称该船不符合"在交易中无异议通过"，弗吉尼亚州最高法院指出，根据莱尔德诉斯克里布纳公司案（*Laird v. Scribner Coop，Inc.*），为了证明一种商品不是适销的，起诉一方必须首先确立该行业的适销性标准。[3]然而，原告的证据仅表明船的速度没有符合他的预期，即这艘船需要"很长时间"才能到达弗吉尼亚海岸附近墨西哥湾暖流（Gulf Stream）中的某些渔场。然而，原告并未确立商品适销性标准，也没有证明被告生产的船只不符合该标准，更没有证据支持是否相当大部分购船者会反对购买具有3486冠军敞篷船速度的近海渔船。弗吉尼亚州最高法院认为原告未能证明该船不符合"在交易中无异议通过"。

其次，对于原告指称该船不符合作为近海运动渔船的一般用途，弗吉尼亚州最高法院指出，一般来说，商品是否适合其一般使用目的是一个事实问题。[4]本案中，至少在购买后的头几年，原告将这艘船用于近海捕鱼，并且该船的发动机使用了850小时。虽然原告表示，其中许多时间是在各种修理或改装尝试中花费的，而且这艘船对他来说价值不大，但这一证词并不能证明具有这种速度的船是近海捕鱼所不能接受的。因此，从最有利于原告的角度考虑，证据未能证明该船不适合其预期的一般使用目的。

最后，弗吉尼亚州最高法院认为，证据不足以证明被告违反了适销性的默示担保。

（3）对于原告所称被告违反船只特定用途的适用性默示担保，弗吉尼亚

---

〔1〕　VA Code Ann. § 8.2-314（2）（a，c）.

〔2〕　*Federal Signal Corp. v. Safety Factors，Inc.*，125 Wash. 2d 413，886 P. 2d 172，180（1994）.

〔3〕　*Laird v. Scribner Coop，Inc.*，237 Neb. 532，537，466 N. W. 2d 798，804（1991）.

〔4〕　*See Fed. Ins. Co. v. Vill. of Westmont*，271 Ill. App. 3d 892，649 N. E. 2d 986，990（1995）；*Tallmadge v. Aurora Chrysler Plymouth，Inc.*，25 Wash. App. 90，605 P. 2d 1275，1278（1979）.

州最高法院指出，根据《弗吉尼亚州法典》第 8.2-315 条的规定，当卖方"合理知晓商品需要用于特定用途，并且买方依靠卖方的技能或判断来选择或提供合适的商品时，……构成对商品此类用途的默示担保"。[1]该法院认为，这项法令体现了弗吉尼亚州长期存在的普通法规则。[2]在商品销售中是否存在对特定用途适用性的默示担保的问题，通常是一个基于交易情况的事实问题。[3]原告称，该船的特定用途是其能够用作以 30 英里/小时的最大速度行驶的近海渔船。但是，根据麦迪康公司诉阿瑟维尔公司案（*Medcom, Inc. v. C. Arthur Weaver Co.*），买方证明其已经向卖方告知商品的特定用途，是适用性默示担保成立的必要前提，[4]而本案中没有证据证明原告告知了被告销售代表这一精确需求。弗吉尼亚州最高法院进一步指出，本案中原告尽管已经告知被告他打算将这艘船用于近海捕鱼，并在此背景下讨论了这艘船的速度，但不足以表明被告的销售代理在销售之日就知晓原告不能接受无法以 30 英里/小时的速度行驶的船。因此，弗吉尼亚州最高法院认为，证据不足以证明被告违反了特定用途适用性的默示担保。

综上所述，弗吉尼亚州最高法院推翻初审法院判决，作出有利于原审被告的终审判决。

十、合同相对性与损害赔偿：卢卡斯诉汉姆案（LUCAS v. HAMM）

Robert LUCAS et al. , Plaintiffs and Appellants,

v.

L. S. HAMM, Defendant and Respondent.

Supreme Court of California, In Bank, September 5, 1961.

56 Cal. 2d 583, 364 P. 2d 685, 15 Cal. Rptr. 821.

（卢卡斯诉汉姆案）

1. 裁判要旨

（1）缺乏直接的合同关系并不妨碍遗嘱受益人向起草遗嘱过程中存在过

---

〔1〕 VA Code Ann. § 8.2-315.

〔2〕 *Layne-Atl. Co. v. Koppers Co.*, 214 Va. 467, 471, 201 S. E. 2d 609, 613 (1974).

〔3〕 *Stones v. Sears, Roebuck & Co.*, 251 Neb. 560, 558 N. W. 2d 540, 547 (1997).

〔4〕 *Medcom, Inc. v. C. Arthur Weaver Co.*, 232 Va. 80, 84-85, 348 S. E. 2d 243, 246 (1986).

失的律师索赔。

（2）律师无须为违反加利福尼亚州法律禁止永久所有权规则的合理法律错误（reasonable mistake of law）负责。

2. 案情介绍

（1）案件事实。

被告 L. S. 汉姆（L. S. Hamm）与遗嘱人达成合意，由其为遗嘱人准备一份遗嘱，原告罗伯特·卢卡斯（Robert Lucas）被指定为遗嘱第 8 款规定的信托受益人，并应收到该款规定的剩余财产的 15%。被告违反指示并违反合同，在准备遗嘱的过程中存在疏忽，使遗嘱因违反《加利福尼亚州民法典》第715.2 条和原第 715.1 条及第 716 条中关于对转让的限制（restraints on aliena-tion）和禁止永久所有权（rule against perpetuities）规则而无效。遗嘱的第 8 款以信托的方式"转移"（transmitted）了剩余财产，并规定："信托应在具有管辖权的法院将信托财产分配给受托人之日起 5 年后当天的中午 12 点终止。"在遗嘱人死亡后，这些文件通过了遗嘱认证。随后，被告作为文书的起草人和遗嘱执行人，以书面形式告知原告，剩余财产的信托条款是无效的。如果该条款无效，原告将被剥夺他们有权获得的全部份额，除非他们与遗嘱人的血亲达成和解。在这种情况下，原告通过和解所能分得的份额将少于遗嘱人打算给予他们的。由于被告的疏忽和违约，原告被迫达成和解，根据该和解协议，他们获得的遗产份额比他们根据遗嘱人指示起草的遗嘱本应收到的金额少了 75 000 美元。

（2）诉讼历史。原告对被告提起诉讼，理由是被告在准备遗嘱时的疏忽剥夺了他们从剩余财产的信托中可获得的收益。原告的诉讼请求未得到初审法院支持，遂上诉至加利福尼亚州最高法院（Supreme Court of California）。

3. 争议焦点

（1）律师的注意义务是否应延伸至客户的遗嘱受益人？

（2）律师是否应该对涉及加利福尼亚州法律禁止永久所有权规则的合理法律错误负责？

4. 裁判结果

加利福尼亚州最高法院认为：①虽然被告对预期的受益人以及委托人负有责任，但他不应就其在禁止永久所有权规则方面的合理法律错误承担责任。

②缺乏直接合同关系不应妨碍原告在这种情况下对被告提出赔偿请求。这是律师应有的负担，特别是考虑到相反的结论将迫使无辜的受益人承担律师疏忽的损失。因此，加利福尼亚州最高法院维持了下级法院的判决。

5. 裁判理由

加利福尼亚州最高法院的结论为：①缺乏直接合同关系不应妨碍原告在这种情况下对被告提出赔偿请求；②律师不应为本案中所犯错误承担责任；③被告在遗嘱执行中并不存在过失。以下详细阐述前两个结论的说理过程。

（1）缺乏直接合同关系不应妨碍原告在这种情况下对被告提出赔偿请求。加利福尼亚州最高法院援引了巴克利诉格雷案（*Buckley v. Gray*，以下简称"巴克利案"），[1] 该案确立了律师不因在起草遗嘱时的过失或者违约行为对遗嘱受益人的利益损失负责的规则。该案法官指出，律师就履行其专业职责时因疏忽而造成的损失，仅对其委托人负有责任，如果被告与受损害者之间没有合同或其他方面的相互关系，则受损害者不能就单纯的疏忽获得赔偿。该案法官进一步得出结论认为，根据合同的理论，第三人的利益损失无法获得救济，因为与律师的合同并非明确地为原告的利益而订立，而且遗嘱只是间接希望（remotely intended）让原告因合同而受益。

加利福尼亚州最高法院认为该案确立的规则应该被推翻，理由如下：

巴克利案中否认律师承担侵权责任的理由，即严格的相互关系判断，在比亚坎贾诉欧文案（*Biakanja v. Irving*，以下简称"比亚坎贾案"）中已经被推翻。[2] 该案法官认为，公证人虽然无权从事法律工作，但准备了遗嘱并且因为疏忽未能提供适当的证明（attestation），则对因文书无效而受到损害的预期受益人负有侵权责任。自 1895 年巴克利案作出裁决以来，"在缺乏相互关系的情况下，对履行合同过程中所犯的疏忽不负赔偿责任"的规则已大大放宽。在特定案件中，确定被告是否将对不具有合同关系的第三人承担责任是一项政策问题，涉及各种因素的平衡，其中包括交易的意图在多大程度上影响原告，对他造成损害的可预见性，原告遭受损害的确定程度，被告的行为

---

〔1〕 *Buckley v. Gray*, 110 Cal. 339, 42 P. 900（1895）, overruled in part by *Biakanja v. Irving*, 49 Cal. 2d 647, 320 P. 2d 16（1958）, and overruled in part by *Lucas v. Hamm*, 56 Cal. 2d 583, 364 P. 2d 685（1961）.

〔2〕 *Biakanja v. Irving*, 49 Cal. 2d 647, 648–650, 320 P. 2d 16（1958）.

与损害之间联系的密切性，以及防止未来损害的政策。在确定受益人是否有权因他人起草遗嘱时的疏忽而提起诉讼时，如果遗嘱是由律师而不是由无权从事法律工作的人起草的，则必须适用同样的一般原则。

比亚坎贾案中认定所涉公证人负有责任的许多因素同样适用于本案。与比亚坎贾案一样，本案被告与遗嘱人之间合同的主要目的之一是将财产转让给原告。遗嘱无效对原告造成的损害显然是可以预见的。在遗嘱人死亡而没有改变遗嘱的情况下，如果没有被告的疏忽，原告本可以获得预期的利益。如果不允许原告等人就起草人的疏忽造成的损失获得赔偿，那么防止未来损害的政策将无法实行。

由于被告从事律师职业，本案必须考虑比亚坎贾案不存在的一个因素，即承认律师对因其疏忽所订立遗嘱而遭受损失的受益人承担责任，是否会给该行业带来不必要的负担。虽然在某些情况下，这种责任可能很大且金额不可预测，但律师对其客户正常的责任也是如此。我们认为，将他的责任扩大到因其疏忽订立的遗嘱而受损害的受益人，不会给该行业带来不适当的负担，特别是考虑到相反的结论将导致无辜的受益人承担损失。比亚坎贾案中涉及公证人未经授权的公证行为，但这一事实只是确定他负有责任的次要因素，本案中缺少这一因素，并不能得出不同的结果。

加利福尼亚州最高法院也与比亚坎贾案法院一样不同意巴克利案中的主张，即因遗嘱起草错误而受损的受益人不能向起草人索赔，理由是他们之间不具备直接合同关系。显然，起草遗嘱的合同的主要目的是将来将遗嘱人的遗产转让给遗嘱中指定的受益人，因此，像巴克利案那样认为遗嘱人只是间接希望这些人受益是不恰当的。的确，利益第三人合同通常直接向第三人履行，但直接向第三人履行并非必要条件。例如，如果一份人寿保险单因银行未能履行其从被保险人的银行账户中支付保费的协议而失效，则在被保险人死亡后，受益人可以作为第三方受益人向银行追偿。[1]一个人如果承诺为他人购买责任保险但实际并未购买，他也需要对本可以获得保险保障的受损人负责。加利福尼亚州最高法院指出，任何可能受到损害的人都是保险合同的利益第三人。[2]

---

〔1〕　*Walker Bank & Tr. Co. v. First Sec. Corp.*，9 Utah 2d 215，341 P. 2d 944，945 *et seq.*（1959）.

〔2〕　*Johnson v. Holmes Tuttle Lincoln-Mercury*，*Inc.*，160 Cal. App. 2d 290，296 *et seq.*，325 P. 2d 193（1958）.

在本案和巴克利案的情况下，立遗嘱人与律师达成协议的主要目的是使他在遗嘱中指定的人受益；在律师违约的情况下，只有通过给予受益人诉权才能实现这一意图。

《加利福尼亚州民法典》第 1559 条规定，第三人可以执行"明示"为其利益而订立的合同。该法条的目的是排除那些只是偶然或间接获益的人对合同的执行。[1]在本案中，起草遗嘱的合同明确无误地表明了遗嘱人的意图是使遗嘱中被指定的人受益，律师对这一意图是明知的。因此本案并非偶然或者间接受益。

被告依据的是史密斯诉盎格鲁–加利福尼亚信托公司案（Smith v. Anglo-California Trust Co.）[2]和弗鲁特韦尔食品罐装公司诉科顿案（Fruitvale Canning Co. v. Cotton）[3]确立的规则，即若要允许第三人就合同提起诉讼，必须有"允诺人明确表达的使第三人获益的意图"。然而，这种措辞对于第三人就合同起诉并不是必要的。如果使第三人受益的意图对于确定根据合同提起诉讼的权利很重要，则允诺人只须理解受诺人有这种意图就足够了，允诺人无须具体表现出使第三人受益的意图。

（2）律师不应为本案中所犯错误承担责任。关于律师因未能正确履行其对委托人的职责而承担责任的一般规则是，律师在接受雇用以提供法律咨询或提供其他法律服务时，默示具备一般律师在执行他们所承担的任务时通常具备的技能、谨慎和勤勉。[4]律师无须对其在实践中可能犯的每一个错误负责，在没有明示协议的情况下，他不是其意见的合理性或他受雇起草的文书有效性的保证人。他不对在法律问题上的错误负责，但知情的律师可能受到合理怀疑。无论原告的诉讼请求是基于侵权行为还是违约行为，这些原则都同样适用。

本案诉状称，被告起草遗嘱的方式使信托无效，因为它违反了有关禁止永久所有权和限制转让的规则。这些非常相似的话题长期以来一直困扰着法

---

〔1〕　*Hartman Ranch Co. v. Associated Oil Co.*，10 Cal. 2d 232, 244, 73 P. 2d 1163（1937）.

〔2〕　*Smith v. Anglo-California Trust Co.*，205 Cal. 496, 502, 271 P. 898（1928）.

〔3〕　*Fruitvale Canning Co. v. Cotton*，115 Cal. App. 2d 622, 625, 252 P. 2d 953（1953），disapproved of by *Lucas v. Hamm*，56 Cal. 2d 583, 364 P. 2d 685（1961）.

〔4〕　*In re Kruger's Est.*，130 Cal. 621, 626, 63 P. 31（1900）；*Moser v. W. Harness Racing Ass'n*，89 Cal. App. 2d 1, 7, 200 P. 2d 7（1948）.

院和律师界。该领域的权威人士格雷（Gray）教授说："这个主题中的一些方面很容易产生错误，也许是因为这一领域的推理模式与律师最熟悉的模式不同。许多知名人士都犯下过明显错误。在起草遗嘱与和解协议方面，很少有律师不落入该规则为粗心者设置的陷阱中。"[1]加利福尼亚州关于禁止永久所有权和限制转让的法律充满了混乱，起草者隐藏了很多陷阱。鉴于禁止永久所有权和限制转让的法律状况以及被告在编写文书时所声称的任何错误的性质，不能认为被告没有像具有普通技能和能力的律师那样具备技能、审慎和勤勉。本案中遗嘱规定信托将在遗嘱检验法院将财产分配给受托人的命令后 5 年终止，该规定可能会无效，[2]但这种无效的概率非常小，以至于在相同情况下行事的具有普通技能的律师很可能"落入规则为粗心者编织的网中"，没有意识到风险。我们不需要判断遗嘱中信托条款是否实际上无效，或者是否如被告所辩称的那样，起诉书缺少必要的事实得出这一结论，因为我们的结论是，原告所提出的错误并不表明被告存在疏忽或违约。

---

[1] Gray, *The Rule Against Perpetuities* (4th ed. 1942) p. xi.

[2] *In re Johnston's Est.*, 47 Cal. 2d 265, 303 P. 2d 1 (1956).

违约救济

第十章

一、违约损害赔偿的三种利益：沙利文诉奥康纳案（SULLIVAN v. O'CONNOR）

Alice SULLIVAN

v.

James H. O'CONNOR.

Supreme Judicial Court of Massachusetts, Suffolk, May 9, 1973.

363 Mass. 579, 296 N. E. 2d 183, 99 A. L. R. 3d 294.

（沙利文诉奥康纳案）

1. 裁判要旨

外科医生为职业表演者的鼻子实施了两次整形手术，以改善后者的容貌，使其显得更美。职业表演者作为患者可基于合同提起违约之诉，但此种主张必须基于明确的证据。对于医生违反合同约定而产生的损害赔偿，职业表演者不仅有权获得自付（out-of-pocket）费用的赔偿，还有权就恶化的状况（包括精神上的不安）以及在第三次手术中遭受的痛苦（pain）、创伤（suffering）和精神损害（mental distress）获得赔偿。若其未就与合同安排的前两次手术有关的痛苦与创伤提出赔偿请求，或未就现有状况与所承诺状况之间的全部价值差额提出赔偿请求，则上述要素可以"基于期待利益"（expectancy）或"基于信赖利益"（reliance）予以赔偿。

2. 案情介绍

（1）案件事实。本案的原告沙利文（Sullivan）是一位知名的职业表演者，被告奥康纳（O'CONNOR）是为其实施整形手术的外科医生。在手术前，原告的鼻子虽说端正，但显得又高又长。为使鼻子与身体的其他特征相比"更令人愉悦"，原告与被告签订了一份医疗协议，其中被告承诺为原告的鼻子实施两次整形手术，将鼻子削短并降低突出的程度，以改善原告的容貌，使其显得更美。但事与愿违的是，前两次手术并不成功，原告随后不得不接受了第三次手术。第三次手术后，原告鼻子的状态变得更为糟糕：鼻子中点附近出现了一条凹线且呈鳞茎状，鼻梁至鼻中部变得扁平宽大，鼻尖两侧也失去了对称性。更为严重的是，原告损毁的鼻子"显然无法通过后续的整形手术加以改善"。经查，原告支付给被告的手术费和住院费用共计 622.65 美元。

（2）诉讼历史。本案于马萨诸塞州的高级法院（Superior Court）初审。原告提出两项诉讼请求，其一基于合同违约，其二基于专业人员失职行为（malpractice）[1]。对于前者，原告主张其作为一名患者与被告签订了协议，其中被告对整形手术的效果做出了允诺，但手术未能达到预期结果，反而使原告的鼻子毁损，造成其身体与精神上的痛苦及其他损害和费用。关于后者，原告根据专业人员失职行为的传统形式，主张被告在实施外科手术时存在过失行为。在答辩中，被告对上述两项诉求均予以否认。

应原告要求，本案交由陪审团裁决。证据流程结束后，法官将两项诉求中的责任问题作为特别问题向陪审团提出，并进行了相应的指示。陪审团得出结论：原告的合同违约诉求成立，专业人员失职行为诉求不成立。法官随后就损害赔偿问题指示陪审团，原告有权获得手术相关自付费用的返还，还可以获得直接（directly）、合乎常情（naturally）、最接近（proximately）和可预见（foreseeably）地产生自被告违约行为的损害赔偿。这些损害包括原告鼻子的任何毁损（外观上的恶化），以及原告因意识到毁容而产生的精神上的损害。在此问题上，法官允许陪审团考虑原告所从事职业的特性。此外，损害赔偿还包括第三次手术中原告所遭受的痛苦与创伤，但不包括原告因被告违

---

〔1〕 专业人员失职行为，通常指医生、律师、会计师等专业人员的失职或不端行为。专业人员未能按该行业一般成员在当时情况下通常应提供的技能、知识或应给予的诚信、合理的服务致使接受服务者或有理由依赖其服务的人遭受伤害、损失的均属失职行为，包括各种职业上的违法、不道德、不端行为，和对受托事项不合理地缺乏技能或诚信服务。原告对被告提起失职诉讼，必须证明存在近因和损害结果。参见薛波主编，潘汉典总审订：《元照英美法词典》，法律出版社 2003 年版，第 888 页。

约行为而损失的收入，因为后者缺乏证据支持。最后，陪审团裁决原告获得 13 500 美元的违约赔偿金。

被告不服判决，上诉至马萨诸塞州最高法院（Supreme Judicial Court of Massachusetts）。被告认为，法官不应指示陪审团考虑除原告自付费用外的事项，即不应考虑第三次手术中原告所遭受的痛苦与创伤，以及与此相关的精神损害。

3. 争议焦点

（1）原告是否可以向被告提起违约之诉？

（2）原告是否有权因恶化的状况以及在第三次手术中遭受的痛苦、创伤和精神损害获得赔偿？

4. 裁判结果

马萨诸塞州最高法院维持了初审法院的判决，认定原告可以向被告提起违约之诉，而且可以就超出预期的痛苦与创伤获得赔偿。卡普兰法官（Kaplan, J.）发表了判决意见。

5. 裁判理由

（1）对于原告是否可以向被告提起违约之诉，二审法院认为，医生和患者达成协议，其中前者对治愈疾病或达到特定手术效果做出了允诺，而后发生纠纷时，患者可根据该协议提起违约之诉，但这种主张必须基于明确的证据。

二审法院分析道，对于此类承诺疗效的协议，法院常会根据公共政策认定其不具有强制力，但仍有许多法院对其予以承认并强制执行，马萨诸塞州的法律亦认为这种协议有效。有时，法院会尽量将这类诉求解读为侵权之诉而非违约之诉，这是由于医学具有不确定性，个体患者的身体与精神状态也千差万别，因此医生很少基于善意就特定结果做出保证，即使是一般程度品行正直的医生也不太可能如此。医生向患者所作的某些带有积极色彩的个人意见则另当别论，而且可能具有治疗价值。但是，患者在内心很可能将之转化为一项确定的允诺，特别是患者对结果感到失望时，他会带着这份情感向富有同情心的陪审团作证。如果这种违反允诺的诉求能轻易得到法院支持，那么医生可能会因恐惧而对患者采取防御性医疗（defensive medicine）[1]；若不

---

[1] 防御性医疗，亦称"防御性医疗决策"（defensive medical decision making），最早由坦克雷迪（Tancredi）等人于 1978 年提出，指的是明确为避免医疗人员失职行为之诉而采用的诊断和最终治疗措施。See L. Tancredi & J. Barondess, "The Problem of Defensive Medicine", 200 *Science* 879-882 (1978).

受法律支持，只留下医疗人员失职行为之诉的可能，那么公众可能会受到江湖郎中的引诱，对医生群体的信任最终也可能被动摇。因此，法律选择了一条中间路线，即允许患者根据协议提起违约之诉，但这种主张必须基于明确的证据。二审法院指出，在对陪审团的指示中可以强调这一要求，并指明检验真实性的标准（tests of truth），例如考虑手术的复杂性或难度，这关系到实现所允诺的特定结果的可能性。

（2）对于损害赔偿的计算，二审法院分析道，一些法院简单地将医生的允诺视作一般商业允诺，因此胜诉的原告有权获得"补偿性"（compensatory，亦即"基于期待利益"的）损害赔偿，即为使原告处于合同完全履行时的地位所需要的数额。或者，原告有权获得"基于返还利益"（restitution）的损害赔偿，即当合同履行因被告的行为而中断时，原告可请求返还其转移给被告的任何利益。[1]例如，在霍金斯诉麦吉案（*Hawkins v. McGee*）中，法官指示陪审团对医生所承诺的完美的手与手术后变糟糕的手之间的价值差额进行评估和裁决。[2]在后来的麦奎德诉米丘案（*McQuaid v. Michou*）中，新罕布什尔州法院进一步完善了霍金斯诉麦吉案规则。[3]

其他的判例，包括纽约州的许多判例，虽未明确否定霍金斯诉麦吉案规则，但采用了一种较宽松的计算方法，原告可要求赔偿其所支出的任何费用，以及由于被告未履行允诺而产生的最接近和可预见的其他损害。[4]这有别于"基于返还利益"的损害赔偿，因为其不仅包括原告转移给被告的任何利益，还包括医药费、看护费等其他支出，即应包括所有因被告违约导致原告情况恶化而产生的支出。这也不同于"基于期待利益"的损害赔偿，因为前者并未完全弥补原告在合同履行完毕的应然情况与目前的实际情况之间的价值差额。这种计算方法，是将原告的地位恢复至协议订立前的状态，补偿其因信赖该协议而遭受的损失，是一种"基于信赖利益"的损害

---

〔1〕 *See* Restatement（First）of Contracts § 329 and comment a；§§ 347；384（1）（1932）.

〔2〕 *See Hawkins v. McGee*，84 N. H. 114，146 A. 641（1929）.

〔3〕 *See McQuaid v. Michou*，85 N. H. 299，157 A. 881（1932）.

〔4〕 *See Robins v. Finestone*，308 N. Y. 543，546，127 N. E. 2d 330（1955）；*Frankel v. Wolper*，181 A. D. 485，488，169 N. Y. S. 15（App. Div. 1918），*aff'd*，228 N. Y. 582，127 N. E. 913（1920）；*Frank v. Maliniak*，232 A. D. 278，280，249 N. Y. S. 514（App. Div. 1931）；*Colvin v. Smith*，276 A. D. 9，10，92 N. Y. S. 2d 794（App. Div. 1949）；*Stewart v. Rudner*，349 Mich. 459，465-473，84 N. W. 2d 816（1957）. *Cf. Carpenter v. Moore*，51 Wash. 2d 795，322 P. 2d 125（1958）.

赔偿。

二审法院评价道，对于违反医生与患者之间的协议，若损害赔偿仅限于返还利益，则显然不足，但若补偿期待利益的损失，又可能过多。考虑到本案中陪审团已裁决原告的专业人员失职行为诉求不成立，在这种情况下要求赔偿期待利益可能过于苛刻。另外，期待利益与原告支付的手术费用相比通常不成比例，而且如果手术如允诺般成功，试图对可能的结果进行估价，有时也可能超出事实查明者的想象。因此，二审法院选择在本案中适用"基于信赖利益"的损害赔偿计算标准。

对"基于信赖利益"的损害赔偿是否应包括患者所承受的痛苦与创伤，二审法院指出，这与合同标的和背景有关，不存在排除此类赔偿的一般性规则。具体到本案，原告因被告违约而遭受的痛苦已经超过协议约定的治疗所设想的范围。既然原告可以就因被告违约而导致的状况恶化要求赔偿，那么基于同样的理由，原告也应当就所遭受的痛苦与创伤获得赔偿。协议中约定的（即前两次手术所带来的）痛苦与创伤，即使达到合同目的也会发生。如果治疗失败，原告所遭受的这些痛苦与创伤就被"浪费"了。为使原告恢复至协议订立前的地位，有必要补偿原告所受的这种痛苦与创伤。

综上，二审法院判决原告不仅可以获得自付费用的赔偿，还有权就恶化的状况以及在第三次手术中遭受的痛苦、创伤和精神损害获得赔偿。如果原告要求赔偿前两次手术有关的痛苦与创伤，或要求赔偿现有状况与所允诺状况之间的全部价值差额，则上述请求可以在期待利益或信赖利益的基础上考虑。但由于原告放弃了前一项请求，也放弃了后一项请求中的大部分（即手术前的状况与所允诺状况之间的差额），法院对此不再作进一步分析。

二、经营管理费用的扣除问题：维克斯制造公司诉科瑞伯克斯公司案（VITEX MANUFACTURING CORPORATION v. CARIBTEX CORPO-RATION）

VITEX MANUFACTURING CORPORATION, Ltd.

v.

CARIBTEX CORPORATION, Appellant.

United States Court of Appeals Third Circuit, April 26, 1967.

377 F. 2d 795, 6 V. I. 166, 4 UCC Rep. Serv. 182.

（维克斯制造公司诉科瑞伯克斯公司案）

1. 裁判要旨

经营管理费用（overhead）应当被视为总收益的一部分，在违约损害赔偿诉讼中属于具有可赔偿性的损失，而不应当作为履行成本从收益中扣除。

2. 案情介绍

本案是维克斯制造公司与科瑞伯克斯公司的违约之诉。案件发生在特殊法律环境之下：当时美国对进口羊毛产品设置了很高的关税，但根据《美国联邦注释法典》（United States Code Annotated）第 19 编第 1202 条注释 3 的规定，如果将羊毛进口到维京群岛，并以某种方式进行加工，使其成品价值至少超过其进口价值 50%，则进口到美国的高关税将被免除。为了将这项业务的数量保持在不会促使国会改变法律的水平，维京群岛立法机关对从事羊毛加工的企业制定了一定的配额。[1]

原告是从事化学防水的进口布料业务的公司，在维京群岛设有一家工厂，根据配额制度加工特定数量的羊毛原料。被告的业务是将原料进口到维京群岛，确保其完成加工，再出口到美国。1963 年秋天，原告发现它有一部分配额没有使用完，但由于没有客户，就关闭了工厂。被告购买了意大利羊毛后，就加工合同的事宜在纽约与各加工公司的负责人进行协商。经过协商后，原被告之间签订了一份合同，其中约定原告以每码 26 美分的价格为被告加工12.5 万码的原料。基于此，原告重启工厂、重新订购必要的化学品、召回了

---

[1] 33 V. I. C. § 504（Supp. 1966）.

工人，做了一切必要的准备，以期履行合同义务。然而随后，尽管原告一再请求被告交付需要加工的原料，被告却由于不确定加工的原料是否确定能得到免税待遇而一直未交付任何原料。对此，原告提起诉讼，要求被告根据合同约定赔偿其利润损失，计算方式为合同约定的支付价格减去成本，即其提供加工毛料服务的合同价 31 250 美元减去成本 10 136 美元，总计 21 114 美元。

本案初审法院（District Court of the Virgin Islands）支持了原告的诉求。被告由此向美国联邦第三巡回上诉法院（United States Court of Appeals for the Third Circuit）提起上诉，认为经营管理费用在计算损害赔偿时，应视为因为合同未履行而被节省的成本，故而予以扣除。原告在上诉中发表答辩意见称，正是被告的错误行为导致了本案难以计算违约赔偿数额，被告不应从自身的错误行为中获利。

3. 争议焦点

（1）经营管理费用是否是一项可以获得损害赔偿的费用？

（2）在计算损害赔偿时，经营管理费用是否应当视为原告的成本？是否应当从原告的损害赔偿中予以扣除？

4. 裁判结果

上诉法院维持了初审法院判决，驳回了被告的上诉请求，认为经营管理费用不应被计算为原告履行合同的成本而从合同总收益中扣除。

5. 裁判理由

首先，难以准确确定卖方的损失是由于买方拒绝履行合同的错误行为导致的。买方将不能因它造成的不确定性而受益。

其次，经营管理费用应作为毛利润的一部分并在利润损失赔偿之诉中予以追偿，而不应被视为卖方成本的一部分。由于经营管理费用不受特定合同履行的影响，在计算利润损失时无须扣除这些费用。在广义上，经营管理费用是企业的持续性开支（continuous expenses of the business），主要包括行政和办事人员的薪资、财产税、行政管理费用等。在认定利润损失的过程中，经营管理费用应被视为总收益的一部分，具有可赔偿性，不应被视作卖方可节省的成本的一部分。根据《合同法重述》第 329 条的规定，卖方有权在扣除节省的成本后，追回违约所导致的损失和无法获得的收益（维京群岛法律已采纳此条规定）。经营管理费用是固定的，不履行合同并不会节省经营管理费用，因此不应从利润中扣除。

再其次，上诉法院认为，成功的商人会确定一个足够高的价格，使得在其获得的毛利润扣除包括经营管理费用在内的所有开支后，仍能赚取一定的净利润。企业的经营管理费用被分配到每笔交易中，故而商人对每笔交易的定价都可以被视为包括企业固定经营管理费用的一部分以及与生产相关的直接成本和"明显"（clear）利润。经营管理费用的按比例分配只是一种分析性结构，虽然这些项目都是从业务收益中支付的，但它们通常不与任何单独的交易产生直接的联系。因此，在计算个别交易的利润损失时，经营管理费用并不能作为成本计算。

上诉法院认为应当将经营管理费用认定为"已发生的损失"而赔偿原告。因为随着经营管理费用可以分配的交易笔数变少，每一笔交易就需要分担更大份额的固定经营管理费用。假设一家公司的经营管理费用为 10 000 美元，并从事 5 笔类似的交易，那么每笔交易的收益将承担 2000 美元的经营管理费用。如果现在仅有 4 笔交易可供分配，那么每笔交易分配到的经营管理费用将上升至 2500 美元，大大降低了这 4 笔交易的盈利能力。因此，在本案中，如果合同是在熟悉商业惯例的商人之间订立的，违约方应合理地预见到，他的违约行为不仅会造成"明显"利润的损失，还会造成其他交易的盈利能力降低。因此，该损失应属于"（违约行为）所导致的损失和丧失的收益"范围内，经营管理费用应作为损害赔偿的一部分。

最后，被告认为，不应执行该合同，因为其显失公平，原告利用加工获取大笔利益，被告却要承担无法避税的风险。上诉法院认为，本合同经过多次谈判，且是在谈判实力明显相当的当事人之间自由订立的。原告不是维京群岛的唯一加工商，被告也通过谈判争取到了大幅度的价格优惠。因此，该合同并不是显失公平的，具有强制执行力。

三、违约损害赔偿的计算：拉雷多兽皮公司诉希氏肉类产品公司案（LAREDO HIDES CO. , INC. v. H & H MEAT PRODUCTS CO. , INC.）

LAREDO HIDES CO. , INC. , Appellant,

v.

H & H MEAT PRODUCTS CO. , INC. , Appellee.

Court of Civil Appeals of Texas, Thirteenth District,

Corpus Christi, May 31, 1974.

513 S. W. 2d 210, 16 UCC Rep. Serv. 78.

（拉雷多兽皮公司诉希氏肉类产品公司案）

1. 裁判要旨

当付款时间不是合同订立的本质要求时，逾期付款不能作为合同解除的合法理由。卖方违约所应承担的损害赔偿责任，既包括买方因卖方违约遭受的合同损失（即买方得知违约时的市场价格或实际损失与合同约定的市场价格的差额），又包括违约所导致的附带损失、间接损失。

2. 案情介绍

买方（本案原告）拉雷多兽皮公司起诉卖方（本案被告）希氏肉类产品公司，请求卖方承担违约损害赔偿责任。

卖方希氏肉类产品公司是一家肉类加工公司，位于得克萨斯州的梅赛德斯（Mercedes），以出售牛皮作为其副业。买方拉雷多兽皮公司位于得克萨斯州的拉雷多（Laredo），它从美国各个肉类加工商处购买牛皮，并将其运往墨西哥的制革厂。两家公司相距约 165 英里。1972 年 2 月 29 日，双方签订书面合同，拉雷多兽皮公司同意购买希氏肉类产品公司在 1972 年 3 月至 12 月期间产出的所有牛皮，合同规定货到付款且每月至少交付两次。

在实际交付中，运输公司作为买方的代理商，负责向卖方付款和接收兽皮。1972 年 3 月 3 日，双方顺利完成了这次合作的第一批牛皮交易。运输公司的卡车司机在当天交付牛皮时向卖方交付了一张支票，卖方接受了支票后把牛皮装上车，卡车随后将牛皮运输给买方。但在 1972 年 3 月 18 日的交易中，卡车司机去收货时忘记携带拉雷多兽皮公司的支票。运输公司负责人打电话给卖方询问解决方案，并提出可以由员工顺路将支票带到卖方所在的梅赛德斯。但卖方经理表示："别担心，支票邮寄过来就好。"于是运输公司负责人让记账员把支票邮寄给希氏肉类产品公司。会计作证在 3 月 18 日上午支票已经邮出。卡车司机到达希氏肉类产品公司后，卖方经理虽未收到支票，但允许他装载牛皮离开。

3 月 21 日，卖方经理仍未收到支票，就给买方打电话，要求"在 4 点半之前把钱送到我手里，否则我不会再卖给你任何牛皮"。之后买方经理和总裁多次打电话联系卖方，但是卖方经理拒绝交谈。于是买方总裁于下午 2 点至 3 点间去银行，向卖方在韦斯拉科（Weslaco）的谷中州立银行（Mid-Valley State Bank）的账户转入 9000 美元。下午 5 点左右，卖方经理收到了两张电报，内容都是钱款转账和支票已停止兑付的通知。

3 月 22 日，卖方收到邮寄的支票。3 月 23 日，卖方账户收到买方的转账钱款。3 月 30 日，买方总裁打电话给卖方经理，询问是否准备好了下批交付的牛皮。卖方经理回答，卖方于 3 月 21 日下午 4 点 30 分已下定决心解除合同，之后不会再向买方售卖牛皮。

但早在 1972 年 3 月 3 日，买方与一家墨西哥制革厂签订合同，转售其在 1972 年 2 月 29 日与卖方签订合同中购买的所有牛皮。在卖方解除合同之后，买方为了履行其与制革厂的合同，被迫在公开市场上购买牛皮，以代替本应由卖方按照合同交付的牛皮。买方从第三方采购牛皮的成本为 142 254.48 美元，产生的额外成本（运输和装卸费）为 3448.95 美元。

1972 年 5 月，买方向伊达尔戈县第九十三区法院（93rd District Court, Hidalgo County）起诉卖方，要求被告承担因其违反合同约定而为原告造成的至少 100 000 美元的损失。被告抗辩称，原告没有在 3 月 21 日下午 4 点半前付款构成违约，原告解除合同具有正当理由，故拒绝赔偿。法官梅格斯·F. 史密斯（Magus F. Smith, J.）认为，该合同中的时间具有实质性意义。原告一开始违反了货到付款的合同条款，随后在延长的付款时间里（即 3 月 21 日下午 4 点半前）也没有完成付款，被告解除合同在法律上是正当的，原告没有权利请求赔偿。

原告不服，向得克萨斯州民事上诉法院（The Court of Civil Appeals of Texas）提起上诉。

3. 争议焦点

（1）本案合同中的时间是否具有实质性意义？

（2）原告没有在约定时间内付款构成违约吗？该违约能不能构成被告解除合同的合法理由？

（3）原告的违约损害赔偿请求能否得到支持？

4. 裁判结果

得克萨斯州民事上诉法院支持了原告的上诉请求，撤销原判并将案件发回重审。

5. 裁判理由

首先，上诉法院认为时间在本案中不是实质性要素。因为：①本案合同中没有明确规定货到付款的付款时间具有实质性意义。交易物本身的性质也不能决定时间具有实质性意义。合同目的以及交易情形未体现出双方当事人认为时间具有实质性意义。被告不会因为司机忘带支票、原告延迟付款而承担任何损失或不便，也没有迹象表明原告想要放弃履行合同。②在考虑合同有关的交易情形时，争议所涉合同是明确的，口头证据不能解释、变更、修改合同条款。根据被告经理的证言，在签订该合同前的几次交易中，由于原告给被告的支票资金不足，导致被告被银行拒付。被告经理在双方签订合同前明确告知原告，以后被告收到不足额的支票时，就会解除合同。但本次交易中并不存在此种情况。③被告经理的证言表明，他认为3月18日卡车司机告知他忘记带支票时，被告无权解除合同。被告单方面解除合同的唯一理由是，原告在3月21日下午4点30分之前没有把价款送到自己手中。因此，被告也认为时间在本案中并不具有实质性意义。综上，时间在本案中不是实质性要素，对时间的违反不构成重大违约，被告不能解除合同。即使时间是合同的关键，合同中规定或限制履行时间的条款也可以放弃。这种放弃可以是明示的或暗示的。一方行为使对方认为其不会坚持在合同规定的时间内准确履行的，将导致合同履行时间的放弃。被告经理在3月18日的电话交谈中同意运输公司负责人通过邮寄支票方式付款，由于邮寄必然需要时间，原告有理由认为被告已经放弃了对时间的要求。

其次，上诉法院认为1972年3月18日原告在接收牛皮时未付款并未违反合同，其原因有以下几点：①在1972年3月18日邮寄支票时，买方付款已经完成；②被告主动放弃了要求货到付款的权利；③在货物销售的分期付款合同中，除非延迟付款对卖方造成重大损害，或者基于公平表达过如果延迟付款将导致合同解除，否则时间条款并不是至关重要的；④被告在 3 月 21 日临时单方面增加的付款时间要求因缺少对价而不能构成合同的一部分。本案中，被告经理明确指示运输公司可以通过邮寄支票的方式付款，运输公司负责人也已将支票妥善寄给被告。被告经理没有要求 18 日实际寄出支票，也未指定邮寄支票的时间，这意味着被告同意在合理的时间范围收到支票。与此同时，被告经理指示支票寄付已构成对合同的修改，被告放弃了原合同中要求货到付款的权利。所以运输负责人将支票邮寄时，原告付款已经完成。原告的逾期付款也并未对卖方造成重大损害，卖方对邮寄支票支付货款的允许也证明其没有表示延迟付款将导致合同解除。被告于 3 月 21 日突然单方面要求原告在下午 4 点半前筹措 9000 美元，并要求交到距拉雷多约 165 英里的梅赛德斯，这没有为原告留下合理的时间。此外，被告的要求也没有新的对价支持。因此，被告没有合法理由解除合同。

最后，上诉法院认为 1972 年 3 月 30 日被告无正当理由，明确拒绝继续履行合同，应当承担违约损害赔偿责任。根据《得克萨斯州商法典》（Texas Business and Commerce Code）的规定，[1] 原告获得赔偿的范围包括替代牛皮价格和原合同价格的差价、附带损失（即运输费和装卸费）和判决前的利息，数额共计 152 960.04 美元。

6. 法庭少数意见

首席大法官奈（Nye）发表了如下两点反对意见。

第一，依照《得克萨斯州商法典》，当事人有权口头修改书面合同。因买方未能按照修改后的合同履行，卖方享有终止合同的权利。卖方提出有关付款时间的新条款之后（星期二下午 4 点半），买方采取的行为应被视为同意新条款。买方前往银行并试图将现金转入卖方账户的行为反映出其认为，付款条款已由最后的口头协议修改，卖方允许运输公司将支票邮寄给被告的口头允诺已经丧失效力。

第二，不认同本案合同的性质为分期付款买卖合同。多数意见认为，只有在买方违反了"整个合同"的情况下，卖方才有权取消合同，这建立在合同是分期付款买卖合同的假设之上，而《统一商法典》将分期付款买卖合同

---

〔1〕　Tex. Bus. & Com. Code Ann. § 2. 711, 2. 712, 2. 713, 2. 715.

定义为"要求或授权分批交付货物以单独接受的合同"。[1]它的意思是购买特定数量的货物，这些货物将在特定的时间间隔内以特定的数量交付。但本案中的合同标的是卖方在 1972 年 3 月至 12 月内产出的所有牛皮，数量并不是固定的，所以该合同并不是分期付款买卖合同，而只能被视为"包产出合同"（output contract）。在此前提下，任何违反合同的行为都将赋予卖方取消合同的权利。

四、违约惩罚性赔偿的适用：怀特诉本高斯基案（WHITE v. BEN-KOWSKI）

Virgil A. WHITE et al.，Appellants，

v.

Paul BENKOWSKI，Jr.，et al.，Respondents.

Supreme Court of Wisconsin，December 22，1967.

37 Wis. 2d 285，155 N. W. 2d 74.

（怀特诉本高斯基案）

1. 裁判要旨

（1）原告无须如数学般精确地确定其损失，事实的审判者必须计算损害赔偿金的合理数额。

（2）补偿性赔偿是为完全补偿受害方所受到的损失和伤害，而惩罚性赔偿的目的在于惩罚过错方的恶意行为，同时预防类似行为再次发生。惩罚性赔偿并不在于补偿损失，因为这是补偿性赔偿的功能。

（3）毫无例外，惩罚性赔偿不适用于合同违约，即使违约行为出于故意。

（4）违反合同义务同时构成侵权时有违约惩罚性赔偿之适用。

2. 案情介绍

（1）案件事实。原告怀特一家（Virgil and Gwynneth White）购买了一套没有独立供水设备的房屋，被告本高斯基一家（Paul and Ruth Benkowski）是原告的邻居，其院子里有水井，并且有可以与原告家相连的管道。1962 年 11

---

〔1〕 Tex. Bus. & Com. Code Ann. § 2.612.

月 28 日，原告与被告签订了一份书面协议，被告承诺向原告的房屋供水 10 年，但如果在此期间，市政府向原告供水、水井不能满足用水需求或原告钻了自己的井，则供水义务提前结束。原告承诺每月支付 3 美元的水费，以及承担未来可能需要的任何维修或维护水井费用的一半。另外，原被告之间还有部分交易未被涵盖在此书面协议中，即原告向被告支付了 400 美元，用于购买和安装新泵和额外的水槽，来增强该水井的供水能力。

起初，双方的邻里关系十分友好，但是随着时间经过，两方关系开始恶化并变得敌对起来。被告在 1964 年数次切断对原告的供水，根据原告的记录，供水共被切断过 9 次，通常在一个小时以内并且发生在傍晚或清晨。并且原告作证称，浴室缺水造成过一次异味，另有两次她不得不带孩子们到邻居家洗澡。

（2）诉讼历史。原告于最近一次（1964 年 11 月 25 日）被断水后向密尔沃基县巡回法院（Circuit Court, Milwaukee County）提起了违约之诉，提出补偿性赔偿与惩罚性赔偿的请求。初审法院的陪审团认定本高斯基夫妇以骚扰目的的恶意切断对原告的供水，因此，补偿性赔偿金定为 10 美元，惩罚性赔偿金定为 2000 美元。在陪审团裁决作出后，初审法院将补偿性赔偿金减至 1 美元，并对被告质疑惩罚性赔偿的主张表示认可。因此，原告上诉至威斯康星州最高法院（Supreme Court of Wisconsin）。

（3）原被告观点。原告的观点：被告因切断水源而违反了合同，并且对她造成了异味、带孩子出门洗澡等不便。

被告的观点：切断供水只是为了沉淀管道中的积沙，或是提醒被告不要用水过度。即使违约，被告也不应当承担惩罚性赔偿。

3. 争议焦点

（1）初审法院将补偿性赔偿金的数额从 10 美元降至 1 美元的判决是否正确？

（2）违约之诉中是否应适用惩罚性赔偿？

4. 裁判结果

威斯康星州最高法院认为，10 美元的损害赔偿金是陪审团基于实际损害计算得出的，因此不属于名义损害赔偿，并且由于原告没有主张也没有证明侵权行为的存在，判决恢复初审法院陪审团关于补偿性赔偿部分的裁决，同时维持原审判决的其他部分。诉讼费由上诉人承担。

5. 裁判理由

（1）如何认定初审法院对陪审团决议金额的降低？

初审法院向陪审团作了如下指示：在违约之诉中，如果认为被告确实违反了合同，则原告有权就其因违约所受损害获得合乎情理和直接的赔偿。该损害赔偿包括原告遭受的经济损失和不便，称之为补偿性赔偿。在本案中，原告提供的证据表明其没有可以量化的金钱上的损失。如果认为存在违约事实，且该违约行为对原告造成了损害，但没有证据证明存在实际损害的，原告只能得到名义损害赔偿。名义损害赔偿意味着极其少的赔偿金额。

然而，原告不需要以数学般的精确度来确定其损失，而是事实的审判者必须计算损害赔偿金的合理数额。初审法院向陪审团作出如上指示，是基于原告对其没有获得的服务而支付价款的事实，按合同价款计算，原告的损失额约为 25 美分。这表明，初审法院忽视了原告对其所遭受不便的证明。陪审团认为被告切断原告供水系统的行为具有主观恶意且对原告造成了骚扰，将补偿性赔偿金定为 10 美元是合理的。10 美元的实质性赔偿金数额虽小，但已不属于名义损害赔偿的范畴，该赔偿金的计算是基于实际损害而作出的。这与桑德曼诉沃克恩案（Sunderman v. Warnken）的情况不同，该案房东进入租客公寓这一事实并不能证明租客遭受了实际损害，因此损害赔偿只能是名义上的，更无惩罚性赔偿的适用空间。[1] 而本案中，有确切证据表明原告遭受了不便以及因此产生的实际损害，所以陪审团关于补偿性赔偿部分的裁决应予以恢复。

（2）是否应当适用惩罚性赔偿？

在威斯康星州（密尔沃基县所在州），补偿性赔偿是为完全补偿受害方所受到的损失和伤害，而惩罚性赔偿的目的在于惩罚过错方的恶意行为，同时预防类似行为再次发生。惩罚性赔偿并不在于补偿损失，因为这是补偿性赔偿的功能。在合理的特定条件下，原告才有权获得惩罚性赔偿。有关适用惩罚性赔偿的最近判例是欣克诉库姆斯案（Kink v. Combs）。[2] 在此案中，法院基于福克斯诉库佩尔案（Fuchs v. Kupper）中确认的惩罚性赔偿的适用规则作

---

〔1〕 *Sunderman v. Warnken*, 251 Wis. 471, 29 N. W. 2d 496 (1947).

〔2〕 *Kink v. Combs*, 28 Wis. 2d 65, 135 N. W. 2d 789 (1965).

出判决，并重申了该规则。[1]

威斯康星州最高法院认为，威斯康星州并没有在违约案件中判处惩罚性赔偿的先例（除违反婚约外）。戈登诉布鲁斯特案（*Gordon v. Brewster*）是威斯康星州关于违反雇佣合同的早期判例。在该案中，初审法院指示陪审团：如果合同不履行可归因于被告免除原告义务的不当行为，则损害赔偿金会因此增加。上诉法院认为，该指示可能会导致陪审团误以为他们可以在违约之诉中给予原告超过所受实际损害数额的赔偿金。[2]

来自其他司法辖区的有说服力的权威无一例外地认为，惩罚性赔偿的请求不应在违约之诉中得到支持。在《奇蒂论合同法》（*Chitty on Contracts*）一书中，作者认为，目前因违约之诉而获得惩罚性赔偿的权利仅存在于违反婚约引起损害赔偿的案件中。[3]劳伦斯·P. 辛普森（Laurence P. Simpson）认为，尽管在侵权之诉中，超过补偿损失范围的惩罚性赔偿请求有时会得到支持，但在合同之诉中，损害赔偿只限于因违约造成的金钱上的损失。[4]柯宾认为，惩罚性赔偿不适用于违约之诉是一般原则。[5]当然，如果当事人在合同关系中还负有合同义务之外的注意义务，则违约可能构成侵权，此时则有违约惩罚性赔偿的适用空间。但本案当事人没有主张，亦没有举证证明侵权行为的存在。

---

[1]　*Fuchs v. Kupper*, 22 Wis. 2d 107, 125 N. W. 2d 360（1963）.

[2]　*Gordon v. Brewster*, 7 Wis. 355（1859）.

[3]　Joseph Chitty, *Chitty on Contracts*（22d ed.）, Sweet & Maxwell, 1961, p.1339.

[4]　Laurence P. Simpson, *Handbook of the law of contracts*（2nd edition, *Hornbook series*）, West Pub. Co, 1965, p.394, sec.195.

[5]　Arthur Linton Corbin, *Corbin on Contracts*, West Pub. Co, 1950, p.438, sec.1077.

五、违约获益损害赔偿第一案：总检察长诉布莱克案（ATTORNEY GENERAL v. BLAKE）

HER MAJESTY'S ATTORNEY GENERAL
（RESPONDENT）
v.
BLAKE
（APPELLANT）
AND ANOTHER
HOUSE OF LORDS，July 27，2000.
［2000］UKHL 45；［2000］4 All ER 385；［2000］3 WLR 625
（总检察长诉布莱克案）

1. 裁判要旨

本案确认了当传统的违约损害赔偿责任不足时，获益损害赔偿作为一种特殊的违约损害赔偿方式的合法地位。

2. 案情介绍

（1）案件事实。乔治·布莱克（George Blake）是秘密情报局（Secret Intelligence Service）的一名成员。他在就业合同中签署了一份1911年《官方保密法》的声明，不透露有关他工作的信息，即使在他停止就业后也是如此。在1944年至1961年期间，他受雇于秘密情报局，担任情报人员。1951年，他成为一名苏联特工，并为其提供了大量情报。1961年，布莱克的间谍行为被发现，根据1911年《官方保密法》，其受到了5项指控，并被判处监禁42年。他于1966年越狱并逃往苏联。后来他写了一本关于此事和他的特工工作的书，名为《别无选择》（No Other Choice）。他在1989年获得了乔纳森-凯普有限公司（Jonathan Cape Ltd.）的出版合同，将其发行。乔纳森-凯普有限公司同意向他支付版权费，签署合同时支付5万英镑，交付手稿时付5万英镑，出版时付5万英镑。此时书中的信息已不再是机密。1990年秋季，秘密情报局通过该书出版才得知此事。1991年，总检察长代表英国政府起诉布莱克，主张剥夺布莱克因违反版权法和忠实义务而获得的利润。

（2）诉讼历史。1991年5月24日，总检察长代表英国政府对布莱克提起私法索赔（private law claim）。在诉讼中，英国政府将其要求完全建立在一个诉讼理由上：布莱克写书和授权出版的行为违反了他对政府的信托责任。副大法官驳回了诉讼，其认为，虽然安全或情报部门的成员对秘密和机密信息负有终身不披露的责任，但法律并没有规定超出这一范围的责任。

英国政府对这个判决向上诉法院（The Court of Appeal）提出上诉，同时修改了诉讼理由，提出了公法索赔（public law claim），认为布莱克违反了 1989 年《官方保密法》第 1（1）条[1]。上诉法院认为布莱克写书和授权出版时，1989 年《官方保密法》还未生效，但其违反了与之相似的 1911 年《官方保密法》第 2（1）条，同时颁发了命令，布莱克被禁止接受或授权任何人代表他接受因利用《别无选择》而产生的或与之有关的任何付款或其他利益，直到进一步的命令。

布莱克向上议院（House of Lords）提起了上诉，反对上诉法院的决定。

（3）原被告观点。英国政府认为布莱克从私法上来看违反了 1944 年 8 月 16 日签署的一份 1911 年《官方保密法》声明，其中包含一项承诺："我承诺不泄露我因工作而获得的任何官方信息，无论是在新闻界还是在书籍中。我还明白，这些规定不仅在任职期间适用，在任职结束后也适用。"布莱克的行为违反了该承诺，英国政府有权获得他基于该违约行为所获得的利益作为损害赔偿。在上诉法院，英国政府修改了诉讼理由，认为从公法上来看，布莱克违反了《官方保密法》关于披露因身为安全或情报部门的成员而掌握的与安全或情报有关的任何信息构成犯罪的规定，英国政府有权提起民事诉讼，以禁止被告从犯罪行为中进一步获得利润。

被告则认为在其泄露这些信息时，这些信息已经不属于机密，并且英国政府也并未因此受到损失，因此原告主张不成立。

3. 争议焦点

（1）私法赔偿请求上，英国政府是否可以请求获益损害赔偿，即基于被告利润的损害赔偿？

（2）公法赔偿请求上，法院是否有权颁发临时禁令（order），有效没收

---

[1] Section 1（1）of the Official Secrets Act 1989：A person who is or has been ... a member of the security and intelligence services ... is guilty of an offence if without lawful authority he discloses any informa-tion ... relating to security or intelligence which is or has been in his possession by virtue of his position as a member of any of those services ...

一个人的财产?

4. 裁判结果

（1）上议院认为，在特殊情形下，当普通的损害赔偿措施不能适当地补偿原告时，可以根据被告的利润来判定损害赔偿。如果原告在被告从其违约行为中获益方面具有合法利益（a legitimate interest），便可以依据这种方式进行赔偿。与是否存在合法利益相关的因素包括合同的性质、违约的背景和后果以及被告的动机。

上议院认为，涉及机密信息的案件可能属于上述特殊类型的案件。被告通过《别无选择》所获得的利益主要是基于其泄密的行为，英国政府对被告从其违约行为中获益方面具有合法利益。

（2）上议院认为，法院无权发出禁令，没收一个人的财产。其指出，没收令是由法规规定的，而法规制度的严格要求不能被普通法的权力破坏。法院所签发的禁令实际上是刑事没收令，需要经过议会的明确授权。

5. 裁判理由

（1）支持英国政府的违约获益损害赔偿请求的理由。当布莱克加入秘密情报局时，他以书面形式明确同意，在工作期间或之后，不以书籍或其他形式披露官方信息。他是在这个基础上被雇用的。这是他获得官方信息的基础。英国政府在防止布莱克在工作期间和之后从官方信息的披露中获益方面具有合法利益，无论此官方信息是否属于机密。无论是布莱克还是任何其他成员，都不应该有违反承诺的经济动机。

在考虑如何应对布莱克违反承诺的行为时，法院必须考虑到这些因素。该承诺即使不是一项信托义务（fiduciary duty），也与信托义务非常相似，在这种情况下，以所获利润为标准计算损害赔偿是标准的补救措施。这将是对违约行为的正确回应。实际上布莱克从这本书中获得的大部分利润都是间接来自其违约行为。如前所述，如果不是因为他作为间谍的恶名，他的自传不会获得乔纳森-开普公司同意支付的那么多版权费。

（2）驳回英国政府的公法赔偿请求。公法赔偿要求只有在英国政府作为布莱克的前雇主对特许权使用费没有私法赔偿请求的情况下才会出现。因此，考虑到对私法赔偿请求已经得出的结论，公法赔偿请求不需要裁决。然而，尼科尔斯勋爵也简要说明了不同意公法禁令的理由。他认为公法赔偿请求建立在版权费属于布莱克的前提下。上诉法院作出的命令只是为了保全，实质上是一个"冻结"命令。事实上，该命令就是这样起草的。布莱克只是被限制接受特许权使用费的支付，"直到进一步的命令"。这是一种典型的命令形式，目的是在某些其他事件发生之前保护财产。通常情况下，是由法院决定谁有权获得该财产。

英国政府表示，在未来的某个阶段，可能会向法院申请将这笔钱交给慈善机构，或以其他不会使布莱克受益的方式使用。这些设想都可以证明该命令的效果是没收性的，布莱克被无限期地剥夺了使用这笔钱的权利，这就是该命令的意图。虽然该命令严格来说只是中间性质（"直到进一步的命令"）的，但这即使不是形式上的没收，也是实质上的没收。然而法院无权下达这样的命令。关于犯罪所得，议会赋予了法院作出没收令和附属限制令的权力。在 1988 年《刑事司法法》（Criminal Justice Act 1988）第六部分［后经 1995 年《犯罪所得法》（Proceeds of Crime Act 1995）修订］中，议会详细规定了何时可以发布这些命令。普通法不能与这些制定法相冲突。试图这样做将违反既定的具有高度宪法重要性的一般原则，即普通法没有权力无偿取得或没收财产。

（3）学界关于"获益损害赔偿"的论述。上议院在本案中引用了学者的观点以增强其说服力：珍妮特·奥沙利文（Janet O'Sullivan）在其文章《关于保护合同期待利益的返还性赔偿的作用的思考》（Reflections on the Role of Restitutionary Damages to Protect Contractual Expectations）[1]中认为违约行为的无辜方应该能够将违约方因违约行为所获得的利润作为损害赔偿。凯瑟琳·米切尔（Catherine Mitchell）、伯罗斯（Burrows）等学者也持此观点，但伯罗斯认为在何种情况下可以将因违约行为所获得的利润作为损害赔偿是一个魔鬼难题（devilishly difficult topic）。一般认为过错者不应当从其过错行为中获利，因此当违约行为的无辜方没有遭受可以衡量的损失时，可以以违约方因违约行为所获得的利润作为损害赔偿。

（4）其他法院关于"获益损害赔偿"的论述。在利文斯顿诉罗雅德煤炭

---

〔1〕　O'Sullivan, J. (2002), "Reflections on the role of restitutionary damages to protect contractual expectations", In D. Johnston & R. Zimmermann (Eds.), *Unjustified Enrichment: Key Issues in Comparative Perspective* (pp. 327-347), Cambridge University Press. doi: 10.1017/CBO9780511495519.013.

公司案〔1〕中，法院认为损害赔偿的一般原则是它们是对损失或伤害的补偿。损害赔偿的衡量标准是，尽可能地使受害方处于他没有遭受不法行为时的相同状态（使受害方处于没有受害的状态）。损害赔偿是以原告的损失而不是被告的收益来衡量的。但普通法早已认识到，在许多常见的情况下，严格适用这一原则并不能在当事人之间实现公正。那么，对原告所受损失的赔偿就用不同的标准来衡量。

在惠特瓦姆诉西斯敏斯特布雷博煤炭公司案〔2〕中，法院举例说明，闯入他人土地的人可能不会给土地所有者造成经济损失。在这种情况下，损害赔偿是以闯入者获得的利益来衡量的，即他对土地的使用。同样的原则也适用于错误地使用他人的土地来堆放废物，或使用穿越土地的道路或地下矿井的通道。在这种情况下，可收回的赔偿金简而言之就是为使用权所付出的代价。

在罗瑟姆公园房地产公司诉园畔公司案〔3〕（以下简称"罗瑟姆公园案"）中，由于社会和经济的原因，法院拒绝作出强制拆除建在有限制性契约负担的土地上的房屋的命令，布莱曼（Brightman）法官反而做出了损害赔偿的裁决。新房子的存在并没有使受益土地的价值减少。但法官认为，如果原告得到的是名义上的金额，或者没有金额，显然是不公平的。他将损失评估为开发商预期利润的5%，这是可以合理要求放宽契约的金额。罗瑟姆公园案表明在合同和侵权行为中，损害赔偿并不总是狭隘地局限于经济损失的补偿。在一个合适的案件中，违反合同的损害赔偿可以通过不法行为人从违反合同中获得的利益来衡量。

本案中还引用了美国的相似案例斯奈普诉美国案〔4〕。斯奈普是中央情报局的一名前雇员，其曾经承诺在未经出版前许可的情况下不泄露与该机构有关的任何信息。他出版了一本关于该机构在越南活动的书，这些信息都不是机密，但斯奈普违反其保密义务损害了该机构正常运作的能力。在这种情况下，斯奈普违反承诺的行为所导致的实际损害无法量化，名义损害赔偿和惩罚性赔偿也都不是好的选择。法院认为，要求斯奈普"交出由于其违反保密

〔1〕　*Livingstone v. Rawyards Coal Co.* (1880) 5 App. Cas. 25, 39.

〔2〕　*Whitwam v. Westminster Brymbo Coal Co.* [1892] 2 Ch. 538.

〔3〕　*Wrotham Park Estate Co. Ltd. v. Parkside Homes Ltd.* [1974] 1 W. L. R. 798. [1974] 1 W. L. R. 798.

〔4〕　*Snepp v. United State* (1980) 444 U. S. 507.

义务所带来的利益"的损害赔偿措施是迅速而可靠的，旨在阻止那些将敏感信息置于风险之中的人，而且由于补救措施仅涉及由于其违反保密义务所带来的利益的资金，它并没有造成不当的惩罚性损害赔偿。

（5）关于《凯恩斯勋爵法》[1]对获益损害赔偿的影响。以前普通法法院裁定损害赔偿的管辖权仅限于在令状发出之前已经产生的损失或伤害。因此，即使在损失或伤害持续的情况下，损害赔偿也仅限于诉讼开始前原告所遭受的损失。[2]《凯恩斯勋爵法》将法院从这种束缚中解放出来。此后，如果法院拒绝签发禁令使不法行为得以持续，那么法院可以评估损害赔偿，包括因预期不法行为在未来持续而可能造成的损失以及已经遭受的损失。[3]然而值得注意的是，该法评估损害赔偿的方式[4]，与普通法中侵犯财产权的损害赔偿可以参照被告因其违约或侵权行为获得的利益来衡量一样。根据《凯恩斯勋爵法》，损害赔偿可以参照被告未来可能获得的利益来衡量。这种方法已在许多场合被采用。

本案判决举了两个案例：布雷斯韦尔诉阿普比案[5]和贾加德诉索耶案[6]。在布雷斯韦尔诉阿普比案中，被告拥有 6 座房屋其中之一。原告是其他 5 座房屋的业主之一，他们共同拥有私人道路的通行权，被告建造了新的房屋，卖掉了旧房屋，还使用该道路到达新房屋，原告要求宣布被告没有通行权，并要求禁止被告使用该道路到达新房屋。法官认为，尽管被告没有通行权，但原告无权获得禁令。但法官认为，被告有责任支付一定数额的损害赔偿金，相当于为获得通行权所应支付的适当和公平的价格。法官评估被告在新房上获得的利润为 5000 英镑。考虑到当时的房地产价格不断上涨，被告建造新房是为了居住（确实是为了居住，并且被告已经卖掉了旧房屋），法官最终将赔偿额评估为 2000 英镑（即名义利润的 40%）。原告有权获得该金额

---

[1]　《凯恩斯勋爵法》（Chancery Amendment Act 1858，又名 Lord Cairns' Act）第 2 条授权大法官法庭在其有权受理禁令或具体执行申请的所有案件中，酌情裁定在禁令或具体执行之外，或者代替禁令或具体执行的损害赔偿。

[2]　See *Battishill v. Reed*（1856）18 C. B. 696.

[3]　See *Leeds Industrial Co-operative Society Ltd. v. Slack*［1924］A. C. 851，859，per Viscount Finlay L. C.

[4]　See *Johnson v. Agnew*［1980］A. C. 367，400.

[5]　*Bracewell v. Appleby*［1975］Ch. 408.

[6]　*Jaggard v. Sawyer*［1995］1 WLR 269.

的 1/5 作为赔偿。

贾加德诉索耶案与布雷斯韦尔诉阿普比案类似，被告违反契约，在一个住宅开发项目中建造了一座房屋。原告拥有该开发项目中的另一座房屋，开发项目中的业主共同拥有一条道路。原告要求禁止被告通过该道路到达新房屋的路权，法官最终拒绝颁发禁令，而是根据被告可能为通往新房的路权和解除契约而应当合理支付的金额作出了损害赔偿的裁决，裁定原告作为房屋的 9 个业主之一，可获得该金额的 1/9。

6. 该案后"获益损害赔偿"的发展

2018 年，英国最高法院在莫里斯卡纳诉一步公司案[1]中对本案的规则进行了大量重新调整，减少了本案中涉及的损害赔偿金的适用范围。此外，英国最高法院认为此类损害赔偿实际上与被告的利益无关，相反，它们只是另一种形式的损害赔偿，用于补偿非违约方的损失，在性质上不是归还性的（并非为了剥夺被告的不义之财）。

本案的基本案件事实是：2002 年，莫里斯卡纳夫人和科斯特洛夫人成立了一步公司。公司业务做得很好，但后面双方关系恶化，2006 年 12 月，莫里斯卡纳夫人以 315 万英镑的价格将其 50% 的股份出售给科斯特洛夫人拥有的一家公司。作为交易的一部分，莫里斯卡纳夫人与一步公司同意在 3 年内受契约约束，对某些信息进行保密，并且不与一步公司竞争。2007 年，莫里斯卡纳夫人成立了一家公司——名为"积极生活"，与一步公司竞争，一步公司的业务量出现了严重下滑。2010 年，莫里斯卡纳夫人和她的丈夫以 1280 万英镑的价格出售了积极生活公司。2012 年，一步公司对莫里斯卡纳夫妇提起诉讼，理由是被告违反了承诺，要求依据利润或损失进行赔偿。一审法院认为原告的主张成立，被告上诉，上诉法院驳回上诉请求，认为原告有权获得基于利润的获益损害赔偿（Wrotham Park damages[2]），或者选择普通的补偿性赔偿。原告选择了基于利润的获益损害赔偿。英国最高法院允许了莫里斯卡纳夫妇的上诉，对基于利润的获益损害赔偿进行了一些澄清和调整，为了更加明确，确立了新的术语，将该种类型的赔偿名称由"Wrotham Park damages"

---

[1]　*Morris-Garner v. One Step（Support）Ltd*［2018］UKSC 20

[2]　"Wrotham Park damages"即获益损害赔偿，是对原告因被告违反限制性契约所遭受损害的赔偿。该赔偿来源于罗瑟姆公园案（*Wrotham Park Estate Co. Ltd. v. Parkside Homes Ltd.*［1974］1 WLR 798）。

改为"Negotiating Damages"[1]。英国最高法院指出,获益损害赔偿只是对损失的不同衡量标准,而不是完全独立的补救措施;是补偿性质的,而不是归还性质的。由此可见,索赔方不能自主选择获益损害赔偿或传统赔偿方式,必须由法院来决定适当的损失衡量标准。索赔方不能因为难以证明预期损失就选择获益损害赔偿。英国最高法院还明确指出,早先的权威机构认为的与谈判损害赔偿裁决有关的因素,如违约是否是故意的、索赔人是否有合法利益或证明预期损失是否困难,在决定是否应给予获益损害赔偿时并不是相关的考虑要素。最后,获益损害赔偿的适用范围相较于以往的认识缩减了很多。

7. 美国《第三次返还法重述》第 39 条

美国 2011 年的《第三次返还法重述》[Restatement (Third) of Restitution and Unjust Enrichment] 第 39 条明确承认了违约获益损害赔偿责任。[2] 根据第 39 条可知,如果违约不仅仅是实质的 (material),而且是机会性的 (opportunistic),那么受损人有权要求违约的允诺人赔偿其违约所带来的损失。满足机会性 (opportunistic) 需要符合以下条件:①违约具有故意性;②违约具有

---

〔1〕 英国最高法院认为,尽管有必要考虑罗瑟姆公园案,但由于推理的不透明性,它是一个潜在的混乱来源,而且现在可以认为它只是具有历史意义而已。判决将使用纽伯格 (Neuberger) 法官在伦恩保利公司诉利物浦与兰开夏郡财产公司案 (Lunn Poly Ltd v. Liverpool & Lancashire Properties Ltd) 〔2006〕EWCA Civ 430;〔2006〕2 EGLR 29) 判决第 22 段中提出的"协商损害赔偿"(Negotiating Damages) 这一表述。

〔2〕 §39. Profit Derived from Opportunistic Breach (1) If a breach of contract is both material and opportunistic, the injured promise has a claim in restitution to the profit realized by the defaulting promisor as a result of the breach. Liability in restitution with disgorgement of profit is an alternative to liability for contract damages measured by injured to the promisee. (2) A breach is "opportunistic" if (a) the breach is deliberate; (b) the breach is profitable by the test for subsection (3); and (c) the promisee's right to recover damages for the breach affords inadequate protection to the promisee's contractual entitlement. In determining the adequacy of damages for this purpose, (i) damages are ordinarily an adequate remedy if they can be used to acquire a full equivalent to the promised performance in a substitute transaction; and (ii) damages are ordinarily an inadequate remedy if they cannot be used to acquire a full equivalent to the promised performance in a substitute transaction. (3) A breach is "profitable" when it results in gains to the defaulting promisor (net of potential liability in damages) greater than the promisor would have realized from performance of the contract. Profits from breach include saved expenditure and consequential gains that the defaulting promisor would not have realized but for the breach. The amount of such profits must be proved with reasonable certainty. (4) Disgorgement by the rule of this Section will be denied (a) if the parties' agreement authorized the promisor to choose between performance of the contract and a remedial alternative such as payment of liquidated damages; or (b) to the extent that disgorgement would result in an inappropriate windfall to the promisee, or would otherwise be inequitable in a particular case.

营利性（profitable）；③受诺人要求赔偿违约损失的权利并不能为其合同权利提供充分的保护。此外，第39条还规定了不适用违约获益损害赔偿责任的情形：①合同中约定允诺人可以选择履行合同或者支付违约金作为救济方式；②违约获益损害赔偿责任会导致守诺人不当获益（windfall），或者导致案件不公平。

8. 我国有关违约获益损害赔偿制度

我国的获益损害赔偿制度在不同的部门法之中均有体现，[1]我国《民法典》侵权责任编第1182条确定了侵害人身权益的损害赔偿；[2]《著作权法》《商标法》中规定参照侵权人获利的损害赔偿[3]，《公司法》第148条[4]等其他法均有涉及。对于违约获益损害赔偿责任，目前我国没有明确的规定，仍然以损害填补为核心思想，以继续履行、采取补救措施、赔偿损失等方式实现救济。

在司法实践中，法院在确定合同中违约方对非违约方的赔偿时，已经有以违约方获益作为标准确定守约方损失的案例。例如，在（2016）最高法民终803号案件中，最高人民法院在认定守约方因违约方违约行为而遭受的交

---

〔1〕 参见刘承题："获益损害赔偿制度的中国问题与体系构建"，载《陕西师范大学学报（哲学社会科学版）》2016年第6期。

〔2〕《民法典》第1182条规定："侵害他人人身权益造成财产损失的，按照被侵权人因此受到的损失或者侵权人因此获得的利益赔偿；被侵权人因此受到的损失以及侵权人因此获得的利益难以确定，被侵权人和侵权人就赔偿数额协商不一致，向人民法院提起诉讼的，由人民法院根据实际情况确定赔偿数额。"

〔3〕 我国《著作权法》（2020年修正）第54条第1款规定："侵犯著作权或者与著作权有关的权利的，侵权人应当按照权利人因此受到的实际损失或者侵权人的违法所得给予赔偿……"我国《商标法》第63条第1款规定："侵犯商标专用权的赔偿数额，按照权利人因被侵权所受到的实际损失确定；实际损失难以确定的，可以按照侵权人因侵权所获得的利益确定；权利人的损失或者侵权人获得的利益难以确定的，参照该商标许可使用费的倍数合理确定。对恶意侵犯商标专用权，情节严重的，可以在按照上述方法确定数额的一倍以上五倍以下确定赔偿数额。赔偿数额应当包括权利人为制止侵权行为所支付的合理开支。"

〔4〕 我国《公司法》第148条规定："董事、高级管理人员不得有下列行为：（一）挪用公司资金；（二）将公司资金以其个人名义或者以其他个人名义开立账户存储；（三）违反公司章程的规定，未经股东会、股东大会或者董事会同意，将公司资金借贷给他人或者以公司财产为他人提供担保；（四）违反公司章程的规定或者未经股东会、股东大会同意，与本公司订立合同或者进行交易；（五）未经股东会或者股东大会同意，利用职务便利为自己或者他人谋取属于公司的商业机会，自营或者为他人经营与所任职公司同类的业务；（六）接受他人与公司交易的佣金归为己有；（七）擅自披露公司秘密；（八）违反对公司忠实义务的其他行为。董事、高级管理人员违反前款规定所得的收入应当归公司所有。"

易机会损失数额时，充分考虑到违约方的不诚信行为，将违约方两次股权转让中所获得的股价差作为参考标准，计算守约方丧失涉案股权交易机会的损失数额。最高人民法院将违约方获得利益的 10% 确定为守约方损失。尽管本案一般被视为最高人民法院故意扩张缔约过失责任的一种努力，但从本案中亦可看出最高人民法院试图将违约方获益运用于守约方的损失计算。

在（2019）川民申 6247 号案件中，四川省高级人民法院结合守约方的履约情况、违约方的过错程度及获益等实际情况，酌定违约方向守约方的赔偿数额。本案还以违约方获益情况为认定违约损害赔偿的重要参考要素，二审法院仅按照违约方获益的 27% 酌定守约方损失。尽管终审法院考虑到其他要素而自由裁量实际补偿金额，但是不难发现，违约获益损害赔偿责任不仅适用于该类案件，还可以为具体案例提供稳定性和操作性较强的解决思路。我国法院在适用违约方获益确定守约方损失时较为保守，一般在违约方获益的基础上再确定一个比例，作为守约方损失。我国法院对违约获益损害赔偿规则的适用是比较慎重的，其直接原因似在于现有法律和司法解释并没有关于违约损害赔偿领域内违约方获益适用的明确规定。[1]

六、违约金与罚金的区分：沃瑟曼公司诉米尔敦镇案（WASSERMAN'S INC. v. TOWNSHIP OF MIDDLETOWN）

WASSERMAN'S INC. and Jo-Ro, Inc., Plaintiffs-Respondents,

v.

TOWNSHIP OF MIDDLETOWN, Defendant-Appellant.

Supreme Court of New Jersey, August 2, 1994.

137 N. J. 238, 645 A. 2d 100.

（沃瑟曼公司诉米尔敦镇案）

1. 裁判要旨

在违反合同的情况下，只要规定的违约损害赔偿条款相对于原告的实际损害赔偿是合理公正且可预测的，该违约损害赔偿条款就是可执行的，而非

---

[1] 参见通力法评："违约获益（disgorgement damages）：违约损害赔偿计算方式的司法新动态"，载微信公众号"通力律师"，2023 年 1 月 30 日。

惩罚性的。

2. 案情介绍

根据公开招标广告，1971 年 5 月 21 日，原告沃瑟曼公司（Wasserman's Inc.）和被告米尔敦镇（Township of Middletown）签订了一项市政财产的商业租赁合同。该租赁合同规定，如果米尔敦镇解除合同，将按比例补偿承租方沃瑟曼公司在承租期间为租赁物所支付的改进费用，以及赔偿承租方年平均总收入 25% 的损失。年平均总收入指合同解除前三个财政年度的总收入的平均值。

1971 年，沃瑟曼公司进行了商定的改进，花费了 142 336.01 美元。1973 年 8 月，沃瑟曼公司出售了其业务，并将场地转租给罗科劳里诺公司（Rocco Laurino，以"Jo-Ro, Inc."名义开展业务）。1989 年 6 月，米尔敦镇以 610 000 美元的价格公开拍卖了该房产，但拒绝支付租赁合同中约定的赔偿金。

当沃瑟曼公司和米尔敦镇执行租赁合同时，《新泽西州注释法规（汇编）》（New Jersey Statutes Annotated, N. J. S. A.）第 40：60-42 条规定，管理机构可以将市政财产出租给支付最高租金的私人。[1] 1971 年 7 月 1 日，在沃瑟曼公司和米尔敦镇签署租赁合同后的第 6 个星期，《新泽西州注释法规（汇编）》第 40A：12-14 条开始生效，取代了原有的规定，要求对未使用的市政财产租赁合同进行公开招标。[2]

原告以被告违反合同为由提起诉讼，要求根据租赁合同条款给予损害赔偿，理由在于：招标说明书规定，如果被告解除合同，将按比例向承租方支付补偿费用。该条款规定应偿还的款项为：①承租方在施工时所作的所有改进的总价值乘以剩余的租赁期限，再除以租期的总年数；②承租人年平均总收入的 25%。

但被告认为，《新泽西州注释法规（汇编）》第 40A：12-14 条应溯及适用于无效的租赁，并要求宣布租赁合同条款中要求被告支付相当于承租人年平均总收入 25% 的损害赔偿的部分无效，因为该租赁合同违反了有效的公共合同的要求；招标说明书没有规定可以根据总收入计算违约损害赔偿数额。此外，前任镇政府官员是在没有任何授权的情况下同意该违约损害赔偿

---

[1] N. J. S. A. 40：60-42, repealed by L. 1971, c. 199, § 29 (effective July 1, 1971).

[2] N. J. S. A. 40A：12-14 (a).

条款的。

初审法院和上诉法院认定本案争议的租赁合同及其包含的违约损害赔偿条款有效。初审法院计算了损害赔偿，判决被告赔偿原告 346 058.44 美元及相应的利息。被告遂继续上诉至新泽西州最高法院（Supreme Court of New Jersey）。

3. 争议焦点

（1）本案争议的租赁合同有效吗？

（2）本案争议的租赁合同的效力适用租赁合同签订 6 个星期后的新法还是订立合同时仍然有效的旧法？

（3）本案争议的中心是租赁合同中的违约损害赔偿条款的效力，即该条款是可强制执行的违约金条款，还是不可执行的罚金条款？

4. 裁判结果

新泽西州最高法院确认了上诉法院对该案中违约责任的判决，但撤销了上诉法院关于根据承租人年平均总收入的 25% 支付规定赔偿金的条款有效的决定，并将案件发回该上诉法院进行重审。

5. 裁判理由

（1）本案争议的租赁合同有效吗？

第一，该租赁合同满足签订时生效的法律的要求。当合同双方当事人在1970 年和 1971 年就该租赁合同的条款进行磋商时，《新泽西州注释法规（汇编）》第 40：60-42 条规定向私人出租政府财产不需要公开招标，只要求承租人满足是"为此支付最高租金的人"的条件即可。有先例为证，在罗宾斯诉泽西城市案（*Robbins v. City of Jersey City*）和阿斯伯里公园出版公司诉阿斯伯里公园市案（*Asbury Park Press, Inc. v. City of Asbury Park*）[1]中，同样只要求"个人支付最高租金"。本案中，原告支付了租金，被告也没有收到除沃瑟曼公司外任何其他方的报价。

第二，对租赁合同做出的修改是善意的、必要的、无损公共利益的。记录显示，在处理租赁合同的最终条款时，双方真诚地协商了被告终止租赁的权利。在公开招标结束后，被告为租赁合同条款必要的改变而寻求交易，这

---

[1] *Robbins v. Jersey City*, 23 N. J. 229, 236, 128 A. 2d 673（1957）；*Asbury Park Press v. City of Asbury Park*, 19 N. J. 183, 192, 115 A. 2d 564（1955）.

并不会损害公开招标的效力。在本案中，被告也没有提交任何关于双方在谈判中心怀恶意的证据，也没有任何证据表明其他潜在投标人在知晓该租赁合同修改后，会发现该房产更具吸引力。在缺乏任何证明恶意、不诚实及腐败的证据的情况下，法院认为双方就租赁合同的细节的修改是善意的。

此外，根据斯开克尔诉北卑尔根镇案（*Skakel v. Township of North Bergen*），"只要租赁合同的修订不损害城镇的利益就足够了"。[1]而在本案中，在没有规定增加租金或是补偿承租人的情况下，如果被告出售财产，并不一定会使该租赁"损害市政利益"。相反，记录表明，如果被告没有做出这些让步，原告是不会签署租赁合同的。因此，该租赁合同的修改是有效的。

第三，重新进行招标是"不适当的"和"不切实际的"。当然，根据格林伯格诉尼古拉案（*Greenberg v. Fornicola*）[2]，即使采用公开招标的法规，也不排除"公共机构出于自身利益寻求修正以满足在新招标不合适或不切实际情况下的意外发展"。但在本案中，新招标是"不适当的"和"不切实际的"，因为没有记录表明第三次尝试会吸引其他竞标者，在两次招标之后，被告都只吸引到老租户沃瑟曼公司。

(2) 本案争议的租赁合同的效力适用租赁合同签订 6 个星期后的新法还是订立合同时仍然有效的旧法？

尽管《新泽西州注释法规（汇编）》第 40A：12-14 条要求对市政财产的租赁进行公开招标是有益的，但被告没有表明这些规定应适用于在法令生效日期之前执行的租赁合同。因此，决定该租赁合同的有效性的是在签订该租赁合同时仍然有效的旧法，即《新泽西州注释法规（汇编）》第 40：60-42 条。

此外，溯及适用新修订的《新泽西州注释法规（汇编）》第 40A：12-14 条使租赁合同执行 19 年后无效，而本租赁合同尚余 11 年未执行，这将违反《美国宪法》第 1 条第 10 款和《新泽西州宪法》第 3 节第 4 条第 7 款的规定。

(3) 本案租赁合同中的违约损害赔偿条款是可强制执行的违约金条款，还是不可执行的罚金条款？

---

[1] *Skakel v. Township of North Bergen*, 37 N. J. 369, 380, 181 A. 2d 473 (1962).

[2] *Greenberg v. Fornicola*, 37 N. J. 1, 10, 178 A. 2d 339 (1962).

第一，违约金和罚金的区别。违约金是合同双方当事人同意在一方违反合同约定时，违约方应支付给非违约方的款项，该款项的数额是通过善意地预先估计因违约可能导致的实际损害而得出的。约定损害赔偿允许私人主体在违约案件中履行提供救济的"司法职能"，即对非违约方的赔偿，法院必须确保私人救济不偏离允许补偿性赔偿的法律原则。罚金也是指一方当事人在发生违约时同意支付的款项，但是该款项不是作为对可能的实际损害的预先估计，而是作为惩罚，其旨在防止违约发生。合同当事人不得对违约行为设定罚金，否则该合同非法。

第二，违约金与罚金的判断标准。新泽西州最高法院认为，双方将约定的损害赔偿定性为"违约金"或"罚金"不应是决定性的，有先例吉布斯诉库珀案（*Gibbs v. Cooper*）予以佐证。[1]

随着法律的发展，"合理性"成为确定约定损害赔偿条款效力的标准。约定损害赔偿条款"必须构成因违约所导致的可证明的损害的合理预测；否则，该约定条款将作为罚金条款不可执行，非违约方只能诉诸常规损害赔偿手段"。[2]

作为评估约定损害赔偿条款合理性的一个要素，新泽西州法院认为约定损害赔偿条款需具有可执行性。根据西山乡村俱乐部诉卡门案（*Westmount Country Club v. Kameny*）可知，可执行性取决于设定的金额是否"是对违约所造成损害之公正赔偿的合理预测"，以及这种损害"是否不能或很难准确估计"。[3]而"估算或证明损害的难度越大，规定的损害就越有可能显得合理"。[4]

此外，尽管上诉法院表示法院应该根据合同签订时的情况来确定约定损害赔偿条款的有效性，但是根据现代的趋势，既可以根据合同成立时的情况，也可以根据违约发生时的情况，来确定约定损害赔偿条款的有效性。[5]

---

〔1〕　*Gibbs v. Cooper*, 86 N. J. L. 226, 227-28, 90 A. 1115 (1914).

〔2〕　Charles J. Goetz, Robert E. Scott, "Liquidated Damages, Penalties and the Just Compensation Principle: Some Notes on an Enforcement Model and a Theory of Efficient Breach", 77 *Colum. L. Rev.* 554, 554-294 (1977).

〔3〕　*Westmount Country Club v. Kameny*, 82 N. J. Super. 200, 205, 197 A. 2d 379 (App. Div. 1964).

〔4〕　*Wassenaar v. Panos*, 111 Wis. 2d 518, 331 N. W. 2d 357, 362 (1983).

〔5〕　John D. Calamari, Joseph M. Perillo, *The Law of Contracts*, West Publishing Company, 1987, p. 642.

第三，举证责任。为了与执行约定损害赔偿条款的目的保持一致，根据中央铁鼓公司诉黄金制桶公司案（*Central Steel Drum Co. v. Gold Cooperage*, *Inc.*）等案件，约定损害赔偿条款应被推定为合理的，并且由主张该条款无效的一方承担证明其不合理的举证责任。[1]

虽然约定损害赔偿条款是否可执行是法院的法律问题，但仍需解决潜在的事实问题。针对原告具体的损害赔偿，一方面，基于总收入计算的损害赔偿有被发现不合理的风险，具有投机性和不确定性；另一方面，根据佩里科公司诉冰淇淋工业公司（*Perico*, *Ltd. v. Ice Cream Indus.* , *Inc.* ）等案件，[2]基于毛利计算的损害赔偿则可能导致判给原告一笔意外之财。此外，25%这一比例并不一定反映原告的实际损失。在此，新泽西州最高法院无法确定约定的金额是基于违约可能造成的损害，还是与任何此类损害无关的任意数字，故决定将此事实问题发回上诉法院，让上诉法院自行决定在多大程度上需要额外的证据来证明该条款的合理性。

七、可预见性规则一：哈德利诉巴辛戴尔案（HADLEY v. BAXEN-DALE）

Hadley and Another v. Baxendale and Others
Exchequer Court, 23 February 1854.
［1854］EWHC J70,（1854）156 ER 145, 9 ExCh 341,（1854）23
LJ Ex 179, 18 Jur 358,［1843-60］All ER Rep 461.
（哈德利诉巴辛戴尔案）

1. 裁判要旨

合同的非违约方可以就合同订立时双方能够合理预见的损失获得赔偿，也可以就从合同订立时各方都知悉的特殊情况中衍生的损害而获偿。

2. 案情介绍

本案的原告哈德利（Hadley）在英格兰格洛斯特市（City of Gloucester,

---

〔1〕 *Central Steel Drum Co. v. Gold Cooperage*, *Inc.* , 200 N. J. Super. 251, 265, 491 A. 2d 49 (App. Div. 1985), overruled by *Kutzin v. Pirnie*, 124 N. J. 500, 591 A. 2d 932 (1991).

〔2〕 *Perico*, *Ltd. v. Ice Cream Indus.* , *Inc.* , No. 87 CIV. 4211 (MBM), 1990 WL 11539, at *6 (S. D. N. Y. Feb. 9, 1990).

England）拥有一家研磨厂，被告巴辛戴尔（Baxendale）拥有并经营一家船运公司——皮克福德公司（Pickford & Co.）。在 5 月 11 日这天，厂里蒸汽研磨机的曲柄轴（crank shaft）断裂了。在原告将一个新轴换上去之前，他的玉米磨机将一直处于停止运转状态，研磨厂也无法开工，因为他没有任何替代用的曲柄轴。

随后，原告不得不把坏掉的曲柄轴送到工程公司——乔伊斯公司（Joyce & Co.）——修理更换。该公司以前跟原告签订过合同，可以给原告制造一个新的曲柄轴，但他们得先拿到之前坏掉的曲柄轴作为模型，才能对照着重制一个新轴。所以，为了把坏掉的轴送到乔伊斯公司去，原告在 5 月 13 日这天就赶紧派出了一位仆从去和被告签订了一项运输合同。合同约定，如果原告在第二天中午之前将曲柄轴交付给被告，它将可以在次日将曲柄轴送抵并交给乔伊斯公司。按照约定，原告在 14 日中午之前将曲柄轴交给了被告，并支付了运费。但不幸的是，由于被告的疏忽（neglect），运输被延误，导致承运的曲柄轴在商定的日期后数天才被交付。

正是由于被告的运输迟延，直到新的曲柄轴被送回前，原告的研磨厂不得不一直停工，所以原告对被告提起了违约损害赔偿诉讼。在诉讼中，原告要求被告赔偿包括研磨厂因运输迟延而耽误的未开工的 5 天时间里所产生的一切利润损失。

3. 争议焦点

违约方是否应当赔偿在订立合同时其无法预见的因违约而对另一方造成的损失？

4. 裁判结果

本案初审法院的陪审团裁决支持原告的请求。被告上诉，案件来到理财法院。理财法院判决驳回了原告要求赔偿利润损失的诉讼请求，并将案件发回重审，同时指定陪审团将被告在订立合同时无法预见的违约损害从总赔偿额中扣除，因为被告只需要对他能够合理预见的违约损害负责。

5. 裁判理由

本案中，理财法院主要基于 1804 年的《法国民法典》以及美国法学家西奥多·塞奇威克（Theodore Sedgwick）对其相关条文的阐述，从理论角度确立了英美法中的违约损害赔偿可预见性规则。《法国民法典》第 1149 条规定：

"对债权人的损害赔偿，除下述例外和限制外，一般应包括债权人所受现实的损害和所失可获得的利益。"第 1150 条规定："如债务的不履行并非由于债务人的诈欺，债务人仅就订立契约时所预见或可预见的损害和利益负赔偿的责任。"第 1151 条规定："不履行债务即使由于债务人的诈欺，关于债权人因不履行而遭受现实的损害和丧失可获得的利益所受的赔偿，也应以不履行契约直接发生者为限。"以上 3 条可以视作可预见性规则的定义、"可预见"的范围划分及其例外与限制。

理财法院还援引了《塞奇威克论损害赔偿计算》(*Sedgwick on the Measure of Damages*) 一书中的观点，认为当违约并不归因于债务人欺诈时，债务人仅就订立合同时已预见或可能已预见的损害负责；而即便是在由于债务人欺诈导致债务不履行的案件中，最终赔偿的损害也只包括债权人实际遭受的损失，再加上债务不履行行为直接并立即导致债权人未获得的利润。[1]

理财法院由此认为，当一方违约时，另一方可以就合同订立时被双方合理预见到的损失获得赔偿。此外，非违约方还可以就任何由特殊情况引发的损失要求赔偿，只要该特殊情况在订立合同时被合同各方知悉。

在本案中，原告因其未披露自身的特殊情况而无法获得赔偿，被告对该情况也毫不知情。在双方签订合同时，原告从来没有通知被告它的研磨厂运转将完全依赖于还没收到的新的曲柄轴，以至于任何运输上的延误都将导致原告研磨厂的利润受损，而且这个特殊情况在订立合同时并不能被被告合理地预见到。理财法院指出，并非所有曲柄轴坏了的工厂都会瘫痪而无法继续营利，有的工厂在送修时会使用替代的临时曲柄轴，所以并不能苛求被告作为一般承运人能够合理预见到原告工厂停工的利润损失。因此，理财法院最终判决被告无须为它不知晓的原告的特殊情况引发的利润损失负责。

---

[1] Theodore Sedgwick, *Sedgwick on the Measure of Damages*, 1847, p. 67.

八、可预见性规则二：斯潘实业公司诉安泰保险公司案（SPANG IN-DUSTRIES, INC., FORT PITT BRIDGE DIVISION v. AETNA CASUALTY AND SURETY CO.）

SPANG INDUSTRIES, INC., FORT PITT BRIDGE DIVISION,

a corporation, Plaintiff-Appellant,

v.

The AETNA CASUALTY AND SURETY CO., a corporation,

Defendant-Appellee.

TORRINGTON CONSTRUCTION CO., INC., Plaintiff-Appellee,

v.

SPANG INDUSTRIES, INC., FORT PITT BRIDGE DIVISION,

a corporation, Defendant-Third-Party Plaintiff-Appellant,

v.

SYRACUSE RIGGING CO., INC., Third-Party Defendant.

United States Court of Appeals, Second Circuit, February 26, 1975.

512 F. 2d 365.

（斯潘实业公司诉安泰保险公司案）

1. 裁判要旨

当违约方应当预见到违约可能造成的损失时，受害方有权要求违约方赔偿损失，此即可预见性规则。

2. 案情介绍

本案发生在纽约州的华盛顿县，案件事实主要发生在斯潘实业公司的弗特皮特部门（Spang Industries, Inc., Fort Pitt Bridge Division，以下简称"弗特皮特"）和托灵顿建筑有限公司（Torrington Construction Co., Inc.，以下简称"托灵顿公司"）之间，安泰保险公司（Aetna Casualty And Surety Co.）是托灵顿公司的承保人。

托灵顿公司中标纽约州北部高速公路重建工程，其与弗特皮特签订分包合同，由后者供应横跨巴特凯尔河（Battenkill River）大桥的结构钢材，其中约定交货由双方协商确定。1969 年 11 月 3 日，托灵顿公司通知说将在 1970

年 6 月下旬需要钢材，弗特皮特于 11 月 12 日回复说暂定按此要求交货。1970 年 1 月 7 日，弗特皮特询问托灵顿公司 1970 年 6 月的安装日期是否仍然有效，后者于 1 月 13 日作出了肯定答复。

然而，1970 年 1 月 29 日，弗特皮特通知托灵顿公司，其因诸多原因而不能在 6 月供货。5 月 20 日，弗特皮特许诺在 8 月装船。尽管一部分小型钢材于 8 月 21 日装运，但第一批大梁和其他重型结构直到 8 月下旬至 9 月上旬才陆续发出。其余钢材于 9 月陆续送达目的地，这使得被告直到 10 月末才浇筑混凝土。由于该州的相关规定要求混凝土要在 40 华氏度（相当于 4.4 摄氏度）以上的气温下浇筑，托灵顿公司必须获得州监理工程师（State's supervising engineer）的特别许可，才能在 1970 年 10 月 28 日浇筑混凝土，而当时的气温是 32 华氏度（相当于 0 摄氏度）。由于工地位于纽约州北部，靠近佛蒙特州边界（Vermont border），气温眼看着就要到达冻结温度（freezing temperature），混凝土的浇筑工作不得不在一天之内完成，并且一直持续到次日凌晨 1 点，这就给托灵顿公司带来了加班费、特殊设备费和在浇筑过程中保护混凝土的额外费用。

1971 年 7 月，弗特皮特向宾夕法尼亚州西区联邦地区法院（United States District Court for the Western District of Pennsylvania）提起诉讼，要求托灵顿公司给付未付的价款。在此期间，托灵顿公司向纽约州最高法院（New York Supreme Court）提起诉讼，要求弗特皮特赔偿因迟延提供钢材造成的 23 290.81 美元的损失。两起诉讼皆被移送至纽约州北区联邦地区法院（United States District Court for the Northern District of New York），并进行了合并审理。本案指定佛蒙特州联邦地区法院（United States District Court for the District of Vermont）首席法官詹姆斯·霍尔登（Hon. James S. Holden）开庭审理，其认为弗特皮特迟延交货违反了合同，托灵顿公司有权获得 7653.57 美元的损害赔偿。弗特皮特不服，上诉至联邦第二巡回上诉法院（United States Court of Appeals, Second Circuit）。

二审中，弗特皮特认为托灵顿公司增加的费用损失是由特定损害（special damages）[1]造成的，这一损害在合同订立之时并未被双方当事人预见。尽管

---

　　[1]　特定损害，指不是从原告所指控的作为或不作为中推定的自然与可能的损害结果，而是由此实际造成的损害结果。原告欲主张获得基于该种损害的赔偿，须加以特别指明，并予以严格证明。参见薛波主编，潘汉典总审订：《元照英美法词典》，法律出版社 2003 年版，第 1275 页。

与合同总价款（132 274.37 美元）相比，给予托灵顿公司的赔偿（7653.57 美元）相对较少，但初审法院的判决违反了哈德利诉巴辛戴尔案所确立的规则（以下简称"哈德利规则"），将创造对所有分包商和供应商的业务产生严重影响的先例。当其在 1969 年 9 月与托灵顿公司订立制造、装备和建造钢材合同的时候，收到的规范副本指出整个工程将在 1971 年 12 月 15 日完工，因此其无法合理预见到托灵顿公司会如此神速（工程已于 1971 年 1 月 21 日由州政府验收），以至于将所需钢材的交货时间提前到 1970 年而非 1971 年。依据可预见性规则，违约引起特殊损害的事实应在合同订立时或订立前通知，因此在合同订立后无论收到何种信息，都不能扩大其责任。在"哈德利规则"之下，由违约造成的损害应该是"特殊的"或"结果性的"（consequential），且不能被合同当事人合理预见。托灵顿公司未能证明其损害是"特殊的"或"结果性的"，因此不享有任何的损害赔偿请求权。

3. 争议焦点

（1）本案中弗特皮特是否履行迟延？

（2）托灵顿公司的损失是否可预见以及是否违反了"哈德利规则"？

（3）托灵顿公司是否享有损害赔偿请求权？

4. 判决结果

联邦第二巡回上诉法院认为，托灵顿公司因及时、高效的减损行为而造成的损失应当在弗特皮特处得到赔偿。因此，托灵顿公司可依此请求弗特皮特赔偿损失并从后者请求的价款金额中抵偿该部分损失。

5. 裁判理由

首先，联邦第二巡回上诉法院肯定了"哈德利规则"的逻辑与精神。虽然损害赔偿的功能是将受损害方置于相当于合同未违约时的地位，但"哈德利规则"对此进行了限制，即要求赔偿的损害必须是在合同订立之时能够被合理预见到的。如果损害并不是通常得由违约行为造成的，那么必须证明造成这种损害的特定情况（special circumstances）能够在合同订立时被合理预见，方可要求违约方承担此特殊损害的赔偿责任。法官认为，"哈德利规则"所确定的上述限制普遍适用于纽约州甚至全美国。法官在本案中分别援引不同的案例对"哈德利规则"做了详细描述：其一是直接损害规则。纽约州上诉法院在很久之前就已经对"哈德利规则"做了更精确的描述，即如果在合同成立时，合同双方已给予适当注意并充分了解事实，则一方应对合同双方预期因违约而产生的所有直接损害（direct damages）承担责任。其二是间接损害规则，其被霍姆斯大法官（Justice Holmes）认为是对"哈德利规则"的润色，该规则不仅要求违约方知道引发特殊损害的特定情况，而且要求在当事人之间存在一个承担该特殊损害赔偿责任的默示协议。但是该规则的后半部分一般不被法庭和法律评论家采用。该规则并不要求损害一定发生，而是可能发生即可。因此，在本案中，法官引用阿斯奎斯勋爵（Lord Justice Asquith）在维多利亚洗衣公司诉纽曼工业公司案［*Victoria Laundry（Windsor）Ltd. v. Newman Industries*，*Ltd.*］中的"可能性"（on the card）理论，[1]认为本案中被告的损害是可能的。

　　通过对事实的调查与分析，联邦第二巡回上诉法院驳回了弗特皮特基于"哈德利规则"提出的主张。弗特皮特已经知道托灵顿公司准备于 1969 年 10 月 1 日开始施工（这一事实在同一张规范副本上）。1969 年 9 月 5 日弗特皮特发送给托灵顿公司的信件中载明"交货由双方协商确定"。托灵顿公司于同年的 11 月 3 日回复称最迟交付期限为 1970 年 6 月底，并且弗特皮特在 11 月 12 日回复说可以在那个时候交付。之后，弗特皮特于 1970 年 1 月通知托灵顿公司，由于计划的扩张和不可预见的迟延，将不能于 6 月交付货物。直到 1970 年 5 月 20 日，托灵顿公司"威胁"说将要取消合同时，弗特皮特又重新确定了交付时间（1970 年 8 月上旬），但是又再一次迟延交付。根据上述事实，联邦第二巡回上诉法院认为根据双方签订的协议，双方确认的履行时间是具体确定的，且弗特皮特已经明确知道 1970 年 6 月底是其应当履行完毕的时间。因此，弗特皮特提出的"哈德利规则"中的"应当预见时间"是合同订立时间而不是后来双方当事人补充确定的时间的主张，是对该规则牵强甚至错误的解释。联邦第二巡回上诉法院认为在当事人双方签订合同时，合同条

---

　　［1］　*Victoria Laundry（Windsor）Ltd. v. Newman Industries Ltd*［1949］2 KB 528，540. 阿斯奎斯法官认为，在违约案件中，受害方只有权就合同订立时合理预见到的损害获得赔偿，而合理预见的认定则取决于违约方所占有的信息。此种信息分为两类，一类是推定的信息，一类是实际拥有的信息。对前类信息，无论违约人是否实际拥有该信息，法律都推定其拥有通常人所拥有的信息；而后类信息，是指他所拥有的在通常信息之外的特殊信息。他实际上未必问自己是否对违约所导致的损失承担责任，而是问一个通常人是否认为他应当承担该损失。而且，该损失不以必然发生为限，可能发生该种损失足矣。

款中已经明确写到合同履行时间于合同签订后再行确定。那么履行失败致使违反合同的责任，将由知道后来确定的履行时间但是又不按照该时间履行的一方承担。这一推理是符合"哈德利规则"的逻辑和精神的，因为在本案中，很明显 1970 年 6 月底是涉案合同的履行时间，弗特皮特是确知的；而且本案的这一履行时间是双方协商确定的，所以并不存在有单边条款致使弗特皮特承担计划外责任的情况。

针对托灵顿公司的损害是否具有可能性，以及弗特皮特是否应当预见到，联邦第二巡回上诉法院进行了推理。当双方协商将交付的时间确定在 1970 年 6 月底后，托灵顿公司将计划在合理的时间内安装桥架，之后需要浇注混凝土平台；弗特皮特作为一个经验丰富的钢材供应商，对托灵顿公司收到钢材后的建筑程序是非常熟悉的，应当知道任何迟于 6 月底或者是 8 月初的交付都会危及水泥的浇灌，后续的工作也将推迟到次年的春天。弗特皮特对于托灵顿公司位于纽约州北部的施工地点是熟知的；联邦第二巡回上诉法院还发现，当年持续的低温凝冻天气将导致桥梁混凝土的浇灌若不立即进行则不得不推迟到 1971 年 6 月，而如果托灵顿公司拒绝接受交付或者将工程延迟到 1971 年春季完工，将会存在巨大的潜在损失，因此托灵顿公司的紧急浇灌行为是一种善意的减损措施。

综上所述，联邦第二巡回上诉法院最后认定，弗特皮特作为一个有着丰富贸易经验的钢材供应商，应当预见到他的迟延行为将会导致托灵顿公司的损失。联邦第二巡回上诉法院维持了初审法院关于托灵顿公司有权要求弗特皮特承担损害赔偿责任的判决。

九、减损规则：洛金汉县诉卢顿桥梁公司案（ROCKINGHAM COUNTY v. LUTEN BRIDGE CO. ）

ROCKINGHAM COUNTY

v.

LUTEN BRIDGE CO.

Circuit Court of Appeals, Fourth Circuit, October 15, 1929.

35 F. 2d 301, 66 A. L. R. 735.

（洛金汉县诉卢顿桥梁公司案）

1. 裁判要旨

合同一方当事人明确拒绝履行合同的，另一方当事人不能继续履行合同并请求基于完全履行的损害赔偿。非违约方应当在不给自己造成损失的前提下，尽可能减轻违约方不法行为所造成的损害。

2. 案件事实

本案初审原告为卢顿桥梁公司（Luten Bridge Co. ），被告为北卡罗来纳州的洛金汉县（Rockingham County）。1924 年 1 月 7 日，洛金汉县委员会通过决议与原告签订一份桥梁建设合同。其中，三位委员投票赞成，两位委员投票反对。合同成立后，投赞成票的委员普鲁伊特（W. K. Pruitt）于 2 月 11 日向县高等法院递交辞呈并被接受。同日稍后，普鲁伊特致电县高等法院试图收回辞呈，并发出书面告知。但是县高等法院在次日仍然任命汉普顿（W. W. Hampton）为继任委员。辞职后，普鲁伊特未再参加洛金汉县委员会会议和工作，与他一同投下赞成票的另外两名委员也不再参会，而汉普顿就任时日常参会。

1924 年 2 月 21 日，洛金汉县委员会通过了一项决议，认定桥梁建设合同不合法且无效，并通知原告，被告将停止履行合同。之后，洛金汉县委员会于 3 月 3 日再次通过决议指示原告停止继续修建桥梁，并表明原告完成的任何进一步工作将由其自行承担风险和费用。当原告得知被告将停止履行合同时，桥梁的建设工程只进行了极小部分，估算总成本约 1900 美元，但其不顾洛金汉县委员会的通知，仍继续施工。

1924 年 11 月 24 日，原告起诉被告，主张合同履行至 11 月 3 日总计 18 301.07 美元的工程款。

初审中，北卡罗来纳州中区联邦地区法院（District Court of the United States for the Middle District of North Carolina, at Greensboro）判决原告胜诉，被告不服并上诉至联邦第四巡回上诉法院（Circuit Court of Appeals, Fourth Circuit）。

3. 争议焦点

非违约方是否有义务减轻另一方违约造成的损害？

4. 裁判结果

上诉法院支持了被告的诉讼请求，撤销了初审法院的判决，并将案件发回重审。

5. 裁判理由

上诉法院认为，在洛金汉县委员会通知原告，表示被告将停止履行合同后，原告便不能继续履行并收回合同价款。确实，被告无权解除合同，通知构成违约，但当原告收到该通知后，其便有责任不采取任何措施来增加由此造成的损失。如果 A 签订了有约束力的合同为 B 建造房屋，B 当然无权未经 A 的同意而解除合同。但是，如果在房屋建成之前，B 决定停止建造房屋并通知 A，则 A 不能继续建造房屋以增加损失。A 的补救措施应当是在收到通知后视为合同已被违反，并起诉 B 请求赔偿损失，其中包括 A 的可得利益损失，以及任何其他损失。

在本案中，因为情况变化，桥梁对被告不再具有任何价值，因此其决定停止履行合同。在这种情况下，当洛金汉县委员会通知原告停止继续建造桥梁时，原告便应当停止进一步的工作，其无权通过继续建造一座无用的桥梁来增加损害赔偿金。

本案的判决遵循了威灵斯顿教授所提出的规则，即在一方当事人明确拒绝履行合同后，另一方不能继续履行并请求基于完全履行的损害赔偿。值得注意的是，该规则仅是一般损害赔偿规则的特殊适用，一般规则指的是原告不能使被告对不必要的损害承担责任，换言之，原告必须在避免自己损失的前提下，尽可能减轻被告不法行为造成的损害。[1]

关于本案争议焦点的关键判例是克拉克诉马尔西利亚案（*Clark v. Mar-*

---

[1] Samuel Williston, *Williston on Contracts*, *vol.* 3, West Group, 1993, p. 2347.

siglia）。[1]在此案中，被告雇用原告为他画一些画，但在工作完成之前就撤销了订单。然而，原告还是继续完成了这项工作，并要求支付合同价款。在撤销支持原告的判决时，法院表示："原告可以获得赔偿，就好像订单从来没有被撤销一样。……被告要求原告停止绘画的行为构成违约，从而应当承担相应的损害赔偿责任。此类损害赔偿金包括对所完成的劳动和所用材料的补偿等，但原告无权通过坚持继续履行合同，让被告承担更多的责任。"

上诉法院还仔细分析了原告援引的勒姆诉霍斯特案（*Roehm v. Horst*）[2]、罗尔诉乔治案（*Roller v. George H. Leonard & Co.*）[3]以及麦考伊诉哈内特县法官案（*McCoy v. Justices of Harnett County*）[4]，但认为这些案例不符合本案争议焦点。勒姆诉霍斯特案和罗尔诉乔治案仅表明，如果履行合同的一方在合同到期之前拒绝履行，则另一方不必等待合同到期，便可以立即起诉要求赔偿违约所造成的损害。而在麦考伊诉哈内特县法官案中，法院认为，由于承包商建造的监狱和设计规划要求不符，县法官无须支付工程款。以上几个判例所包含的表述均在一定程度上支持了原告的诉求，但其并未涉及本案争议焦点，即当一方当事人接到另一方拒绝履行建设合同的通知时，其是否应当停止履行，而非通过继续进行工程来累积损害。

上诉法院认为，根据逻辑和权威观点，该问题的答案是肯定的。因此，初审法院支持原告全部索赔的判决是错误的。而由于被告停止履行合同的通知已送达原告，原告的损害赔偿金数额应当为原告收到通知前已花费的人力和物力成本，再加上原告根据合同条款的可得利益损失。

综上所述，原告的诉讼请求不应得到支持，初审法院的判决应予推翻。

---

〔1〕 *Clark v. Marsiglia*, 1 Denio 317, 43 Am. Dec. 670, 1845 WL 4381（N. Y. Sup. Ct. 1845）.

〔2〕 *Roehm v. Horst*, 178 U. S. 1, 20 S. Ct. 780, 44 L. Ed. 953（1900）.

〔3〕 *Roller v. George H. Leonard & Co.*, 229 F. 607（4th Cir. 1915）.

〔4〕 *McCoy v. Justices of Harnett County*, 53 N. C. 272（1860）.

十、确定性规则：菲拉诉乡村广场公司案（FERA v. VILLAGE PLA-ZA，INC.）

Anthony FERA and Frank Fera，Plaintiffs-Appellants，

v.

VILLAGE PLAZA，INC.，et al.，Defendants-Appellees，Cross-Appellants.

Supreme Court of Michigan，June 3，1976.

396 Mich. 639，242 N. W. 2d 372，92 A. L. R. 3d 1278.

（菲拉诉乡村广场公司案）

1. 裁判要旨

违约受害方可以就其新设立的营业的预期利润损失获得损害赔偿，此为举证充分性的问题。为了获得违约损害赔偿的裁定或判决，原告必须证明其损害达到合理确定的程度，并能以金钱计算。陪审团不应被允许推测或者猜测利润损失的数额。

2. 案情介绍

1965 年 8 月 20 日，原告与被告乡村广场公司的代理人签订了一份为期 10 年的租赁合同。根据租赁合同，原告将租用乡村广场特定的位置开设一家"书和酒"的店铺，租金为每月最低 1000 美元，外加年收入超过 24 万美元部分的 5%。原告支付了 1000 美元的押金。租赁合同签订后，原告放弃了约 600 平方英尺的租赁空间，以便其可以租给另一个承租人。作为交换，当事人达成一致，将酒类销售额排除在租金计算基础之外。当商铺最终可供租赁时，却被租赁给了其他租户。被告提供了替代的位置，但被原告拒绝，因为其不符合原先的商业规划。原告遂向韦恩县巡回法院（Circuit Court，Wayne County）提起诉讼，要求赔偿包括预期利润在内的损失。陪审团作出有利于原告的裁决，被告应赔偿 200 000 美元。密歇根州上诉法院（Court of Appeals of Michigan）认为，初审法院错误地允许在租赁合同违约损害赔偿计算中包括预期利润损失，因此撤销了原判并发回重审。案件最后上诉至密歇根州最高法院（Supreme Court of Michigan）。

3. 争议焦点

若就损失向陪审团提供了相当的证据，租赁合同违约的受害方是否能就其新设立的营业的预期利润损失获得损害赔偿?

4. 裁判结果

密歇根州最高法院支持了原告的诉讼请求,密歇根州上诉法院的判决予以撤销,初审法院基于陪审团裁决的判决予以维持。

5. 裁判理由

首先,密歇根州最高法院反对下列案件被密歇根州上诉法院解读为"新设立的营业的预期利润损失都不能得到赔偿"的法律规则。在雅拉特诉彼得斯案(Jarrait v. Peters)中,原告无法取得租赁场所,陪审团作出有利于原告的裁决,其中包括所损失利润的损害赔偿。[1]但法院基于下列理由撤销了陪审团裁决:当承租人无法取得租赁场所时,损害赔偿以实际租赁价值和预缴租金的差额计算。如果租赁场所是供承租人新设立的营业所用,由于没有任何可循营业记录作为基础来计算利润,承租人只能按照上述规则受偿。在伊斯贝尔诉安德森运输公司案(Isbell v. Anderson Carriage Co.)中,法院指出预期利润损失由于常常不能被证明到合理确定的程度而不能被计算在损害赔偿之内。当证明是充分的时,预期利润损失可以受到赔偿。[2]密歇根州最高法院认为这些案件是以下规则的表达:违约受害方可以就其新设立的营业的预期利润损失获得损害赔偿。此为举证充分性的问题。为了获得违约损害赔偿的裁决或判决,原告必须证明其损害达到合理确定的程度,并能以金钱计算。陪审团不应被允许推测或者猜测利润损失的数额。[3]施罗普希尔诉亚当斯案(Shropshire v. Adams)更简洁地表述了上述规则:未来的利润作为损失的一个要素,在任何情况下都不仅仅因其是利润而被排除,而是因为其不确定。只要利润能够以合理的确定性被证明,其就可以被赔偿。[4]

其次,密歇根州最高法院进一步反对密歇根州上诉法院拒绝给予救济的理由:利润损失的证明是完全推测性的。密歇根州最高院援引了两个判例,意图说明证据是否冲突与是否欠缺精确性都不影响其效力。安德森诉康特里奥案(Anderson v. Conterio)中的在案证言是直接冲突的,并且原告的证据在

---

[1] *Jarrait v. Peters*, 145 Mich. 29, 31–32, 108 N. W. 432 (1906).

[2] *Isbell v. Anderson Carriage Co.*, 170 Mich. 304, 318, 136 N. W. 457, 462 (1912).

[3] *Kezeli v. River Rouge Lodge*, No. 410, *Indep. Ord. of Odd Fellows*, 195 Mich. 181, 188, 161 N. W. 838, 840 (1917).

[4] *Shropshire v. Adams*, 40 Tex. Civ. App. 339, 344, 89 S. W. 448, 450 (1905).

一定程度上是被质疑的，但法院认为，从法律的角度来说，证据被质疑并非就被剥夺了任何可能的价值，或者陪审员就不能相信。[1]在戈德温诉艾斯钢铁和金属公司案（*Godwin v. Ace Iron & Metal Co.*）中，法院认为当损害在某种程度上被查明时，法律不会因为欠缺更为精确的证明而排除救济。在评估损害赔偿时，法院不要求数学上的精确性；就客观情况的本质而言，精确性是无法达到的。[2]在本案中，就预期利润的问题，原被告双方进行了数天的直接询问和交叉询问。一位来自坎宁安制药公司（Cunningham Drug Company）的专家证人作证称原告可能亏损，原告自己作为专家作证利润可能达到 27 万美元，而陪审团认定了 20 万美元，正好是在双方提出的最高和最低的金额之间。除非没有证据支持陪审团的裁决，否则法院不能干涉陪审团对事实的认定。本案中，陪审团有充分的证据来为双方作出这一裁定，密歇根州最高法院认为应尊重陪审团的权限。综上，陪审团判定预期利润损失的裁决是有充分证据基础且正当的。

十一、强制履行的条件：克莱因诉百事公司案（KLEIN v. PEPSICO, INC.）

Eugene V. KLEIN, d/b/a Del Rayo Racing Stable, Plaintiff-Appellee,

v.

PEPSICO, INC. , Defendant-Appellant,

and

Universal Jet Sales, Inc. , Defendant-Appellee.

Eugene V. KLEIN, d/b/a Del Rayo Racing Stable, Plaintiff-Appellee,

v.

UNIVERSAL JET SALES, INC. , Defendant-Appellant,

and

PepsiCo, Inc. , Defendant-Appellee.

Eugene V. KLEIN, d/b/a Del Rayo Racing Stable, Plaintiff-Appellant,

v.

---

[1] *Anderson v. Conterio*, 303 Mich. 75, 79, 5 N. W. 2d 572, 574 (1942).

[2] *Godwin v. Ace Iron & Metal Co.* , 376 Mich. 360, 368, 137 N. W. 2d 151, 156 (1965).

UNIVERSAL JET SALES，INC.，and PepsiCo，Inc.，Defendant-Appellees.

United States Court of Appeals，Fourth Circuit，April 25，1988.

845 F. 2d 76，6 UCC Rep. Serv. 2d 728.

（克莱因诉百事公司案）

1. 裁判要旨

弗吉尼亚州采纳《统一商法典》的规定，认为在损害能够得到充分救济时，适用实际履行的救济措施是不合适的。并且，寻找替代品导致成本增加。不能满足实际履行的条件。

2. 案情介绍

1986 年 3 月，原告克莱因（Klein）想要购买一架二手 G-II 型公司商务机。他联系了环球飞机销售公司（Universal Jet Sales，Inc.，以下简称"UJS"）的总裁帕特里克·贾那斯（Patrick Janas），后者为他提供了数架飞机的信息，包括百事公司（PepsiCo，Inc.）的飞机。詹姆斯·韦尔施（James Welsch）负责百事公司的飞机经纪业务。克莱因的飞行员谢尔曼（Sherman）和机修工奎得（Quaid）在纽约检查了百事公司的飞机。

1986 年 3 月 29 日，克莱因在阿肯色州检查了这架飞机。百事公司资产管理与企业服务副总裁拉希德（Rashid）接待并陪同检查，贾那斯也一同前往。克莱因给了贾那斯 20 万美元作为定金，并出价 440 万美元购买飞机。

3 月 31 日，贾那斯通过电报向韦尔施发出 440 万美元的要约。电传表明，要约必须经过买方满意的工厂检查，并且签订最终合同。4 月 1 日，百事公司要价 470 万美元。讨价还价之后，韦尔施要价 460 万美元提供该飞机。4 月 3 日，贾那斯通过电报接受要价。贾那斯计划将这架飞机以 475 万美元的价格卖给克莱因，合同在该时点已经成立。

4 月 3 日，贾那斯将克莱因与 UJS、UJS 与百事公司之间的合同复印件发给各方当事人，也将销售单发给了百事公司。4 月 8 日，百事公司将销售单发给负责销售的提存机构处理。百事公司的企业顾问罗切夫（Rochoff）就 UJS 与百事公司的合同仅提出了交货日期应该做出修改。

4 月 7 日，飞机被运往佐治亚州进行交付前检查。在检查中解决了大多数问题，但有一个外观问题需要在纽约维修，并且右侧引擎的发动机叶片有一些裂痕。4 月 8 日，检测显示涡轮叶片有 8 处至 11 处裂痕。百事公司的维修主管告知拉希德，维修这些裂痕的费用在 25 000 美元至 28 000 美元之间，百事公司同意支付维修费。

4 月 9 日，飞机返回纽约。拉希德希望飞机停飞，但该飞机当晚被派去接百事公司的董事会主席。4 月 10 日，董事会主席唐纳德·肯德尔（Donald Kendall）命令拉希德不得再售卖该飞机。拉希德告诉韦尔施撤销合同。4 月 11 日，贾那斯告知克莱因百事公司拒绝交付该飞机，该交易被认定终止。

本案的初审法院，弗吉尼亚州东区联邦地区法院（United States District Court for the Eastern District of Virginia）判决支持原告的诉讼请求，认定合同成立并要求实际履行。但百事公司认为，其与 UJS 之间并不存在合同，因为 3 月 31 日与 4 月 1 日的电传已明确表明，在签署书面协议之前不存在任何合同。由于没有签署书面协议（百事公司未在贾那斯发给百事公司的销售合同上签字），百事公司援引判例，主张任何一方均有权随时出于任何原因撤销。[1]本案上诉至美国联邦第四巡回上诉法院（United States Court of Appeals for the Fourth Circuit）。

3. 争议焦点

上诉人 UJS 与百事公司签订的将 G-II 型飞机转卖给克莱因的合同是否成立？如果合同成立，是否能够将实际履行作为救济措施？

4. 裁判结果

上诉法院认为初审法院认定合同成立是恰当的，但实际履行的救济方式是不恰当的。因此，上诉法院判决部分维持原判，部分发回重审。

5. 裁判理由

上诉法院首先肯定了初审法院关于合同成立的判决结果。百事公司坚持认为百事公司与 UJS 之间的合同没有成立，因为双方没有可执行的书面合同，该公司有权随时撤销。初审法院认为，双方之间的销售合同已成立，且成交金额为 460 万美元。合同的成立基于两方面原因：第一，4 月 3 日 UJS 已经通过电报确认。第二，合同双方的行为也表明该销售合同已经成立，包括①百事公司未对韦尔施和贾那斯 4 月 3 日达成的合同提出任何异议；②百事公司给 UJS

---

[1] *Reprosystem, B. V. v. SCM Corp.*, 727 F. 2d 257, 262 (2d Cir. 1984), *cert. denied*, 469 U. S. 828, 105 S. Ct. 110, 83 L. Ed. 2d 54 (1984); *Skycom Corp. v. Telstar Corp.*, 813 F. 2d 810, 815-16 (7th Cir. 1987).

发送电汇 10 万美元的要求，且百事公司也收到了该笔定金；③百事公司与 UJS 通信，表示销售合同显得"很好"；④根据贾那斯和销售合同中的要求，百事公司执行了飞机销售单并将销售单发给提存机构；⑤百事公司应 4 月 3 日的确认电报和销售合同要求，将飞机送往佐治亚州进行交付前检查；⑥通过拉希德，百事公司做出接受 UJS 购买飞机的承诺。百事公司认为，合同没有成立的另一个理由是不符合买方满意的检验条件。对此初审法院裁定，百事公司同意进行维修并支付维修费用，故该主张不成立。最终，上诉法院认为百事公司与 UJS 之间出售一架 G-II 型飞机的合同成立，维持了该部分的判决。

在确认双方合同成立的基础上，上诉法院进一步分析了初审法院做出的实际履行救济方式的适当性，对这部分判决予以撤销并重新判决。初审法院认为，根据《弗吉尼亚州法典》（Virginia Code）第 8.2-716 条的规定，此案的 G-II 型飞机是"独一无二"（unique）的，且克莱因无法取得一架与该飞机相当的飞机是判定属于"其他适当情形"（other proper circumstance）的有力证据，因此判决合同实际履行。上诉法院认为该结论不成立，其论述分为以下两部分。

第一，初审法院强调本案中通过金钱损害赔偿可以弥补克莱因的全部损失，但克莱因称其想转卖该飞机以赚取利润，而寻找替代品导致成本上升，并不比获得实际履行的救济更优，故本案应通过实际履行予以救济。对此，初审法院法官解释称，市场上仅存 3 架相似飞机，故该飞机是独一无二的，克莱因需要一笔相当大的费用来寻找替代品。弗吉尼亚州版本的《统一商法典》仍认为，在损害可以得到赔偿且赔偿充分的情况下，请求实际履行是不合适的。[1]

然而上诉法院认为，很难认定本案的飞机符合可以实际履行条文中规定的"独一无二"，理由为以下三点：①专家证实市场上有 21 架该型号飞机在售，其中 3 架基本相似；②克莱因的首席飞行员说其他的飞机也是可以选购的；③UJS 在本案飞机不能交付后又购买了 2 架 G-II 型飞机供克莱因选择，且克莱因在百事公司拒绝出售飞机后又对另外 2 架飞机出价。基于上述原因，上诉法院认为本案不满足实际履行条文中规定的"独一无二"条件要求。

---

〔1〕 *Griscom v. Childress*, 183 Va. 42, 31 S. E. 2d 309, 311（1944）.

第二，初审法院裁定实际履行的进一步原因是，克莱因无力弥补自己的损失满足实际履行条文中规定的"其他适当情形"条件。克莱因证实他自己没有再购买另一架 G-II 型飞机是因为飞机价格上涨了。对此，上诉法院认为仅仅是价格上涨并不能援引实际履行的条文。本案中，克莱因可以获得充分的金钱赔偿。

综上所述，上诉法院认为，本案赔偿金已经充分，并且该架飞机与《弗吉尼亚州法典》规定的实际履行条款中"独一无二"的含义不相符，因此撤销了实际履行部分的判决，并将该案发回初审法院重新作出赔偿金的判决。

十二、强制履行的条件：莱利德天然气公司诉阿莫科石油公司案（LACLEDE GAS COMPANY v. AMOCO OIL COMPANY）

**LACLEDE GAS COMPANY, doing business as Midwest
Missouri Gas Company, Plaintiff-Appellant,**

v.

AMOCO OIL COMPANY, Defendant-Appellee.

United States Court of Appeals, Eighth Circuit, July 10, 1975.

522 F. 2d 33, 17 UCC Rep. Serv. 447.

（莱利德天然气公司诉阿莫科石油公司案）

1. 裁判要旨

合同并不仅仅因为只有原告单方享有撤销权而无效。如果一方撤销合同的权利既不是任意的，也不是没有限制的，就不会致使该方所有其他承诺是虚假的，从而导致缺少对价。当合同条款明确时，实际履行就是适当的；当法律上的救济措施不充分时，就有请求实际履行的空间。

2. 案情介绍

本案原告莱利德天然气公司（Laclede Gas Company，以下简称"莱利德"）为密苏里州的公司，被告阿莫科石油公司（Amoco Oil Company，以下简称"阿莫科"）为特拉华州的公司。

1970 年 9 月 21 日，密苏里州中西部天然气公司（Midwest Missouri Gas Company，现为莱利德）和美国石油公司（American Oil Company，现为阿莫科）订立了合同，旨在为密苏里州杰弗逊县（Jefferson County）的住户提供丙烷气，直到天然气管道延伸至上述区域。阿莫科被视为"供应商"，而莱利德是"分配单位"。莱利德也承诺支付阿莫科合同下的相应价款。因为私有丙烷系统最终会转化为天然气，所以在合同中有这样一段约定：莱利德应提前30天书面通知阿莫科，该合同对转化后的住宅区不再有效。另一段则给了莱利德撤销合同的权利："自阿莫科向莱利德第一次供气起一年内，合同有效。至合同终止条件成就前，合同效力以一年为单位自动续期，除非在最初的一年或任何随后的以一年为单位的期间，莱利德在续期届满前不少于30天书面通知阿莫科。"在双方的合同中没有阿莫科可以撤销合同的规定。

在一段时间内，双方均在该合同项下履行合同内容，并且增加了17条与住宅相关的条款，通过补充协议的形式纳入合同。

在1972条至1973年冬天，阿莫科经历了丙烷短缺，莱利德只能获得此前80%的丙烷量。莱利德拒绝并强迫阿莫科给付其所需的全部丙烷。在丙烷短缺得到缓和之前，矛盾爆发了。

1973年4月3日，阿莫科通知莱利德，伍德河地区（Wood River Area）丙烷的价格每加仑上涨3美分。莱利德反对价格上涨并寻求合理解释，但没有得到答复。1973年5月14日，阿莫科仅向莱利德发送信函，通知到1973年5月31日合同终止，并声称其享有终止合同的权利，因为合同缺乏"相互性"（mutuality）。

据此，莱利德向密苏里州东区联邦地区法院（United States District Court for the Eastern District of Missouri）提起诉讼，寻求合同的实际履行或损害赔偿。初审法院认为，在被告并无相同撤销权的情形下，原告享有的单方撤销合同的权利因缺乏相互性而导致合同无效，因此判决被告胜诉。莱利德不服，上诉至联邦第八巡回上诉法院（United States Court of Appeals, Eighth Circuit）。

3. 争议焦点

（1）原告单方撤销合同的权利是否导致合同中所有其他承诺是虚假的，从而根本不存在对价，因而导致合同无效？

（2）是否支持原告实际履行的请求？

4. 裁判结果

上诉法院反对初审法院的判决。上诉法院认为，双边合同并不仅仅因为只有一方享有撤销权而无效或者丧失强制力。"合同中约束一方的每一项规定都需要有约束另一方的相应的规定"[1]是没有必要的。上诉法院推翻了初审法院的判决。

5. 裁判理由

（1）莱利德的撤销权是有限制的，合同并不因撤销条款无限制而失效。通过对合同条款的解读可以看出原告具有从被告处购买丙烷的义务，本案中的合同具有"对价的相互性"，合同有效。

上诉法院不赞成任意撤销条款，而倾向于将对行使撤销权的哪怕一点限制解释为构成法律上的损害，以满足充分对价的要求。科宾教授也同意该观点，认为当一方享有在一定时间内通知即可撤销合同的撤销权时，合同不应因缺乏相互性或缺乏对价而失效。密苏里州法律也遵循此种合同规则，即撤销条款仅在撤销权行使无限制时使合同失效。[2]

在本案中，莱利德的撤销权不是任意的，也不是无限制的。至少有 3 种方式受到合同的限制：第一，在阿莫科第一次交付丙烷后，莱利德一年后才享有撤销权；第二，任何撤销只能在协议下首次交付的周年日有效；第三，莱利德必须提前 30 天书面通知阿莫科终止合同。

本案的难点在于合同是否因缺少对价的相互性而不发生效力。"合同的相互性，意味着每一方都有义务做或允许完成某事，以作为另一方的行为或允诺的对价。换言之，只有双方均受合同约束，一方当事人才受合同约束。"[3]

本案中，尽管莱利德并未明示允诺从阿莫科购买所需的所有丙烷，但对合同条款的实际解读表明，这显然是双方的意愿。如此认定时，上诉法院注意到 3 项合同法相关原则：第一，合同内容既包括 1970 年 9 月 21 日的合同，也包括补充协议的内容，因为合同可能由数个协议组成。[4]第二，"如果通过通常的解释规则，法院能够合理发现双方合意的内容，那么合同的对价将被

---

[1] *James B. Berry's Sons Co. of Illinois v. Monark Gasoline & Oil Co.*, 32 F. 2d 74, 75 (8th Cir. 1929).

[2] *Phillips Petroleum Co. v. Rau Const. Co.*, 130 F. 2d 499, 501 (8th Cir. 1942), *cert. denied*, 317 U. S. 685, 63 S. Ct. 260, 87 L. Ed. 549 (1942); *Boland v. Shell Oil Co.*, 71 F. Supp. 649, 651 – 652 (E. D. Mo. 1947); *Bevins v. Harris*, 380 S. W. 2d 345, 352 (Mo. 1964); *Nat'l Ref. Co. v. Cox*, 227 Mo. App. 778, 57 S. W. 2d 778, 781 (1933).

[3] *Aden v. Dalton*, 341 Mo. 454, 107 S. W. 2d 1070, 1073 (1937).

[4] *State ex rel. Foster v. Griffin*, 246 S. W. 2d 396, 398 (Mo. App. 1952).

认为是确定的"。[1]第三，"若合同可被解释出两种含义，一种倾向于合同无效，另一种倾向于有效，则首选后一种解释"。[2]

一旦阿莫科签署补充协议，将使 1970 年 9 月 21 日的合同适用于杰弗逊县的住户，直到合同被莱利德撤销，或者直到天然气输送覆盖全城。阿莫科将会成为丙烷的提供商，并且持续供给充足的丙烷，以满足莱利德对住户需求的合理预期。对莱利德来说，它的义务是从阿莫科处购买特定住户所需要的所有丙烷。这个承诺没有被明示写出，却可以从合同中解读出来。本案中的合同其实就是一个包需求合同（requirements contract）[3]，在买方需求可以被合理预见且履行时间受到合理限制的情况下，此种合同通常会被法院强制执行。[4]因此，上诉法院认为，合同中包含对价的相互性，并且双方间存在有效且具有拘束力的合同，包括后续签订的补充协议。

（2）应当支持原告实际履行的请求。阿莫科主张，实际履行的 4 项要求尚未得到满足。其主张是：①合同中不存在救济措施的相互性；②在缺乏持续、长期监督的情况下，法院很难执行实际履行这种救济方式；③合同不明确且不确定；④莱利德可获得的法律救济是充分的。

上诉法院首先认为，前 3 项主张价值不大，没有阻碍法院的分析。对于第一点，法律上根本没有要求只有当事人双方都享有得到实际履行救济的权利，法院才能给予当事人一方救济。[5]对于第二点，虽然法院可能会因实际履行的判决要求持续、长期监督而拒绝做出此种判决，但是当涉及公共利益时，它仅仅是一个经常被忽视的自由酌处规则。在这里，给每个消费者提供丙烷之公共利益是显而易见的，因而任何所需的监督都不会过于繁重。对于

---

[1] *Burger v. City of Springfield*, 323 S. W. 2d 777, 783（Mo. 1959）.

[2] *Perbal v. Dazor Mfg. Corp.*, 436 S. W. 2d 677, 689（Mo. 1968）.

[3] 包需求合同，是以买方的需求来确定合同数量的买卖合同。它通常会规定买方以固定价格从卖方处购买其在一定时期内所需的所有货物，会规定买方需要多少则卖方就供应多少货物，会规定双方明示或默示地表明买方所需的所有货物都必须从卖方处购买，而不能从第三人处购买。参见刘承韪："包需求合同的法理与适用"，载《法学研究》2017 年第 1 期。

[4] *Cold Blast Transp. Co. v. Kansas City Bolt & Nut Co.*, 114 F. 77, 81（8th Cir. 1902）；*Great E. Oil Co. v. DeMert & Dougherty*, 350 Mo. 535, 166 S. W. 2d 490, 493（1942）；*Cantrell v. Knight*, 72 S. W. 2d 196, 199-200（Mo. App. 1934）

[5] *Beets v. Tyler*, 365 Mo. 895, 290 S. W. 2d 76, 80（1956）；*Rice v. Griffith*, 349 Mo. 373, 161 S. W. 2d 220, 225（1942）.

第三点，1932年的《合同法重述》第370条规定，"除非合同条款非常清楚，以至于法院可以合理确定双方的义务以及到期履行的条件，否则法院不会做出特定履行的判决"，法院相信这些标准在本案中已经被满足。对于已签署补充协议的所有住宅来说，阿莫科将提供合理可预见情况下所需的所有丙烷，而莱利德将从阿莫科处购买所需的丙烷并支付合同价款。协议没有确定的存续时间这一事实并不致命，因为有证据表明最后一个分区应在10年至15年内将丙烷转换为天然气，这为履行设定了合理的时间限制。

对于第4点，当声称违反合同的一方将在法律上获得足够救济时，便不再需要实际履行。[1]但在密苏里州，即使在"适当情形"中涉及个人财产（personalty），也有实际履行的可能。足以否认实际履行的法律救济"必须同实际履行一样确定、及时、完整，而且能有效实现正义的目的"。[2]如阿莫科指出的那样，莱利德根据与其他供应商签订的其他合同即可立即获得丙烷。证据也表明，现时点丙烷在公开市场上很容易获得。然而，该分析忽略了这样一个事实，即本诉讼涉及的合同是为这些分区长期供应丙烷。莱利德的另外两份合同将分别持续到1977年3月31日和1981年4月1日，并且无法保证莱利德在此之后能够获得任何丙烷。而且，还不清楚莱利德能否使用根据这些合同获得的丙烷供应杰斐逊县分区，因为他们最初为莱利德提供丙烷，以便在需求高峰期"调节"（shave）天然气供应。[3]此外，有专家证言表明，鉴于全球能源供应前景不明朗，莱利德可能无法找到另一家愿意签订长期合同的丙烷供应商。而且，即使莱利德可以通过现有合同或新谈判的合同获得受影响开发项目的丙烷供应，也仍然会面临相当大的费用和麻烦，而这些费用和麻烦在安排向分区分配时无法提前估算。

因此，上诉法院认定实际履行在这种情形下是合适的救济，应当予以支持。上诉法院最终判决原告胜诉。

---

[1] *Jamison Coal & Coke Co. v. Goltra*，143 F. 2d 889，894（8th Cir. 1944），*cert. denied*，323 U. S. 769，65 S. Ct. 122，89 L. Ed. 615（1944）.

[2] *Nat'l Marking Mach. Co. v. Triumph Mfg. Co.*，13 F. 2d 6，9（8th Cir. 1926）.

[3] 在寒冷天气期间，当需求很高时，莱利德没有足够的天然气来满足所有这些需求。因此，其将丙烷添加到其分配系统内的天然气中，这种做法被称为"调峰"（peak shaving）。

合同内容与合同解释

一、默示承诺足以构成有效对价：伍德诉露西案（WOOD v. LUCY, LADY DUFF-GORDON）

WOOD
v.
LUCY，LADY DUFF-GORDON.
Court of Appeals of New York，December 4，1917.
222 N. Y. 88，118 N. E. 214.

（伍德诉露西案）

1. 裁判要旨

合同义务的相互性不能仅从合同条款的表面文字来判断，从合同条款中还可以推定出当事人应该承担的默示义务。如果这样的默示义务存在的话，合同就符合了义务相互性规则的要求。合同当事人的默示承诺足以构成有效对价。

2. 案情介绍

被告露西是一名"时尚创造者"，她的品味有助于提高销售额，女装、女帽以及类似产品的生产商都很乐意付费以获取她的认可。任何产品只要缀有她的名字，在公众眼中便被赋予了新的更大的价值。原告伍德与被告签订了一份合同，意图将被告的时尚品味转化为经济效益。在合同约定的期限内，经被告同意，原告拥有在其他人的作品上署被告之名的专有权。除此之外，原告还拥有销售或授权其他人销售被告设计产品的专有权。作为报酬，被告享有签订独家代理合同所得的一半利润。合同自 1915 年 4 月 1 日生效，期限为一年，但一年之后合同将自动延续。在此期间，若一方想要终止合同，需提前 90 天书面通知对方。原告认为其一直遵守合同约定，但被告在未经过原告同意的情况下私自在其他产品上署名并隐瞒所得收入，构成违约，于是原告伍德提起了违约损害赔偿之诉。被告提出抗辩，她的抗辩理由为其与原告所签订的"合同"缺乏合同的基本要素，其中没有明确规定原告应该承担的义务，缺少义务的相互性，因此这不是一个可以强制执行的合同。

本案的初审法院即纽约州最高法院（Supreme Court of New York）作出了有利于原告的判决，但该判决随后被纽约州最高法院上诉法庭（Appellate Division of the Supreme Court, First Judicial Department）推翻。原告遂向本案的终审法院即纽约州上诉法院（Court of Appeals of New York）提起上诉。

3. 争议焦点

（1）当事人之间是否存在具有约束力的合同？

（2）原告的默示承诺是否成立并且构成合同的有效对价，即合同是否满足了义务相互性规则的要求。

4. 裁判结果

终审法院支持了原告的诉讼请求，纽约州最高法院上诉法庭的判决予以撤销，初审法院的判决予以维持。

5. 裁判理由

被告坚持认为她与原告签订的"合同"缺少合同的基本要素，其中没有明确规定原告应该承担的义务，缺少义务的相互性，因此这不是一个可以强制执行的合同。的确，原告并未通过大量文字说明自己将通过合理努力促成产品的签名认证和销售，但终审法院认为，原告类似的承诺已经通过默示的方式表达出来了。合同是由两方经过合意共同签订的，内含大量说明性文字。关于承诺的默示在很多合同条款中都能找到根据。

首先，合同中明确约定原告享有独家代理权。被告既然给予了原告排他性特权，就意味着至少一年内她不能私自进行商品的签名认证和销售。原告对独家代理商地位的接受这一行为是对义务的承担。

其次，这份合同一开始就告诉我们："奥迪斯·F. 伍德拥有一家适合处理认证的商业组织，根据露西·达夫-戈登女士的同意开展业务。"这表明原告的企业将被用于它适合的目的。

再其次，更为重要的是关于被告报酬的条款。在授予原告独家代理商地位后，被告预期获得的唯一报酬即为后续全部利润的一半。也就是说，如果原告不付出努力，被告将永远无法得到好处。如果没有默示承诺，交易不会产生双方当事人原本打算获得的商业效益。

最后，原告在合同中进一步承诺他将对所有收入按月进行核算，还将取得他认为必要的所有专利权、版权和商标权，以保护受本合同影响的权利和物品。正如纽约州最高法院上诉法庭所说，若他在销售和产品认证方面没有义务，上述承诺将是毫无价值的。但是在确定当事人意图时，这些承诺就是有价值的，它有助于强化原告确实存在某些义务的结论。从原告关于给付被告　半利润并按月提交账单的承诺中可以推断出，原告在承诺将通过合理努力赚取利润。关于这一点，有充足的先例支持这个结论，如威尔逊诉手摇机械风琴公司案（*Wilson v. Mechanical Orguinette Co.*）等先例。[1]

综上所述，终审法院认为，虽然原告没有将承诺明确到具体合同条款中，但经过对合同内容的审查可知，原告已经做出了默示承诺。被告出让其专有特权，原告承诺将独家代理所得利润的一半分给被告，并且按月提交账单，这个承诺表示原告将通过合理努力使得利润得以实现，该承诺构成了合同的有效对价，合同符合义务相互性规则的要求，当事人之间成立具有约束力的合同。因此，终审法院对被告的抗辩不予支持。

---

〔1〕　*Wilson v. Mech. Orguinette Co.* , 170 N. Y. 542, 63 N. E. 550（1902）；*Phoenix Hermetic Co. v. Filtrine Mfg. Co.* , 164 A. D. 424, 150 N. Y. S. 193 （App. Div. 1914）；*Jacquin v. Boutard*, 35 N. Y. S. 496（Gen. Term 1895）, *aff'd* , 157 N. Y. 686, 51 N. E. 1091（1898）；*Jacquin v. Boutard*, 157 N. Y. 686, 51 N. E. 1091（1898）；*Moran v. Standard Oil Co. of New York*, 211 N. Y. 187, 198, 105 N. E. 217（1914）；*City of New York v. Paoli*, 202 N. Y. 18, 94 N. E. 1077（1911）；*McIntyre v. Belcher*（1863）14 CBNS 654；*Devonald v. Rosser & Sons*〔1906〕2 KB 728；*W. G. Taylor Co. v. Bannerman*, 120 Wis. 189, 97 N. W. 918（1904）；*Mueller v. Bethesda Min. Spring Co.* , 88 Mich. 390, 50 N. W. 319（1891）；*Baker Transfer Co. v. Merchants' Refrigerating & Ice Mfg. Co.* , 1 A. D. 507, 37 N. Y. S. 276（App. Div. 1896）.

二、包需求合同的效力：东方航空公司诉海湾石油公司案（EASTERN AIR LINES，INC. v. GULF OIL CORPORATION）

EASTERN AIR LINES，INC.，Plaintiff，

v.

GULF OIL CORPORATION，Defendant.

United States District Court，S. D. Florida，October 20，1975.

415 F. Supp. 429，19 UCC Rep. Serv. 721.

（东方航空公司诉海湾石油公司案）

1. 裁判要旨

（1）包需求合同对双方当事人具有约束力并且可以被执行。

（2）若要适用《统一商法典》第2-615条的"商业上不能履行"（commercial impracticability）抗辩，需要满足以下条件：①合同预设的情况无法实现；②该预设情况的无法实现不能被合理预见；③该风险没有被特定地分配给起诉方。在证明过程中，由起诉方承担"商业上不能履行"的举证责任。

2. 案情介绍

1959年，东方航空公司（Eastern Air Lines，Inc.，以下简称"东航公司"）与海湾石油公司（Gulf Oil Corporation，以下简称"海湾公司"）建立了有关买卖航空燃油的长期互利的商业关系。1972年6月27日，经过数月的谈判，双方达成了新的协议，由海湾公司为东航公司在其系统内的指定城市提供航空燃油并签订一份按需供应合同（requirement contract），该合同采用海湾公司的航空燃油买卖格式合同，并且与双方之前签订的航空燃油买卖合同几乎完全相同。1973年12月31日，海湾公司单方面宣布合同无效，意图终止双方的合作关系，而东航公司则希望海湾公司能继续履行合同。直到1974年3月8日，海湾公司要求东航公司必须答应其上调航空燃油价格的要求，否则将在15天内切断对东航公司的航空燃油补给，双方因此停止了通信和电传沟通。

据此，东航公司将海湾公司起诉至佛罗里达州南区联邦地区法院（United States District Court，S. D. Florida），指控海湾公司违约，要求法院颁发临时禁令和永久禁令，同时要求海湾公司按照合同约定继续履行。海湾公司提出抗辩，理由主要有：首先，双方签订的合同不是一个有效的合同，因为缺乏义务的相互性（mutuality of obligation），并且合同条款是模糊、不确定的。其次，东航公司存在违约行为。海湾公司认为东航公司通过"运输中运载燃油"（fuel freighting）的方法来操纵航空燃油需求，即由于双方签订的按需供应合同要求在多个城市履行，而不同城市间的航空燃油价格存在一定的偏差，东航公司涉嫌利用按需供应合同在航空燃油价格偏低的城市大量购买海湾公司提供的航空燃油，而在航空燃油价格偏高的城市减少购买量，这违反了诚实信用原则，构成违约。最后，由于国际原油市场的不稳定、价格的上涨以及美国政府实施的调控石油价格的"两级"定价政策，海湾公司生产航空燃油的成本上升，合同已构成"商业上不能履行"。

1974 年 3 月 20 日，双方经协商同意实施临时禁令，即双方继续按照之前签订的按需供应合同履行各自的义务，直到法院宣布本案的最终审理结果。

3. 争议焦点

（1）本案中的合同是否有效？

（2）东航公司的"运输中运载燃油"行为是否构成违约？

（3）海湾公司在履行合同时是否存在"商业上不能履行"情形？

（4）本案能否适用实际履行的违约救济方式？

4. 裁判结果

法院作出支持东航公司的判决。法院认为，本案争议合同是一个有效的按需供应合同；海湾公司于 1973 年 12 月 31 日单方面宣布合同无效的行为构成违约；本案争议的合同不缺乏义务的相互性，也不存在"商业上不能履行"情形，东航公司也按合同约定履行了义务。因此，法院判决东航公司有权请求继续履行合同，审判前颁发的要求双方按合同条款实际履行的临时禁令成为永久禁令继续有效。

5. 裁判理由

（1）在早期案件中，按需供应合同往往因缺乏必要的明确性和相互关系而被判定无效。但近年来法学界发展出了一种新观点，当买方经营业务时，如果法院可以参照经营特定业务所需货物数量的客观证据来确定合同规定的货物数量，便可解决"缺乏相互性"和"不确定性"的问题。此外，根据《统一商法典》（*Uniform Commercial Code*）第 2-306 条第（1）款及其官方评注，如果合同中所争论的"需求"是指特定方基于善意开展业务的实际产出或需求，并且能够按照公平交易的商业标准确定需求，则该按需供应合同并非不明确，也不缺乏义务的相互性。

在本案中，双方争议的合同包含双方对佛罗里达州盖恩斯维尔（Gainesville）地区航空燃油需求的估量，并且双方长期以来都依靠彼此的诚信经营来确定买卖航空燃油的数量。因此，法院认为本案争议的按需供应合同对双方有约束力并且可被执行。

（2）法院经审理认为，东航公司的"运输中运载燃油"的行为不构成海湾公司主张的违约行为。法院认为，东航公司"运输中运载燃油"的行为是一种商业惯例，并且已为业界所公认。在原被告双方多年的商业交往中，海湾公司自始知道东航公司的该先前行为，但从未提出过异议，因此东航公司并没有违反合同约定。

（3）被告"商业上不能履行"的抗辩主要依据《统一商法典》第2-614、2-615条。要想援用第2-615条的规定，必须满足以下条件：①合同预设的情况无法实现；②该预设情况的无法实现不能被合理预见；③该风险没有被特定地分配给起诉方。在证明过程中，由起诉方承担"商业上不能履行"的举证责任。

根据"商业上不能履行"规则的法律渊源和相关判例可得知，仅仅只是成本的提高并不满足"商业上不能履行"的适用条件。海湾公司提出两点佐证其主张：第一，美国政府出台的"两级"定价政策致使合同中约定作为航空燃油定价参考的价格上涨指标失效，导致按需供应合同履行不能。第二，国际和国内部分原油市场价格大幅上涨，但价格上涨指标并未随之上涨，因此合同存在"商业上不能履行"的情况。对于前者，法院认为，该按需供应合同的语言是明确且不存在歧义的。从合同文本可知，双方合意受价格上涨指标的约束来确定合同价格。而价格上涨指标一直持续有效地运作，因此被告的第一个论点不成立。对于后者，法院认为，若要适用"商业上不能履行"规则，海湾公司必须举证证明其履行合同所遭受或将要遭受的损失。法院无法查明海湾公司向东航公司提供一加仑航空燃油所耗费的成本，被告亦无法证明，因此也就无法判断海湾公司存在获利或亏损。由于海湾公司无法证明其在与东航公司的贸易中的成本变动情况，被告主张的合同"商业上履行不能"不成立。

法院进一步指出，即使海湾公司能够证明存在《统一商法典》第 2-615 条所规定的困难，由于其主张的造成困难的石油危机事件在合同履行过程中是可以被合理预见到的，其抗辩依然无法成立。换言之，如果偶然事件是可以被预见的，就不符合"商业上不能履行"规则的适用条件。

（4）关于本案该提供何种违约救济的问题，法院认为，鉴于当事人双方根据初步禁令已经合理有效地履行合同义务超过一年，如果海湾公司停止供应航空燃油，将会给东航公司造成混乱和无法挽回的损失，因此，颁发继续实际履行合同的法令符合衡平法的救济条件，诉前禁令变更为永久禁令继续有效。

三、包需求合同的数量调整：威斯科公司诉江森自控公司案（WISECO, INC. v. JOHNSON CONTROLS, INC.）

WISECO, INC.

v.

JOHNSON CONTROLS, INC.

United States Court of Appeals for the Sixth Circuit, November 4, 2005.

155 F. App'x 815

（威斯科公司诉江森自控公司案）

1. 裁判要旨

对于包需求合同中的买方来说，如果其出于善意（诚信），就可以减少合同项下的货物数量，即使合同数量与原先估计的数量明显不相称。

2. 案情介绍

（1）案件事实。在 1998 年，被告江森自控公司为案外人戴姆勒克莱斯勒公司的几款汽车生产一种金属头枕靠垫。江森自控公司有一家叫作福美其的工厂，这家工厂位于肯塔基州的乔治镇。当年 12 月，福美其工厂的一位员工试图将头枕靠垫制作中的两项工作外包给原告威斯科公司，工作内容是，将金属棒弯曲，变成一个 U 形的造型；在零件末端进行切割。双方当事人口头协商同意，威斯科公司将自费准备必要的工作工具。威斯科公司每天的生产数量大约是 4000 个，报酬是每加工一个零件 50 美分。江森自控公司也告诉威斯科公司，该零件的寿命至少是 4 年，威斯科公司也就将这一期限作为它期待的合同期限。通过采用江森自控公司提供的零件制造方案，威斯科公司自己购买了设备，从事零件的加工制造；在 6 个月的时间内，它每天生产大约 4000 个这样的零件。这些生产出来的零件被送到江森自控公司的福美其工厂进行后期制作，然后再被送到江森自控公司设在加拿大蒂尔森伯格的工厂，完成头枕靠垫的最后装配。

在威斯科公司生产零件 6 个月之后，江森自控公司告诉威斯科公司，它不久将要终止 684F 零件的订单。在随后的 6 个月中，江森自控公司对 684F 零件的需求量确实急剧减少。然而，在这一段时间内，江森自控公司还是要求威斯科公司承接对 684F 零件进行最终加工的工作，而在以前，这一项工作是由江森自控公司的福美其工厂完成的；承接下这样的工作，意味着威斯科公司不仅要对 684F 零件进行弯曲和切割，还要对这一零件进行开槽和加工，使它成为一个最终完成的零件（684B 零件）。虽然江森自控公司给予威斯科公司 684B 零件的订单要远远少于每天 4000 个，但江森自控公司对于威斯科公司的额外工作还是会支付更多的报酬。

根据江森自控公司的说法，它减少对 684F 和 684B 零件（二者统称"684零件"）的需求，是因为戴姆勒克莱斯勒公司对产品需求的变化。684F 零件最初是使用在戴姆勒克莱斯勒的 1999 型切诺基车辆以及 1999 型大切诺基车辆上的零件，684B 零件使用在 2000 型大切诺基车辆及 2001 型大切诺基车辆上。新款大切诺基车辆所使用的头枕靠垫采用的是 611 零件，这一零件是一种金属杆，比 684B 零件长 40 毫米，并有另外两个增加出来的切口。611零件是由古尔夫工具模型公司生产的，这家公司靠近头枕靠垫最终完成装配的加拿大的蒂尔森伯格工厂。

（2）诉讼历史。2001 年 5 月 14 日，威斯科公司在肯塔基州起诉江森自控公司违反了有关 684 零件的合同。江森自控公司则根据跨区管辖的规定，申请将这一案件移送到联邦地区法院进行审理。2001 年 8 月 31 日，联邦地区法院作出了支持江森自控公司的简易判决。联邦地区法院在作出这一判决的时候，是这样分析的："江森自控公司从威斯科公司这里购买了它所需要的所有684 零件，从这一点来说，被告并没有违反双方之间的合同。"威斯科公司上诉至联邦第六巡回上诉法院。

（3）原被告观点。

被告认为：戴姆勒克莱斯勒公司现在的需求发生了变化，一旦戴姆勒克莱斯勒公司"停止需要"系争零件，这一事件就成为被告订单缩水的一个"善意"理由。相应地，对于原告订单的改变也就不构成"对合同的违反"。让被告仅仅为了遵守这一份包需求合同而去生产那些已经无效的零件，将是"不合理的"。在这样的情形下，由于没有其他证据表明自己仍然继续需要这些 684 零件，被告坚持认为，它所处的情形发生了实质性的变化，因此，它并没有违反双方的这一包需求合同。

原告认为：本案系争的所谓不同零件，实质上是同一零件，即 684 零件与 611 零件实质上是同一种零件，后者就是仿制的前者。

3. 争议焦点

（1）江森自控公司减少需求量是否是善意的？

（2）江森自控公司减少需求量是否违反合同？

4. 裁判结果

维持联邦地区法院所作的判决。

5. 裁判理由

在威斯科公司开始生产之后，江森自控公司实质性地减少了它对于 684 零件的需求量，这样的行为是否违反了双方达成的包需求合同？根据《统一商法典》[1] 的规定，一个包需求合同要求"买方必须是善意地从卖方这里购买实际需要的产品，但是不能提出或要求与原先合同相比明显不合理的数量"。"大多数司法机构已经将《统一商法典》第 2-306 条第（1）款解释为允许买方善意地减少需求量，即使减少的需求量和原先合同中表述出来的估计数字严重失衡。而对买方增加需求量，却不可以。"[2] 鉴于增加需求量与减少需求量在适用这一条款上的区别，在一般情况下法院会认定，"卖方应该承担买方需求量发生善意变化的风险，甚至包括买方决定对公司进行清算或者不打算将经营业务继续下去的风险"。[3]

---

〔1〕《统一商法典》已经被肯塔基州采纳，而且几乎在每一个司法区域都已经被采纳。

〔2〕 *Godchaux-Henderson Sugar Co.，Inc. v. Dr. Pepper-Pepsi Cola Bottling Co.*，No. 83-5730，1985 WL 13561，at ＊6，1985 U. S. App. LEXIS 14121，at，18（6th Cir. August 29，1985）；*Empire Gas Corporation v. Am. Bakeries Co.*，840 F. 2d 1333，1337（7th Cir. 1988）.

〔3〕 Empire Gas，840 F. 2d at 1337-38；Brewster，33 F. 3d at 365.

　　本案中江森自控公司是否发生了违反合同的情形，就部分取决于肯塔基州如何理解《统一商法典》第 2-306 条第（1）款中的"善意"这一概念。由于肯塔基州法院或者联邦第六巡回上诉法院没有现成判例对《统一商法典》中的"善意"条款进行过解释，联邦第七巡回上诉法院波斯纳法官在帝国燃气公司诉美国面包公司案（*Empire Gas Corporation v. American Bakeries Co.*）这一判例中的意见最具有借鉴意义，该案分析了《统一商法典》中包需求合同要求的"善意"的组成要素。在帝国燃气公司诉美国面包公司案中，波斯纳法官解释道，包需求合同非选择权合同，因此，放弃购买合同项下货物的决定，不能随便地以任意理由作出或者根本没有理由地作出。波斯纳法官分析指出，"善意"条款对买方施加了好几个限制性的要求，即买方不能再从其他卖方那里购买系争货物，买方不能"仅仅是对原先的合同条款又有了新的考虑就放弃购买"，"买方要承担卖方供应的货物数量发生小幅波动的风险"。而且，如果买方减少货物需求量的商业理由是不受合同条款支配的原因，或者是独立于它与卖方关系的其他原因，那么买方的行为就不属于恶意行事。

　　有好几个法院在作出判决时适用了波斯纳法官所界定的"善意"规则，它们作出的判例可以帮助我们更加清楚地理解"善意"规则的轮廓。联邦第一巡回上诉法院在判决中认定，当一个买方选择关闭一家无利可图的生产工厂，进而导致对一份供应合同下的货物不再有需求时，买方并不构成恶意行事。有好几个其他法院的判例也认定，买方减少和取消订单的行为并不构成恶意行事，这些判例中提及的减少和取消订单的原因多种多样，包括买方这样做是想要减少现有的产品库存，想让现在的经营变得更加富有效率，买方的顾客不再需要原先合同中的产品，或者只有一部分产品是需要的，而这些产品比原先合同中估计的数量要少。

　　卖方必须证明买方存在恶意减少货物需求量的行为。在国际技术援助公司诉美利坚合众国案（*Technical Assistance Int'l, Inc. v. Unitied states*）案[1]中，审理该案的法官在判决意见中这样说道："在不能表明买方存在恶意的情形，买方将被推定为是根据正当的商业理由来改变它对某一货物的需求，推定买方是在善意行事，并且对于其在货物需求上的变化不承担责任。"

---

　　[1] *Technical Assistance Int'l, Inc. v. Untied States*, 150 F. 3d1369, 1373.

毫无疑问，法律不允许江森自控公司恶意改变威斯科公司正在制造的零件数量。但是，威斯科公司向法院提起本案中的主张时，并没有满足举证要求。由于缺少充分的证据证明自己在本案中的主张，威斯科公司在案件审理过程中开始对它提出主张的前提条件进行扩大解释，它将适用条件从一个生产某一特定零件的合同转为生产类似零件的合同，再转向所有生产吉普车头枕靠垫的合同。因为联邦地区法院在初审中所认可的包需求合同并没有这样的前提条件，而且因为《统一商法典》对于买方所施加的"善意"的限制并没有原告提出的这样的要求，我们认为，初审法院拒绝威斯科公司在本案中的诉讼请求是正确的。

江森自控公司向法院指出了本案所涉及的这些零件的差异，包括 684 零件与 610 零件之间的差异、684 零件与 611 零件之间的差异。在这些零件存在的差异之外，江森自控公司还提供了它改变 684 零件需求的另一个理由：头枕靠垫的生产和最终完工，已经从肯塔基州的福美其工厂转移到了加拿大的蒂尔森伯格工厂。当威斯科公司和江森自控公司一起在福美其工厂生产其最终的 684 零件的时候，江森自控公司是将完成的头枕靠垫交付到蒂尔森伯格工厂进行最终的装配。江森自控公司基于商业效率（运输成本、时间迟延等）的理由，以及它得出的福美其工厂已经多次未能有效生产零件的结论，作出了在加拿大生产 611 零件的决定。在上诉法院看来，江森自控公司的这两个理由都构成了不受其与威斯科公司合同支配的正当商业理由。威斯科公司从来也没有提供反驳这些正当商业理由的证据，事实上，威斯科公司自己也承认，它不知道为什么江森自控公司将头枕靠垫的生产转移到了加拿大。将头枕靠垫的生产转移到加拿大，也是对减少 684 零件需求量的另一种解释，这一解释也支持初审法院作出的从法律上驳回威斯科公司主张的判决。

四、选择权条款效力与模糊条款解释：玩具公司诉 F. M. 伯灵顿公司案（TOYS, INC. v. F. M. BURLINGTON CO.）

TOYS, INC.

v.

F. M. BURLINGTON CO. d/b/a Burlington Square.

Supreme Court of Vermont, August 10, 1990.

155 Vt. 44, 582 A. 2d 123.

（玩具公司诉 F. M. 伯灵顿公司案）

1. 裁判要旨

对模糊条款的解释应依照不利于起草一方的方式进行。在合同内容的解释过程中，必须考虑到双方的情况和目的、谈判的主题和过程。对要约的回复中包含超出目标范围的条款，可以是一种请求的提出，不构成对承诺的限制。

2. 案情介绍

1979 年 11 月 1 日，承租人玩具公司（Toys, Inc.）和出租人 F. M. 伯灵顿公司（F. M. Burlington Co.）签订了租赁合同，出租人将其位于购物中心的商铺租给承租人，租期为 1980 年 4 月 1 日至 1985 年 2 月 28 日。合同中包含了选择权条款，即若承租人在合同期限内没有违约行为，有权选择按原合同条款续租 5 年，除非没有进一步的权利续租，或者固定的最低租金需重新磋商为当时商场内的市价。若承租人选择续租，应于合同到期前一年通知出租人。1984 年 2 月 7 日，承租人致信出租人表明自己续租的意图。2 月 24 日，出租人作出回应，确认了承租人正在行使续约选择权，并附上租金市价。3 月 1 日，承租人回复，认为双方对续租的租金市价并未达成共识，并表达了重新谈判的意愿。

7 月 17 日，双方会面，似乎达成了共识，商定的租金构成与出租人在 2 月给出的差距不大。翌日，出租人给承租人发函征求意见，附了合同条款（含租金条件），要约的有效期截至 1984 年 8 月 1 日。承租人回函，请求多给予两周的时间考虑。在此两周后，承租人又致函出租人，要求再加两周考虑时间，出租人没有对该请求作出回应，承租人对出租人的要约也不置可否。

同时，承租人也在寻找其他商铺，以防与出租人谈判失败。11 月 1 日，出租人通知承租人，其商铺要另租他人。承租人于 11 月 9 日去信，要求行使续约选择权，双方谈判停滞。出租人认为，承租人没有接受其在 2 月给出的租金条件，并且 7 月的报价也失效了。承租人则认为，2 月 7 日的信函已经在行使续约选择权，出租人受到租金市价的约束。承租人最终购买了之前作为备选的大楼，离开了出租人的购物中心，并起诉出租人违约。

被告则据此申请有利于己方的简易判决，其认为：①租赁合同中的选择权条款实际上是一项不可强制执行的约定；②即使存在有效的选择权，原告也从未有效行使过；③即便原告有权续租，原告也通过自己的行为放弃了。初审中，奇滕登县高级法院（Chittenden Superior Court）驳回被告的请求，并作出有利于原告的简易判决。被告不服，上诉至佛蒙特州最高法院（Supreme Court of Vermont）。

3. 争议焦点

（1）租赁合同中的选择权条款是否可以强制执行？

（2）如果选择权条款有效，原告是否已经有效行使了选择权？

（3）如果原告有权续租，是否已经放弃了该权利？

4. 裁判结果

佛蒙特州最高法院撤销了初审法院作出的简易判决，并将案件发回重审。

5. 裁判理由

上诉法院同意初审法院在第一个焦点上的判决，即选择权条款并非没有强制执行力。关于如何判断选择权条款的强制力，上诉法院参照了雷诺兹诉沙利文案（*Reynolds v. Sullivan*）：条款模糊的选择权协议当然是"不可执行的"，但"包含了随后的合同中应有的所有重要和实质条款"的选择权协议具有强制力。[1] 在这一点上，并不强求选择权协议包含合同的所有条款。并且，根据阿格韦公司诉马罗蒂案（*Agway, Inc. v. Marotti*），法院应尽可能对选择权协议进行解释，使其具有约束力。[2] 此外，本案中选择权条款由被告起草，因此对于模糊条款，应依照不利于被告的方式解释。

租赁合同的选择权条款规定，"确定的最低租金需重新磋商（renegotiate）

---

〔1〕 *Reynolds v. Sullivan*, 136 Vt. 1, 3, 383 A. 2d 609, 611 (1978).

〔2〕 *Agway, Inc. v. Marotti*, 149 Vt. 191, 194, 540 A. 2d 1044, 1046 (1988).

为当时商场内的市价",上诉法院认为这样的表述传达了定下续期租赁价格的明确方法。而在原告初次表达续约意向后,被告的回复也指明了"商场内的市价",双方并无分歧。虽然被告强调了"重新磋商"一词在选择权条款中的存在,但上诉法院将此解释为"措辞上的不够精确",该条款的意思应是租金由选择权条款来确定,而不是从头谈判。因此,应当认为选择权条款有强制执行力。

接下来,上诉法院针对其余焦点,反驳了初审法院的判决。

关于第二个焦点,即在选择权条款有效的假设下,原告是否适当地行使了选择权,上诉法院首先参照哈登诉佛蒙特州税务局案(*Harden v. Vermont Dep't of Taxes*),将选择权界定为一种在特定期限内向特定对象发出要约的协议。[1]根据布里克诉沃克案(*Bricker v. Walker*)和布坎农诉比林斯案(*Buchannon v. Billings*),只有在选择权的核心内容依据其条款被接受时,合同才成立。[2]而合同成立于否,则要诉诸承诺与要约的符合性,根据阿克曼诉卡朋特案(*Ackerman v. Carpenter*),与要约不符的承诺不产生合同,但是在对要约的回复中包含超出目标范围的条款时,可以是一种请求的提出,不构成对承诺的限制。在确定一方的意图和另一方本应理解的内容时,必须考虑到双方的情况和目的、谈判的主题和过程。[3]上诉法院从原告与被告之间的谈判过程考虑,无法从法律上认定原告是否接受了该选择权条款,故初审法院作出有利于原告的简易判决是错误的;这一问题应留给事实查明者解决。

关于第三个焦点,即原告在声称行使选择权之后的行为是否构成对选择权的放弃,上诉法院同样不认为到目前为止对这个问题足以做出偏向任一方的简易判决。根据琳达·李时装公司诉夏普胶版印刷公司案(*Lynda Lee Fashions, Inc. v. Sharp Offset Printing, Inc.*),对已知权利的放弃意愿与行为,可以通过明示的言行来证明。[4]关于这一点,原被告各执一词,被告认为原告在其行使选择权的初始信函之后的行为与续签的意图不一致,是选择权的放弃,双

---

〔1〕 *Harden v. Vermont Dep't of Taxes*, 134 Vt. 122, 125, 352 A. 2d 685, 687 (1976).

〔2〕 *Bricker v. Walker*, 139 Vt. 361, 364, 428 A. 2d 1129, 1130 (1981); *Buchannon v. Billings*, 127 Vt. 69, 74-75, 238 A. 2d 638, 642 (1968).

〔3〕 *Ackerman v. Carpenter*, 113 Vt. 77, 81, 29 A. 2d 922, 924-25 (1943)

〔4〕 *Lynda Lee Fashions, Inc. v. Sharp Offset Printing, Inc.*, 134 Vt. 167, 170, 352 A. 2d 676, 677 (1976).

方之间的长期和无果的谈判、原告未能回应仲裁的提议以及原告积极寻求商场以外的房产的行为都可作为证据。原告则认为，自己的言行并没有与2月7日的续约函直接不符，而且在被告的默许下，其可以自由地在选择权条款之外重新协商租金，而不影响对选择权的接受。上诉法院认为，从这些情况看，原告的意图并不清楚，不能据此直接作出简易判决，应继续交由事实查明者对原告是否弃权进行裁定。

五、行业惯例的适用：冷冻进口公司诉 B. N. S. 国际销售公司案 (FRIGALIMENT IMPORTING CO. v. B. N. S. INTERNATIONAL SALES CORP.)

FRIGALIMENT IMPORTING CO. , Plaintiff,

v.

B. N. S. INTERNATIONAL SALES CORP. , Defendant.
United States District Court S. D. New York, December 27, 1960.
190 F. Supp. 116.

（冷冻进口公司诉 B. N. S. 国际销售公司案）

1. 裁判要旨

当一方当事人不是某行业的成员时，要适用行业惯例必须证明当事人对该惯例有实际了解，或者证明该惯例被社会普遍接受，以至于可以推断出当事人对该惯例有实际了解。

2. 案情介绍

原告冷冻进口公司（Frigaliment Importing Co.）是一家瑞士公司，被告 B. N. S. 国际销售公司（B. N. S. International Sales Corp.）是一家美国纽约州的销售公司，本案发生在纽约州。原告与被告进行商业往来并签订了两份合同，第一份合同签订于1957年5月2日，合同约定被告确认向原告出售"美国新鲜冻鸡，A级，经政府检验合格，切除内脏后的重量在2.5磅至3磅和1.5磅至2磅，每只鸡都单独用快尔卫（Cryovac）牌包装袋真空包装，装在安全的纤维纸箱或木箱中，适于出口，发货日期为1957年5月10日"。第二份合同也签订于1957年5月2日，内容相同，但只要求被告提供50 000磅较重的"鸡"，较小的鸡的价格为每100磅37美元，装运时间为5月30日。

第一批货物抵达瑞士后，5 月 28 日，原告发现重量为 2.5 磅至 3 磅的鸡不是适于烤和煎的肉幼鸡，而是炖鸡，许多纸箱和包装袋上都清楚标明了这一点。原告向被告提出了抗议。然而，第二份合同约定的货物还是于 5 月 29 日装运了，这批 2.5 磅至 3 磅的鸡仍然是炖鸡。被告在鹿特丹停止了这些货物的运输。原告根据纽约州法律，向纽约州南区联邦地区法院（United States District Court S. D. New York.）起诉被告违反了销售的货物应符合描述的保证。

3. 争议焦点

本案合同中的"鸡"是否特指"肉幼鸡"？

4. 裁判结果

法院认为，原告未能证明合同中的"鸡"仅指适于烤和煎的肉幼鸡，而不包括炖鸡，因此判决驳回原告的诉讼请求。

5. 裁判理由

（1）合同本身并不能成为支持"鸡"为"肉幼鸡"的依据。分析这一点应当聚焦于双方为达成合同的往来电报。为促成合同签订，被告的秘书恩尼斯特·R. 鲍尔（Ernest R. Bauer）先生与斯托维切克（Stovicek）先生进行了商务谈判，后者是代表捷克斯洛伐克政府参加世界贸易博览会（World Trade Fair）的人员。原告于 1957 年 4 月 26 日向被告发送电报，声称其是"买家"，需要规格为 2.5 磅至 3 磅的鸡（chicken）共 25 000 磅，价格最高为每磅 33 美分，装运日期为 5 月 10 日，卖方应于次日上午前予以确认。在调查了市场价格后，鲍尔表示接受，当天晚上斯托维切克发出了一封确认函。这些电报（主要使用德语）是原告与被告之间订立合同的基础。

原告强调其在电报中使用英文的"chicken"一词，是因为认为"chicken"的意思是"肉幼鸡"，而德语中的"Huhn"一词既包括"Brazuhn"（肉幼鸡），也包括"Suppenhuhn"（炖鸡），被告完全精通德语，应该会意识到这一点。然而，鲍尔的证词使得原告的论点毫无说服力。鲍尔说他们用德语发电报询问需要什么类型的鸡，得到了"任何种类的鸡"的答复。此外，他们还用德语询问了电报中的鸡是否意味着"Huhn"，并得到了肯定的答复。原告抨击上述证词与鲍尔在 1959 年 3 月提供的证词不一致，同时还主张斯托维切克无权解释电报的含义。

要证实鲍尔的证词是否与其在 1959 年 3 月的证词相左，只需要查看当时的记录。通过审查电报记录，法院认为原告关于鲍尔两次证词相左的抨击不成立。此外，原告将合同中包含"通过中间人：_____"的条款且存在空白未填写作为否定代理关系的依据。法院认为这完全不具说服力，因为本条款的目的是填入向其支付佣金的中间人的姓名，而不是抹去存在代理关系的事实。

（2）将合同中的"鸡"认定为"肉幼鸡"并非行业惯例。原告认为，合同中的"鸡"指"肉幼鸡"，这是一种明确的行业惯例。根据纽约州的法律，当一方当事人不是某行业的成员时，要适用行业惯例必须证明当事人对该惯例有实际了解，或者证明该惯例被社会普遍接受，以至于可以推断出当事人对该惯例有实际了解。

原告希望通过 3 个证人的证言和其他证据确立这一行业惯例。斯特拉瑟（Strasser）是一家瑞士大型连锁合作社在纽约的常驻采购员，他作证说："谈到鸡，我肯定认为是肉幼鸡。"然而，上述证词的证明力不足，因为斯特拉瑟是一个谨慎的商人，在平时的商业往来中他会精确使用"肉幼鸡""成熟鸡"等词来避免自己身陷纠纷之中。尼西洛夫斯基（Niesielowski）是一家为被告提供炖鸡的公司的领导，他证明"鸡"意指"家禽业的雄性物种"，"可能是肉幼鸡、炸鸡或烤鸡，但不是炖鸡"。但是，当收到被告对鸡的种类的询问时，出于谨慎，尼西洛夫斯基会询问被告想要的是否为"炖鸡"。乌尔纳-巴里（Urner-Barry）公司的雇员达特斯（Dates）发布了一份关于家禽交易的每日市场报告，他认为"鸡"在贸易中的含义是"肉幼鸡和炸鸡"。除了上述证言，原告还提供了乌尔纳-巴里公司、商业杂志（Journal of Commerce）以及温伯格兄弟公司（Weinberg Bros. & Co. of Chicago，芝加哥一家大型家禽供应商）发布的报价，这些报价将"鸡"区分为肉幼鸡、炸鸡和其他种类的鸡。鲍尔承认，"其他种类的鸡"包括炖鸡。

被告的证人魏宁格尔（Weininger）在新泽西州经营一家鸡内脏厂，他作证说："除了不是一只鹅、一只鸭子和一只火鸡，你可以说任何家禽都是鸡。因此当谈到鸡时，必须指定所需的类别。"证人福克斯（Fox）说："在交易中，'鸡'将涵盖所有的分类。"从事食品检验服务的萨迪纳（Sadina）作证说，他认为任何在农业部规定的"鸡"项下的鸟类都可以称为"鸡"。

如前所述，原告并未证明被告对这一行业惯例具有实际了解，且不能证明该惯例被社会普遍接受、普遍适用，因此"鸡"指"肉幼鸡"并不能被认为是行业惯例。

（3）基于原告的行为可以推测合同中的"鸡"并不特指"肉幼鸡"。原告提供的每磅 33 美分的价格不可能购买到重量为 2.5 磅至 3 磅的肉幼鸡。1957 年 4 月底，2.5 磅至 3 磅的肉幼鸡的价格为每磅 35 美分至 37 美分。被告曾调查市场价格，因此签订合同时很清楚这一点。除此之外，原告在收到被告发出的第一批货物后，仍允许被告继续运输第二批货物。此外，原告在订立合同之始以及合同执行中都没有特别强调合同中的"鸡"特指"肉幼鸡"。

综上所述，法院认为，承担证明责任的原告未能证明合同中的"鸡"仅指适于烤和煎的肉幼鸡，而不包括炖鸡，因此判决驳回原告的诉讼请求。

六、合同默示义务的约束力：迪基诉费城 Minit-Man 公司案（DICKEY v. PHILADELPHIA MINIT-MAN CORP.）

DICKEY

v.

PHILADELPHIA MINIT-MAN CORP.

Supreme Court of Pennsylvania, June 2, 1954.

377 Pa. 549，105 A. 2d 580.

（迪基诉费城 Minit-Man 公司案）

1. 裁判要旨

在合同中，如果默示义务是模糊、不确定或者不可行的，且当事人主观上为善意，没有违反商业判断规则，要求当事人承担默示义务则是不合理的。

2. 案情介绍

1947 年，原告迪基（Dickey）租赁给被告费城 Minit-Man 公司（Philadelphia Minit-Man Corp.）一块位于特拉华县的空地，租期 10 年，承租人可以选择将租期再延长 10 年。租赁合同规定，场地将由承租人占用，"在 Minit-Man 公司的业务范围内从事洗车和洁车业务……而不得用于其他目的"。承租人将向出租人支付年度销售总额的 12.5% 作为租金，且每年至少支付 1800 美元；其中"销售总额"包括销售商品取得的收入，以及承租人在场地内经营业务过程中所提供服务的收入。承租人同意在场地上建筑经营所需房屋，并在房屋内安置设备；无论出于何种原因导致租赁合同到期，承租人建造的房屋和附着物均归出租人所有。如果承租人没有遵守或履行租赁合同，则出租人有权终止租赁，收回场地和房屋。

被告在场地上建造了房屋，安装了必要的设备，之后开始经营洗车和洁车业务。直到1952年8月，被告不再进行上述业务，而只进行给汽车打蜡和抛光业务，并向公众告知。被告支付的租金一直都不少于最低租金。1953年9月，原告向特拉华县普通诉讼法院（Court of Common Pleas of Delaware County）提起诉讼，要求收回出租的场地，理由是被告中止了租赁合同中指定的业务，因而构成违约。原告主张，本案承租人要支付的租金金额是基于承租人的销售总额，这就使得承租人有默示义务，即承租人有继续经营洗车和洁车业务以实现最大程度盈利的义务。被告提出了反对意见，初审法院维持了被告的异议，驳回原告诉讼请求。原告遂向宾夕法尼亚州最高法院（Supreme Court of Pennsylvania）提起上诉。

3. 争议焦点

在被告停止洗车和洁车业务而导致应付给出租人的租金减少的情况下，根据租赁合同，承租人是否有默示义务继续从事洗车和洁车业务。

4. 裁判结果

上诉法院维持原判，作出了支持被告的判决。法官慕斯马诺（Musmanno）发表了反对意见。

5. 裁判理由

上诉法院参考了其他州的先例。在施格兰父子有限公司诉拜纳姆案（*Joseph E. Seagram & Sons v. Bynum*）中，原告承租了一家磨坊，约定以生产的酒的桶数为基准计算租金，该案法院认为，在租赁合同没有明文规定的情况下，承租人不承担以合理的生产能力运行磨坊的默示义务。[1]在詹金斯诉罗斯5、10与25美分百货公司案（*Jenkins v. Rose's 5, 10 & 25 Cent Stores*）中，承租人租了一栋百货大楼，约定了最低租金，当销售额超出一定数额后也将向出租人支付一定比例，法院认为承租人没有默示义务在大楼内经营商铺，

---

〔1〕 *Joseph E. Seagram & Sons v. Bynum*, 191 F. 2d 5 (8th Cir. 1951).

承租人只要支付了最低租金就已经完全履行其义务。[1]在帕姆诉艾尔帕索抵押投资公司案（*Palm v. Mortgage Investment Co. of El Paso*）中，承租人租赁房屋用于经营卖鞋和修鞋业务，约定最低租金，出租人也可以选择以承租人总销售额的一定比例作为租金，法院认为承租人没有默示义务，即在租赁场所中维持与其在前几年所从事的、规模和性质基本相同的业务。[2]在卡曾斯投资公司诉黑斯廷斯服装公司案（*Cousins Investment Co. v. Hastings Clothing Co.*）中，租赁合同中约定租金为承租人业务总收入的特定比例，且约定了每月最低租金。承租人在租赁期满前不久将其业务转移到另一个地点，法院认为，承租人不对产生自若继续在该处营业原本会获得的收入的租金承担责任，因为这不属于承租人的默示义务。[3]在马肖特拉诉哈洛案（*Masciotra v. Harlow*）中，承租人租用了小餐馆的设备和内部物品用来经营一家饭店，租金为总营业收入的固定百分比，同时约定了最低租金。承租人在合同到期之前就停止经营业务，法院判定承租人没有违反默示义务，因为如果一个默示义务是模糊、不确定或者通常而言不可行的，那么承租人对默示义务的承担就是不合理的。[4]

上诉法院也注意到在其他一些州的法院，在特定情况下，法官作出了与上述案件不同的判决。例如，在哥德堡168-05公司诉莱维案（*Goldberg 168-05 Corp. v. Levy*）中，租赁合同约定，如果承租人某年的总销售额降低，以至低于特定金额，那么承租人有权终止租赁。承租人为了终止租赁，于是将业务移至另一场所，降低在该租赁场地所产生的总销售额，法院认为在这种情况下，承租人不能以此为由逃避缴纳租金。[5]在赛斯纳贷款公司诉巴伦案（*Cissna Loan Co. v. Baron*）中，原告的百货公司业务出售给被告，并将业务所在的大楼一并出租给被告。租赁合同中有条款规定，被告要依照与原告相同

---

[1]　*Jenkins v. Rose's 5, 10 & 25 cent Stores*, 213 N. C. 606, 197 S. E. 174（1938）.

[2]　*Palm v. Mortgage Investment Co. of El Paso*, 229 S. W. 2d 869（Tex. Civ. App. 1950）, *writ refused NRE*（May 17, 1950）.

[3]　*Cousins Investment Co. v. Hastings Clothing Co.*, 45 Cal. App. 2d 141, 113 P. 2d 878（1941）.

[4]　*Masciotra v. Harlow*, 105 Cal. App. 2d 376, 233 P. 2d 586（1951）.

[5]　*Goldberg 168-05 Corp. v. Levy*, 170 Misc. 292, 9 N. Y. S. 2d 304（Sup. Ct. 1938）, *modified*, 256 A. D. 1086, 11 N. Y. S. 2d 315（App. Div. 1939）.

的经营方式经营，并保有与原告保有的库存具有相同品质的货物库存。[1]在
S. P. 邓纳姆公司诉东州街 26 号房地产公司案（*S. P. Dunham & Co. v. 26 East
State Street Realty Co.*）中，承租人在租赁的场所内经营百货商店业务，租金
是总销售额中的一定比例，承租人为了减少租金，将最盈利的两个部门从租
赁场地内搬出。[2]

综合上述案例，本案上诉法院认为，被告没有将其业务的任何部分转移
到另一个地点，也没有故意降低应付的租金以使得原告终止租赁。相反，本
案被告想要维持租赁合同。另外，也没有任何迹象表明，被告终止洗车和
洁车业务而仅从事打蜡和抛光业务并非出于善意，或者违反了商业判断规
则。因此，上诉法院认为，在本案的租赁中，被告不承担默示义务，维持
原判。

慕斯马诺法官提出反对意见，认为租赁合同作为合同的一种，如果合同
中不存在欺诈，且合同条款不影响合同执行，则应当遵循合同最基本的规则，
严格遵照合同的条款来进行判断。本案的租赁合同中明确约定租赁的场地用
于被告开展"洗车和洁车业务"而"不得用于其他目的"[3]，"洗车和洁车
业务"当然是指"洗车"和"洁车"。合同中所规定的租金为总销售额的
12.5%中的"总销售额"也指的是洗车和洁车业务所带来的收入。慕斯马诺
法官认为，上诉法院多数意见没有尊重当事人在书面租赁合同中已经作出的
明确表述。

---

〔1〕　*Cissna Loan Co. v. Baron*, 149 Wash. 386, 270 P. 1022 (1928).

〔2〕　*S. P. Dunham & Co. v. 26 East State Street Realty Co.*, 134 N. J. Eq. 237, 35 A. 2d 40 (Ch. 1943).

〔3〕　"to be used and occupied by said Lessee in the business of washing and cleaning automobiles within
the scope of the business of the Philadelphia MINIT-MAN CORPORATION. . . and for no other purpose. "

七、贸易惯例的价值：纳纳库里铺设与石料公司诉壳牌石油公司案（NANAKULI PAVING AND ROCK CO. v. SHELL OIL CO., INC.）

NANAKULI PAVING AND ROCK CO., a Division of Grace

Brothers, Ltd., a Hawaii corporation, Plaintiff-Appellant,

v.

SHELL OIL CO., INC., a Delaware corporation,

Defendant-Appellee.

NANAKULI PAVING AND ROCK CO., a Division of Grace

Brothers, Ltd., a Hawaii corporation, Plaintiff-Appellee,

v.

SHELL OIL CO., a Delaware corporation, Defendant-Appellant.

United States Court of Appeals, Ninth Circuit, December 21, 1981.

664 F. 2d 772, 32 UCC Rep. Serv. 1025.

（纳纳库里铺设与石料公司诉壳牌石油公司案）

1. 裁判要旨

（1）贸易惯例不仅指特定行业的贸易惯例，亦指特定地区的贸易惯例。因此夏威夷铺路工程市场存在一项价格保护贸易惯例，即铺路公司采用柏油供应商的公布价格参与竞标并中标，如供应商在合同履行期内对柏油涨价，除非事先通知，否则须按中标价供应柏油至工程完工。

（2）明示条款并非合同的全部内容，必须参考贸易惯例、交易过程和履约过程。考虑贸易惯例，是为了帮助法院了解合同的全貌，进而正确解释当事人的真意。交易过程则可认为是当事人间的特定习惯，此过程可被公平认定为解释当事人表示和其他行为的基础。因此，合同的范围比书面文件广泛，需考虑贸易惯例、交易过程、履约过程及其他商业环境，才能正确理解当事人订立合同的真意。

2. 案情介绍

纳纳库里铺设与石料公司（以下简称"纳纳库里"）是夏威夷一家铺路承包商，是瓦胡岛上最主要的两家铺路承包商中较小的一家，较大的一家是夏威夷沥青公司（Hawaiian Bitumuls）。壳牌石油公司（以下简称"壳牌公司"）为纳纳库里的柏油供应商。由于瓦胡岛市场有限，夏威夷沥青公司占据铺路工程市场绝对优势地位，而雪佛兰公司（Chevron）为其柏油供应商，因此壳牌公司在夏威夷柏油市场占有率也极小。1963年，壳牌公司签订了两份为期5年的合同，一份为与纳纳库里签订的长期供货协议，约定纳纳库里仅向壳牌公司采购柏油。另一份为与纳纳库里董事长瓦尔特·格雷斯（Walter Grace）签订的分销合同，该合同约定格雷斯每销售1吨柏油可获得2美元的佣金。此两份合同实际上设立了一项折扣机制，确保纳纳库里与夏威夷沥青公司的公平竞争，进而促进壳牌公司争取夏威夷的柏油市场。1969年，双方签了新约，继续双方的合作。合同中约定，柏油的价格为壳牌公司运送柏油时的公布价格。

在1969年至1974年间，壳牌公司分别于1970年和1971年进行了两次涨价，并且在宣布涨价后分别对纳纳库里保持了4个月和3个月的原价以保证其按原竞标成本完工。1974年后，壳牌公司分别于1977年和1978年以提前通知涨价的形式对纳纳库里实施了价格保护。

1974年，壳牌公司进行了一次涨价，却未提前通知纳纳库里或通过保持原价的形式对其进行价格保护。纳纳库里于1976年以壳牌公司拒绝给予价格保护的行为构成违约为由向州法院提起诉讼，该诉讼移送至夏威夷联邦地区法院（United States District Court for the District of Hawaii）审理。初审法院法官否决陪审团裁决，径行判决壳牌公司胜诉。纳纳库里将案件上诉至联邦第九巡回上诉法院（United States Court of Appeals，Ninth Circuit）。

3. 本案争议焦点

（1）夏威夷铺路工程业贸易惯例是否是双方合同的一部分？

（2）两次价格保护的事实是否构成壳牌公司履约过程抑或对价格条款的弃权？

（3）价格保护的贸易惯例与合同价格条款是否一致？

4. 双方理由

初审原告理由：

（1）夏威夷所有柏油供应商都遵循价格保护的贸易惯例，根据美国《统一商法典》，应假定合同双方意图将价格保护纳入1969年签订的合同。壳牌公司两次实施价格保护的实例构成履约过程的事实支持了这一观点。

（2）即使价格保护不被视为合同的一部分，壳牌公司仍然有义务对纳纳库里实施价格保护，因为价格保护是当时夏威夷柏油铺路领域公平交易中合理的商业标准。

初审被告理由：

（1）被告认为初审法院不应拒绝其关于排除贸易惯例证据的请求，认为夏威夷贸易惯例仅适用于柏油买卖，不应将贸易的定义扩张至柏油铺路领域的其他原材料供应商。

（2）被告认为其先前的两次价格保护实例，不能被视为履约过程，仅应被视为对价格条款的放弃。

（3）被告认为在适用广义的贸易（trade）定义情况下，即使假设先前两次价格保护实例被认为是履约过程，并且假设其他柏油供应商提供的贸易惯例证据可采，价格保护也不能被解释为与明示价格条款一致。

5. 判决结果

上诉法院支持陪审团作出的"壳牌公司1974年未实施价格保护的行为违反了1969年合同，应给付原告纳纳库里220 800美元的违约金"的裁决，因此撤销原判，发回重审。

6. 裁判理由

（1）上诉法院认为，在瓦胡岛，柏油市场仅有两家供应商，而壳牌公司在瓦胡岛的销售与纳纳库里的发展密不可分。壳牌公司的夏威夷代表熟知夏威夷市场现状，即由于政府不允许承包商涨价，若供应商不提供价格保护，将会造成巨大损失。纳纳库里通过提供人证和书证的方式，证明所有柏油供应商均会给经销商提供价格保护。雪佛兰公司与夏威夷沥青公司的证据亦可证明当地存在价格保护的惯例。通过阅读《统一商法典》，上诉法院认为，贸易惯例不仅指特定行业的贸易惯例，亦指特定地区的贸易惯例。因此夏威夷铺路工程市场存在一项价格保护贸易惯例，即铺路公司采用柏油供应商的公布价格参与竞标并中标，如柏油供应商在合同履行期内对柏油涨价，除非事先通知，否则须按中标价供应柏油至工程完工。

（2）上诉法院认为壳牌公司曾两次对纳纳库里实施价格保护的事实，表明了壳牌公司明知价格保护是合同的一部分，是履约过程，而不是放弃行使明示价格条款中的权利。根据《夏威夷州法》第490条，一次实例不能构成履约，但没有具体指出几次实例能构成履约。上诉法院认为，壳牌公司两次给予价格保护的事实构成了履约过程。除此以外，壳牌公司一位高层在对纳纳库里的第一次价格保护的协商中，表明了请求价格保护是纳纳库里在1969年合同下的权利，此项证据也加强了壳牌公司明知价格保护是合同一部分的事实。针对壳牌公司认为其放弃价格条款的抗辩理由，上诉法院认为，根据《统一商法典》，仅在特定行为模糊不清时，才能将该行为解释为弃权，而且该行为是否模糊不清应由陪审团认定。本案中，陪审团将壳牌公司两次价格保护的事实认定为履约过程，排除了弃权解释的适用。

（3）上诉法院认为明示条款并非合同的全部内容，必须参考贸易惯例、交易过程和履约过程。考虑贸易惯例，是为了帮助法院了解合同的全貌，进而正确解释当事人的真意。交易过程则可认为是当事人间的特定习惯，此过程可被公平认定为解释当事人表示和其他行为的基础。因此，合同的范围比书面文件广泛，需考虑贸易惯例、交易过程、履约过程及其他商业环境，才能正确理解当事人订立合同的真意。

（4）上诉法院认为对于贸易惯例与合同明示条款是否存在明显不一致，联邦法院通常采取较宽松的认定标准。哥伦比亚氮气公司诉罗伊斯特公司案（*Columbia Nitrogen Corp. v. Royster Co.*）是认定一致性的重要案例。[1]该案上诉法院指出，争议的合同中若未明文排除贸易惯例、交易过程及先前履约过程中有符合贸易惯例的实例，应认为贸易惯例与合同条款一致。该案上诉法院援引若干文章说明贸易惯例与合同不冲突时，应作为合同的补充。不冲突，并非指不允许有部分相悖，而是指不会因此彻底推翻合同。在本案中，书面合同并未明文排除贸易惯例的适用，且壳牌公司曾对纳纳库里进行价格保护，上诉法院认为夏威夷铺路工程市场的贸易惯例与合同明示条款一致。

---

〔1〕 *Columbia Nitrogen Corp. v. Royster Co.*, 451 F. 2d 3 (4th Cir. 1971).

八、长期合同的强制履行：奥格尔贝诺顿公司诉阿姆科钢铁公司案（OGLEBAY NORTON CO. v. ARMCO, INC.）

OGLEBAY NORTON CO., Appellee,

v.

ARMCO, INC., Appellant.

Supreme Court of Ohio, July 11, 1990.

52 Ohio St. 3d 232, 556 N. E. 2d 515.

（奥格尔贝诺顿公司诉阿姆科钢铁公司案）

1. 裁判要旨

合同约定不明晰或不公正时，如果当事双方打算受合同约束，而长期合同损害赔偿的判断具有较大推测性，则法院可以支持实际履行的请求。

2. 案情介绍

1957 年 1 月 9 日，被告阿姆科钢铁公司（以下简称"阿姆科"）与哥伦比亚运输公司签订了一份长期合同，后者之后成为原告奥格尔贝诺顿公司（以下简称"奥格尔贝"）的分支机构。合同要求奥格尔贝有足够的运力，以满足阿姆科从苏必利尔湖区的矿场运载铁矿石的需要。合同约定的定价机制是，运费首先要按主要铁矿石船运商所认同的当季通常合同价格确定，如无该等价格，合同当事人应参考同样从苏必利尔湖区出发运载铁矿石的主要独立船舶经营者对类似运输服务所收取的运费价格，合意确定。

在接下来的 23 年间，阿姆科与奥格尔贝对 1957 年版合同进行了 4 次修订。1980 年签订的第四次增补条款要求奥格尔贝改造升级其船队，使阿姆科利用的每一艘船都具备自动卸货能力。奥格尔贝投入 9500 万美元用于改良计划，部分就是为了迎合阿姆科的新运输需求。阿姆科同意为能自动卸货的船只支付每吨 25 美分的额外费用，并将合同展期至 2010 年 12 月 31 日。1983年，钢铁工业遭遇了严重下滑，在此之前，双方参照的都是《斯基林矿业评论》（*Skillings Mining Review*）上公布的价格。1983 年末，当奥格尔贝向阿姆科就 1984 年的运费报价时，阿姆科因其经济状况受挫，请求降低报价。双方协商达成了满意的定价。但到了 1984 年底，双方无法就 1985 年运价达成合意。1986 年 4 月 11 日，奥格尔贝提起确认判决之诉，请求法院宣告合同中所约定的价格是正确的，如果没有该价格，则为奥格尔贝的服务确定一个合理的价格。1987 年 8 月 12 日，阿姆科提起了反诉，请求宣告合同不再继续有效，因为定价机制崩溃，合同目的已无法实现。

初审法院凯霍加县上诉法院（Court of Appeals for Cuyahoga County）认为：①奥格尔贝和阿姆科有意受到 1957 年合同的约束，尽管价格条款并不是确定的；②服务合同中基于当事人合意的定价机制未能实现时，价格应该是服务提供时所有情形下的"合理"价格；③当事人应继续按照 1957 年合同的替代性定价机制履行，即参考主要独立船舶经营者提供的类似服务的价格；④双方如不能就接下来季度的运费价格达成合意，应立即通知法院，法院可以行使衡平管辖权，指定一位调解员并要求双方的首席执行官会面，调解确定双方同意的价格。被告不服，上诉至俄亥俄州最高法院（Supreme Court of Ohio）。

3. 争议焦点

（1）当事人是否有意受到合同约束，尽管其定价机制无法实现？

（2）如果当事人有意受到合同约束，法院可以将阿姆科 1986 年支付给奥格尔贝的合理运费定为每吨 6.25 美元吗？

（3）如果双方不能就每年的运费达成合意，法院能在合同的有效期内继续行使衡平管辖权，指定调解员吗？

4. 裁判结果

俄亥俄州最高法院维持了初审法院的判决。对于上述 3 个争议焦点，俄亥俄州最高法院的回答都是肯定的。

5. 裁判理由

（1）第一个争议焦点是事实问题，初审法院有充足的证据来得出双方有意受到合同约束的结论。俄亥俄州最高法院认定，阿姆科和奥格尔贝之间存在长期的密切商业联系，包括合营、互派董事（interlocking directorate）以及阿姆科持有奥格尔贝的股票。

（2）对于第二个争议焦点，初审法院援引了《合同法重述》第 33 条及其相关评注 e。该评注和《统一商法典》第 2-305 条第（1）款的规定几乎如出一辙。俄亥俄州最高法院在胜利金属薄片制造有限公司诉热封设备制造有限公司案（*Winning*

Sheet Metal Mfg. Co. v. Heat Sealing Equip. Mfg. Co.）[1]中曾将该规则类推适用于有开放价格条款的服务合同。俄亥俄州最高法院根据双方的大量交易过程、各自的损失以及美国钢铁工业当时的低迷状况下可比的市场价格，确定了这一价格。

俄亥俄州最高法院援引了《第二次合同法重述》第33条的评注a以及第362条来支持初审判决。1957年合同中的定价机制是一种"留待将来达成协议的协议"（agreements to agree），当双方表明受该机制约束的意图，并且意图足够确定时，就可被执行。只要当事人有意受到约束，且可能合理地填补当事人留下的空白以达成公平正义的结果，法院就不应该使这一意图受挫。结合其他证据，俄亥俄州最高法院认为初审法院确定的价格是合理的。《第二次合同法重述》第362条标题为"条款不确定的效果"，和第33条实际上是类似的。

（3）对于这样的合同要求实际履行是必要的，因为五大湖地区市场运费价格的急剧变化和合同的长期性使得法院不可能为阿姆科的违约对奥格尔贝造成的损失确定准确的赔偿额。在法院命令当事人进行的协商不能成功的情况下，任命调解员并不会增加或偏离当事人的主要合同义务，这样的命令只会促进当事人在合同下进行互动交流。《第二次合同法重述》第360条第（a）款的评注b也提到，长期合同损害赔偿额的确定过于具有推测性，衡平法上的救济是适当的。

九、长期合同的调整：美国铝业公司诉埃塞克斯集团有限公司案（A-LUMINUM CO. OF AMERICA v. ESSEX GROUP, INC.）

ALUMINUM CO. OF AMERICA, a Pennsylvania
Corporation, Plaintiff,

v.

ESSEX GROUP, INC., a Michigan Corporation, Defendant.
United States District Court, W. D. Pennsylvania, April 7, 1980.
499 F. Supp. 53, 29 UCC Rep. Serv. 1.

（美国铝业公司诉埃塞克斯集团有限公司案）

1. 裁判要旨

（1）在合同双方都有错误的情况下，是否允许修改合同的决定涉及对所

---

[1] *Winning Sheet Metal Mfg. Co. v. Heat Sealing Equip. Mfg. Co*, No. 44365, 1982 WL 5944, at *3-4（Ohio Ct. App. Sept. 30, 1982）.

称因素的重要性的判断，以及合同双方当事人是否明确假定该因素存在，并认为不存在风险而达成协议。法院对此类案件的审理应当注重对案件事实的判断，而非对法律的判断。

（2）法院必须考虑在解释合同和应用合同理论（如错误、落空和不可行）时，管理上的诚信义务和风险限制的惯例。是否调整某种保护原告的合同并不取决于双方的意图，而是取决于双方的地位、期望和需求，以便在变化的情况下维护长期合同的互利。在决定是否修改合同时，法院考虑的四个因素可能会被证明具有持久的重要性：①当事人预见到最终破坏协议平衡和相关风险分配的问题；②当事人试图限制风险；③存在严重的自付费用损失；④特定商业团体的习惯与期望。

2. 案情介绍

1967 年 12 月 26 日，原告美国铝业公司（Aluminum Co. of America）和被告埃塞克斯集团有限公司（Essex Group, Inc.）签订了他们所称的"收费转换服务"（toll conversion service）合同，又称"熔融金属协议"（Molten Metal Agreement）。根据该合同，被告将向原告提供氧化铝，原告将通过熔炼过程将氧化铝转化为熔融状态的铝，然后由被告进行进一步加工。

合同中的价格条款包含了一个上涨公式（escalation formula），该公式表明，每磅 0.03 美元的初始价格会随着工业商品批发价格指数（Wholesale Price Index-Industrial Commodities，WPI）的变化而上涨，也会根据给原告下属的沃里克（Warrick）工厂的员工的时薪指数而上涨。原告称，关于设定该上涨公式的第一条，双方的目的都是一样的，即反映原告在里克工厂生产铝的过程中使用的非劳动力项目成本的实际变化；但合同中使用的有关 WPI 的公式无法合理反映这一变化，事实上原告的非劳动力项目成本大大超过了客观定价公式中的非劳动力项目成本，继续履行合同，将造成原告的巨额亏损。

因此，原告向宾夕法尼亚州西区联邦地区法院（United States District Court, W. D. Pennsylvania）起诉，并提出以下 3 点诉求：①要求修改合同中的上涨公式。②要求法院认定被告违约，从而免除原告继续履行合同的义务。原告称，当 WPI 明显未实现"熔融金属协议"中双方的目标时，1975 年 7 月 21 日，原告的首席执行官克罗梅·乔治（Krome George）与被告的总裁保罗·奥马利（Paul O'Malley）进行了协商。据称，双方同意调整"熔融金属协议"，以反映双方的最初目的，这份口头协议用原告实际发生的成本取代了WPI，但被告否认所谓的口头协议，并因此拒绝履行。此外，原告还要求其获得被告违约所导致的自判决之日起累计超过1190万美元的损害赔偿以及利息和费用。③免除进一步履行"熔融金属协议"的责任。原告声称，1967年12月26日信函协议（附函协议）中的条款免除了其履约责任。该条款规定，原被告双方本着诚信原则签订"熔融金属协议"，双方理解这是原告向被告提供服务的合同。该条款还规定，如果法院的最终裁决将"熔融金属协议"解释为货物销售合同，任何一方均可终止合同。原告辩称，根据信函协议的条款，应允许其终止合同。被告对原告提出了反诉。

3. 争议焦点

（1）对合同价格主张进行调整是否合理？

（2）"熔融金属协议"是否经过口头修改，如果是这样的话，根据防止欺诈法，这是有效的修改吗？

（3）原告要求免除继续履行合同的义务是否合理？

4. 裁判结果

宾夕法尼亚州西区联邦地区法院认为，原告有权对"熔融金属协议"进行公平适当的调整，驳回原告的第二项和第三项诉讼请求，并驳回被告在反诉中的诉讼请求。

5. 判决理由

第一，本案适用印第安纳州法律：与本案纠纷有密切联系的原告的沃里克工厂位于印第安纳州，被告也在印第安纳州。"熔融金属协议"声明："本协议应根据印第安纳州的法律进行管理和解释。"法院据此认定本案与印第安纳州有密切联系，因此适用印第安纳州法律审理此案。

第二，依据共同错误理论，原告有权获得救济。原告声称，双方对WPI作为美国铝业非劳动力项目成本客观指标的适用性的估计是错误的，这种错误在法律上足以使原告修改或撤销承诺。法院认定当事人在本案中的错误是事实错误，而不是对未来事件的简单预测。显然，这一错误并非完全孤立于对未来的预测或对苦涩的后见之明的探索，但是这并非法律上的测试方法。在签订合同时，双方都意识到未来无法知晓，他们商定的合同是为了在未来许多年对他们有约束力。双方都知道，被告在寻求一个客观的定价公式，原告则在寻求一个可覆盖其多年来的自付费用并可产生每磅约 4 美分回报的公式。合同双方在同意使用 WPI 之前仔细检查了该指数的过往表现，而且通过证词可以很清楚地看出，每一方都在假定指数足以实现其目的。这种错误的假设本质上是一种当下的精算失误。

仅仅认定该错误是事实错误仍不够。原告要想获得救济，必须证明该错误是相互的。单方错误的司法救济的标准高于相互错误。被告主张原告的错误是单方面的，被告的总裁在庭审中作证说，他并不是特别关心原告的福祉；在合同谈判中，他只寻求最佳利益。被告声称，这一证词倾向于否认双方之间任何可能的相互错误。一方漠不关心就足以避免相互错误吗？法院不这么认为。这种情况类似于舍伍德诉沃克案（*Sherwood v. Walker*）：在该案中，买方对未知的事实漠不关心，但其知晓交易建立在假定的事实状态之上，法院让卖方因事实上的相互错误撤销合同。[1]在本案中，被告也承认错误的结果对合同有实质性的影响，并且在交易中造成了严重的不平衡。因此法院认定，由于事实上的相互错误，原告有权获得某种形式的救济。

第三，原告有权以履行不能（impracticability）和合同目的落空（frustration of purpose）为由获得救济。在本案中，原告满足了这两种理论的要求。本案原告的履行不能是显而易见的，其履行合同义务的费用已经增加到了足以保证获得救济的严重程度，而且给予救济所需的其他要素已经得到证明。《统一商法典》第 2-615 条规定了因预设条件的失败而免除履行合同义务（Excuse by Failure of Presupposed Conditions）。该条的官方评注指出："如果卖方的履约行为因缔约时双方当事人未考虑到的、无法预见的继起情况（unforeseen supervening circumstances）而在商业上变得不可行，则本节免除了卖方及时交付合同货物的责任。"《第二次合同法重述》第 261 条延续了《统一商法典》的规定："合同订立后，发生足以阻碍合同订立的假定事实时，合同的履行义务即行解除。"

第四，法院面临的另一个问题是"熔融金属协议"是否经过口头修改，如果经过口头修改的话，根据防止欺诈法，这是有效的修改吗？在本案中，所有证人都基于善意提供了不同的证词，法院认为这是可以理解的。在双方举证质证的过程中，法院认定原告未能提供优势证据证明合同的必要性。法

---

[1]　*Sherwood v. Walker*, 66 Mich. 568, 33 N. W. 919（1887）.

院没有发现对"熔融金属协议"的口头修改，因此也就没有解决防止欺诈法下该修改是否有效的问题。

第五，法院分析了原告要求免除"熔融金属协议"中的强制履行义务的合理性。摆在法院面前的问题有两项：一是，"熔融金属协议"是否是一份货物销售合同；二是，原告是否可以请求法院认定，或基于允诺禁反言原则而不能进行上述请求。法院认为，原告在两个问题上都不占上风：对于第一点，法院考察了"熔融金属协议"的谈判历程，认为原被告一直在讨论收费转换而非货物销售，"熔融金属协议"是收费转换合同而非货物销售合同。对于第二点，法院指出，原告无权终止"熔融金属协议"，故没有义务考虑允诺禁反言原则的适用问题。不过，为了为结果提供替代的依据，法院也对该问题进行了分析。

第六，法院总结认为，该案非常新颖。自20世纪20年代以来，商业合同理论发展的主要主题之一，是需要一套与负责任的商业惯例和理解相一致的法律。旧的法律精神主要体现为合同责任的绝对履行原则；印第安纳州和其他地方的商法的新精神出现在《统一商法典》、默示契约的新发展以及《第二次合同法重述》中。这项诉讼关系到一项商业上重要设计——长期合同——的未来，这种合同在许多商业领域都很常见。如果法律拒绝在谨慎起草的长期合同出现严重错误时采取适当的补救措施，则这类合同的风险将会增加。现代商法和现代管理关注的大部分故事都涉及风险限制的问题，现代公司有限责任概念的演进说明了这种发展。公司经理是受托人，建立在理性基础上的法律要求其在管理他人的企业时谨慎行事，关注风险限制对于公司经理的受托人责任至关重要。法院必须考虑在解释合同和应用合同理论（如错误、落空和不可行）时，管理上的诚信义务和风险限制的惯例。是否调整某种保护原告的合同并不取决于双方的意图，而是取决于双方的地位、期望和需求，以便在变化的情况下维护长期合同的互利。法院认为，在决定是否修改合同时，本判决中考虑的4个因素可能会被证明具有持久的重要性：①当事人预见到最终破坏协议平衡和相关风险分配的问题；②当事人试图限制风险；③存在严重的自付费用损失；④特定商业团体的习惯与期望。

司法救济仅限于当事方证明希望限制其风险的情况，其中当事方遭受了没有充分预见和在条款中没有规定的严重的自付费用损失。这似乎足以防止通货膨胀对商业活动的普遍破坏，大体上也符合负责任的商人的公平需求和理解。

十、先决条件抑或承诺：霍华德诉联邦作物保险公司案（HOWARD v. FEDERAL CROP INSURANCE CORP.）

Larry K. HOWARD et al.，Appellants，

v.

FEDERAL CROP INSURANCE CORP.，Appellee.

United States Court of Appeals，Fourth Circuit，June 28，1976.

540 F. 2d 695.

（霍华德诉联邦作物保险公司案）

1. 裁判要旨

（1）有关承诺（promise）和先决条件（condition precedent）的基本规则是：当不确定合同中的词语意在创设承诺还是先决条件时，这些词语将被解释为创设承诺；如果不存在明确要求解释为先决条件的语言，合同条款不得被解释为先决条件。

（2）但合同条款是否被解释为条件或义务并不完全取决于是否明确使用"条件"一词。例如，当保单中一些条款包含"先决条件"，而其他的条款包含"担保"（warranted）一词时，这两个词具有同等效力。若不遵守这些条款，会导致保险赔偿金的丧失。

（3）然而，当保单中一些条款包含"先决条件"一词，而另一条款不包含"先决条件""担保"或类似的词语时，可以说明该条款并不意在创设先决条件。被保险人未能遵守该规定并不导致保险赔偿金的丧失。

2. 案情介绍

（1）案件事实。1973 年，被告联邦作物保险公司（Federal Crop Insurance Corp.）向霍德华夫妇（the Howards）签发了 3 份保单，为他们在农场种植的烟草作物投保，以防天气破坏和其他灾害。

保单"索赔"（Claims）一节中包含如下条款：

第 5（b）条："被保险人在确定的土地范围内生产投保的作物，而损失是由保险涵盖的一种或多种危害在该作物保险期内直接造成的。同时，被保险人应提供公司可能要求的有关损失方式和程度的任何其他信息。这是公司对任何损失进行赔偿的先决条件。"

第 5 (f) 条："对进行索赔的有损失的任何面积的 11a、11b、12、13 或 14 型烟草杆，在公司进行检查之前，不得予以销毁。"

同年，原告声称其烟草作物因暴雨受到严重损害，给其造成了超过 35 000 美元的损失。原告将受损的烟草作物收获并出售，并及时向被告提交了损失通知和证据。然而，在被告的理算师前来检查损失前，原告对这些田地进行了犁耕，以准备播种黑麦覆盖作物，从而保护土地。因此，当理算师来检查时，他发现烟草杆已被破坏得无法辨认。于是，他以原告违反了保单第 5 (f) 条规定为由，否认了原告的索赔。

原告因此提起诉讼，请求被告赔偿其烟草作物因暴雨所致的损失。

(2) 诉讼历史。原告向北卡罗来纳州的一家法院提起了 3 起诉讼，请求被告赔偿损失。这些诉讼被移送至联邦地区法院。由于这 3 起诉讼事实一致，涉及相同的法律问题，它们在初审法院被合并审理。初审法院认为，保单第 5 (f) 条是对追偿的先决条件的规定，被保险人未遵守该先决条件导致丧失对所称损失的保险赔偿金，[1] 由此作出了有利于被告的即决判决，驳回原告的三项诉讼。原告上诉至联邦第四巡回上诉法院 (United States Court of Appeals, Fourth Circuit)。

3. 争议焦点

遵守保单第 5 (f) 条是获得赔偿的先决条件吗？

4. 裁判结果

上诉法院认为：被保险人遵守联邦作物保险公司保单第 5 (f) 条的规定，即在公司进行检查之前，不得销毁进行索赔的有损失的任何面积的特定类型烟草杆，不是赔偿的先决条件，而是一项承诺。被保险人未能遵守该规定并不导致丧失对所称损失的保险赔偿金。

---

〔1〕 初审法院还援引了保单第 5 (b) 条中的措辞，该条款要求被保险人除确定其在保险案件中的生产和损失外，还应"提供公司可能要求的有关损失方式和程度的任何其他信息"作为付款的先决条件。初审法院将烟草杆的保存解释为此类"信息"，而上诉法院在保单或记录中没有看到任何语言表明这种情况。

上诉法院判决推翻初审法院判决，将案件发回重审。

5. 裁判理由

上诉法院首先明确了原被告双方的论点都基于两个同样的假设。第一，如果保单第 5 (f) 条规定的是一个先决条件，那么违反该项规定将导致原告的保险赔偿金的丧失。第二，如果保单第 5 (f) 条规定的是一项承诺，即原告有义务不破坏烟草杆，那么原告违反该项规定时，被告可以向其追偿因破坏烟草杆而遭受的任何损失。[1]但在第二种情况中，违反第 5 (f) 条的行为并不会单独导致保险赔偿金的丧失。

然后，上诉法院对能够为本案提供指导的法律进行了梳理：在被普遍接受的法律中，对财产权的丧失一般是持反对态度的；[2]而就保单来说，其解释通常对保险人是不利的；[3]当不确定合同中的词语意在创设承诺还是先决条件时，它们将被解释为创设承诺；[4]如果不存在明确要求解释为先决条件的语言，合同条款不得被解释为先决条件。[5]

接下来，上诉法院分别分析了原被告双方提出的论点。

原告认为保单第 5 (f) 条创设的是承诺而非先决条件，该论点依据的主要事实是，保单第 5 (b) 条包含了"先决条件"一词，但第 5 (f) 条并不包含这一词语。上诉法院明确了一个基本规则，即合同条款是被解释为承诺还是先决条件，并不完全取决于是否明确使用了"条件"一词。[6]但是，上诉法院同时又区分了本案事实与这一基本规则的区别：当保单第 5 (b) 条使用了"先决条件"一词，而第 5 (f) 条没有使用这一词语时，第 5 (f) 条并不构成先决条件这一论点是具有说服力的。上诉法院引用了一条古语来说明这一点："表达一件事就是排斥另一件事"（the expression of one thing is the ex-

---

[1] 追偿可以在原始诉讼中或在本案中通过反诉或抗辩事项提出。

[2] *United States v. One 1936 Model Ford V-8 De Luxe Coach*, Motor No. 18-3306511, 307 U. S. 219, 226, 59 S. Ct. 861, 83 L. Ed. 1249 (1939); *Baca v. Comm'r*, 326 F. 2d 189, 191 (5th Cir. 1964).

[3] *Henderson v. Hartford Acc. & Indem. Co.*, 268 N. C. 129, 150 S. E. 2d 17, 19 (1966).

[4] *Harris & Harris Const. Co. v. Crain & Denbo, Inc.*, 256 N. C. 110, 123 S. E. 2d 590, 595 (1962).

[5] *Harris & Harris Const. Co. v. Crain & Denbo, Inc.*, 256 N. C. 110, 123 S. E. 2d 590, 596 (1962). And *Harris & Harris Const. Co. v. Crain & Denbo, Inc.*, 256 N. C. 110, 123 S. E. 2d 590, 595 (1962), cites *Jones v. Palace Realty Co.*, 226 N. C. 303, 37 S. E. 2d 906 (1946), and Restatement of the Law, Contracts, s 261.

[6] Appleman, Insurance Law and Practice (1972), vol. 6A, s 4144.

clusion of another)。

被告则认为保单第 5（f）条创设的是先决条件，其主要依据是上诉法院在富达凤凰火灾保险公司诉派洛特货运公司案[1]中的判决。在该案中，保险公司为被保险人承保卡车失窃的损失。该案保险公司的辩护理由是，被保险人在卡车无人看管的情况下没有打开报警系统。和本案一样，该案保单中涉及案情的条款并没有出现"先决条件"一词。该保单包含 6 个限制赔偿范围的段落，其中有两段包含"先决条件"一词，主要与特定安全设备的安装有关，而其他段落，包括涉案的第 5 段，均包含"进一步保证"（it is further warranted）这样的表述。第 5 段的规定是，被保险人保证（warranted）当卡车无人看管时，应打开警报系统。第 6 段规定："被保险人接受本保单，同意上述先决条件与保险人接受风险的重大事项有关。"被保险人认为，某些段落中使用了"先决条件"一词，而争议段落中使用了"保证"一词，说明争议段落规定的并非先决条件，其未遵守并不导致保险金的丧失。被保险人在地区法院获得了赔偿。但在上诉法院，这一判决被推翻。上诉法院认为，"保证"一词和"先决条件"一词经常交替使用，以创设被保险人承诺的条件，并且"先决条件"和"保证"显然具有相同的含义和效力。

上诉法院否认了上述案例支持被告的论点。上诉法院指出，虽然这两个案件有些相似之处，但实际上它们的关键问题完全不同。这具体表现在富达凤凰火灾保险公司诉派洛特货运公司案中保单的每一段都包含"先决条件"或"保证"。在这种情况下，"先决条件"和"保证"这两个术语具有相同的效力，即都会导致保险赔偿金的丧失，这是法律明确规定的。[2]然而，在本案中，涉案条款并不包含"担保"（warranty）、"保证"或任何具有相同含义的词语。因此，本案的关键问题与富达凤凰火灾保险公司诉派洛特货运公司案无关。

在对被告依据的案例进行驳斥后，上诉法院通过分析认为，本案中保单第 5（f）条的表述与《合同法重述》规定中的一个例子相似。

《合同法重述》规定：

---

〔1〕 *Fid. -Phenix Fire Ins. Co. of N. Y. v. Pilot Freight Carriers*，193 F. 2d 812（4th Cir. 1952）.

〔2〕 See Appleman，*Insurance Law and Practice*（1972），vol. 6A，s 4144.

第 261 条　对不确定为承诺或条件的文字的解释

如果不确定合同条款中的文字是在创设承诺还是明示条件（an express condition），应将其解释为创设承诺；但是，同一个词有时可能意味着一方承诺履行义务，而另一方的承诺是以该义务的履行为条件的。

《合同法重述》中分别规定了涉及承诺和条件的两个例子：

2. A 是一家保险公司，向 B 签发一份保单，其中包含 A 的承诺。该承诺的条款以某些事件的发生为条件。该保单包含如下条款："如果在损失方面出现分歧，则该事项应提交给公正的仲裁员，仲裁员的裁决对双方具有约束力。"这是一项仲裁承诺，并且这一承诺并不使仲裁裁决成为保险人履行支付义务的先决条件。

3. A 是一家保险公司，向 B 签发一份保单，其中包含如下条款："如果对损失金额有异议，应由两名估价员（appraiser）和一名理赔仲裁人（umpire）确定。在需要进行评估时，保险金应当在裁决做出之日起 60 天后支付。（The loss shall not be payable until 60 days after the award of the appraisers when such an appraisal is required.）"这项规定不仅是对仲裁的承诺，也使得仲裁裁决成为出现分歧时保险人履行支付义务的条件。

上诉法院认为，本案中的第 5（f）条与《合同法重述》中的例 2 相符。例 2 具体说明了应做的事，而第 5（f）条则具体说明了不应做的事，二者的效果是相同的。第 5（f）条与例 3 不同的是，它没有说明保险"不予支付"（not be payable）的任何条件，也没有使用类似的词语表达类似的意思。因此，上诉法院认为，初审法院错误地认为第 5（f）条确立了原告追偿的先决条件，从而使原告丧失了保险赔偿金。

最后，上诉法院进一步明确，在本案中，上诉法院仅仅只是确定第 5（f）条构成了承诺，而违反承诺本身并不会单独导致原告丧失保险赔偿金。至于本案中存在的其他可能导致保险赔偿金数额变化或丧失的事实或问题，则不在本案的讨论范围。亦即，上诉法院的判决仅限于违反保单第 5（f）条，对烟草土地松土并毁损了烟草杆本身并不会导致保险赔偿金的丧失。

综上所述，上诉法院推翻初审法院判决，将案件发回重审。

十一、合同仲裁条款的效力：诺西亚诉三星美国电信有限责任公司合同纠纷案（NORCIA v. SAMSUNG TELECOMMUNICATIONS AMERICA, LLC）

Daniel NORCIA, on his own behalf and on behalf of all others similarly situated, Plaintiff-Appellee,

v.

SAMSUNG TELECOMMUNICATIONS AMERICA, LLC, a New York Corporation; Samsung Electronics America, Inc., a New Jersey corporation, Defendants-Appellants.

United States Court of Appeals, Ninth Circuit, January 19, 2017.

845 F. 3d 1279, 91 UCC Rep. Serv. 2d 768, 17 Cal. Daily Op. Serv. 498, 2017 Daily Journal D. A. R. 533.

（诺西亚诉三星美国电信有限责任公司合同纠纷案）

1. 裁判要旨

（1）被上诉人未明确同意任何协议，也没有以签名或其他方式表明意图以沉默或不选择退出作为接受协议的手段，因此该协议中的仲裁条款对其不具有强制执行力。

（2）上诉人未能证明该案构成加利福尼亚州（以下简称"加州"）的一般规则"受要约人的沉默不构成同意"的任何例外。涉案的产品安全和保修信息手册也不同于可以强制执行的"开箱即用的合同"（in-the-box contract），被上诉人不受仲裁条款的约束。

（3）上诉人作为非签约方，并非被上诉人与手机卖方所签订客户协议的第三方受益人，因此不能主张依被上诉人与手机卖方之间的客户协议要求仲裁。

2. 案情介绍

（1）案件事实。2013 年 5 月 23 日，诺西亚进入威瑞森无线公司（Verizon Wireless，以下简称"威瑞森无线"）位于加州旧金山的一家商店，购买了一部三星美国电信有限责任公司（Samsung Telecommunications America, LLC，以下简称"三星"）的 Galaxy S4 手机。诺西亚在登记处支付了费用，威瑞森无线的一名员工提供了一张名为"客户协议"的收据，后面是威瑞森无线的商店名称和地址。收据上注明了订单地点、诺西亚的手机号码、产品标识号和合同结束日期。在"物品"标题下，收据上写着"WAR6002 1 YR. MFG. WAR-RANTY"。在"协议"标题下有 3 项条款，包括一份声明：

> 我同意当前的威瑞森无线的客户协议，包括通话计划（其中包括延长的有限保修/服务合同）以及购买服务和选定功能的其他条款和条件，如收据所示。并且，销售代表向我介绍了这些内容，我有机会对其进行审查。

收据还写明："我理解并同意……通过仲裁和其他方式而不是陪审团审判的方式解决争议，以及理解并同意客户协议中的其他重要条款。"客户协议未提及三星或任何其他方。诺西亚签署了客户协议，威瑞森无线通过电子邮件向他发送了一份副本。

签署客户协议后，诺西亚和威瑞森无线的一名员工将 Galaxy S4 手机（仍装在三星密封盒中）带到一张桌子旁。产品包装盒正面写着"Samsung Galaxy S4"，背面写着"包装内含……产品安全和保修信息手册"。威瑞森无线员工打开盒子，拆去手机和材料的包装，并帮助诺西亚将他的联系人从旧手机转移到新手机。诺西亚离开商店时随身携带了手机、充电器和耳机，但他拒绝了威瑞森无线员工提出的带走包装盒和其他物品的提议。

三星 Galaxy S4 包装盒中包含产品安全和保修信息手册等。这本 101 页的小册子由两个部分组成，第 1 节包含健康和安全信息，而第 2 节包含"标准有限保修"和"软件最终用户许可协议"。标准有限保修部分解释了三星明示保修的范围。除了解释三星的义务、获得保修服务的程序以及三星的责任范围，标准有限保修部分还包括以下内容：

> 因本有限保修或产品的销售、状况或性能而以任何方式与三星发生的所有争议，均应仅通过具有约束力的最终仲裁解决，而不是由法院或陪审团解决。

在该部分的后面，有一段解释了仲裁程序，并指出购买者可以在购买后30 个工作日内通过电子邮件或拨打免费电话的方式告知三星，选择退出仲裁协议。其中还写道，选择退出"不会以任何方式影响有限保修的覆盖范围，您将继续享受有限保修的好处"。诺西亚没有采取任何措施选择退出。

（2）诉讼历史。2014 年 2 月，诺西亚对三星提起集团诉讼，指控三星歪曲 Galaxy S4 的存储容量，并在测试时操纵手机以更高的速度运行。其起诉称，这些欺骗性行为构成普通法的欺诈，违反了加州《消费者法律救济法》（Consumers Legal Remedies Act）[1]、《反不正当竞争法》（Unfair Competition Law）[2]和《防止虚假广告法》（False Advertising Law）[3]。该诉讼只是寻求法院批准加州所有 Galaxy S4 手机购买者作为诉讼集团，诺西亚没有就三星违反担保提出任何诉讼主张。

三星对此未作答复，而是通过援引产品安全和保修信息手册中的仲裁条款来强制仲裁。联邦地区法院驳回了三星的动议，其认为虽然诺西亚应被视为已收到 Galaxy S4 包装盒，包括产品安全和保修信息手册，但收到该手册并不成立对非保修索赔进行仲裁的协议。三星对此提起上诉。

双方当事人州籍不同，其争议金额超过 500 万美元，因此联邦地区法院根据 28 USC § 1332（d）（2）具有管辖权。根据《联邦仲裁法》（Federal Arbitration Act）的相关规定，[4]联邦第九巡回上诉法院拥有管辖权并审查了联邦地区法院的裁定。[5]

3. 争议焦点

本案中诺西亚对协议中仲裁条款的沉默是否构成同意，其是否受该仲裁条款的约束？

4. 裁判结果

联邦第九巡回上诉法院认为：①三星在 Galaxy S4 包装盒中加入产品安全和保修信息手册，以及诺西亚未能选择退出，并不意味着其中的仲裁条款对诺西亚具有强制执行力；②三星并非威瑞森无线和诺西亚之间协议的第三方受益人；③由于三星未能按照加州法律承担证明与诺西亚存在仲裁协议的责任，地区法院在拒绝三星强制仲裁的动议方面没有错误。

联邦第九巡回上诉法院维持了联邦地区法院的裁定。其后三星上诉至联

---

〔1〕　Cal. Civ. Code § § 1750−1784.

〔2〕　Cal. Bus. & Prof. Code § § 17200−17210.

〔3〕　Cal. Bus. & Prof. Code § § 17500−17509.

〔4〕　Federal Arbitration Act, 9 U. S. C. § 16.

〔5〕　*Davis v. Nordstrom*, *Inc.*, 755 F. 3d 1089, 1091 (9th Cir. 2014).

邦最高法院，但被驳回。[1]

5. 裁判理由

联邦第九巡回上诉法院的伊库塔法官（Sandra Segal Ikuta）首先依据相关案例，指出"仲裁是合同问题，不能要求一方将其未同意提交的任何争议诉诸仲裁"。[2]因此，要评价联邦地区法院是否应驳回三星强制仲裁的动议，首先要确定是否存在有效的仲裁协议。[3]作为寻求强制仲裁的一方，三星承担通过优势证据证明存在仲裁协议的责任。[4]

三星提出了两种合同理论来支持其论点，即诺西亚与三星签订了具有约束力的合同，使其应以仲裁解决争议。首先，三星主张在产品安全和保修信息手册中包含的仲裁条款使三星和诺西亚之间成立了仲裁相关的有效合同，得以仲裁的方式解决 Galaxy S4 手机相关的所有索赔问题。其次，三星辩称，诺西亚签署的客户协议通过引用纳入了产品安全和保修信息手册的条款，并在诺西亚和三星之间建立了具有约束力的合同。

联邦第九巡回上诉法院在分析三星前述抗辩时，"适用管辖合同订立的一般州法原则"来决定是否存在仲裁协议，[5]同时当事方也同意加州州法管辖合同订立的问题。联邦第九巡回上诉法院受加州最高法院裁决的约束，其应用加州州法逐项分析了被告提出的抗辩事由。

（1）联邦第九巡回上诉法院首先论证 Galaxy S4 包装盒中的产品安全和保修信息手册是否在诺西亚和三星之间建立了具有约束力的合同，以仲裁诺西亚投诉中的索赔请求。尽管该手册采用三星向诺西亚提供的明示消费者保证形式，但仲裁条款规定，"以任何方式与三星因本有限保证引起的所有争议"都需要仲裁（也适用于因"产品的销售、状况或性能"引起的所有争议）。

---

[1] *Samsung Telecommunications Am. , LLC v. Norcia*, 138 S. Ct. 203, 199 L. Ed. 2d 114 (2017).

[2] *AT & T Techs. , Inc. v. Commc'ns Workers of Am.* , 475 U. S. 643, 648, 106 S. Ct. 1415, 89 L. Ed. 2d 648 (1986) (quoting *United Steelworkers of Am. v. Warrior & Gulf Nav. Co.* , 363 U. S. 574, 582, 80 S. Ct. 1347, 4 L. Ed. 2d 1409 (1960))

[3] *Chiron Corp. v. Ortho Diagnostic Sys. , Inc.* , 207 F. 3d 1126, 1130 (9th Cir. 2000); *see also Kilgore v. KeyBank*, *Nat. Ass'n*, 718 F. 3d 1052, 1058 (9th Cir. 2013).

[4] *Knutson v. Sirius XM Radio Inc.* , 771 F. 3d 559, 565 (9th Cir. 2014) (citing *Rosenthal v. Great W. Fin. Sec. Corp.* , 14 Cal. 4th 394, 413, 58 Cal. Rptr. 2d 875, 926 P. 2d 1061 (1996)).

[5] *First Options of Chicago*, *Inc. v. Kaplan*, 514 U. S. 938, 944, 115 S. Ct. 1920, 131 L. Ed. 2d 985 (1995).

诺西亚的投诉涉及非保修争议，因此对于该案的分析受合同法而非担保法的约束。

从加州合同法的基本原则来说，"合同的基本要素为，当事人有订立合同的能力，双方合意，合同标的合法，有充分的约因或对价"。[1]受合同约束的一方受其所有条款的约束，无论该方是否知道这些条款。当事人不能以在签署前没有阅读合同条款为由而规避合同条款。[2]货物销售合同可以任何足以表明协议的方式订立，包括双方承认该合同存在的行为，[3]法院必须确定同意的表现形式是否会导致一个理性人相信受要约人已同意该协议。[4]沉默或不作为一般而言不构成要约的接受。[5]加州最高法院认为，向他人提出的要约，无论是口头的还是书面的，都无法转化为协议。[6]不过该规则也有例外，当受要约人有义务答复要约但是未履行义务时，受要约人的沉默可被视为同意签订合同。[7]例如，在金特里诉高等法院案（*Gentry v. Superior Court*）中，一名雇员签署了一份"易于阅读的单页表格"，承认除非他选择退出，否则所有与雇佣相关的法律纠纷都将以仲裁方式解决。[8]通过签署该表格，该雇员表明了他的意图，即用他的沉默或未选择退出作为接受仲裁协议的一种方式。因此，加州最高法院裁定，雇员未采取行动构成对协议的接受。另外，当一方

---

〔1〕 *U. S. ex rel. Oliver v. Parsons Co.*, 195 F. 3d 457, 462（9th Cir. 1999）（alterations in original）（quoting Cal. Civ. Code § 1550）.

〔2〕 *Marin Storage & Trucking, Inc. v. Benco Contracting & Eng'g, Inc.*, 89 Cal. App. 4th 1042, 1049, 107 Cal. Rptr. 2d 645（2001）, as modified（June 8, 2001）.

〔3〕 Cal. Com. Code § 2204（1）.

〔4〕 *Knutson v. Sirius XM Radio Inc.*, 771 F. 3d 559, 565（9th Cir. 2014）（citing *Meyer v. Benko*, 55 Cal. App. 3d 937, 942-43, 127 Cal. Rptr. 846（Ct. App. 1976））.

〔5〕 *Golden Eagle Ins. Co. v. Foremost Ins. Co.*, 20 Cal. App. 4th 1372, 1385, 25 Cal. Rptr. 2d 242（1993）, as modified on denial of reh'g（Jan. 7, 1994）; *See also Sorg v. Fred Weisz & Assocs.*, 14 Cal. App. 3d 78, 81, 91 Cal. Rptr. 918（Ct. App. 1970）.

〔6〕 *Leslie v. Brown Bros. Incorporation*, 208 Cal. 606, 621, 283 P. 936（1929）; *See also* 1 Witkin, Summary of California Law, Contracts § 193（10th ed. 2005）（collecting California cases）.

〔7〕 *Golden Eagle Ins. Co. v. Foremost Ins. Co.*, 20 Cal. App. 4th 1372, 1386, 25 Cal. Rptr. 2d 242（1993）, as modified on denial of reh'g（Jan. 7, 1994）; *See also Beatty Safway Scaffold, Inc. v. Skrable*, 180 Cal. App. 2d 650, 655, 4 Cal. Rptr. 543（Ct. App. 1960）.

〔8〕 *Gentry v. Superior Court*, 42 Cal. 4th 443, 468, 64 Cal. Rptr. 3d 773, 165 P. 3d 556（2007）, abrogated on other grounds by *AT&T Mobility LLC v. Concepcion*, 563 U. S. 333, 131 S. Ct. 1740, 179 L. Ed. 2d 742（2011）.

保留所提供的利益时，受要约人的沉默也可被视为同意合同。[1]在金鹰案（*Golden Eagle Ins. Co. v. Foremost Ins. Co.*）中，一对夫妇收到了来自保险公司的续保证明，其在未支付保费的情况下保有了续保保单的利益。[2]该案法院认为，鉴于这对夫妇与保险公司之间的现有关系，这对夫妇保留续保证明的行为是加州法律下"接受续保政策的充分证据"。[3]

即使有上述例外，当受要约人有合理理由不知晓要约已提出时，其沉默也不构成对合同的同意。[4]在温莎·米尔斯公司诉柯林斯与埃克曼公司案（*Windsor Mills, Inc. v. Collins & Aikman Corp.*）中，买方从供应商处订购纱线，供应商在一份印刷表格上确认了订单，表格背面用"小号字体"写着"15. 仲裁：与合同无关或有关的任何争议，应在纽约市通过仲裁解决……"[5]该案法院认为，买方不受该条款的约束，因为"受要约人，无论其是否明显表示同意，都不受其不知道的、包含在合同性质不明显的文件中的不显眼的合同条款的约束"。[6]

联邦第九巡回上诉法院指出，本案中诺西亚没有明确同意产品安全和保修信息手册中的任何协议，也没有在该手册上签名或以其他方式表现出其打算通过沉默或不选择退出来接受仲裁协议。[7]根据加州法律，受要约人在收到要约后的不作为通常不足以形成合同，[8]因此三星要求仲裁与诺西亚间所有争议的提议无法转化为协议。此外，三星也未能证明存在该规则的例外情况，

---

〔1〕　*See Golden Eagle Ins. Co. v. Foremost Ins. Co.*, 20 Cal. App. 4th 1372, 1386, 25 Cal. Rptr. 2d 242 (1993), as modified on denial of reh'g (Jan. 7, 1994); *see also* Cal. Civ. Code § 1589.

〔2〕　*Golden Eagle Ins. Co. v. Foremost Ins. Co.*, 20 Cal. App. 4th 1372, 1386, 25 Cal. Rptr. 2d 242 (1993), as modified on denial of reh'g (Jan. 7, 1994).

〔3〕　*Golden Eagle Ins. Co. v. Foremost Ins. Co.*, 20 Cal. App. 4th 1372, 1386-87, 25 Cal. Rptr. 2d 242 (1993), as modified on denial of reh'g (Jan. 7, 1994).

〔4〕　*See Windsor Mills, Inc. v. Collins & Aikman Corp.*, 25 Cal. App. 3d 987, 993, 101 Cal. Rptr. 347 (Ct. App. 1972).

〔5〕　*Windsor Mills, Inc. v. Collins & Aikman Corp.*, 25 Cal. App. 3d 987, 989-90, 101 Cal. Rptr. 347 (Ct. App. 1972).

〔6〕　*Windsor Mills, Inc. v. Collins & Aikman Corp.*, 25 Cal. App. 3d 987, 993, 101 Cal. Rptr. 347 (Ct. App. 1972); See also *Marin Storage & Trucking, Inc. v. Benco Contracting & Eng'g, Inc.*, 89 Cal. App. 4th 1042, 1049-50, 107 Cal. Rptr. 2d 645 (2001), as modified (June 8, 2001).

〔7〕　*Gentry v. Superior Ct.*, 42 Cal. 4th 443, 468, 64 Cal. Rptr. 3d 773, 165 P. 3d 556 (2007).

〔8〕　*Leslie v. Brown Bros. Incorporation*, 208 Cal. 606, 621, 283 P. 936 (1929).

即加州法律规定诺西亚有义务在收到手册后采取行动。[1]双方之前也没有任何可能对诺西亚施加义务的交易过程，[2]且三星的产品安全和保修信息手册也指出，无论诺西亚是否选择退出仲裁协议，诺西亚都有权获得"有限保修的利益"。在不存在例外情况时，应适用加州有关合同订立的一般规则，所以诺西亚和三星之间没有订立任何合同，诺西亚不受产品安全和保修信息手册中包含的仲裁条款的约束。

为了反驳这一结论，三星辩称产品安全和保修信息手册类似于"拆封许可"（shrink-wrap license），该许可在加州是可执行的，[3]联邦第七巡回上诉法院也认为其可执行[4]，因此诺西亚受产品安全和保修信息手册中规定的条款的约束。联邦第九巡回上诉法院考虑了三星引用的沃尔数据案（*Wall Data Inc. v. Los Angeles Cty. Sheriff's Dept.*），该案中软件制造商指称有关部门违反了拆封许可、点击许可（click-through license）和批量许可手册的条款，并侵犯了软件制造商的著作权，在该部门的 6007 台计算机上安装了仅被授权安装在 3663 台计算机上的软件。[5]在该案中，上诉法院将"拆封许可"定义为"包装上或包含软件的光盘（CD-ROM）外部的表格，其中声明通过打开包装或 CD-ROM 包装，用户将同意许可条款"。[6]该案上诉法院并没有解决许可是否创建合同的问题，而是认为在审判中要解决的唯一问题是有关部门是否违反了软件许可条款，因此地区法院在拒绝提供有关订立合同的指示上并没有错误。[7]鉴于此，该案最多表明知识产权的拆封许可在加州可以强制执行。虽说可以预测，如果包装上的告知表明用户打开包装便同意了某些条款，那么法院可以合理地认为用户有义务否定其已接受告知中的条款的结论，但这对三星的主张没有帮助。即使可以将复制软件的许可类比为包含合同条款的小册子，Galaxy S4 包装盒的外部也未告知消费者打开包装盒的行为将被视作

〔1〕　*Gentry v. Superior Ct.*，42 Cal. 4th 443，468，64 Cal. Rptr. 3d 773，165 P. 3d 556（2007）.

〔2〕　See *Beatty Safway Scaffold*，*Inc. v. Skrable*，180 Cal. App. 2d 650，655，4 Cal. Rptr. 543（Ct. App. 1960）.

〔3〕　See *Wall Data Inc. v. Los Angeles Cty. Sheriff's Dep't*，447 F. 3d 769，782（9th Cir. 2006）.

〔4〕　See *Hill v. Gateway* 2000，*Inc.*，105 F. 3d 1147，1148（7th Cir. 1997）.

〔5〕　*Wall Data Inc. v. Los Angeles Cty. Sheriff's Dep't*，447 F. 3d 769，773–75（9th Cir. 2006）.

〔6〕　*Wall Data Inc. v. Los Angeles Cty. Sheriff's Dep't*，447 F. 3d 769，775 n. 4（9th Cir. 2006）.

〔7〕　*Wall Data Inc. v. Los Angeles Cty. Sheriff's Dep't*，447 F. 3d 786（9th Cir. 2006）.

同意合同中规定的条款。[1]在这种情况下，加州关于沉默或不作为不构成接受的一般规则具有约束力，沃尔数据案无法支持三星的主张。

（2）联邦第九巡回上诉法院接下来讨论三星关于"产品安全和保修信息手册可以作为'开箱即用的合同'强制执行"的主张。在希尔案（*Hill v. Gateway* 2000，*Inc.*）[2]中，消费者通过电话订购了一台计算机。[3]当箱子到达时，其中包含了计算机和"一个条款列表，除非客户在 30 天内归还计算机，否则这些条款有效"，而其中包含了仲裁条款。[4]联邦第七巡回上诉法院认为，消费者将计算机保留超过 30 天的行为，意味着接受了卖方包含仲裁条款在内的要约。[5]三星辩称加州法院已采纳该案的推理[6]，在温斯塔特案（*Weinstat v. Dentsply International Inc.*）中，法院认为在不存在相反证据的情况下，制造商在将产品交付给消费者之前做出的任何确认，包括产品包装盒中包含的声明，均构成明示保证。[7]三星辩称，根据希尔案，温斯塔特案表明产品包装盒中的小册子包含的条款与条件构成制造商和消费者之间具有约束力的合同，因此本案中诺西亚接受了三星在产品安全和保修信息手册中包括仲裁条款在内的要约，该条款成为诺西亚和三星之间具有约束力的协议。

联邦第九巡回上诉法院指出，三星错误理解了加州州法中的保证法与合同法之间的区别，因此依赖温斯塔特案的结论是错误的。在消费者强制执行保证条款前必须满足的条件，并不等同于将买方权利限制在保证条款范围之外的独立义务。温斯塔特案的重点在于保证的形成，而非合同的形成。因此，温斯塔特案没有采用希尔案的规则，即产品包装盒中随附小册子包含的声明在卖方和消费者之间建立了合同，这可能会限制消费者就不涉及明示保证的索赔对制造商提起法律诉讼的权利。

三星还援引联邦第二巡回上诉法院的施纳贝尔案（*Schnabel v. Trilegiant*

---

〔1〕 *Cf. Wall Data Inc. v. Los Angeles Cty. Sheriff's Dep't*, 447 F. 3d 769, 775 n. 4 (9th Cir. 2006).

〔2〕 *Hill v. Gateway* 2000, *Inc.*, 105 F. 3d 1147, 1147 (7th Cir. 1997).

〔3〕 *Hill v. Gateway* 2000, *Inc.*, 105 F. 3d 1147, 1148 (7th Cir. 1997).

〔4〕 *Hill v. Gateway* 2000, *Inc.*, 105 F. 3d 1147, 1149 (7th Cir. 1997).

〔5〕 *Hill v. Gateway* 2000, *Inc.*, 105 F. 3d 1147, 1150 (7th Cir. 1997).

〔6〕 *Weinstat v. Dentsply International*, *Inc.*, 180 Cal. App. 4th 1213, 103 Cal. Rptr. 3d 614 (2010).

〔7〕 *Weinstat v. Dentsply International*, *Inc.*, 180 Cal. App. 4th 1213, 1229, 103 Cal. Rptr. 3d 614 (2010).

Corp.）〔1〕，辩称加州法院已采用希尔案中的推理来执行开箱即用的合同。在该案中，法院审理的是针对被告的投诉，被告鼓励网站访问者注册免费试用娱乐服务，如果这些客户未能取消服务，被告每月会继续向他们收费。〔2〕被告要求对投诉进行仲裁，辩称其通过网站上的超链接向客户显示了仲裁条款，并向客户发送了后续的电子邮件；由于未能取消服务，客户已同意受仲裁条款的约束。在回应这一论点时，施纳贝尔案法院指出，最近的一些案例认为，产品包装盒中包含的许可证可能"在客户购买和收到包装以及阅读后未能退回产品时，或至少在客户有机会阅读产品随附的合同条款和条件时，成为可执行的合同"。〔3〕但法院指出，即使是适用这些原则的案例，"也不能取消在消费者于法律上同意某个条款之前告知其存在的要求"。〔4〕由于提供给客户的信息并未向他们提供电子邮件中包含的仲裁条款的询问告知，该案法院拒绝了被告的论点。〔5〕在克努森案（*Knutson v. Sirius XM Radio Inc.*）中，〔6〕法院采用了类似的推理，认为原告不受一个月后从无线电服务处收到的"欢迎工具包"（Welcome Kit）中的客户协议的约束，因为处在原告立场的理性人无法理解收到该工具包且未能取消对无线电服务的试用订阅将构成对仲裁条款的同意。〔7〕因此，法院驳回了被告关于其客户协议是有效的拆封协议的主张，认为尽管"一方不能通过在签署前未阅读合同条款的方式来规避合同条款"，但"当书面文件不像是合同且条款没有引起接收方的注意时"，不会形成合同。〔8〕

上述两个案件的法院都不认为加州法院强制执行开箱即用的合同。相反，其指出即使客户在某些情况下可能受"开箱即用的合同"约束，如果客户没

---

〔1〕　*Schnabel v. Trilegiant Corp.*, 697 F. 3d 110 (2d Cir. 2012).

〔2〕　*Schnabel v. Trilegiant Corp.*, 697 F. 3d 110, 114-17 (2d Cir. 2012)

〔3〕　*Schnabel v. Trilegiant Corp.*, 697 F. 3d 110, 122 (2d Cir. 2012)〔（citing *Hill v. Gateway* 2000, *Inc.*, 105 F. 3d 1147, 1150 (7th Cir. 1997)〕.

〔4〕　*Schnabel v. Trilegiant Corp.*, 697 F. 3d 110, 124 (2d Cir. 2012).

〔5〕　*Schnabel v. Trilegiant Corp.*, 697 F. 3d 110, 128 (2d Cir. 2012).

〔6〕　*See Knutson v. Sirius XM Radio Inc.*, 771 F. 3d 559, 566-67 (9th Cir. 2014).

〔7〕　*Knutson v. Sirius XM Radio Inc.*, 771 F. 3d 559, 565 (9th Cir. 2014).

〔8〕　*Knutson v. Sirius XM Radio Inc.*, 771 F. 3d 559, 565 (9th Cir. 2014) (quoting *Marin Storage & Trucking*, *Inc. v. Benco Contracting & Eng'g*, *Inc.*, 89 Cal. App. 4th 1042, 1049-50, 107 Cal. Rptr. 2d 645 (2001), as modified (June 8, 2001)).

有收到充分的告知，这种合同也是无效的。本案中，三星提供了一本名为"产品安全和保修信息"的小册子。这样的小册子表明它包含安全信息和卖方的保证，构成卖方对 Galaxy S4 手机的"事实确认或承诺"。[1]在诺西亚的立场上，一个理性人不会注意到该册子中含有超出保证范围的独立义务，也不会理解收到卖方的保证且不选择退出保证中包含的仲裁协议，即构成同意对针对卖方的所有索赔进行仲裁的条款。根据温莎·米尔斯公司诉柯林斯与埃克曼公司案的观点，"受要约人，无论其是否明显表示同意，都不受其不知道的、包含在合同性质不明显的文件中的不显眼的合同条款的约束"，即使开箱即用的合同在加州法律下可以强制执行，诺西亚也不受仲裁条款的约束。

三星敦促联邦第九巡回上诉法院得出结论：在不考虑加州法院立场的情况下，消费者交易的实践需要法院执行开箱即用的合同，并且消费者期待产品会附带附加条款。但联邦第九巡回上诉法院认为，宣布国家公共政策的责任在于立法机关而非法院，[2]如果加州立法机关认为其当前法律未能在消费者期待和商业负担之间取得适当平衡，其可以修改法律。由于加州法院未采纳希尔案的规则，转而明确表示沉默本身并不构成同意，联邦第九巡回上诉法院驳回了三星关于诺西亚合理地同意仲裁条款的主张，三星在 Galaxy S4 包装盒中加入产品安全和保修信息手册以及诺西亚未能选择退出，并不意味着仲裁条款对诺西亚具有强制执行力。

（3）联邦第九巡回上诉法院接下来转向三星的第二个主张，即诺西亚同意通过与威瑞森无线签署客户协议来仲裁他的索赔。联邦第九巡回上诉法院指出，客户协议是威瑞森无线与其客户之间的协议，三星不是签约方。虽然客户协议本身包括仲裁条款等一些管理诺西亚和威瑞森无线之间关系的条款，但其中没有任何内容提及三星或任何其他方，因此三星的主张毫无根据。三星辩称，其为威瑞森无线和诺西亚之间协议的第三方受益人，但根据加州法律，仅合同为第三方带来利益这一事实并不会使该方成为第三方受益人；合同各方必须有意让第三方受益。[3]三星并未举证表明诺西亚和威瑞森无线打

---

[1] Cal. Com. Code § 2313 (1) (a).

[2] *Green v. Ralee Eng'g Co.*, 19 Cal. 4th 66, 71, 78 Cal. Rptr. 2d 16, 960 P. 2d 1046 (1998).

[3] *Matthau v. Superior Ct.*, 151 Cal. App. 4th 593, 602, 60 Cal. Rptr. 3d 93 (2007); *See also Hess v. Ford Motor Co.*, 27 Cal. 4th 516, 524, 117 Cal. Rptr. 2d 220, 41 P. 3d 46 (2002); 1 Witkin, Summary of California Law, Contracts § 689 (10th ed. 2005).

算通过客户协议使三星受益，因此三星未能证明其为第三方受益人。

综上所述，由于三星未能依据加州法律证明其与诺西亚存在仲裁合同，联邦地区法院在拒绝三星强制仲裁的动议方面没有错误，联邦第九巡回上诉法院维持了原判。

十二、口头合同的效力：哈罗德诉施格兰公司口头合同效力纠纷案 (LEE v. JOSEPH E. SEAGRAM & SONS, INC.)

Harold S. LEE et al., Plaintiffs-Appellees,

v.

JOSEPH E. SEAGRAM & SONS, INC., Defendant-Appellant.
United States Court of Appeals, Second Circuit, March 15, 1977.
552 F. 2d 447.

（哈罗德诉施格兰公司口头合同效力纠纷案）

1. 裁判要旨

（1）当口头合同独立于书面合同，并且口头合同本身内容完整时，即便口头合同与书面合同指向的标的物相同，也不因口头证据规则对口头合同予以否定。

（2）如果合同双方的本意是订立合同并使自己承担未来的给付义务，那么法院应当填补条款中的空白，使合同具有强制执行力。

（3）陪审团对事实的认定来自证据，如果案件中的证据本身存在问题，那么陪审团拥有如何认定现有事实的自由裁量权。

2. 案情介绍

（1）案件事实。原告哈罗德（Harold S. Lee）持有国会城酒业公司（Capitol City Liquor Company）50%的股份，而另50%的股份则归哈罗德的弟弟亨利（Henry D. Lee）和侄子亚瑟（Arthur Lee）所有。国会城公司中有许多被告施格兰公司（Joseph E. Seagram & Sons, Inc.）所产的酒类品牌，且其大部分的销售额都来自施格兰公司的生产线。1970年5月，包括哈罗德在内的3位股东想要出售他们各自的股份，哈罗德与施格兰公司的执行副总裁杰克·约格曼（Jack Yogman）进行口头协商：哈罗德愿意将国会城酒业公司卖给施格兰公司，但是施格兰公司应在另一城市的分销公司重新安置哈罗德一家人。大约一个月后，约格曼的助理约翰·巴斯（John Barth）拜访了哈罗德和其他两位股东，并代表施格兰公司的一位新分销商卡特（Carter）与他们协商购入国会城酒业公司的资产的事项，在买卖完成后，卡特会接管国会城酒业公司。1970 年 9 月 30 日，双方签订书面合同，确定了资产交易，但是重新安置哈罗德一家人的承诺最后没有落实到书面合同中。

因此，原告于 1972 年 1 月 18 日提起诉讼。陪审团认定的部分事实如下：双方之间的口头合同约定，如果原告愿意出售国会城酒业公司的股权，被告相应地就要在合理期限内确认原告为施格兰公司分销商的法律地位，这一分销权应与原告所售的股权价值相当，且经营地点应为原告所接受。

（2）诉讼历史。原告向纽约州南区联邦地区法院（The United States District Court for the Southern District of New York）提起诉讼，请求追究被告违反口头合同约定义务的违约责任。原告主张自己已经履行了出售公司的合同义务，但是被告未能履行双方之间形成的口头合同规定的义务。被告则抗辩道，陪审团所认定的双方间的口头合同形成于书面合同之前。

初审法院拒绝了被告作出简易判决的动议。被告上诉至联邦第二巡回上诉法院（United States Court of Appeals，Second Circuit）。

3. 争议焦点

双方的口头约定是否是书面合同的一个可期待的条款？

4. 裁判结果

上诉法院认为：①当口头合同独立于书面合同，并且口头合同本身内容完整时，即便口头合同与书面合同指向的标的物相同，也不因口头证据规则对口头合同予以否定；②如果合同双方的本意是订立合同并使自己承担未来的给付义务，那么法院应当填补条款中的空白，使合同具有强制执行力；③陪审团对事实的认定来自证据，如果案件中的证据本身存在问题，那么陪审团拥有如何认定现有事实的自由裁量权。

上诉法院维持了初审法院的判决。

5. 裁判理由

上诉法院从初审法院的判决思路、被告的主张两个方面进行分析。

（1）初审法院的判决思路。初审法院认为案件的争议焦点在于，原被告双方是否"意图"（intended）使买卖资产的书面合同中的内容成为双方全部、准确的相互约定。如果书面合同的内容不是双方完整的约定，口头证据规则便没有适用的余地。

上诉法院认为，口头证据规则是一个实体法规则，[1]并援引了佛格森诉瑞克飞建设公司案（*Fogelson v. Rackfay Const. Co.*，以下简称"佛格森案"），指出每个个案的判决必须取决于案涉的交易类型、书面合同的范围与口头合同的内容。[2]根据佛格森案，即便口头合同与书面合同同时订立，也不在口头证据规则所禁止的范围之内。如果口头合同独立于书面合同且内容完整，那么即便与书面合同指向的标的物相同，也仍然可以通过口头证据加以确定。[3]虽然纽约州也有判例能够支持被告关于"引发书面合同或变更对价的口头合同不应认定"的主张，[4]但是上诉法院认为，在特定案件中，最重要的是，认定合同双方是否希望将口头合同落实进书面合同。[5]口头合同与书面合同的结合在涉及买卖土地合同的案件中可以轻松推出，[6]但是在更为复杂的案件中，例如出现不同的商业惯例，即便书面合同中写有明确的整合条款，口头合同也可以被认定为独立于书面合同。[7]

原被告双方所进行的交易本质上是公司资产买卖。交易完成后，诸如与个别公司股东签订的劳动合同或咨询协议经常会另行约定。[8]因此，可以不认为这些合同是公司资产买卖合同的组成部分。至于在书面合同订立前的口头合同，如果其内容与书面合同并不矛盾，那么也不因口头证据规则就予以否定。[9]同样，本案中哈罗德和约格曼之间有长达多年的友谊与信任，因此

---

〔1〕　*Fogelson v. Rackfay Const. Co.*, 300 N. Y. 334, 337-38, 90 N. E. 2d 881（N. Y. 1950）; *Higgs v. De Maziroff*, 263 N. Y. 473, 477, 189 N. E. 555（N. Y. 1934）; *Smith v. Bear*, 237 F. 2d 79, 83（2d Cir. 1956）.

〔2〕　*Fogelson v. Rackfay Const. Co.*, 300 N. Y. 334, 90 N. E. 2d 881（N. Y. 1950）.

〔3〕　*Thomas v. Scutt*, 127 N. Y. 133, 140-41, 27 N. E. 961, 963（N. Y. 1891）.

〔4〕　*E. g.*, *Fogelson v. Rackfay Const. Co.*, 300 N. Y. 334, 340, 90 N. E. 2d 881（N. Y. 1950）.

〔5〕　*Ball v. Grady*, 267 N. Y. 470, 470, 196 N. E. 402（N. Y. 1935）; *accord*, *Fogelson v. Rackfay Const. Co.*, 300 N. Y. 334, 338, 90 N. E. 2d 881（N. Y. 1950）. *See* Restatement on Contracts § 240.

〔6〕　*E. g.*, *Mitchill v. Lath*, 247 N. Y. 377, 160 N. E. 646（N. Y. 1928）, or leases, *Fogelson v. Rackfay Const. Co.*, 300 N. Y. 338, 90 N. E. 2d 881（N. Y. 1950）; *Plum Tree*, *Inc. v. N. K. Winston Corp.*, 351 F. Supp. 80, 83（S. D. N. Y. 1972）.

〔7〕　*See Gem Corrugated Box Corp. v. Natl. Kraft Container Corp.*, 427 F. 2d 499, 503（2d Cir. 1970）.

〔8〕　*See Gem Corrugated Box Corp. v. Natl. Kraft Container Corp.*, 427 F. 2d 499, 503（2d Cir. 1970）.

〔9〕　*Hicks v. Bush*, 10 N. Y. 2d 488, 225 N. Y. S. 2d 34, 180 N. E. 2d 425（N. Y. 1962）.

两人口头约定要为哈罗德儿子的利益考虑，无疑是非常重要的，足以约束施格兰公司。虽然最终书面合同由施格兰公司的其他代表即约翰·巴斯等人进行磋商，但仍然合理。对于原被告来说，口头合同与书面合同的两个交易并没有都整合在书面合同中。虽然双方的书面合同中很大部分是模板性的内容，但没有习惯的整合条款。虽然这一疏漏可能是由双方的互信造成的，但是根据佛格森案确立的规则，也不会因存在一个详细的整合条款就否认口头合同。[1]

口头合同与书面合同的内容没有矛盾。[2]书面合同主要是处理公司资产的买卖问题，而口头合同则是关于重新安置哈罗德一家。因此，口头合同与书面合同中出售公司资产的对价不矛盾。

因此，上诉法院认定初审法院的判决正确，予以维持。

（2）被告的主张。

第一，被告主张，口头合同过于模糊，具有不确定性，因此不具备可执行性：一是口头合同中未明确说明分销权的购买价格、收益多少与分销规模，缺少合同要素，法院无法确定双方的权利义务；二是口头合同并未明确原告是否可以接受或拒绝施格兰公司提供的分销权。

但是，上诉法院认为，根据陪审团的认定，口头合同约定，分销经营须在原告所能接受的地点，价值也应与原告在国会城酒业公司的投入相当，因此原告对口头合同的履行就要求被告也加以履行。如果陪审团的裁定得到法院的认定，那么被告的主张就不成立。关于被告提出的缺少合同要素这一主张，陪审团所认定的事实也有相应的证据支撑。根据行业标准与本次交易，有充分的外在证据表明双方的义务是明确的。科宾教授认为，如果合同双方具有订立合同并希望将来加以履行的意图，那么法院就要谨慎考虑是否需否定合同的执行力。条款中的许多空白都是能够填补的，而且是应当填补的，这样，可以产生出与当事人的表示相一致且对双方当事人而言比拒绝强制执行更为公正的结果。[3]上诉法院通过援引大量判例，说明纽约州的法院一般

---

〔1〕 *Fogelson v. Rackfay Const. Co.*，300 N. Y. 340，90 N. E. 2d 881（N. Y. 1950）.

〔2〕 *Mitchill v. Lath*，247 N. Y. 381，160 N. E. 646（N. Y. 1928）；3 Corbin on Contracts §573.

〔3〕 Corbin on Contracts，at 425–426.

不愿将合同认定为过于模糊而无法执行。[1]口头合同要求被告在合理期限内履行也是合理的，被告也清楚，如果不在合理期限内履行，原告将在一年内重新安排出售国会城酒业公司资产，否则就会陷入税务危机。至于被告提出的口头合同给予原告无边界的自由（unbridled discretion）这一主张，上诉法院认为合同的这一内容没有漏洞。原告想要参与出售国会城酒业公司的资产，并转让公司的特许权，而且也履行了这一合同义务。更重要的是，上诉法院不认为原告拥有无边界的自由。纽约州法院在所有情况下都会对原告的自由加以善意义务的限制。[2]被告认为原告无论怎样都会拒绝被告提供的分销权，这一主张被上诉法院否定。被告的确无法强制原告接受，但无论原告是否接受，施格兰公司适当履行便完成了口头合同约定的义务。即使原告无理拒绝了分销权，被告也须履行义务。口头合同中明确约定了双方的义务，因此合同有效。

第二，被告不认同陪审团对赔偿金数额的认定，主张原告对损失的认定只具有猜测性，不能被采纳。

陪审团裁定被告的赔偿金数额为 407 850 美元。在合同纠纷中，确定赔偿金的基本原则是：赔偿原告通过合同本可获得的收益、因被告违约造成的损失，使原告恢复至违约未发生时的原初状态。本案中，原告通过引入专家证人，通过比较国会城酒业公司上一会计年度的收益与原告完成出卖后的一年内可获得的债券收益，计算出前者收益率为 14.508%，后者收益率为 7.977%。而后，通过两个收益率之间的差额，计算出原告因被告违约的损失为收益的 6.531%，而这一损失反映在原告根据公司一半的销售额所能获得的收益为税前 83 800 美元。将这一数字乘以 10 年（10 年是推定原告 "新" 分销公司的最短生命周期），那么原告的损失共为 838 000 美元。折现后，原告的专家证人将数额减少至 549 000 美元。而陪审团最终确定的数额更小，为 407 850 美

---

〔1〕　*See Borden v. Chesterfield Farms*, *Inc.*, 27 A. D. 2d 165, 277 N. Y. S. 2d 494（N. Y. App. Div. 1st Dept. 1967）；*Valley Nat. Bank of Long Island v. Babylon Chrysler-Plymouth*, *Inc.*, 53 Misc. 2d 1029, 280 N. Y. S. 2d 786（N. Y. Sup. Ct. 1967）, *aff'd sub nom. Valley Nat. Bank of L. I. v. Babylon Chrysler-Plymouth*, 28 A. D. 2d 1092, 284 N. Y. S. 2d 849（N. Y. App. Div. 2d Dept. 1967）；*Silverman v. Alpart*, 282 A. D. 631, 125 N. Y. S. 2d 602, 605（N. Y. App. Div. 3d Dept. 1953）；*Castelli v. Tolibia*, 83 N. Y. S. 2d 554（N. Y. Sup. Ct. 1948）, *aff'd*, 276 A. D. 1066, 96 N. Y. S. 2d 488（N. Y. App. Div. 1st Dept. 1950）.

〔2〕　*E. g.*, *Wood v. Lucy*, *Lady Duff-Gordon*, 222 N. Y. 88, 118 N. E. 214（N. Y. 1917）.

元。陪审团的裁定因没有收到其他相关证据而没有列明具体的损失类型。[1]

被告主张原告应证明存在一个被告的分销商真实愿意将分销权转让给他们，上诉法院未对这一主张予以支持。陪审团认定的口头合同，是被告为原告提供分销权。陪审团认定，被告应履行己方义务，给予原告分销权，或进行一个中间交易，为原告保留分销权。

被告主张计算收益损失不是认定违约损害赔偿金的正确方式。上诉法院认为，利益损失是计算违约损害赔偿金的合理方式。上诉法院援引了标准机械公司诉顿肯·肖公司案（*Standard Machinery Co. v. Duncan Shaw Corp.*）的规则，指出无须引用权威判例来证明预期利益是违约损害赔偿金的组成部分，或公司过去的收益是计算公司将来的利益的基础。这一规则对于未开始经营的公司仍然适用。[2]

被告还反对原告将国会城酒业公司的过往收益作为计算违约损害赔偿金的证据。上诉法院认为，计算一个现存的分销公司的利益是最佳方式，但是由于技术原因，案件中没有这样的证据。因此，原告使用的证明方法足够在本案中适用。由于被告的违约使违约损害赔偿金的计算变得困难，被告必须承担自身行为所带来的不确定的风险。[3]上诉法院援引了魏克曼诉惠勒公司案（*Wakeman v. Wheeler Mfg. Co.*）的规则，指出当确定一方损失是由另一方违约造成，并且唯一不确定的就是损失数额时，不管违约行为如何，必须给予赔偿。一个违反合同的人，不应该因为造成的损失数额不确定而逃避责任。[4]

上诉法院认为，对个别数额认定正确与否的争议无法彻底否认证据，仅代

---

〔1〕 *Locke v. U. S.*, 283 F. 2d 521, 151 Ct. Cl. 262（Ct. Cl. 1960）.

〔2〕 *See For Children*, *Inc. v. Graphics Intern.*, *Inc.*, 352 F. Supp. 1280, 1284（S. D. N. Y. 1972）；*William Goldman Theatres v. Loew's*, *Inc.*, 69 F. Supp. 103, 105-06（E. D. Pa. 1946）, aff'd, 164 F. 2d 1021（3d Cir. 1948）, cert. denied, 334 U. S. 811, 68 S. Ct. 1016, 92 L. Ed. 1742（1948）.

〔3〕 *Bigelow v. RKO Radio Pictures*, 327 U. S. 251, 264-65, 66 S. Ct. 574, 90 L. Ed. 652（1946）；*Story Parchment Co. v. Paterson Parchment Paper Co.*, 282 U. S. 555, 563, 51 S. Ct. 248, 75 L. Ed. 544（1931）；*Eastman Kodak Co. of New York v. S. Photo Materials Co.*, 273 U. S. 359, 379, 47 S. Ct. 400, 71 L. Ed. 684（1927）；*Perma Research and Dev. v. Singer Co.*, 542 F. 2d 111, 116（2d Cir. 1976）；*Autowest*, *Inc. v. Peugeot*, *Inc.*, 434 F. 2d 556, 565（2d Cir. 1970）；*For Children*, *Inc. v. Graphics Intern.*, *Inc.*, 352 F. Supp. 1280, 1284（S. D. N. Y. 1972）. New York law is in accord. *Spitz v. Lesser*, 302 N. Y. 490, 99 N. E. 2d 540（N. Y. 1951）.

〔4〕 *Wakeman v. Wheeler & Wilson Mfg. Co.*, 101 N. Y. 205, 209, 4 N. E. 264, 266（N. Y. 1886）.

表陪审团所面对的是一个事实问题，而法院无法改变陪审团对事实的认定。[1]
科宾教授也指出，初审法院有决定是否将利益问题交由陪审团的自由裁量权；
交由陪审团后，陪审团也拥有确定数额的自由裁量权。[2]

　　综上所述，上诉法院维持了初审法院的判决。

---

　　[1]　*See Washington State Bowling Proprietors Ass'n v. P. Lanes, Inc.*, 356 F. 2d 371, 379（9th
Cir. 1966）.

　　[2]　5 Corbin on Contracts, at 145−146.

合同转让与第三人

第十二章

一、第三人干扰合同关系的构成：**R. E. 戴维斯化学品公司诉戴索尼克公司案（R. E. DAVIS CHEMICAL CORPORATION v. DIASONICS, INC.）**

R. E. DAVIS CHEMICAL CORPORATION, an Illinois corporation,

Plaintiff-Appellee,

v.

DIASONICS, INC., a California corporation, Defendant

Third Party Plaintiff-Appellant,

v.

Glen D. DOBBIN and Galdino Valvassori, Third Party Defendants.

United States Court of Appeals, Seventh Circuit, August 13, 1987.

826 F. 2d 678, 4 UCC Rep. Serv. 2d 369.

（R. E. 戴维斯化学品公司诉戴索尼克公司案）

1. 裁判要旨

（1）确定卖方是否属于"丢了生意的卖方"（lost volume seller）并据此获得利润损失损害赔偿，不仅取决于卖方是否可以生产转售产品之外的其他产品，还应考量卖方是否可以从超出涉案交易之外的交易中获利。

（2）在对第三人故意干扰合同的侵权索赔中，除第三人明知原被告双方合同之外，还需要证明第三人"诱导"（induce）一方违反与另一方的合同。

2. 案情介绍

（1）案件事实。原告 R. E. 戴维斯化学品公司（R. E. Davis Chemical Cor-poration）位于伊利诺伊州，为涉案合同的买方。被告戴索尼克公司（Diasonics, Inc.）位于加利福尼亚州，是一家从事制造和销售医疗设备的公司，为涉案合同的卖方。

1984 年 2 月 23 日，原被告双方签署买卖合同。根据该合同，原告从被告处购买医疗设备，并于同年 2 月 29 日支付定金 300 000 美元。在与被告签署合同之前，原告与格兰·D. 道宾（Glen D. Dobbin）博士和戈尔蒂诺·瓦尔瓦萨瑞（Galdino Valvassori）博士签约设立一家医疗机构，原告从被告处购买的医疗器械将被用于该医疗机构。后来，格兰·D. 道宾博士和蒂诺·瓦尔瓦萨瑞博士违反了与原告的合同，原告于是违反了其与被告的合同。被告随后将涉案医疗器械以相同价格转售给第三人。

（2）诉讼历史。原告起诉被告至伊利诺伊州北区联邦地区法院，依据《统一商法典》第 2-718 条第（2）款要求被告归还 300 000 美元的预付定金。[1] 被告反诉称自己有权根据《统一商法典》第 2-718 条第（3）款对上述金额进行抵销。[2] 被告认为自己是"丢了生意的卖方"（lost volume seller），原告违约使其失去了该笔生意的利润。依据《统一商法典》第 2-708 条第（2）款，为了使卖方处于和假若买方履行合同一样的境地，被告有权获得合同损失的利润。[3]

被告随后还对格兰·D. 道宾博士和蒂诺·瓦尔瓦萨瑞博士提出了第三人之诉，声称他们故意干扰原被告双方的合同构成侵权。被告声称，其二者知道原被告之间的合同，并且知道，如果他们违反了与原告的合同，原告将不再需要从被告处购买的设备。

地区法院驳回了被告提起的第三人之诉，认为没有证据证明第三人意图"诱使"（induce）原告违反与被告的合同，并判决原告胜诉。被告不服，上诉至联邦第七巡回上诉法院。

---

[1]　§ 2-718. Liquidation or Limitation of Damages, Deposits. , Unif. Commercial Code § 2-718 (2).

[2]　§ 2-718. Liquidation or Limitation of Damages, Deposits. , Unif. Commercial Code § 2-718 (3).

[3]　§ 2-708. Seller's Damages for Non-acceptance or Repudiation. , Unif. Commercial Code § 2-708 (2).

3. 争议焦点

（1）本案中被告是否有权依据《统一商法典》第 2-708 条第（2）款获得因原告违约而损失的利润？

（2）第三人明知自己对案外合同的违约会导致原告对被告违约，是否构成故意干扰合同？

4. 裁判结果

（1）联邦第七巡回上诉法院判决认为，被告有权根据《统一商法典》第 2-708 条要求获得赔偿金，但并不意味着其有权获得失去的利润。

（2）在第三人故意干扰合同关系的侵权索赔中，除第三人明知原被告双方合同之外，还需要证明第三人对一方违反与另一方的合同存在"诱导"（inducement）。

5. 裁判理由

上诉法院首先从《统一商法典》2-718 条第（2）款和第（3）款开始分析。根据第 2-718 条第（2）款（b）项，原告有权获得（减去 500 美元的）预付定金，但要受到 2-718 条（3）款（a）项限制，即如果被告可以根据《统一商法典》第 2 节的任何其他规定享有获得损害赔偿的权利，则原告不能收回预付定金。第 2 节有 4 条涉及对卖方的一般损害赔偿（而非附带或间接损害赔偿），包括第 2-706 条的合同价格扣除转售价格（contract price less resale price）、第 2-708 条第（1）款的合同价格扣除市场价格（contract price less market price）、第 2-708 条第（2）款规定的利润（profit）以及第 2-709 条规定的价格（price）。本案面临的问题是，被告的损失是应根据第 2-706 条还是第 2-708 条第（2）款予以确定。为了回答这个问题，上诉法院详细研究了这些条款的用语和结构。

根据《统一商法典》第 2-706 条和第 2-708 条之间的关系，如果货物已被转售，卖方可以提起诉讼，要求获得以第 2-706 条下合同价格与转售价格之间的差额来衡量的损害赔偿。卖方只有在以商业上不合理的方式转售，或无法转售但根据第 2-709 条提起的价格之诉不适当的情况下，才可转向第 2-708 条。地区法院采纳了这种逻辑解释，因此将被告的损害赔偿范围限制在第 2-706 条的规定中，因为它以商业上合理的方式转售了设备。然而，地区法院的解释产生了制定法解释的问题。法典中存在一些暗示，"原告以商业上合理的方式转售货物的事实并不会强迫其使用第 2-706 条的转售救济手段,而非第 2-708 条的损害赔偿救济手段"。[1]第 2-703 条的官方评注 1 对卖方可用的救济手段进行了分类,并指出"其本质上是累积性的",而且"是否寻求一种救济就将禁止另一种救济,完全取决于个案事实"。[2]因此,上诉法院认为,本案被告作为转售卖方,可以自由地拒绝第 2-706 条中规定的损害赔偿金计算方式,并选择依第 2-708 条寻求救济。

得出被告有权根据第 2-708 条寻求救济的结论,并不自动导致被告被判获赔其利润损失。第 2-708 条规定了两种不同的损害赔偿金计算方法:一是第 2-708 条第(1)款规定的,损害赔偿金为价格减去交付时间和地点的市场价格所得的差额;二是第(2)款规定的卖方从买方的完全履行中获得的利润(包括合理的间接费用),以及第 2-710 条中规定的任何附带损害赔偿、合理发生的费用、合理的转售收益应付款等。但是,只有在第 2-708 条第(1)款规定的赔偿金不足以将卖方置于"假若合同履行时所应处的地位"的情况下,才适用第 2-708 条第(2)款。[3]

被告声称,当卖方是"丢了生意的卖方"时,第 2-708 条第(1)款没有提供足够的损害赔偿手段。对此,上诉法院需要定义"丢了生意的卖方"。提出和使用这一用语的判例将其定义为那些"拥有可预计且有限的客户,并且有能力向所有新买方出售产品,[4]或在遭受违约后进行以转售为代表的再次出售"的卖方。[5]在这种条件下,不管违约是否已经发生,如果卖方转售,通过合同价格和市场价格的差额计算出的损害赔偿金并不能将卖方置于"假

---

[1] Robert J. Harris, "A Radical Restatement of the Law of Seller's Damages: Sales Act and Commercial Code Results Compared", 18 *Stan. L. Rev.* 66, 101 n. 174 (1965-1966).

[2] *See also* State of New York, Report of the Law Revision Comm'n for 1956, 396-97 (1956).

[3] 810 Ill. Comp. Stat. Ann. 5/2-708.

[4] *See, e. g.*, Great W. Sugar Co. v. Mrs. Allison's Cookie Co., 563 F. Supp. 430, 433 n. 1 (E. D. Mo. 1983); Distribu-Dor, Inc. v. Karadanis, 11 Cal. App. 3d 463, 470, 90 Cal. Rptr. 231, 236 (Ct. App. 1970); see also W. Hawkland, *Sales and Bulk Sales* 153 (2d ed. 1958).

[5] *See, e. g.*, Comeq, Inc. v. Mitternight Boiler Works, Inc., 456 So. 2d 264, 268-69 (Ala. 1984); Nat'l Controls, Inc. v. Commodore Bus. Machines, Inc., 163 Cal. App. 3d 688, 697, 209 Cal. Rptr. 636, 642 (Ct. App. 1985); *see also* Robert J. Harris, "A Radical Restatement of the Law of Seller's Damages: Sales Act and Commercial Code Results Compared", 18 *Stan. L. Rev.* 66, 82-83 (1965-1966).

若合同履行时所应处的地位"。[1]买方的违约行为实际上使卖方损失了"利润"，故而只可根据第 2-708 条第（2）款，通过判给卖方"利润损失"金额的损害赔偿金来填平其损失。

上诉法院同意在某些情况下第 2-708 条第（1）款的损害赔偿不会使卖方处于假若合同履行时一样的地位，但不同意判例中所采用的"丢了生意的卖方"的定义。这些判例中，法院将利润损失判给卖方，考察的重点是卖方是否有能力生产超出实际销售量的产品。然而在现实中，卖方生产两类产品（遭受违约的部分产品以及超出实际销售量的产品）是否有利可图同样至关重要。[2]买方的违约实际上使卖方失去了利润，卖方可以通过第（2）款规定的"利润损失"计算方法获得损害赔偿金。

在某些情况下，将假定的利润损失判给"丢了生意的卖方"将导致其得到过度补偿，且由于第 2-708 条第（1）款中提供的损害赔偿金计算公式确实将卖方置于假若买方履行时所应处的地位，第 2-708 条第（2）款将不会生效。因此，法官指出，被告除了证明其有能力生产出转售产品之外的其他产品，还必须证明其对违约的买方和转售产品的买方生产和销售的产品均有利润。

对于针对格兰·D. 道宾博士和戈尔蒂诺·瓦尔瓦萨瑞博士的第三人之诉，上诉法院指出，在故意妨碍合同关系的索赔中，证明"诱导"需要的不仅是知道行为肯定会导致一方违反与另一方的合同，还应当包含故意令其违约的动机。

综上所述，上诉法院撤销了有利于原告的一审判决，将本案发回重审。

在重审时，地区法院认定卖方已充分证明对利润损失的损害赔偿。买方提出上诉，本案于 1991 年再度进入联邦第七巡回上诉法院。[3]上诉法院认为，被告已提供充分证据证明其为"丢了生意的卖方"，而且其计算损害赔偿的方法合理。

---

〔1〕 Robert J. Harris, "A Radical Restatement of the Law of Seller's Damages: Sales Act and Commercial Code Results Compared", 18 *Stan. L. Rev.* 66, 82 (1965-1966) (footnotes omitted).

〔2〕 Goetz & Scott, "Measuring Sellers' Damages: The Lost-Profits Puzzle", 31 *Stan. L. Rev.* 323, 332-33, 346-47 (1979).

〔3〕 R. E. Davis Chem. Corp. v. Diasonics, Inc. , 924 F. 2d 709 (7th Cir. 1991).

二、合同转让的限制：莎莉美容公司诉耐克斯产品公司案（SALLY BEAUTY COMPANY, INC. v. NEXXUS PRODUCTS COMPANY, INC.）

SALLY BEAUTY COMPANY, INC., a Delaware corporation, Plaintiff-Appellant,

v.

NEXXUS PRODUCTS COMPANY, INC., a California corporation, Defendant-Appellee.

United States Court of Appeals, Seventh Circuit, September 26, 1986.

801 F. 2d 1001, 2 UCC Rep. Serv. 2d 82.

（莎莉美容公司诉耐克斯产品公司案）

1. 裁判要旨

（1）即决判决适用于没有事实争议的案件。只有在对任何重大事实没有真正争议，且诉讼方依法有权获得判决的情况下，法院才可适用即决判决。关于经销商和护发产品制造商之间的协议是否基于个人信任关系，以及分销公司总裁的参与是否对经销商的履行至关重要等重大事实问题，排除了经销商权益继承人对制造商违约行为的即决判决。

（2）《统一商法典》的适用对象是货物交易而非服务，法院须考虑合同形成的实质或主导因素。

（3）根据《统一商法典》，经销商权益继承人是护发产品制造商直接竞争对手的全资子公司，其地位足以在未经制造商同意的情况下禁止经销商转让。

2. 案情介绍

（1）案件事实。贝斯特公司（Best）是一家得克萨斯州的公司，其业务是向整个得克萨斯州的零售店、理发店和美容院销售美容和护发产品，后被原告莎莉美容公司（Sally Beauty Company, Inc.）收购。被告耐克斯产品公司（Nexxus Products Company, Inc.）成立于1979年，是一家负责设计和销售护发产品的加利福尼亚州公司。被告不向零售店销售其产品，而更愿意将其出售给独立的分销商，然后再转售给理发师和美容师。

1979年3月至7月，贝斯特公司总裁马克·雷切克（Mark Reichek）与被告的副总裁斯蒂芬·雷丁（Stephen Redding）就贝斯特公司与被告之间可能达成的分销协议进行了谈判。1979年7月24日，雷切克以信件形式向雷丁发出要约；8月2日，被告签署了与贝斯特公司的分销协议。1981年7月，原告以收购股权的形式兼并贝斯特公司。原告是阿尔贝托-卡尔弗公司（Alberto-Culver）的全资子公司，后者是被告在护发领域的直接竞争者。合并后不久，雷丁会见了原告的总裁米歇尔·伦祖利（Michael Renzulli），讨论了被告的分销协议。会议结束后，雷丁给伦祖利写了一封信，声明被告不允许直接竞争对手的全资子公司（原告）分销被告的产品。

（2）诉讼历史。1983年8月，原告在伊利诺伊州北区联邦地区法院提起诉讼，称被告违反了联邦反垄断法并违反了分销协议。1984年8月，被告提出反诉，指控原告违反了《兰哈姆法》（Lanham Act）、《诈骗影响和腐败组织法》（Racketeer Influenced and Corrupt Organizations Act，RICO）以及北卡罗来纳州、田纳西州和身份不明的"其他州"的不公平竞争法。1984年10月22日，原告提出一项动议，要求驳回被告根据RICO和"其他州法律"提起的反诉。第二天，被告就违约之诉提出了一项请求即决判决的动议。

原告在违约之诉中指称，通过收购贝斯特公司，原告继承了贝斯特公司在分销协议下的所有权利和义务；被告未能在协议终止前120天通知原告并在成立周年纪念日以外的日期终止协议。被告则抗辩道，其与贝斯特公司签订的分销协议属于个人服务合同，签订的基础是雷切克和雷丁家族之间的个人信任关系，因此未经被告同意不可将合同转让给原告。

在反对被告的动议时，原告指出合同是可以自由转让的，因为：①合同是两家公司之间签订的，而不是两个自然人；②履行的性质不会因原告替换掉贝斯特公司而改变；③分销协议只是简单、非排他的商品分销合同，其完成履行与否不依赖于任何特定的人格、个人技能或信任关系。

地区法院批准了原告驳回两项反诉的动议，也批准了被告的即决判决动议。其后，地区法院根据合同的性质及其形成的情况，以及本案所涉合同的性质，判决如下：①本案合同具有很强的人身属性，被告对经销商的选择体现了对合同当事方诚信和能力的依赖和信任，故未经被告同意，本案的合同不可转让；②本案合同是基于当事人之间的个人信任关系订立的；

③因不同公司的履行能力不同，合同履行方的替换会导致合同履行出现明显差别。

原告不服判决，向联邦第七巡回上诉法院提出上诉。

3. 争议焦点

（1）本案中原被告间的合同是否属于不可转让的个人服务合同？

（2）合同一方将其债务移转他人，是否需要合同相对方的同意？

4. 裁判结果

上诉法院认为：①即决判决仅适用于法律适用问题出现争议而没有事实争议的案件，"没有事实争议"的判断标准为"动议人对一切案件事实都不存在疑问"。本案中，合同履行方的替换会影响合同履行的效果是地区法院的合理推断，由于双方对此存在争议，本案案件事实仍存在争议，无法达到适用即决判决的标准，地区法院适用程序存在错误。②未经债权人同意，不得将独家经销协议下的履行义务委托给市场上的竞争对手或竞争对手的全资子公司。

上诉法院维持了地区法院的判决。

5. 裁判理由

就适用即决判决部分，上诉法院援引了摩尔诉市场餐厅案（*Moore v. Marketplace Restaurant, Inc.*），[1]指出只有在对任何重大事实不存在真正的争议，并且诉讼方有权获得判决的情况下，法院才可准予即决判决。上诉法院指出，本案中至关重要的重大事实存在争议，即双方对经销商和护发产品制造商之间的协议是否基于个人信任关系，以及贝斯特公司总裁的参与是否对贝斯特公司的履行至关重要等问题认定不一，故排除了地区法院对即决判决的适用。

就本案的事实争议焦点部分，两级法院均认为，基于本案的情况，涉案协议不仅仅是一项普通的商业合同，而是基于当事人之间的个人信任关系订立的。合同本身具有很强的人身属性。涉案协议是制造商给予另一方分销其产品的权利的合同，以服务为合同履行标的。制造商对经销商的选择，体现着对合同当事方诚信和能力的依赖和信任。故未经被告同意，本案的合同不

---

〔1〕 *Moore v. Marketplace Restaurant, Inc.*, 754 F. 2d 1336, 1339（7th Cir. 1985），*quoting Dreher v. Sielaff*, 636 F. 2d 1141, 1143 n. 4（7th Cir. 1980）.

可转让。

　　具体来说，被告的副总裁雷丁在订立协议前，特意前往得克萨斯州与贝斯特公司的总裁开展洽谈。贝斯特公司深耕护发行业已 40 年，同时公司总裁雷切克经验丰富。由此可以合理推断出雷丁和被告希望其经销商在护发领域具有丰富的经验，并且选择贝斯特公司体现了上述因素。

　　在本案的独家经销协议中，被告与贝斯特公司签约，在得克萨斯州推广被告产品。根据《统一商法典》第 2-306 条第（2）款，"买方或卖方就有关货物的独家交易达成的合法协议，除非另有约定，否则卖方有义务尽最大努力供应货物，买方则有义务尽最大努力促进货物的销售"。贝斯特公司的这一默示承诺，是被告承诺不向贝斯特公司的独家区域内的任何其他分销商供货的对价，因此被告拒绝了原告的履行。

　　根据《统一商法典》第 2-210 条背后的意旨，如果原告的"最大努力"受阿尔贝托-卡尔弗公司控制，则被告不应被要求接受履行的改变。法院还援引了麦金尼诉米尔福德案（*McKinnie v. Milford*）[1]，指出如果非变更方有合理理由认为合同履行方的更替会对合同履行效果产生实质影响，因不同公司的履行能力不同，合同履行方的替换会导致合同的履行出现明显差别，那么依据《统一商法典》第 2-210 条第（1）款，合同履行方的变动将被禁止。本案中，原告是阿尔贝托-卡尔弗公司的全资子公司，这意味着虽然原告可能会尽"最大努力"分销产品，但如果母公司对其有明确要求，原告的销售情况会受到影响。不利结果的风险不是法律可以迫使被告承担的风险，因此上诉法院认为未经被告同意，合同不可转让。

---

　　[1]　*McKinnie v. Milford*, 597 S. W. 2d 953 (Tex. Civ. App. 1980), writ refused NRE (Sept. 24, 1980).

三、第三人利益合同的撤销：第 220 学区社区教育委员会诉霍夫曼乡村庄园案（BOARD OF EDUCATION OF COMMUNITY SCHOOL DISTRICT NO. 220 v. VILLAGE OF HOFFMAN ESTATES）

**BOARD OF EDUCATION OF COMMUNITY
SCHOOL DISTRICT NO. 220, Plaintiff-Appellee,
v.
VILLAGE OF HOFFMAN ESTATES, Defendant-Appellant.
Appellate Court of Illinois, First District, Fifth Division. August 3, 1984.
126 Ill. App. 3d 625, 467 N. E. 2d 1064, 81 Ill. Dec. 942,
19 Ed. Law Rep. 1110.**

（第 220 学区社区教育委员会诉霍夫曼乡村庄园案）

1. 裁判要旨

（1）合同受益第三人享有合同项下为其利益而设立的可强制执行的权利。

（2）即使还未确定受益第三人的名称和具体对象，或者受益第三人还不存在，只要在合同履行期届至时受益第三人可以确定或存在，第三人利益合同便可成立。

（3）潜在受益第三人不享有协议项下的权利；在受益第三人确定之前，协议双方享有修改、撤销合同的权利。潜在受益第三人由于其受益第三人身份未确定，并不确定地享有协议项下的既得权利，因此原始协议双方享有自由修改原始协议的权利。

2. 案情介绍

（1）案件事实。1975 年，两批开发者（所有权人）和村庄签订了多份合并协议（annexation agreement），希望将一些地块并入村庄。每份协议都在相应的部分规定，所有权人每开发一居住单元都会支付给村庄 135 美元。该笔资金暂由第三方保管（held in escrow），用于支持教育事业。该协议进一步规定，自协议开始执行的 5 年时间内，合同双方会尽最大努力让协议项下的地块纳入第 15 号学区。如果该努力在规定期限内的任何时点取得成功，则该笔资金会被支付给第 15 号学区。但是，如果该努力未取得成功，该笔资金就会被支付给第 220 号学区。

所有权人和村庄未能成功地让涉案地块纳入第 15 号学区。在 5 年的期限届满之前，双方对协议进行了修改，将期限延长至 9 年并规定双方会尽最大努力将地块纳入第 15 号或第 54 号学区。同样，如果努力不成功，那么在 9 年期限的最后，这笔资金会被支付给第 220 号学区。在整个相关期限内，合并协议下的地块一直都处于第 220 号学区的区划范围内，且根据伊利诺伊州《学校法典》（Illinois School Code）的要求被用于为居住在本学区的儿童提供免费教育[1]。协议所要求的资金已经支付，且目前在第三方保管之下。

（2）诉讼历史。在最初的合并协议规定的 5 年期限届满后，原告第 220 号学区向库克县巡回法院（the Circuit Court, Cook County）提起诉讼，请求法院宣告其有权获得受保管的资金，因为其为协议的受赠利益人，并且未经其同意，合同双方不得修改协议。初审法院作出了有利于原告的简易判决，认为协议的执行已经为第 220 号学区创设了一项易丧失的既存权利，所有权人和村庄对协议的修改无效。由于 5 年的期限届满，且"权益丧失的条件"——将地块纳入第 15 号学区的范围内——并未发生，初审法院判决受保管资金应支付给第 220 号学区。

被告不服，上诉至伊利诺伊州上诉法院（Appellate Court of Illinois, First District, Fifth Division）。

3. 争议焦点

受益第三人何时取得协议项下的权利，即受益第三人的权利在什么时点将不可撤销及更改？在本案中，第 220 号学区为受赠获益第三人（donee beneficiary），所有权人和村庄是否有权修改协议中授予第 220 号学区权利的部分？

4. 裁判结果

上诉法院认为，潜在受益第三人不享有协议项下的权利；在受益第三人确定之前，协议双方享有修改、撤销协议的权利。第 220 号学区和第 15 号学区都是潜在的受益第三人，其受益第三人身份都未确定，并未确定地享有协议项下的既得权利。因此，原始协议双方享有自由修改原始协议的权利。

上诉法院推翻初审法院的判决，将案件发回重审。

---

[1] Ill. Rev. Stat. 1981, ch. 122, par. 10-20. 12.

5. 裁判理由

上诉法院指出，根据现有的法律规则，受益第三人享有合同项下为其利益设立的可执行的权利，不论是债权受益人（creditor beneficiary）[1]还是受赠获益第三人[2]。在与本案案情较为类似的贝诉威廉姆斯案（*Bay v. Williams*）[3]中，贝从纽曼（Newman）和西松斯（Sissons）处购买了土地。作为对价的一部分，贝允诺偿还两人欠威廉姆斯的票据款项。随后，西松斯同意免除贝对威廉姆斯的允诺。当威廉姆斯向贝请求偿付时，后者以西松斯的同意作为抗辩。伊利诺伊州最高法院认为，付款允诺给予了该人一项其可使用的权利和利益，就如同允诺是对该人作出，因此获得允诺的人无权免除允诺人对受益第三人的义务。尽管此后参考此案的一些判例不涉及对原先协议的修改或撤销，但均肯定了债权受益人在原始协议开始执行时便获得了权利。但是，这种结论并不能类推至受赠获益第三人，因为这种类推基于信托或赠与，而不是从合同法的角度进行的。从《第二次合同法重述》来看，在合同没有明确的条款规定受益第三人的权利不可撤销的情况下，允诺人和诺受人仍保留通过后续协议解除或修改义务的权利。除非在未被通知修改或解除的前提下，否则受益人基于对允诺的合理信赖，实质性地改变了其地位，可对该项允诺提起诉讼或应允诺人或诺受人的要求作出同意的表示。也许这基于这样一种理论，即只要不损害未就所获利益提供对价的第三人，协议双方就应当可以自由修改或撤销协议。

但是本案中的村庄指出，本案中的允诺有两个可能的受益人，除非某些特定事项发生，否则最终受益人是不能确定的。在这种情况下，第220号学区并不享有任何既得权利；由于不能确保其为允诺的受益人，协议双方可以自由变更协议。所以进一步考虑这项规则，即使还未确定受益第三人的名称和具体对象，或者受益第三人还不存在，只要在合同履行期届至时受益第三人可以确定或存在，受益第三人合同便可成立。但是，受益第三人合同的成立并不意味着受益第三人已经确定；只有当受益第三人确定时，受

---

[1]　*Carson Pirie Scott & Co. v. Parrett*, 346 Ill. 252, 178 N. E. 498 (1931).

[2]　*Riepe v. Schmidt*, 199 Ill. App. 129 (Ill. App. Ct. 1916).

[3]　*Bay v. Williams*, 112 Ill. 91, 1 N. E. 340 (1884), *overruled by Olson v. Etheridge*, 177 Ill. 2d 396, 686 N. E. 2d 563 (1997)

益第三人才享有确定的权利。在此之前，合同双方享有撤销或修改合同的权利。

因为伊利诺伊州法院此前没有就此类问题作出判决，故而上诉法院参考了其他司法管辖区的做法。在斯坦菲尔德诉 W. C. 麦克布莱德公司案（*Stanfield v. W. C. McBride, Inc.*）[1]中，W. C. 麦克布莱德公司的雇员驾驶米勒摩根（Miller-Morgan）的车发生了车祸，而在此之前米勒摩根与保险公司修改了保险条款，使得 W. C. 麦克布莱德公司的雇员不在保险的赔付范围之内。W. C. 麦克布莱德公司的雇员在对受害人作出赔偿后，无法再向保险公司请求补偿。W. C. 麦克布莱德公司的雇员是保险的潜在受益第三人，在确定成为受益第三人之前其不享有相应的权利，因而米勒摩根与保险公司在车祸发生前修改合同的行为是有效的。也有一些判例表达了相似的规则。[2]基于上述判例，尽管本案中的两个主体（第 220 号学区和第 15 号学区）都在合同当中有列明，但只有当某些事件发生时，才能最终确定受益第三人。或是协议 D 项下的地块被划归到第 15 号学区范围内，或是协议的 5 年期限届满，第 220 号学区和第 15 号学区必有其一会成为受益第三人来享有相应的教育基金。但是，第 220 号学区并不比第 15 号学区更确定地成为受益第三人，或者比第 15 号学区享有更为优先的权利。

因此，上诉法院认为，第 220 号学区仅为教育基金的潜在受益第三人，作为原始协议当事人的所有权人和村庄有权对协议进行修改。无论第 220 号学区还是第 15 号学区，都未被确定为受益第三人，二者都不享有协议规定的既得权利，因此协议双方可自由修改协议。

综上所述，上诉法院推翻初审法院的判决，将案件发回重审。

---

[1] *Stanfield v. W. C. McBride, Inc.*, 149 Kan. 567, 88 P. 2d 1002 (1939).

[2] *Winchester v. Sipp*, 252 Iowa 156, 106 N. W. 2d 55 (1960); *Associated Tchrs. of Huntington, Inc. v. Bd. of Ed.*, *Union Free Sch.*, *Dist. No. 3*, *Town of Huntington*, 33 N. Y. 2d 229, 306 N. E. 2d 791, 351 N. Y. S. 2d 670 (1973).

四、第三人利益合同的效力：西弗诉兰塞姆合同纠纷案（SEAVER v. RANSOM）

MARION E. SEAVER, Respondent,

v.

MATT C. RANSOM et al., as Executors of SAMUEL A. BEMAN, Deceased, Appellants.

Court of Appeals of New York, October 1, 1918.

224 N. Y. 233, 120 N. E. 639, 2 A. L. R. 1187.

（西弗诉兰塞姆合同纠纷案）

1. 裁判要旨

（1）允诺人作出的以第三方为受益人的允诺存在有效的对价。

（2）允许合同中设定的第三方受益人要求强制履行合同，因为让本来就有义务付款的当事人支付款项是公平公正的，也是切实可行的。

（3）合同中设定的第三方受益人可以以作出允诺的一方当事人违约为由，要求其承担违约责任。

2. 案情介绍

（1）案件事实。比曼法官（Judge Beman）和他的夫人都是年迈的老人，生前没有子女，比曼夫人希望将纽约马隆镇（Malone）的一处房产留给自己的侄女玛丽昂·E. 西弗（Marione E. Seaver），即本案的原告。然而，这一点未写入比曼法官为她拟定的遗嘱中。由于比曼夫人行将离世，无法等到新遗嘱拟定完成，比曼法官庄严地对妻子表示，他会在自己的遗嘱中为侄女西弗留下相当于这一处房产价值的遗产，于是比曼夫人在丈夫拟定的遗嘱上签了字。

然而，比曼法官去世后留下的遗嘱中没有包含为原告留下财产的条款。原告据此对比曼法官的遗产管理人马特·兰瑟姆（Matt C. Ransom）提起诉讼，以比曼法官违反允诺为由，要求遗产管理人支付相当于涉案房产的价值。

（2）诉讼历史。原告西弗向初审法院纽约州最高法院上诉法庭（Supreme Court, Appellate Division, Third Department, New York）提起诉讼，请求确认其合同与财产权利。初审法院基于以下理由支持原告：比曼法官从他的妻子处得到了财产，通过答应妻子会付给原告西弗 6000 美元（相当于该房产的价值)，诱导妻子在他准备好的遗嘱上签字。由于比曼法官的行为，衡平法就在比曼法官所获得的财产上打上了信托的印记，表明这是其夫人信托过的财产。一旦遗嘱指定的遗产承受人向立遗嘱人做出允诺，会将通过遗嘱给予他的财产用于特定目的，他们之间就会产生一种信托关系。基于这种关系，被告需要履行自己的允诺。

初审法院基于信托关系支持了原告的诉求，被告上诉至纽约州上诉法院（Court of Appeals of New York）。

3. 争议焦点

合同中设定的第三方受益人能否以作出允诺的当事人违约为由，要求其承担责任？

4. 裁判结果

上诉法院认为：①本案中不能够认定存在支持原告利益的信托关系，而是基于合同要求赔偿损失；②利益第三人可以提起合同诉讼，是因为立遗嘱人已经实质性地将允诺人的允诺传达给了利益第三人，而非因为彼此之间存在的亲属关系或者道德责任；③维持被告对第三人作出的赠与表示，允许受赠的第三人依据合同获得救济。

据此，上诉法院判决维持初审法院支持原告的判决。

5. 裁判理由

上诉法院首先否定了初审法院作出判决所依据的信托原理。初审法院认为，"一旦遗嘱指定的遗产承受人向立遗嘱人做出允诺，会将通过遗嘱给予他的财产用于特定目的，他们之间就会产生一种信托关系"。根据妻子的遗嘱，比曼法官除了可以终身使用马隆镇的房产，没有从他妻子的遗嘱得到任何东西。衡平法要求，继承人对于所得到的财产必须按照立遗嘱人设定的目的去使用，但除非是通过允诺获得的那些财产，否则衡平法并不能强制打上信托的印记。比曼法官本人受到他所作出允诺的约束，但是并没有什么财产受到允诺的约束。因此在本案中，并不能认定存在支持原告一方的信托关系。

但同时，上诉法院也指出"基于合同而要求赔偿损失，与要求遗嘱执行人作为受托人来实际履行遗嘱相比，两者的依据并不相同"，[1]并指出下级法

---

[1] *Farmers' Loan & Tr. Co. v. Mortimer*, 219 N. Y. 290, 294, 295, 114 N. E. 389 (1916).

院适当考虑了判决是否可以基于比曼法官对妻子作出的基于有效对价且仅为原告利益的一个允诺。由此，上诉法院针对"基于合同而要求赔偿损失"展开了具体论述。

（1）劳伦斯诉福克斯案（*Lawrence v. Fox*，以下简称"劳伦斯案"）[1]确立了第三方受益人得向允诺人求偿的规则。上诉法院在这一问题上适用了劳伦斯案所确定的一般规则，以此维持初审法院的判决，且劳伦斯案确立的规则是一个顺应时代进步的规则，此后的法院判决总是努力扩大这一案件效果，"第三方受益人可以以自己名义要求作出允诺的人履行允诺"的规则在更多判例中适用。据此，本案中比曼法官对妻子作出的以原告作为唯一受益人的允诺存在有效的对价。

（2）为第三人利益而设定的合同已经在许多司法辖区得到承认。为第三人利益而设定的合同存在的一般规则是，原告与被告之间的相互关系对于一个合同诉讼而言是必不可少的。合同中的对价，必须由允诺指向的那一方当事人提供。某一份合同是不能针对第三人执行的，因此也不能由第三人执行。但在另一方面，第三方受益人依照一个明示为其利益而订立的合同进行起诉的权利，已经在美国的许多司法辖区得到了普遍承认。现在，第三方受益人的这种权利或者是通过司法判决的形式得到了确认，或者是通过立法的形式得到了确认，这一规则已经成为"一个在我们国家占主导地位的法律规则"。[2]有学者认为，"允许第三方受益人依照合同起诉，这一规则的确立是逐渐形成的；它的确立是实际效用对理论学说的胜利，是实质公平对技巧至上做法的胜利"，[3]理由是允许从合同中受益的第三人强制履行合同，让负有付款义务的当事人支付款项，不仅是公平公正的，也是切实可行的。

（3）纽约州区分4种情形确立不同规则，本案可纳入相关情形。针对第三方受益人依照为自己设定利益的合同而进行起诉的权利，纽约州并没有很清晰或很简单的规则，而是区分了4种不同的情形：第一种情形是受诺人对于第三方受益人存在金钱给付义务的案件。第二种情形是为了合同一方当事

---

〔1〕 *Lawrence v. Fox*, 6 E. P. Smith 268, 20 N. Y. 268, 1859 WL 8352（1859）.

〔2〕 *Hendrick v. Lindsay*, 93 U. S. 143, 23 L. Ed. 855（1876）.

〔3〕 Brantly on Contracts（2d ed.）, p. 253.

人的妻子〔1〕、未婚妻〔2〕或者子女〔3〕设定利益的案件，而这些人都与当事人有着紧密关系。〔4〕第三种情形是涉及公共服务合同的那些案件，这类合同往往是市政当局寻求通过合同的方式让居民受益，以此来保护居民的权益。现在，这种情形下第三方受益人提起诉讼的权利已经得到了认可。第四种情形应合同一方当事人的请求，允诺直接对第三方受益人作出，虽然该第三方受益人没有提供合同的对价。让第三方受益人获得救济的一般原则，是包括在上面提及的这几类案件当中的。

在本案中，没有子女的姑姑即比曼夫人在自己行将辞世的时候，想为她挚爱的侄女西弗留下一些财产，这一想法与父母为子女立下遗嘱、留下财产的道德义务相比，在法律上或者衡平法上的差别非常细微，也很难察觉。比曼夫人与比曼法官之间的合同是为了原告西弗的利益而订立的，由于比曼法官的违约，只有原告西弗的利益受到了实质性的损害。对于特定执行比曼法官的允诺，比曼夫人的继承人并不存在特别利益。

（4）本案不同于布坎南诉蒂尔登案（*Buchanan v. Tilden*，以下简称"布坎南案"）〔5〕确定的规则。该案法院在布坎南案的判决意见中曾经说道，普

---

〔1〕 *Buchanan v. Tilden*, 158 N. Y. 109, 52 N. E. 724（1899）; *Bouton v. Welch*, 170 N. Y. 554, 63 N. E. 539（1902）.

〔2〕 *De Cicco v. Schweizer*, 221 N. Y. 431, 117 N. E. 807（1917）.

〔3〕 *Todd v. Weber*, 95 N. Y. 181, 193（1884）; *In re Kidd's Est.*, 188 N. Y. 274, 80 N. E. 924（1907）.

〔4〕 当事人之间有着紧密关系的案件可以追溯到英国王座法庭1678年的达顿诉普尔案（*Dutton v. Poole*, 2 Lev 211）。该案的原告与被告之间是姐弟关系。被告答应他的父亲，如果父亲不将某一财产卖出去，他将付给其姐姐1000英镑。后来被告并没有履行这一允诺，于是姐姐就起诉要求被告支付1000英镑。被告的抗辩是，原告在他的允诺中并没有相互性。然而，英国王座法庭认定，因为受诺人与受益人之间（即父亲与女儿之间）特别紧密的关系，虽然原告在这一合同中没有相互性，但原告仍然可以起诉被告要求支付1000英镑。

〔5〕 *Buchanan v. Tilden*, 158 N. Y. 109, 52 N. E. 724（1899）. 该案的基本案情是，原告布坎南是Y. 蒂尔登的养女，J. 蒂尔登是Y. 蒂尔登的兄弟，而被告则是J. 蒂尔登法律上的继承人和最近的亲属。J. 蒂尔登死亡后，本案被告曾经向遗产管理人提起诉讼，要求分得遗产，但是，启动和维持这一诉讼需要一大笔钱。于是，被告向原告的丈夫借钱，并向原告的丈夫允诺，如果将来遗产官司胜诉，将会支付原告50 000美元。原告的丈夫想方设法将钱借给了被告，但被告胜诉后只支付了部分款项，并未按照允诺全额支付。于是，原告向法院提起诉讼，要求被告支付余款。初审法院支持了原告，上诉法庭认为被告的允诺是向原告的丈夫作出的，而不是向原告本人作出的，因此对原告的起诉没有支持。原告不服判决，继续上诉到纽约州上诉法院。纽约州上诉法院审理后认为，在普通法上丈夫有道德义务维持妻子的生活，这种义务正如父母对孩子的抚养义务一样，最终改判了初审法院的判决，支持原告依据合同进行的起诉。

通法对丈夫和父母设定了道德上和法律上的义务，这种责任并不是以妻子和子女的生活必需来进行衡量的。然而，在布坎南案这一判例所引用的那些案件中，正是丈夫和父母的爱、情感或者说是道德感让他们承担了这样的责任，而不是普通法上的丈夫和父母对于妻子和子女的义务让他们承担这样的责任。如果本案原告是比曼夫人的子女，那么并没有法律上的义务要求比曼夫人必须为子女设定一个遗嘱条款。然而，如果比曼夫人作出过留下财产给子女的允诺——类似本案中比曼法官所作的允诺，那么她的子女就可以要求强制执行这样的允诺。[1]道德良知的约束力，并不仅仅是由关系的远近程度来决定的。在本案中，侄女西弗可能完全依靠姑姑比曼夫人生活，也可能对姑姑比曼夫人非常忠诚，而比曼夫人的儿子（实际无子女，此处只是假设）可能是一个富足或道德卑劣的纨绔子弟。在这种情况下，与比曼夫人的儿子相比，原告西弗对比曼法官的允诺就有更为强烈的主张。任何理智的道德义务都不会武断地对西弗的请求予以拒绝，而对比曼夫人的儿子作出退让。对于这两种情形下当事人的主张，我们要么都予以拒绝，要么都予以承认，两者必须保持一致。但是，如果在布坎南案中，法院基于近亲关系所产生的道德责任作出了支持妻子的判决，而在本案中却因为双方之间的关系从衡平法来看太过遥远而驳回侄女西弗的诉讼请求，显然是不相协调的。

据此，我们在本案中可以得出一个合理的结论：如果比曼夫人在将房子留给她丈夫时设定了一个条件，即比曼先生必须支付给西弗 6000 美元，而比曼先生也接受了这一条件，那么就应该由比曼先生本人来支付这一笔遗赠。在针对比曼先生的法律诉讼中，西弗也是可以获得救济的，不管这一房子的价值是多少。而且，西弗之所以可以提起合同诉讼，是因为立遗嘱的比曼夫人已经实质性地将比曼先生的允诺传达给了西弗，而不是因为他们之间存在的亲属关系或者道德责任。这里有两种允诺，一种是为第三方利益而对立遗嘱人作出的支付遗产的默示允诺，另一种是无条件的允诺，继承人是以有价值的对价答应在将来的遗嘱中为第三人设定一个条款。美国司法界的趋势是，在所有这样的案件中都会维持被告对第三人作出的赠与表示，允许受赠的第三人依据合同获得救济。本案无论被认为是一个基于合同要求赔偿损失的诉讼，还是被认为是一个要求实际履行的诉讼——原告可以将被告视作为了原

---

[1]　*De Cicco v. Schweizer*, 221 N. Y. 431, 117 N. E. 807 (1917).

告利益（这一利益来自系争的合同）而接受财产的受托人，因而，原告有权要求被告实际履行合同——原告西弗都享有衡平法上的权利。

综上所述，上诉法院维持支持初审法院原告的判决。

五、未生效合同的转让：联合贷款公司诉沃克夫妇案 [ASSOCIATES LOAN COMPANY，（N. S. L.）v. WALKER]

ASSOCIATES LOAN COMPANY，（N. S. L.），Plaintiff-Appellant，

v.

Earl WALKER and Billie Walker，a/k/a Mrs. Earl Walker，

his wife，Defendants-Appellees.

Supreme Court of New Mexico，July 11，1966.

76 N. M. 520，416 P. 2d 529，3 UCC Rep. Serv. 648，1966 -NMSC- 137.

（联合贷款公司诉沃克夫妇案）

1. 裁判要旨

（1）受让人依据转让合同取得的权利，不得超过出让人所享有权利的范围。债务人针对出让人提出的抗辩理由，同样可以针对受让人提出。

（2）如果转让人手中的合同受一项先决条件的约束，即在某一特定事件发生之前该合同不能生效，则受让人在合同转让时取得受同一条件约束的合同。

2. 案情介绍

（1）案件事实。被告沃克夫妇（Earl Walker and Billie Walker）在罗斯福县（Roosevelt County）拥有并经营一家奶牛场。案外人丹尼尔·帕廷（Daniel R. Partin）是一个从事硬水软化器销售生意的人，以波塔利斯市林德塞软化水公司（Lindsay Soft Water Company of Portales）的商号经营着这方面的业务。

1962 年 5 月 1 日前后，帕廷开始鼓动沃克夫妇购买该软化水设备，并表示改善奶牛的饮用水质有助于增加牛奶产量。双方口头约定，作为试用，同意由帕廷在沃克夫妇的牛奶场安装一部软化水设备。如果试用后该设备确实提高了牛奶产量，沃克夫妇才会买下该设备，否则沃克夫妇将没有义务购买，届时将由帕廷负责将此设备从沃克夫妇的奶牛场拆走。

在双方达成口头协议之时或之后，买卖双方签署了"分期付款货物销售合同"（All Goods Retail Installment Contract），即本案的系争合同。合同中表明，沃克夫妇同意以一定数额的款项购买软化水设备，总货款将从 1962 年 6 月 6 日开始通过分期付款的方式予以支付。合同中除了包含一旦发生违约所产生的通常救济条款外，还规定了在货款全部付清前，软化水设备的所有权仍然属于销售方。帕廷在口头上同意，不会把该合同转让给他人。但合同签署后，帕廷还是将该合同转让给本案的原告联合贷款公司（Associates Loan Company）。

软化水设备安装并试用了一段时间后，沃克夫妇和帕廷都认定，该设备并未实际增加牛奶的产量。因此，沃克夫妇没有向联合贷款公司支付软化水设备的款项。然而，帕廷和斯蒂尔曼·里弗斯（Stirman Rivers）向联合贷款公司支付了部分货款，里弗斯收购了帕廷的业务并承担了帕廷的债务。帕廷和里弗斯都认为该合同中的付款义务属于帕廷的义务。软化水设备最终由里弗斯从沃克夫妇的奶牛场拆走。

（2）诉讼历史。原告联合贷款公司以系争合同受让人的名义向伯纳利欧县地方法院（The District Court, Bernalillo County）提起诉讼，要求被告沃克夫妇支付系争合同中购买软化水设备的款项。初审法院在双方当事人是否达成有效合同这一争议问题上，作出了支持被告沃克夫妇的认定，判决联合贷款公司败诉。联合贷款公司不服判决，上诉至新墨西哥州最高法院（Supreme Court of New Mexico）。

3. 争议焦点

本案中被告拒绝付款的抗辩理由能否针对合同转让的受让人提出？

4. 裁判结果

上诉法院认为：①沃克夫妇与帕廷签订的是附条件的合同，本案中条件未成就，合同不生效。②受让人依据转让合同取得的权利，不得超过出让人所享有权利的范围。债务人针对出让人提出的抗辩理由，同样可以针对受让人提出。③《统一商法典》的相关规定与合同转让的基本法律原则并无冲突。④上诉时不得提出初审时未提及的新问题。

上诉法院最终维持原判，被告沃克夫妇胜诉。

5. 裁判理由

首先，上诉法院分析了被告提出的抗辩理由。被告沃克夫妇在本案中提出的抗辩，其实质是帕廷和沃克夫妇已经达成合意，除非软化水设备在试用后能证明确实提高了沃克夫妇奶牛场的产量，否则他们不会买下该设备，而且该合同也不会发生法律效力。这一口头协议是在双方签订书面合同的同时，或者是在签订书面合同之前就已经达成的。因此，双方的口头协议为这一书面合同设定了一个前置条件，只有条件成就，其在这一书面合同下的义务才成为有效的法律义务。由于前置条件没有成就，这一合同并没有生效。

其次，上诉法院分析了联合贷款公司的上诉理由。联合贷款公司认为，本案的交易由《统一商法典》调整。根据《统一商法典》有关转让部分的规定，[1]受让人取得的转让权利的诉讼选择权，仅受债务人和受让人之间的衡平法和抗辩的制约，并不包括沃克夫妇在本案中提出的"为交易设定了前提条件"这一理由，因此应当驳回沃克夫妇的抗辩。上诉法院认为，除非债务人与受让人签订协议，债务人同意排除自己对受让人主张因买卖而产生的抗辩的权利，否则并不涉及所引述条款的适用。本案中，债务人沃克夫妇并未与受让人联合贷款公司签订类似协议，因此不应引用上述条款。显然，联合贷款公司所引用的条款并未对《统一商法典》通过之前存在的法律进行实质性修改。[2]

再其次，上诉法院论述了合同转让的基本法律原则。上诉法院认为，有关转让的基本法律原则并没有被《统一商法典》改变，其基本原则依然是：某个系争物的受让人通过转让获得这些权利，该受让人所获得的权利不能超过出让人所拥有权利的范围。付款义务人可以针对出让人提出的衡平法上的理由以及抗辩理由，同样可以拿来针对受让人。这一原则已经得到社会的广泛承认，且实践效果良好，并不需要权威的依据来支持。如果帕廷手中的合同受一项先决条件的约束，即在某一特定事件发生之前该合同不能生效，则受让人在转让时取得受同一条件约束的合同。初审法院认定沃克夫妇提出的

---

〔1〕 由《统一商法典》引伸至各州规定。本案引伸至 1953 年《新墨西哥州法典》第 50A-9-318 (1) 条 (Sec. 50A-9-318 (1), N. M. S. A., 1953)，规定如下: (1) Unless an account debtor has made an enforceable agreement not to assert defenses or claims arising out of a sale as provided in section 9—206 (50A-9-206) the rights of an assignee are subject to (a) all the terms of the contract between the account debtor and assignor and any defense or claim arising therefrom; and (b) any other defense or claim of the account debtor against the assignor which accrues before the account debtor receives notification of the assignment.

〔2〕 *See* Anderson's Uniform Commercial Code, Vol. 2, page 602, and Secured Transactions under the Uniform Commercial Code, Coogan, Hogan and Vagts, Vol. 2, p. 1599.

抗辩可以用来对抗受让人联合贷款公司，是正确的。

最后，上诉法院从程序角度驳回了联合贷款公司的其他上诉理由。联合贷款公司还援引了口头证据规则，认为根据该规则，法院不应考虑沃克夫妇与帕廷之间的口头协议，因为该口头协议与书面合同的条款相矛盾，并变更了书面合同的条款。此外，沃克夫妇不得否认书面合同是一个完整、排他和最终的协议。虽然这两个论点可能都有道理，但这些问题并未在初审时提出，因此这些问题不能在上诉时首次提出。[1]

综上所述，新墨西哥州最高法院维持原判，被告沃克夫妇胜诉。

六、合同受让人的权利限制：德莱西投资公司诉瑟曼案（DELACY INVESTMENTS, INC. v. THURMAN）

DELACY INVESTMENTS, INC. d/b/a Commission Express, Appellant,

v.

Steven Ernest THURMAN, Defendant,

Re/Max Real Estate Guide, Inc., Respondent.

Court of Appeals of Minnesota, March 22, 2005.

693 N. W. 2d 479, 56 UCC Rep. Serv. 2d 84.

（德莱西投资公司诉瑟曼案）

1. 裁判要旨

（1）受让人的权利受账目债务人（account debtor）[2]和转让人之间协议的所有条款的约束符合普通法规则，即索赔的受让人不拥有比原始转让人更大的权利。

（2）账目债务人在与代理人签订独立承包商协议之前，已收到房地产代理人和受让人之间的佣金转让通知，这并没有给予受让人比代理人更大的佣金权利；《统一商法典》规定，受让人的权利受制于账目债务人在收到转让人

---

〔1〕　Supreme Court Rule 20, 21-2-1 (20). N. M. S. A., 1953; *Metzger v. Ellis*, 1959-NMSC-031, 65 N. M. 347, 337 P. 2d 609; *Terry v. Biswell*, 1959-NMSC-059, 66 N. M. 201, 345 P. 2d 217; *Roseberry v. Phillips Petroleum Co.*, 1962-NMSC-029, 70 N. M. 19, 369 P. 2d 403; *Shelley v. Norris*, 1963-NMSC-193, 73 N. M. 148, 386 P. 2d 243.

〔2〕　账目债务人，指的是在账目中负有债务的人。

或受让人认证的转让通知之前，其对转让人产生的任何抗辩或索赔。

2. 案情介绍：

（1）案件事实。上诉人德莱西投资公司（Delacy Investments, Inc.，从事贸易活动时使用的代号为 Commission Express，以下简称"CE"）经营房地产经纪人的应收账款保理（factoring）业务。在这项业务中，房地产经纪人可以将其未来的应收账款或佣金转让或出售给 CE，以换取即时资金。被上诉人 Re/Max 房地产顾问公司（Re/Max Real Estate Guide, Inc.，以下简称"Re/Max 地产"）是一家房地产经纪公司，而史蒂文·厄内斯特·瑟曼（Steven Ernest Thurman）是一名具有相关资质的房地产经纪人。

2001 年 11 月 11 日，瑟曼与 CE 签订了一份回购和担保协议（master repurchase and security agreement，以下简称"MRSA"）。该协议的实质内容是，根据《统一商法典》规定，将瑟曼当前和未来应收账款的所有权利作为 CE 的担保权益。CE 通过向明尼苏达州州务卿提交 UCC 融资声明，从而获得了担保权益。

2003 年 2 月 25 日，瑟曼与 Re/Max 地产签订了一份标准的独立承包商协议，详细表明了两者之间的雇佣关系。该协议的主要内容为，瑟曼应被视为仅有权获得其工作所产生的佣金超过本协议第 4 条和第 5 条规定的逾期财务责任的金额的 100%。佣金中未超过逾期财务责任的部分应被视为属于 Re/Max 地产，并应由 Re/Max 地产首先用于抵偿瑟曼所欠的款项。

2003 年 4 月，Re/Max 地产签署了一份确认书，确认 CE 对瑟曼出售贾夫林大道（Javelin Avenue）上的房屋所产生的应收账款的担保权益，并指示将瑟曼出售该房屋的佣金直接支付给 CE。2003 年 4 月 22 日，CE 和瑟曼签订了"应收账款出售和转让协议"（以下简称"转让协议"），CE 同意购买与瑟曼出售伯恩斯维尔市凯勒湖大道（Keller Lake Drive in Burnsville）上的一处房产有关的 10 000 美元应收账款。

6 月 7 日，Re/Max 地产以业绩不佳、未及时存入定金和受到客户投诉为由，终止了瑟曼的房地产经纪人资格。Re/Max 地产宣称，在他被解雇时，瑟曼已累计欠下 Re/Max 地产 11 126.38 美元的管理费债务。因此，Re/Max 地产拒绝支付转让的应收账款，并根据独立承包商协议将佣金适用于瑟曼的余额，声称有权根据瑟曼所欠的管理费进行抵偿。用 Re/Max 地产的话说，由于

Re/Max 地产因瑟曼的服务而获得的佣金没有超过他对 Re/Max 地产的逾期财务责任，瑟曼在凯勒湖大道房产成交时无权获得任何补偿，因此没有根据转让协议向 CE 支付任何款项。2003 年 6 月，CE 向 Re/Max 地产发出要求立即支付凯勒湖大道房产应收账款的通知，并向瑟曼发出违约通知。Re/Max 地产没有付款。

（2）诉讼历史。CE 向亨内平县地方法院提起诉讼，Re/Max 地产应诉并对瑟曼提出反诉。初审法院拒绝了 CE 的请求，支持了 Re/Max 地产的动议，认为 CE 从 Re/Max 地产获得佣金的权利是基于瑟曼转让了从 Re/Max 地产获得佣金的合同权利。因此，初审法院确定，瑟曼在凯勒湖大道房产成交时无权获得佣金，CE 不可能获得比瑟曼在佣金中的权利更大的权利。

CE 不服，上诉至明尼苏达州上诉法院（Court of Appeals of Minnesota）。

3. 争议焦点

在债权转让关系中，受让人是否能获得超越债权人的权利？

4. 判决结果

上诉法院维持了初审法院的判决。

5. 判决理由

（1）就本案存在的法律关系而言，CE 是受让人，它接受了瑟曼通过 MRSA 对其佣金权利的转让。瑟曼则是转让人，将其佣金权利转让给 CE。Re/Max 地产是一个账目债务人，因为它与瑟曼签订了独立承包商协议，Re/Max 地产据此拥有接收瑟曼转让给 CE 的财产的潜在权利。

（2）上诉法院首先总结了初审法院的判决理由，即 CE 从 Re/Max 地产获得佣金的能力是基于瑟曼对从 Re/Max 地产获得佣金的合同权利的转让。根据明尼苏达州相关制定法，受让人的权利"受制于账目债务人和转让人之间协议的所有条款"。[1]有效的转让通常会使受让人获得与转让人对所转让事物所拥有的相同权利、所有权或利益。[2]在本案中，瑟曼无权在拖欠费用的情况下收取佣金。在凯勒湖大道房产成交时，瑟曼拖欠 Re/Max 地产的费用约为 11 126.38 美元，因此上诉法院认为在凯勒湖大道房产成交时瑟曼无权获得佣

---

〔1〕　Minn. Stat. § 336. 9-404.

〔2〕　*Illinois Farmers Ins. Co. v. Glass Serv. Co.* , 669 N. W. 2d 420, 424（Minn. Ct. App. 2003）, *aff'd in part*, *rev'd in part sub nom. Illinois Farmers Ins. Co. v. Glass Serv. Co.* , 683 N. W. 2d 792（Minn. 2004）.

金，CE 不可能获得比瑟曼更大的佣金权利。

（3）上诉法院首先针对 CE 的第一个抗辩作出解释。CE 首先辩称，初审法院对争议适用普通法规定，允许 Re/Max 地产在收到转让应收账款的通知后抵扣其间接费用是错误的。CE 指出，Re/Max 地产未向其支付瑟曼出售凯勒湖大道房产的佣金是不恰当的。

上诉法院认为，尽管初审法院也引用了伊利诺伊州农民保险公司诉格拉斯服务公司案（*Illinois Farmers Ins. Co. v. Glass Serv. Co.*）判决中表达的普通法规则，[1]但初审法院适用的是《统一商法典》中与应收账款转让有关的条款，该规则与《明尼苏达州制定法》第 336.9-404 条（a）款没有明确冲突。[2]《统一商法典》第 9-404 条对应收账款转让的规定如下：

（a）受让人的权利受制于条款、索赔和抗辩；除非账目债务人已达成不主张抗辩或索赔的可执行的协议，并遵守（b）款至（e）款的规定，否则受让人的权利受制于：

（1）账目债务人与转让人之间协议的所有条款，以及因产生合同的交易而产生的任何抗辩或索赔；

（2）账目债务人在收到转让人或受让人认证的转让通知之前，其对转让人产生的任何其他抗辩或索赔。

该条款的官方评注进一步解释了其含义。《统一商法典》第 9-404 条（a）款规定，受让人的转让通常受制于账目债务人的抗辩和索赔。根据（a）款第（1）项，如果账目债务人对转让债权的抗辩来自与转让人签订合同的交易，那么抗辩或索赔是在账目债务人被通知转让之前还是之后产生的并无区别。由于 CE 的权利受 Re/Max 地产和瑟曼之间协议中所有条款的约束，即独立承包商协议赋予 CE 对瑟曼超过对 Re/Max 地产的逾期财务责任的所有佣金的权利，上诉法院得出结论：CE 不能向 Re/Max 地产收取佣金，因为 Re/Max 地产因瑟曼的销售而获得的佣金并没有超过他对 Re/Max 地产的逾期财务责任。债权的受让人不能享有原转让人所没有的权利或较后者更大的权利，也

---

〔1〕 *Illinois Farmers Ins. Co. v. Glass Serv. Co.*, 669 N. W. 2d 420, 424（Minn. Ct. App. 2003）, *aff'd in part*, *rev'd in part sub nom. Illinois Farmers Ins. Co. v. Glass Serv. Co.*, 683 N. W. 2d 792（Minn. 2004）.

〔2〕 Minn. Stat. § 336.9-404（a）（2004）.

不能处于较转让人更优的地位。[1]这一最基本的商法原则反映在拉丁语名言"任何人不得转让超过其拥有的权利"（*nemo dat qui non habet*）中。[2]

上诉法院继续论述道，对于该条款的解释得到了全国各地许多法院的支持。如得克萨斯州上诉法院（Texas Court of Appeals）所解释的那样，当一个受让人对账目债务人提起诉讼，以执行合同所赋予的权利时，法院几乎普遍同意账目债务人可以对作为原始合同方之一的转让人主张任何可能的抗辩。[3]此外，联邦第六巡回上诉法院最近对同一条款进行了解释，以明确限制受让人的权利，使其对应收账款的权利受制于账目债务人与转让人的合同规定。在国家城市银行西北分行诉哥伦比亚互助人寿保险公司案（*Nat'l. City Bank, Northwest v. Columbian Mut. Life Ins. Co.*）中，法院的结论是，向第三人完成的转让优先于原始缔约方之间基于合同产生的扣减权，这一主张没有任何权威根据支持。[4]在 Systran 金融服务公司诉巨人水泥控股公司案（*Systran Fin. Servs. Corp. v. Giant Cement Holding, Inc.*）中，[5]受让人首先与转让人签订了保理协议，转让人将其应收账款出售并转让给受让人，以换取其对转让人业务的资助。此后，转让人与一个账目债务人签署了一份运输服务协议，其中包括一项仲裁条款。受让人辩称其不受该仲裁条款的约束，而且其没有收到转让人与账目债务人之间单独合同中仲裁条款的转让通知。受让人表示，根据其与转让人的保理协议，其只收到转让人账户的付款权。在解释《统一商法典》第 9-404 条时，法院认为，受让人站在转让人的立场上，并受合同抗辩或账目债务人因产生应收账款的合同条款而产生的索赔的影响。法院随后得出结论，账目债务人可以适当地主张将仲裁条款作为对受让人的抗辩，因为仲裁是账目债务人与转让人之间的协议条款。对于该案中的受让人，法院的结论是：如果受让人不想对向账目债务人收款的争议进行仲裁，它本可以与转让人签订合同，防止其签订任何包含仲裁条款的协议；因为它没有这样

---

〔1〕　*Illinois Farmers Ins. Co. v. Glass Serv. Co.*, 669 N. W. 2d 420, 424（Minn. Ct. App. 2003），*aff'd in part*, *rev'd in part sub nom. Illinois Farmers Ins. Co. v. Glass Serv. Co.*, 683 N. W. 2d 792（Minn. 2004）.

〔2〕　*Com. Bank*, *N. A. v. Chrysler Realty Corp.*, 244 F. 3d 777, 780（10th Cir. 2001）.

〔3〕　*Irrigation Ass'n v. First Nat. Bank of Frisco*, 773 S. W. 2d 346, 348（Tex. App. 1989），writ denied（Sept. 13, 1989）.

〔4〕　*Nat'l City Bank*, *Northwest v. Columbian Mut. Life Ins. Co.*, 282 F. 3d 407, 410（6th Cir. 2002）.

〔5〕　*Systran Fin. Servs. Corp. v. Giant Cement Holding*, *Inc.*, 252 F. Supp. 2d 500（N. D. Ohio 2003）.

做，所以它受到仲裁条款的约束。同样，在这里，如果 CE 不想受 Re/Max 地产和瑟曼之间的独立承包商协议的约束，其本可以以其他方式签约；它并没有这样做，因此 CE 受到 Re/Max 地产和瑟曼之间的独立承包商协议的约束。作为受让人，CE 不能享有比转让人瑟曼更大的权利。

（4）CE 还辩称，明尼苏达州制定法不允许账目债务人在收到先前执行的转让通知后，签订合同剥夺受让人的权利。根据 CE 的说法，《统一商法典》第 9-404 条（a）款第（1）节限制了账目债务人在收到转让通知后可以对支付给受让人的款项提出抵偿要求。CE 认为 Re/Max 地产在 3 个不同的场合都有关于转让的通知：①在瑟曼执行 MRSA 之后，CE 于 2001 年 11 月 14 日向州务卿提交了融资声明，从而获得了法定通知；②在 2003 年 3 月 12 日通过认证邮件发送了关于贾夫林大道房产的违约通知，CE 有权获得所有瑟曼的应收款项的实际通知；③2003 年 4 月 22 日就凯勒湖大道房产应收款项的转让获得的实际通知。CE 认为，在瑟曼与 Re/Max 地产签署独立承包商协议之前，瑟曼与 CE 签署了 MRSA，赋予了 CE 获得佣金的权利。上诉法院指出，《统一商法典》第 1-202 条将通知定义为：

（d）一个人"通知"或"发出"一项通知或通告给另一个人，方法是采取在正常情况下可能合理地需要通知另一个人的步骤，无论另一个人是否实际知道它。

（e）……一个人在以下情况下"收到"一项通知或通告：

（1）它引起该人的注意；或

（2）它以一种在当时情况下可接受的形式，在签订合同的营业场所或该人作为接收此类通信的地点正式交付。[1]

因此，Re/Max 地产似乎在与瑟曼签订独立承包商协议之前就已经收到了瑟曼与 CE 之间转让的通知，CE 的主张并不成立。

综上，上诉法院确认了初审法院的判决。

---

[1] Minn. Stat. § 336. 1-202 (d) - (e) (2004).

七、个人服务合同的转让限制：西尔个人服务合同转让案（SEALE v. BATES）

Philip SEALE and Louise Seale, and Martin R. Hanscome, Plaintiffs in Error,

v.

John D. BATES, an individual, Bates Dance Studio, a Colorado corporation,
Dance Studio of Denver, Inc. , a Colorado corporation, and Dance
Studio of Denver, Inc. , a Colorado corporation, d/b/a Dale Dance Studio,
Defendants in Error.

Supreme Court of Colorado, En Banc, February 14, 1961.

145 Colo. 430, 359 P. 2d 356.

（西尔个人服务合同转让案）

1. 裁判要旨

（1）舞蹈教学合同为个人服务合同，未经学员同意不得转让。

（2）未经学员同意，将一个舞蹈工作室的教学合同转让给另一个舞蹈工作室是一种违约行为，并不会使转让人从合同义务中解放出来。但是，接受了这一转让并继续在受让人的工作室学习的学生，放弃了追究被告违约行为的权利。

（3）学生无权因为受让人的舞厅更小更拥挤以及并不总是由异性教师授课，而选择解除合同。这些事项并没有在合同中约定，而且合同明确规定了不可撤销。

（4）在原告未能获得合同约定的服务时，可以选择返还原物或者解除合同作为补救办法。

2. 案情介绍

（1）案件事实。1956 年，原告之一西尔夫妇（the Seales）与被告之一贝茨舞蹈工作室（The Bates Dance Studio）签订了舞蹈教学合同，其中包括 600 节半小时的课程。上了一段时间后，他们被告知合同被转让给了另一被告戴尔舞蹈工作室（The Dale Dance Studio），他们继续在戴尔舞蹈工作室上课。然而，在 30 节半小时的课程后，他们开始对这里狭小拥挤的房间、劣质的隔音、难以预约的课程以及西尔先生无法跟随之前的女性导师瓦莉（Valie）等情况感到不满。1957 年 5 月，他们停止上课。1957 年 8 月，他们要求贝茨舞蹈工作室的约翰·贝茨（John Bates）要么退钱，要么把课程安排好。同月，贝茨先生出席了一场前学员参与的会议，讨论如何解决由合同转让引起的问题。他向在场人员保证，他会与戴尔舞蹈工作室妥善沟通，而他也确实这样做了。

另一原告汉斯科姆（Hanscome）的情况与西尔夫妇相似。合同转让时，他已经上了将近一半的课程。1957 年 3 月，贝茨舞蹈工作室给西尔夫妇和他打电话，告诉他余下的课程会在戴尔舞蹈工作室完成。除了说明这是两个工作室的合并，贝茨舞蹈工作室没有再给出其他解释。于是汉斯科姆也继续去戴尔舞蹈工作室上了十二三个小时的课。

贝茨先生作证道，他在 1957 年 3 月通知了西尔夫妇和汉斯科姆合同转让的情况，而原告当时并未表示反对。

（2）诉讼历史。原告向丹佛市与县的地方法院（The District Court, City and County of Denver）提起诉讼，主张其为合同转让的第三方受益人，指称被告拒绝承担合同义务，要求其根据合同退还全款。由被告的抗辩可知，贝茨舞蹈工作室和戴尔舞蹈工作室之间的转让合同要求戴尔舞蹈工作室完成合同剩余义务。基于合同，戴尔舞蹈工作室能够取得所有账款并且有权取得应收账款。至于已经全额付款的合同，戴尔舞蹈工作室同意履行。

初审法院批准了被告的动议，驳回了原告的诉讼请求。原告上诉至科罗拉多州最高法院（Supreme Court of Colorado）。

3. 争议焦点

（1）本案中，原被告之间的舞蹈教学合同是否是个人服务合同？未经原告同意，被告能否转让合同？

（2）本案中，原告提出的事由是否能够为合同解除提供了充足、实质的理由？

4. 裁判结果

科罗拉多州最高法院认为：①原告是与贝茨舞蹈工作室而非贝茨个人签订的合同，因此贝茨个人不用承担责任。②原被告间的合同确是个人服务合同，未经原告同意转让无效。但是证据表明原告接受了转让，放弃了追究被告违约行为的权利。③原告主张的事由并未在合同中约定，并且合同明确规定不可撤销，原告不能就该事实主张解除合同。④原告主张的其他错误，如法庭拒绝其交叉质询，并不影响本案的结果。

科罗拉多州最高法院维持原判。

5. 裁判理由

裁判中，科罗拉多州最高法院逐项分析了原告的诉求。

（1）科罗拉多州最高法院认为，没有必要确定贝茨是否应被追究个人责任，因为原告的合同是与公司签订的。

（2）科罗拉多州最高法院认为，原告提出的"这是一份个人服务合同，因此未经其同意不可转让"的论点是有效的，并援引了联邦最高法院判决的阿肯色州山谷熔炼公司诉贝尔登矿业公司案（*Arkansas Valley Smelting Co. v. Belden Mining Co*）。[1] 同时，根据科宾教授的著作《合同法》以及《合同法重述》的观点，转让并未导致转让人从合同义务中解放出来。[2] 然而，科罗拉多州最高法院也指出，以上论据不能为原告有权获得赔偿提供理由。有证据支持初审法院的裁决和结论，即原告接受了合同转让。当原告得知合同被转让给戴尔舞蹈工作室时，他们并没有选择解除合同。证据表明原告接受了这项转让，并继续在戴尔舞蹈工作室上课，这种行为与原告"一直反对转让"的观点不一致。如果他们拒绝接受戴尔的授课，并坚持他们的合同是与贝茨而不是其他人签订的，那么他们主张违约行为是解除合同的正当理由，就有了实质性的基础。

（3）针对原告在诉状中列举的事项是否足以证明撤销合同的合理性，科罗拉多州最高法院认为这些事项都没有在合同中明确约定，合同未规定有关舞厅大小、参与人数或总是由一位异性导师授课的内容。科罗拉多州最高法院指出，对此问题若想补救，唯有在合同中加以明确约定。

根据原告的诉求，科罗拉多州最高法院从合同性质入手，判定合同是否隐含原告认为存在且被违反的默示规定。科罗拉多州最高法院认为：①上述担保并非由必要的默示所产生；②这些违约行为不足以为获得解除合同的救济手段提供正当理由；③诉状中未提供足够证据证明"戴尔舞蹈工作室拒绝

---

〔1〕　*Arkansas Valley Smelting Co. v. Belden Mining Co.*，127 U. S. 379，8 S. Ct. 1308，32 L. Ed. 246（1888）.

〔2〕　4 Corbin，Contracts，476（1951）；1 Restatement，Contracts，1 § 160（4）（1932）.

提供课程"这一基本要素。

此外，合同中也明确规定了不可撤销合同和不可退还款项的条款，这对原告认为被告违反默示条款的主张有一定的影响。鉴于这样的规定，原告不能以教学过程中不重要的变化作为撤销合同的理由。

《合同法重述》第 348 条认为，在原告未能获得其交易所得的情况下，返还原物（或解除合同）可作为一种补救办法。[1]其具体规定道："对于原告的履行，只有当该履行是被告通过交易接受的，或未经过交易但被告实际上已从该履行中获得利益时，返还原物才可作为一种补救办法。"

该条款下的例子 6 提供了一个例子：A 提前交了一年的学费，让他的儿子进了 B 学校。后来，儿子被 B 学校不当开除，此时 A 可得到扣除儿子已接受教育和服务的价值后所剩余的学费。在这项返还原物之诉中，A 不能得到儿子往返学校的费用或其他任何被告未收到的费用。

班格罗尔诉麦克案（*Barngrover v. Maack*）[2]进一步说明了适用的原则。一所学校的经营者在简章中承诺教授特定的研究分支。该案的法院指出经营者已承诺在所列的领域进行教学，而且他不会说英语，因此无法与学生交流。法院认为，有充分的证据证明向陪审团提交该案件是正当的。在肯塔基军事学院诉科恩案（*Kentucky Mil. Inst. v. Cohen*）中，[3]法院认为一名学生受到虐待是其退学的正当理由，因此其能够获得学费的返还加上附带损害赔偿。该案例再次表明，违反合同的默示规定必须涉及履行的重要或实质性部分。蒂默曼诉斯坦利案（*Timmerman v. Stanley*）同样蕴含了这一原则。[4]

由此可见，本案唯一明显的实质性违约是将合同转让给戴尔舞蹈工作室。然而，原告接受了转让，放弃了追究被告违约行为的权利，初审法院的判决和裁定没有错误。

（4）原告主张的初审法院存在的其他错误，如初审法院拒绝其交叉质询，科罗拉多州最高法院认为其并不影响结果，因此无须讨论。

综上，科罗拉多州最高法院维持了初审法院的判决。

---

〔1〕 The Restatement of the Law of Contracts, sec. 348.

〔2〕 *Barngrover v. Maack*, 46 Mo. App. 407 (1891).

〔3〕 *Kentucky Mil. Inst. v. Cohen*, 131 Ark. 121, 198 S. W. 874 (1917).

〔4〕 *Timmerman v. Stanley*, 123 Ga. 850, 51 S. E. 760 (1905).

八、公共合同的附带受益第三人无权起诉：西斯尼诉南达科他州等案（SISNEY v. STATE）

Charles E. SISNEY，Plaintiff and Appellant，

v.

STATE of South Dakota and CBM Inc. and Douglas Weber—Director of Prison Operations for South Dakota（in his official and individual capacities），Defendants and Appellees.

Supreme Court of South Dakota，July 23，2008.

754 N. W. 2d 639，2008 S. D. 71.

（西斯尼诉南达科他州等案）

1. 裁判要旨

仅从公共合同中附带受益，且未明确打算从合同中受益的人，没有资格对直接影响到他的违反合同行为提起诉讼。

2. 案情介绍

（1）案件事实。2002 年，CBM 公司与南达科他州签订合同，为包括监狱在内的 DOC（Department of Correction）设施提供食品服务。合同具体写明每个被监禁人每日摄入的卡路里含量，且规定食物应当符合被监禁人的宗教信仰。2007 年 4 月，CBM 公司开始在被监禁人要求犹太饮食的 DOC 设施内提供不同的食物。原告查尔斯·西斯尼（Charles E. Sisney）辩称自己是犹太人，并将犹太教饮食作为自己宗教的一部分，认为被告 CBM 公司提供给他的食物没有满足合同中列明的卡路里含量要求，且不符合他的宗教信仰。对此，原告通过 DOC 提交了一份行政申诉。南达科他州监狱运作系统主任（Director of Prison Operations）道格拉斯·韦伯（Douglas Weber）告知原告不会采取任何行动，认为其研究不完整，并低估了所供应食物的实际卡路里含量。

（2）诉讼历史。原告向南达科他州和美国联邦提起诉讼，指控南达科他州、韦伯以及 CBM 公司合谋违反合同，对其造成损害，且该合同违反行为给被告带来了经济利益。原告指称其有资格提起违约之诉，因为合同直接影响到他和他的健康。

被告提出以下抗辩：①原告的诉求并不满足《南达科他州制定法》15-6-

12 条（b）款（5）项规定的补偿条件。②被告认为原告的主张由于法定豁免权（statutory immunity）和缺乏主张南达科他州与 CBM 公司之间订立的公共合同违约的资格而无法成立。③原告的起诉没有包含足够的事实支持其根据《美国法典》第 42 卷第 21 章第 1981 条和 1985 条提出的歧视和共谋的联邦宪法主张。[1]

初审法院批准了被告的动议，驳回了原告的诉讼请求。原告向南达科他州最高法院（Supreme Court of South Dakota）提起上诉，该法院批准了复审。

3. 争议焦点

仅从公共合同中附带受益且未明确打算从合同中受益的人是否有资格提起诉讼，对直接影响到他的违反合同行为提出质疑？

4. 裁判结果

任何人如果只是从公共合同中意外受益，并且没有明确打算从合同中受益，则没有资格对直接影响到他的违反合同行为提起诉讼。根据本州的法律，明确为第三人的利益订立的合同，在当事人解除之前，可以由第三人在任何时候强制执行。然而，并非所有从合同中受益的人都有权执行合同。为了使第三方有资格执行合同，在合同执行时，缔约方的意图必须是明确地使第三方受益，而不仅仅是附带的。在政府合同中尤其如此，而且，如果合同中没有明确的相反措辞，则不会推断出私人第三方的强制执行权，因为扩大责任会带来潜在的负担。因此，当涉及公共合同时，公民和被监禁人都被推定为非第三方受益人。由于公共合同旨在使所有人受益，被监禁人的利益被认为只是合同的附带利益。在这里，合同中没有明确表示它是为了原告的直接利益或强制执行。相反，该合同明确是为了州的利益。被监禁人可能获得的任何集体利益只是州的附带利益。原告的论点没有说服力：原告认为合同规定 CBM 公司应当提供诉求解决程序，其拥有执行权。然而，该救济措施是向所有被监禁人提供的一般机构救济措施，以解决众多与监禁有关的投诉，独立于 CBM 公司合同提供给所有被监禁人。因此，合同对该政策的提及并未赋予原告执行合同的第三方受益人身份。

南达科他州最高法院维持了初审法院对原告诉讼请求的驳回。

---

[1] 42 USC § 1981；§ 1985.

5. 裁判理由

原告声称其是南达科他州与 CBM 公司合同的第三方受益人。根据《南达科他州制定法》第 53-2-6 条的规定，"明确为第三人利益订立的合同，在当事人解除前，可由第三人随时执行"。但这并不意味着每个从合同中受益的人都有权执行合同。第三方受益人条款不应在任何合同履行使第三人受益的场合适用，合同"明确表明为了第三人的利益"才能适用该条款。[1]因此，该规则需要合同被执行时，合同必须是"明确为第三人的利益而订立的"。

即便如此，并非所有受益人都符合资格：附带受益人无权享有第三方受益人身份。北达科他州有类似于《南达科他州制定法》第 53-2-26 条的规定："在协议中提及某人的名字，也不会导致在该人只是偶然受益的情况下，有权起诉执行该协议。"[2]主张第三方受益人身份的一方必须证明"合同由双方直接订立，并且主要是为了他的利益。"[3]

公共合同在第三方受益人权利领域展现出独特的适用难题，因为从某些层面而言，"每个社会成员都直接或间接地从该类合同中受益"。[4]因此，作为通用规则，一个私人主体与公共实体签订合同，不会导致其对社会承担责任。[5]私人第三方的执行权利由于具有增加责任负担的可能性而无法适用。[6]执行公共合同的权利只能从合同平实且清晰的表达中得出。[7]相应地，公共合同中公民个体不会被假定为第三方受益人。[8]

根据这些规则，一般认为被监禁人缺乏执行公共合同的资格。[9]这些判决结果合理表明公共合同意图使得每个人获利，因此被监禁人的利益只是合同附带的。

---

〔1〕　*Thompson Yards v. Van Nice*, 59 S. D. 306, 308, 239 N. W. 753, 755（1931）.

〔2〕　*First Fed. Sav. & Loan Ass'n of Bismarck v. Compass Invs.*，*Inc.*，342 N. W. 2d 214, 218（N. D. 1983）.

〔3〕　*Mercado v. Mitchell*, 83 Wis. 2d 17, 28, 264 N. W. 2d 532, 538（1978）.

〔4〕　*Clifton v. Suburban Cable TV Co.*，434 Pa. Super. 139, 144, 642 A. 2d 512, 515（1994）.

〔5〕　Restatement（Second）of Contracts § 302（1981）.

〔6〕　*See* Restatement（Second）of Contracts § 302（1981）.

〔7〕　*See* Restatement（Second）of Contracts § 302（1981）.

〔8〕　*Drummond v. Univ. of Pennsylvania*, 651 A. 2d 572, 578-79（Pa. Commw. Ct. 1994）.

〔9〕　*Clifton v. Suburban Cable TV Co.*，434 Pa. Super. 139, 144, 642 A. 2d 512, 514（1994）. *See also Gay v. Georgia Dep't of Corr.*，270 Ga. App. 17, 606 S. E. 2d 53, 57-59（2004）.

在本案中，合同是南达科他州与 CBM 公司之间的公共合同，并且没有明确表示为了原告的直接利益或其有执行权。相反，合同明确表明为了州的利益，且被监禁人可能获得的集体利益只是州的附带利益。原告也承认，他与合同的关系是"合同相对人与受益方"的关系。

然而，原告认为，合同写明"合同乙方应当为解决诉求提供诉求解决程序"，其拥有执行权。但原告也承认诉求解决机制是一个常规的行政救济措施。[1]由于该救济措施是向所有被监禁人提供的一般机构救济措施，以解决众多与监禁有关的投诉，而且该补救措施独立于该州与 CBM 公司签订的食品服务合同，本合同对该政策的引用并未赋予原告合同第三方受益人身份，以执行本合同。

因为原告没有基于该公共合同的起诉资格，且其所有主张都是取决于其对合同违约的起诉权利，所以法院认为不必讨论本案中的豁免权问题，也不必广泛讨论原告基于联邦法律的主张。

九、合同转让的操作机理：赫尔佐格诉伊拉斯案（HERZOG v. IRACE）

John P. HERZOG

v.

Anthony IRACE and Donald Grey Lowry.

Supreme Judicial Court of Maine，August 6，1991.

594 A. 2d 1106.

（赫尔佐格诉伊拉斯案）

1. 裁判要旨

（1）只有在存在明显错误的情况下，上诉法院才会撤销初审法院基于书面证据和规定事实做出的判决。

（2）转让是权利所有人（即转让人）表明他打算将该权利转让给另一个人的行为或表现。

（3）为了使转让对于转让人的债权人和债务人生效并具有强制执行力，

---

〔1〕 *See* SDDOC Policy 1. 3. E. 2.

转让人必须清晰地表明放弃其对受让人的权利，不能保留对转让权利的任何控制权或撤销权。

（4）转让通过转让人和受让人的行为生效，不需要债务人接受使其生效。

（5）收到转让通知后，债务人不能再合法地向转让人或其他债权人给付，否则将承担风险，因为受让人可以直接对债务人强制执行其权利。

（6）普通权利，包括预期权利，是可以自由转让的，除非①转让会实质性地改变债务人的义务，实质性地增加债务人在合同中的负担或风险，损害债务人取得回报的机会，实质上减少债务人履约回报的价值；或者②特定权利的可转让性被法律限制。

（7）衡平法上的转让（equitable assignment）[1]不一定转让全部预期权利，也可以部分转让。

（8）客户为换取对不相关伤害的治疗而将对未决诉讼的收益转让给医生的行为是有效的，这一点得到了转让协议的支持，该转让协议没有表明客户试图保留对转让给医生的收益的任何控制权，且有证据表明持有收益的律师有足够的资金给付客户所有的债权人。虽然没有说明具体金额，但医生提供的服务和收取的费用对治疗客户是合理和必要的，这一点各方没有争议，并且律师对其收到充分的转让通知没有争议。

（9）由于客户有权转让其交由律师管理的资产，律师在代表客户支付资金时必须遵守有效转让的规则。

（10）客户转让其交由律师管理的资产的权利并不与要求律师即刻向客户支付其持有的客户资金的规则相冲突，因为一旦客户将资产转让于第三人，客户对该资产将不再享有权利。

（11）客户转让未决诉讼的收益不会与禁止律师在客户文件中为第三方设置留置权的规则相冲突，因为这是由客户而不是律师设置的债务。

（12）律师没有任何道德或合同义务遵循客户无视为换取不相关伤害的治

---

〔1〕　衡平法上的转让，指在普通法中被认为无效，但为衡平法所承认并得以执行的转让。例如对权利动产（chose in action）或将来可得利益的转让。待履行协议（executory agreement）或信托宣告（declaration of trust）在普通法院被认为是不能执行的转让，但在衡平法院，则可适用合理的自由裁量权，认定其可被执行。构成衡平法上的转让，须以转让人对被转让的债务或基金享有绝对专有权（appropriation）为条件。参见薛波主编，潘汉典总审订：《元照英美法词典》，法律出版社2003年版，第481页。

疗而将收益转让给医生的约定，将收益直接给付客户的指示。

2. 案情介绍

（1）案件事实。盖瑞·琼斯（Gary Jones）在一次摩托车事故中受伤，他聘请了安东尼·伊拉斯（Anthony Irace）和唐纳德·洛瑞（Donald Lowry）两位律师代理他的人身伤害诉讼案件。此后不久，琼斯因为与这起摩托车事故无关的原因导致肩膀脱臼两次，约翰·P.赫尔佐格（John P. Herzog）医生检查后告知琼斯需要进行手术。但是琼斯在当时无力支付手术费用，于是他在1988年6月14日签署了一封写给赫尔佐格医生的信，信中写道："我，盖尔·琼斯，将目前未决诉讼的赔偿款转让给赫尔佐格医生，用于支付与该诉讼无关的治疗肩膀的费用。"赫尔佐格医生因此通知伊拉斯和洛瑞两位律师琼斯已经签署了该利益分配协议，并从两位律师的员工处得知该利益分配足以在案件结束时支付治疗费用，因此赫尔佐格医生进行了手术并持续为琼斯治疗了一年左右。

1989年5月，琼斯在摩托车人身伤害诉讼中获得了20 000美元的和解金，他通知伊拉斯和洛瑞不要向赫尔佐格医生支付资金，他将自己进行支付。伊拉斯和洛瑞因此通知赫尔佐格医生，琼斯已经撤销了由他们直接支付费用的许可，并表示他们将听从琼斯的指示。伊拉斯和洛瑞向琼斯开出了一张10 027美元的支票，并将诉讼所得剩余资金支付给了琼斯的其他债权人。琼斯确实寄给赫尔佐格医生一张支票，但由于资金不足被银行退回，赫尔佐格医生从未得到付款。

（2）诉讼历史。原告赫尔佐格医生在波特兰地方法院（District Court, Portland）向伊拉斯和洛瑞提起诉讼，要求执行1988年6月14日琼斯签署的利益分配协议，初审法院依据事实和法律审理了本案并作出了有利于赫尔佐格医生的判决，认定1988年6月14日的信件构成了对可执行诉讼收益的有效转让。两被告一路上诉至缅因州最高法院（Supreme Judicial Court of Maine）

3. 争议焦点

1988年6月14日琼斯所签署的利益分配协议能否构成对其未决诉讼收益的有效转让？

4. 裁判结果

缅因州最高法院认为：①转让的有效性有充分的证据支持；②律师没有

道德义务依照他们委托人的指示放弃执行有效的转让。

上诉法院认为，初审法院做出对医生有利判决的结论是正确的，转让对于伊拉斯和洛瑞来说是有效且可执行的，初审判决得到确认。

5. 裁判理由

（1）转让的有效性。转让，是权利所有人（转让人）表明其打算将该权利转让给受让人的行为或表现。[1]为了使转让对于受让人的债权人和债务人生效并具有强制执行力，转让人必须清晰地表明放弃其对受让人的权利，不得保留对转让权利的任何控制权或撤销权。转让通过转让人和受让人的行为生效，不需要债务人接受使其生效。[2]一旦债务人收到转让通知，该资金"从那时起就被打上了信托的印记；它……保管于债务人之手，不再由原债权人（即转让人）所有，而是由受让人所持有，受让人取而代之成为债权人"。在收到转让通知后，债务人不能合法地向转让人或其他债权人支付转让的金额，如果债务人确实支付了该款项，他将承担风险，因为受让人可以直接对债务人强制执行其权利。

除以下情形外，包括预期权利在内的普通权利可以自由转让，转让会实质性地改变债务人的义务，实质性地增加债务人在合同中的负担或风险，损害债务人取得回报的机会，实质上减少债务人履约回报的价值；或者，法律对特定权利的可转让性作出了限制。[3]在缅因州，对未决诉讼预期权利的转让，已在衡平法上被确认为有效且可执行。[4]衡平法上的转让不一定转让全部预期权利，部分转让亦可，这些都是业已确立的法律原则。

被告伊拉斯和洛瑞主要依据希罗诉德鲁案（*Shiro v. Drew*）提出抗辩，这是 1998 年联邦地区法院一个涉及受托人通过转让行为规避优先转让（preferential transfer）[5]的破产案件。被告认为琼斯 1988 年 6 月 14 日签署的信件作

[1] *See Shiro v. Drew*, 174 F. Supp. 495, 497 (D. Me. 1959).

[2] *Palmer v. Palmer*, 112 Me. 149, 153, 91 A. 281, 282 (1914).

[3] Restatement（Second）Contracts § 317（2）（a）（1982）.

[4] *McLellan v. Walker*, 26 Me. 114, 117-118 (1846).

[5] 优先转让，英文亦称 voidable preference, voidable transfer 或 preference，指的是破产债务人在破产宣告前为个别债权人的利益而转让财产或将财产转让给个别债权人，并在转让中给予该债权人相对于其他债权人的优惠，即该债权人以转让的财产或转让所得价款首先全部受偿，从而使该债权人获得比通过破产财产分配更多的受偿份额。大多数州的制定法规定此类转让为欺诈性转让而加以禁止。

为转让（行为）是无效且不可执行的，因为它未能表明琼斯永久放弃对被转让资金的所有控制权的意图，琼斯除了要求特定资金给付之外什么都没有做。上诉法院没有认可伊拉斯和洛瑞的说理，认为在 1988 年 6 月 14 日的信件中，琼斯没有表明试图保留对他转让给赫尔佐格医生的资金的任何控制权。从语境看，上诉法院没有理由质疑琼斯转让资金的意图，尽管没有说明具体的金额，但双方均不否认赫尔佐格医生提供的医疗服务以及他为治疗所收取的费用对于信中提到的肩部损伤而言是合理和必要的。伊拉斯和洛瑞有足够的资金来偿还琼斯的所有债权人，其中包括赫尔佐格医生，然后将剩余资金支付给琼斯本人。因此，这种情况与希罗诉德鲁案并不相符，因为赫尔佐格医生本身对琼斯的其他债权人享有优先权。鉴于伊拉斯和洛瑞并不否认他们得到了充分的转让通知，初审法院关于转让有效性的裁定有充分的证据支持，因此上诉不再审理。

（2）道德义务。伊拉斯和洛瑞辩称，如果要求他们强制执行上述转让，将会干扰他们在支付资金时遵守客户指示的道德义务。上诉法院对此也不予认可。根据《缅因州律师规则》（Maine Bar Rules），律师通常不得在客户档案中为第三方设置留置权。《缅因州律师规则》进一步要求律师"应客户要求，及时向客户支付客户有权获得但由律师持有的资金、证券或其他财产"。然而，该规则没有提到客户将未决诉讼收益权转让给第三方的权利，因为委托人有权转让其律师所持资金。[1]因此，律师在代表客户支付资金时必须遵守有效转让的原则，客户转让其交由律师管理的资产的权利并不与要求律师及时向客户支付其持有的客户资金的规则相冲突，因为一旦客户将资金转让给第三方，客户对该资金将不再享有权利。客户转让未决诉讼的收益也不会与禁止律师在客户文件中为第三方设置留置权的规则相冲突，因为这是由客户而不是律师设置的债务。伊拉斯和洛瑞没有道德义务，也没有证据显示他们有合同义务遵循客户的指示，放弃执行有效的转让。

综上所述，上诉法院认为地方法院的结论正确，转让对于伊拉斯和洛瑞来说是有效且可执行的，初审法院判决得到确认。

---

〔1〕 *McLellan v. Walker*, 26 Me. 114, 117-118（1846）.